実例解説 行政関係事件訴訟

最新重要行政関係事件実務研究②

日本弁護士連合会
行政訴訟センター [編]

青林書院

は じ め に

　本書は，日本弁護士連合会の行政訴訟センターにおいて，毎月の定例委員会の際に，その一部としておこなわれている行政訴訟実務研究会の成果であり，2006年5月に刊行した『最新重要行政関係事件実務研究』に続くものである。読者におかれては是非前書も同時に活用いただきたい。私どもとしてはシリーズ化したいと考えている。
　研究会はその時点から見て，新しい重要で著名な行政関係事件（国賠事件を含む）の代理人弁護士に基調報告をお願いしている。原告代理人又は被告代理人の基調報告である。そしてその後意見交換をする方式をとっている。研究会は行政訴訟センターの外部向けメーリングリスト登録者には公開されており，行政訴訟センター以外の弁護士会員や研究者が参加されることもある。
　このやり方によって，当事者法曹（弁護士）の，事案に対する法的工夫と事案への献身を見ることができる。また，行政訴訟センター側の，それに対する距離を置いた法的検討を対置できる。
　本書の発行にあたっては，原則として上記基調報告者に報告内容をあらためて書いていただき，それに対して行政訴訟センターのメンバーが基調報告の立場とは離れて，つまり当事者的立場とは独自に論点解説をしている。
　私はこの方法，一つの事件を上記複数の視点で検討する方法が行政関係事件の実務を前進させ，理論をも深化させると確信している。
　2005年4月1日から施行された改正行政事件訴訟法は，2009年度末をもって5年が経過し，改正法附則に規定される5年後見直しの時期を迎える。見直しの要否，内容の検討にあたっても，本書（前書を含む）はその適切な素材を提供するものである。
　もちろん本書は行政関係事件を扱う弁護士，行政事件に挑む当事者の方々に多くの示唆を与えるものになっていると信じる。行政訴訟センターとしては，行政の各種問題点に勇躍挑もうとする国民の皆様方，法科大学院で行政法を実務的視点から学ぼうとしている学生諸君に読んで活用していただきたいと願うとともに，本書を多くの弁護士会員に普及し，行政訴訟研修のサブテキストに

も活用したいと考えている。
　前書に続き本書は，行政訴訟センター編『実務解説　行政事件訴訟法』刊行以来お世話になっている青林書院編集部宮根茂樹氏の大きなご支援ででき上がった。記して感謝したい。

　　2009年1月

日本弁護士連合会行政訴訟センター
委員長　斎藤　浩

凡　例

I　叙述方法
(1) 叙述の段落は，原則として，Ⅰ，Ⅱ，Ⅲ……，(1)，(2)，(3)……，(a)，(b)，(c)……の順としました。なお，本文中の列記事項については，①，②，③……などを用いています。
(2) 叙述にあたっては，常用漢字，現代仮名遣いによることを原則としましたが，引用文等は原文どおりとしております。

II　引用法令・判例集等
(1) カッコ内における法令条項の引用は，原則として次のように行いました。
　(a) 同一法令の場合は「・」で，異なる法令の場合は「，」で併記しました。それぞれ条・項・号を付し，「第」の文字は省略しています。
　(b) 主要な法令名は以下の「法令略語例」により，その他の法令名はフルネームで表記しました。
(2) 主な判例集や雑誌等の表記については，以下の「判例集等略語例」によりました。

■法令略語例

学校教育	学校教育法	道路	道路法
行訴	行政事件訴訟法	入管	出入国管理及び難民認定法
憲	憲法	民	民法
公職選挙	公職選挙法	民執	民事執行法
国賠	国家賠償法	民訴	民事訴訟法
裁	裁判所法		

■判例集等略語例

民集	最高裁判所（大審院）民事判例集	裁判集民事	最高裁判所裁判集民事
		下民集	下級裁判所民事裁判例集
刑集	最高裁判所（大審院）刑事判例集	行集	行政事件裁判例集

ジュリ	ジュリスト	判評	判例評論
訟月	訟務月報	判例自治	判例地方自治
曹時	法曹時報	法時	法律時報
判時	判例時報	法セ	法学セミナー
判タ	判例タイムズ	民商	民商法雑誌

編集者・執筆者一覧

編　集　者

日本弁護士連合会行政訴訟センター

執筆者（執筆順）

堀沢　茂 （第1章報告）	弁護士
伊東　眞 （第1章解説）	弁護士
浅野　晋 （第2章報告）	弁護士
奥島直道 （第2章解説）	弁護士
古田啓昌 （第3章報告）	弁護士・成蹊大学法科大学院教授・慶應義塾大学法科大学院非常勤講師
斎藤　浩 （第3章解説）	弁護士・立命館大学法科大学院教授（2009年4月より）
松原健士郎 （第4章報告）	弁護士
出口　崇 （第4章解説）	弁護士・三重大学人文学部非常勤講師
河東宗文 （第5章報告）	弁護士
越智敏裕 （第5章解説）	上智大学法学部准教授
石田真美 （第6章報告）	弁護士
内海陽子 （第6章報告）	弁護士・関西学院大学法学部非常勤講師
辻本雄一 （第6章解説）	弁護士・中央大学法科大学院非常勤講師
秋元理匡 （第7章報告）	弁護士
長倉智弘 （第7章解説）	弁護士・山梨学院大学法科大学院非常勤講師

吉原　　稔	弁護士・龍谷大学法科大学院客員教授
（第8章報告）	
山村恒年	弁護士・法学博士・元神戸大学教授
（第8章解説）	
斉藤　　豊	弁護士
（第9章報告）	
松倉佳紀	弁護士
（第9章解説）	

目　次

はじめに
凡　例
編集者・執筆者一覧

第 1 章　退去強制令書発付処分・特別在留許可裁決取消請求事件

報　告　在留特別許可に関する裁決取消訴訟について
……………………………………………〔堀沢　茂〕……*3*

I　はじめに（*3*）
(1)「先生勝ちました。」（*3*）　(2)「受任にあたっての苦悩」と「夫Aの熱意」（*4*）　(3)「本件訴訟における勝因」（*4*）

II　本件事件の概要と争点（*5*）
(1) 本件事件の概要（*5*）　(2) 行政事件取消訴訟における要件事実の吟味（*5*）　(3) 弁護方針（*6*）

III　公判での主張・立証活動（*7*）
(1) 法的判断に関する枠組み等の主張（*7*）　(2) 在留特別許可を付与すべき事実の主張・立証（*10*）　(3) 国の反論とBの再反論等（*21*）

IV　原審判決の概要（*28*）
(1) 時機に後れた攻撃防御について（*28*）　(2) 原審判決の概略（*30*）　(3) 原審判決等の感想（*31*）

V　控訴審での訴え取下げ（*32*）

VI　その余の訴訟活動等（*33*）
(1) 執行停止の申立てについて（*33*）　(2) 仮放免及び再審情願の申請（*34*）　(3) その余の訴訟活動等の意義（*34*）

解　説　在留特別許可と法務大臣の自由裁量…〔伊東　眞〕……*37*

I　事案の概要（*37*）
II　被告東京入管局長の主張（*39*）
III　本件判決の判断（*40*）

Ⅳ 解　　説（42）
　(1) 外国人の在留資格について（42）　(2) 在留期間の徒過に対する処分（43）　(3) 在留特別許可制度について（43）　(4) 裁量権の逸脱又は濫用（44）　(5) 裁量判断の逸脱又は濫用となる事実認定の程度（44）　(6) 裁量行為を争う方法（46）

第2章　はみ出し自販機住民訴訟事件

報　告　はみ出し自販機訴訟 ……………………〔浅野　晋〕……49

Ⅰ　はみ出し自販機撲滅運動（49）
Ⅱ　監査請求（53）
Ⅲ　訴訟上の請求の趣旨（54）
Ⅳ　争　　点（55）
　(1) 争点（55）　(2) 「怠る事実の特定性」について（56）　(3) 監査請求前置について（59）　(4) 利得（損害）は発生するのか，それは法237条1項所定の「財産」か（60）　(5) 行政裁量＝当該債権の不行使は「財産の管理を違法に怠っている」ことになるか（62）
Ⅴ　東京都を被告にしたことは戦略的に正しかったか（73）

解　説　住民に厳しく，業者にやさしい裁判所の判断
　………………………………………………〔奥島　直道〕……76

Ⅰ　争点1──「怠る事実の特定性」について（76）
　(1) 裁判所の判断（76）　(2) 申立人側の主張及び根拠について（77）
Ⅱ　争点2──監査請求前置について（78）
Ⅲ　争点3──占用料徴収権の成否（79）
　(1) 否定説（79）　(2) 肯定説──判例（79）
Ⅳ　争点4──行政裁量＝当該債権の不行使は「財産の管理を違法に怠っている」ことになるか（79）
　(1) 占用料徴収権の行使の裁量について（79）　(2) 徴収停止ができる場合か（地方自治法施行令171条の5第3号の適用）（80）　(3) 訴訟と市民運動の成果（81）

第3章　在外邦人選挙権事件

報告　在外邦人選挙権訴訟——大法廷判決までの道程と残されたいくつかの疑問 ………………………〔古田　啓昌〕……85

I　はじめに（85）
II　事案の概要（86）
III　在外国民に係る選挙制度の概要（87）
　(1)　本件訴訟提起前の制度（平成10年法律第47号による改正前）の概要（87）　(2)　大法廷判決当時の制度（平成10年法律第47号による改正後）の概要（88）　(3)　現行制度（平成18年法律第62号による改正後）（88）
IV　本件訴訟における実体法上及び訴訟法上の主たる争点（88）
　(1)　実体法上の論点（88）　(2)　訴訟形態の選択（88）
V　本件訴訟の経過（93）
　(1)　第1審（東京地裁平成8年（行ウ）第266号）（93）　(2)　控訴審（東京高裁平成11年（行コ）第253号）（97）　(3)　上告審（最高裁平成13年（行ツ）第82号，同第83号，同年（行ヒ）第76号，同第77号）（99）
VI　大法廷判決の意義（103）
　(1)　選挙権の権利性の再確認（103）　(2)　厳格な違憲審査基準の採用（104）　(3)　選挙権確認請求を認容（104）　(4)　国会の立法不作為による国家賠償請求を認容（105）
VII　大法廷判決に対する若干の疑問（106）
　(1)　主文第2項（確認判決）はいつの時点における法律関係を確認したのか（106）　(2)　本件確認請求Cは，請求の特定性に欠けるか（109）　(3)　大法廷判決の訴訟要件の基準時はいつか（111）　(4)　規範統制訴訟の許容性（112）　(5)　法律審における立法事実の認定（113）　(6)　法律審における慰謝料額の認定（116）
VIII　おわりに（117）

解説　行政訴訟における確認訴訟論 …………〔斎藤　浩〕……119

I　問題意識（119）
II　検討会，改正法と処分性問題（119）
　(1)　代替的改正（119）　(2)　実質的当事者訴訟，確認訴訟の従来の扱

いと転機（*120*）　(3) 法の支配論からのアプローチ（中川論文）
（*122*）　(4) オープンスペース論（塩野論文，橋本論文，その他）
（*122*）
Ⅲ 在外邦人選挙権大法廷判決までの訴訟活動と判決の意義（*127*）
Ⅳ 改正以後の確認訴訟の活用（*129*）
(1) 判例の様相（*129*）　(2) 土地区画整理事業の事業計画決定に処分性を認めた最大判平20・9・10をどうみるか（*133*）

第4章　幼稚園就園の仮の義務付け事件

報告　町立幼稚園への就園許可の仮の義務付け申立事件
………………………………………………………………〔松原　健士郎〕……*137*

Ⅰ　はじめに（*137*）
Ⅱ　事案の概要（*138*）
Ⅲ　事案の経過（本案も含む）（*138*）
Ⅳ　仮の義務付けの意義（*139*）
(1) 仮の義務付けとは（*139*）　(2) 従来の制度との対比（*139*）
Ⅴ　前提事実（*140*）
(1) 当事者等（*140*）　(2) A児の障害の程度等（*141*）　(3) A児についての専門家の意見（*141*）　(4) 町立幼稚園の概要（*142*）　(5) 本件不許可決定に至る経過等（*144*）　(6) 東幼稚園における体験入園の状況等（*145*）　(7) 被申立人の財政状況等（*147*）
Ⅵ　争　点（*148*）
(1) 被申立人（*148*）　(2) 本案訴訟について理由があるとみえるか否か（*148*）　(3) 本件申請について就園許可がされないことにより償うことのできない損害を避けるため，緊急の必要があるか否か（*166*）　(4) A児の北幼稚園への就園を仮に許可することを義務付けることにより，公共の福祉に重大な影響を及ぼすおそれがあるか否か（*169*）
Ⅶ　参考判例（*170*）
(1) 筋ジストロフィー疾患を有する入学希望者に対し，市立高等学校校長がした入学不許可処分が，裁量権の逸脱又は濫用によるものであって違法であるとされた事例（*170*）　(2) 上記事件につき，執行停止の申立てを却下した原決定に対する抗告審において，抗告棄却決定がなされ

　　　　た事件（*171*）
　Ⅷ　本決定を得ることができた3つの力（*172*）
　Ⅸ　本案について（*173*）
　Ⅹ　仮の義務付けの問題点（*174*）

解　説　仮の義務付けの今後の方向性 …………〔出口　　崇〕……*176*
　Ⅰ　はじめに（*176*）
　Ⅱ　本決定の特徴——裁量権の逸脱・濫用を中心として（*176*）
　　(1)　憲法規定の参照等に基づく幼稚園教育を受ける権利の重要性を強調（*176*）　(2)　財政状況の悪化等の理由による安易な不許可に対する戒め（*177*）　(3)　就園による制約の受忍者は特段の事情のない限り幼稚園等（*177*）　(4)　幼稚園教育を受けられる年齢が限定されている点などを最大限重視（*177*）　(5)　結論として裁量権の逸脱・濫用を肯定（*178*）
　Ⅲ　行政処分と訴訟上の和解（*178*）
　　(1)　和解内容（*178*）　(2)　和解成立の持つ意味（*178*）　(3)　原告及びA児の利害状況（*178*）　(4)　被告の利害状況（*179*）　(5)　被告の姿勢及び態度（*179*）
　Ⅳ　「仮の」義務付けで行われた「処分」と本来の「行政処分」との関係（*179*）
　　(1)　問題の所在（*179*）　(2)　本和解の認識に対する評価（*180*）　(3)　本来の根拠法令（実体法）を根拠規定と解した場合の処理（*180*）
　Ⅴ　本決定後の仮の義務付け決定例（*180*）
　Ⅵ　まとめに代えて（*181*）

第5章　国立マンション諸事件

報　告　国立マンション訴訟 ………………………〔河東　宗文〕……*185*
　Ⅰ　はじめに（*185*）
　Ⅱ　国立マンション訴訟について（*185*）
　Ⅲ　国立市の大学通りの景観について（*186*）
　　(1)　大学通りの客観的価値（*186*）　(2)　大学通り周辺の現在の状況（*186*）　(3)　歴史的経緯（国立のまちづくり）（*188*）　(4)　本件土地及び国立マンション（*188*）　(5)　地区計画の策定（*191*）

Ⅳ　国立マンションをめぐる訴訟状況（*194*）

　　　(1)　仮処分（東京地裁八王子支部平成12年（ヨ）第28号，第107号）（*194*）　　(2)　仮処分（東京高裁平成12年（ラ）第1328号）（*195*）　　(3)　民事訴訟（東京地裁平成13年（ワ）第6273号）（*195*）　　(4)　民事訴訟（東京高裁平成15年（ネ）第478号）（*196*）　　(5)　民事訴訟（最高裁平成17年（受）第364号）（*197*）　　(6)　行政訴訟（東京地裁平成13年（行ウ）第120号）（*197*）　　(7)　行政訴訟（東京高裁平成13年（行コ）第260号）（*199*）　　(8)　行政訴訟（最高裁平成14年（行ツ）第207号，同平成14年（行ヒ）第245号）（*200*）　　(9)　行政訴訟（東京地裁平成12年（行ウ）第45号，同第55号，同平成13年（行ウ）第98号事件）（*200*）　　(10)　行政訴訟（東京高裁平成13年（行ウ）第120号）（*201*）　　(11)　行政訴訟（最高裁平成18年（行ツ）第98号，同平成18年（行ヒ）第113号）（*202*）　　(12)　民事訴訟（東京地裁平成12年（ワ）第845号）（*202*）

　　Ⅴ　建築基準法3条2項について（争点1）（*202*）

　　　(1)　はじめに（*202*）　　(2)　建築基準法3条2項（適用除外建築物）をめぐる2つの見解（*203*）　　(3)　建築基準法3条2項に関する国立マンションの裁判（*204*）　　(4)　最高裁の見解（*208*）

　　Ⅵ　景観について（争点2）（*208*）

　　　(1)　建築禁止仮処分・八王子支部満田決定（平成12年6月6日）（*208*）　　(2)　建築禁止仮処分・東京高裁江見決定（平成12年12月22日）（*209*）　　(3)　行政事件・東京地裁市村判決（平成13年12月4日）（*209*）　　(4)　行政訴訟・東京高裁奥山判決（平成14年6月7日）（*211*）　　(5)　民事事件・東京地裁宮岡判決（平成14年12月18日）（*211*）　　(6)　東京高裁大藤判決（平成16年10月27日）（*212*）　　(7)　行政訴訟・最高裁決定（平成17年6月23日）（*213*）　　(8)　行政訴訟・東京高裁根本判決（平成17年12月19日）（*213*）　　(8)　民事訴訟・最高裁判決（平成18年3月30日）（*214*）　　(9)　行政訴訟・最高裁決定（平成20年3月11日）（*215*）

　　Ⅶ　景観利益の認められる都市景観（*216*）

　　Ⅷ　最高裁判決の意義（*216*）

　　　(1)　最高裁判決における景観利益（*216*）　　(2)　景観利益の根拠（*217*）

　　Ⅸ　景観利益の享有主体（*217*）

　　　(1)　景観と個別的利益（*217*）　　(2)　景観利益の享有主体（*218*）

Ⅹ　景観利益損害の回復（*218*）
　　(1)　民事訴訟・最高裁判決（*218*）　　(2)　民事訴訟・東京地裁宮岡判決（*220*）　　(3)　景観利益の回復，すなわち撤去について（*220*）
　Ⅺ　企業のコンプライアンスについて（*221*）
　　(1)　宮岡判決（*221*）　　(2)　大藤判決（*222*）

解　説　**国立マンション事件最高裁判決について──原告適格判断への影響** ……………………………〔越智　敏裕〕……*223*

　Ⅰ　はじめに（*223*）
　Ⅱ　原告適格判断への影響（*224*）
　　(1)　本判決以前の状況（*224*）　　(2)　本判決による理論的影響（*224*）
　　(3)　「良好」な景観の判断（*226*）　　(4)　景観利益の帰属主体（*227*）
　　(5)　景観の一体性と景観利益の侵害について（*228*）　　(6)　法令が景観利益を個別的に保護する趣旨を含むか否かについて（*229*）
　Ⅲ　終わりに（*230*）

第6章　保育所廃止条例仮の差止事件

報　告　**神戸市立枝吉保育所廃止処分仮の差止申立事件**
……………………………〔石田　真美＝内海　陽子〕……*233*

　Ⅰ　はじめに（*233*）
　Ⅱ　提訴に至るまでの事実経緯（*234*）
　　(1)　公立保育所廃止・民間移管の問題（*234*）　　(2)　神戸市における公立保育所廃止・民間移管（*236*）　　(3)　神戸市立枝吉保育所の廃止・民間移管（*237*）
　Ⅲ　提　　訴（*239*）
　　(1)　提訴時期の検討（*239*）　　(2)　訴訟物をどうするのか（*240*）　　(3)　仮の差止請求の要件の厳しさ（*240*）
　Ⅳ　仮の差止申立時の戦略（*241*）
　　(1)　原告数180名を超える提訴（*241*）　　(2)　処分性の問題（*242*）
　　(3)　要件との関係（*242*）
　Ⅴ　仮の差止申立て後の弁護戦略（*244*）
　　(1)　何より当事者の声を裁判所に（*244*）　　(2)　申立て後の神戸市の民間移管へ向けた動き（*244*）　　(3)　結果的に共同保育の不十分性が争点

の中心に（245）
 Ⅵ　仮の差止決定（246）
　(1)　仮の差止決定（246）　(2)　決定の内容について（247）
 Ⅶ　仮の差止決定後の動き（256）
　(1)　神戸市の条例差替（256）　(2)　第2次仮の差止申立て（257）
　(3)　裁判所からの和解案提示（257）　(4)　第1次，第2次仮の差止申立てで分かれた結論（259）　(5)　その後の流れ（260）

　　解　説　　**公立保育所廃止処分仮差止決定の意義**
　　　　　　　…………………………………………〔辻本　雄一〕……263

 Ⅰ　はじめに（263）
 Ⅱ　公立保育所廃止処分をめぐる裁判状況（263）
 Ⅲ　公立保育所廃止処分の処分性（265）
 Ⅳ　仮差止制度の状況と本決定の意義（266）
　(1)　裁判例での動向（266）　(2)　償うことのできない損害を避けるため緊急の必要（267）　(3)　本案について理由があるとみえるとき（270）
 Ⅴ　その後の経過と今後への展望（272）
　(1)　本件抗告審，第2次仮差止め（272）　(2)　まとめ（272）

第7章　原爆症認定請求諸事件

　　報　告　　**原爆症認定集団訴訟について**…………〔秋元　理匡〕……277

 Ⅰ　原爆症認定問題を語る前に（277）
　(1)　原爆投下（277）　(2)　「キノコ雲」の下で何が起こっていたか（278）
 Ⅱ　被爆者をめぐる裁判例（280）
　(1)　下田原爆裁判（東京地判昭38・12・7下民集14巻12号2435頁）（280）　(2)　孫振斗訴訟（最判昭53・3・30民集32巻2号435頁）（282）　(3)　国際司法裁判所の勧告的意見（1996年7月8日）（283）
 Ⅲ　原爆症認定問題とは（283）
　(1)　原爆症認定制度（283）　(2)　被爆者にとっての原爆症認定制度（284）　(3)　原爆症認定の実際（284）　(4)　原爆被害受忍政策（285）　(5)　原爆症認定制度と被爆者運動の切り結び（285）

Ⅳ　原爆症認定訴訟（集団訴訟以前）と「原爆症認定に関する審査の
　　　方針」（286）
　　　⑴　原爆被害の立証上のポイント（科学的未解明性）（286）　⑵　長
　　　崎原爆松谷訴訟（福岡高判平9・11・7判時984号103頁）（288）　⑶
　　　京都原爆小西訴訟（京都地判平10・12・11判時1708号71頁）（289）　⑷
　　　最判平12・7・18判時1724号29頁（⑵の上告審）（289）　⑸　「原爆症認
　　　定に関する審査の方針」（291）
　　Ⅴ　原爆症認定集団訴訟と「新しい審査の方針」（293）
　　　⑴　集団訴訟の取組み（293）　⑵　「審査の方針」の問題点を指摘す
　　　る判決の連弾（298）　⑶　「新しい審査の方針」まで（307）　⑷
　　　「新しい審査の方針」以後の動き（310）
　　Ⅵ　原爆症認定問題の解決に向けて（313）

　解　説　**健康被害認定に関する訴訟**………………〔長倉　智弘〕……315
　　Ⅰ　原爆による被害（315）
　　Ⅱ　被爆者と原爆症認定（316）
　　Ⅲ　原爆症認定処分に裁量の余地はあるか（317）
　　Ⅳ　因果関係の立証の程度（317）
　　Ⅴ　原爆症と水俣病（318）
　　Ⅵ　原爆症認定集団訴訟の新しい判決（319）

第8章　新幹線新駅用起債差止事件

　報　告　**無駄な公共事業を財源（起債）で断つ──初の起債**
　　　　　差止判決……………………………………〔吉原　　稔〕……323
　　Ⅰ　「財源」「兵糧」を断った初判例（323）
　　Ⅱ　事案の概要（323）
　　　⑴　「誓願駅」とは（323）　⑵　高くつく工事費（323）　⑶　小さ
　　　く生んで大きく育てる（326）
　　Ⅲ　当事者の主張と争点（326）
　　　⑴　起債とは（326）　⑵　適債事業とは（327）　⑶　借金してま
　　　で寄付をするな（328）　⑷　起債に至る手続と流れ（329）　⑸　す
　　　ぐ露見する「こじつけ」（330）
　　Ⅳ　無駄な公共事業の「打出の小槌」（334）

Ⅴ　裁判の争点（335）
　Ⅵ　大津地裁判決の概要（335）
　Ⅶ　大阪高裁判決の概要（341）
　Ⅷ　地方分権の悪しき副産物（355）
　Ⅸ　県政改革の援護射撃（355）
　Ⅹ　「聖域」であった地方債にメス（356）
　Ⅺ　経済効果の水増し予測（356）
　Ⅻ　仮処分並みのスピード判決（357）
　ⅩⅢ　起債した金をＪＲからとりもどす訴訟（358）
　ⅩⅣ　滋賀から発進した無駄な公共事業の中止（358）
　ⅩⅤ　起債の違法になぜ気づいたか（359）
　ⅩⅥ　公共事業差止めで連戦連勝の１年（360）

　解　説　起債対象の解釈の法目的合理性………〔山村　恒年〕……363
　Ⅰ　本高裁判決の意義（363）
　　⑴　地方債の制限の法解釈の限界（363）　⑵　本件仮線工法の合理性・必要不可欠性と起債要件該当性（363）
　Ⅱ　地方財政法における地方債の趣旨と限界（363）
　　⑴　地方財政法の趣旨と公共工事財源の選択の裁量性（363）　⑵　地方債の制限（364）
　Ⅲ　地方財政法の法目的合理性分析の判断（364）
　　⑴　仮線工事の道路工事関連性（364）　⑵　費用効果分析（Cost Effect Analysis＝ＣＥＡ）からみた合理性（366）　⑶　費用効果分析の問題点（367）
　Ⅳ　おわりに（368）

第9章　中国残留孤児国賠事件

　報　告　中国残留孤児訴訟について ……………〔斉藤　豊〕……371
　Ⅰ　はじめに（371）
　Ⅱ　中国残留孤児はなぜ国を訴えたか（372）
　　⑴　中国残留孤児発生の原因（372）　⑵　なぜ帰国が遅れてしまったのか（374）　⑶　高齢化した「孤児」の日本社会への適応不全と不十分な支援策（375）　⑷　訴訟選択に至った経緯（377）　⑸　祖国

を訴えた理由——3度にわたる棄民政策（378）
- Ⅲ 主要な法律上の議論（先行行為に基づく作為義務の成立）（380）
  (1) 責任原因のとらえ方（380）　(2) 義務の根拠としての「作為起因性の不作為構成」（386）　(3) 損害論の工夫（394）　(4) その他の問題と被告国の主張（398）
- Ⅳ 中国残留孤児に関する主要な裁判例の内容と特徴（401）
  (1) 判決の流れ（401）　(2) 大阪地裁平成17年7月6日判決→請求棄却（402）　(3) 残留婦人東京地裁平成18年2月15日判決→請求棄却（405）　(4) 神戸地裁平成18年12月1日判決→請求認容（一部）（408）　(5) その他の判決（412）
- Ⅴ 政策形成型訴訟の成果と限界（420）
  (1) 判決の流れと司法判断の成果と限界（420）　(2) 全面解決への原動力（424）　(3) 政策形成による解決への経過（425）　(4) 残された課題（426）

解説　中国残留孤児訴訟の特徴と成果………〔松倉　佳紀〕……428
- Ⅰ はじめに（428）
- Ⅱ 本件訴訟の集団訴訟としての特徴（428）
- Ⅲ 本件訴訟の政策形成型訴訟としての位置づけ（429）
- Ⅳ 損害論（430）
- Ⅴ 本件訴訟の成果（431）

判例索引

事項索引

第1章

退去強制令書発付処分・特別在留許可裁決取消請求事件

第1章 ── 報　　告

在留特別許可に関する裁決取消訴訟について

Report ／ 堀　沢　　茂

I　はじめに

(1)　「先生勝ちました。」

平成16年9月17日の2時頃のことである。事務所合宿の移動中，Aさん（以下「A」という）から，「先生勝ちました。待ち望んでいた普通の生活ができます。……妻に代わります。」と歓喜の声が届いた。Aの妻Bさん（以下「B」という）も「先生，これで，晴れて夫と日本で暮らせます。娘も呼び寄せられます。……」と涙声で喜びを表した。

平成15年3月12日から平成16年9月17日までの2人の苦労は，筆舌に尽くせないほど大変なものであった。それだけに，この朗報を聞いて思わず胸が熱くなったことは今でも忘れられない。

東京に会社のあるAは，仕事以外のすべての時間を割いて，妻Bを励まし，長崎にある入国者収容所大村入国管理センターに収容されていた妻Bは，夫Aの支えの下，苦しい収容生活と裁判を闘い，勝利を勝ち取ったのである。もちろん，両親そして多くの友人の支えもあった。

この裁判は，家族，友人の大切さ，そして，ごく普通の生活を送ることがいかに価値のあるものであるか，そして，一度その生活が破壊されたときに，普通の生活を取り戻すために，ひるまず闘うことがいかに重要なことかを教えた事件であった。そして，これに応えた日本の裁判所の健全さを示す事件でもあった。

(2) 「受任にあたっての苦悩」と「夫Aの熱意」

　Aは、Bが収容され、国外退去命令を発せられた後、数人の弁護士に相談したが、いずれの弁護士も、事情を聞いた上、無理だと返答した。絶望のどん底の中で、Aは、向川行政書士に相談し、当職に相談するに至った。光明を探し求め続けたのである。

　しかし、当職は、在留特別許可、仮放免に関する事件は過去に2件しか受任したことがなく、決して経験が豊富というわけではない。その当職ですら、Aの概略的な説明を聞き、難しい事件と考えざるを得なかった。その理由は、①Bに離婚歴があり、かつ前夫との間に子がいること、②その子は中国でBの両親が養育していること、③Bの夫は、不法滞在で中国に強制退去させられていること、④Bの家族滞在ビザも平成15年1月16日で有効期間が経過していること、⑤Bは、Aと収容前に結婚を前提とした共同生活を送っていたとはいえ、収容後の婚姻であったからである。安易な受任は依頼者を苦しませるだけに、苦悶した。

　しかし、Aは悲壮な面持ちで、数時間に渡り「私たちは、幾多の困難を乗り越え、愛情を深め、他の日本人と変わらない生活をしてきました。引き裂かれる理由はありません。何年でもがんばります。妻が5年後に日本に入国できる保障はありません。結果はおそれません。妻Bと一緒に生活したいのです。お願いします。」などと当職に訴えかけてきた。信頼のおける向川行政書士が紹介したAのこの強い思いが当職を動かす要因となった。このように、Aの真摯な思いが勝訴判決を導き出す第一歩になったのである。

(3) 「本件訴訟における勝因」

　本件在留特別許可に関する裁決取消訴訟（以下「本件訴訟」という）の報告をする前に、上述の経緯を述べたのは、普通の会社員であるA及びBが、自分たちの生活を守るために立ち上がり、そして、闘い抜いたことが、実質において、もっとも大きな勝因であったということを指摘したいと考えたからである。権利は与えられるものではなく、勝ち取るものであることを普通の市民であるAとBが身をもって具現化したことこそ、在留特別許可に関する裁決取消訴訟における要と考えるのである。以下、本件訴訟について事実関係も含め明らかにしたい。

Ⅱ　本件事件の概要と争点

(1)　本件事件の概要

本件事案は，入管法49条１項に基づくＢの異議の申出に対し，法務大臣から権限の委任を受けた東京入管局長が，平成15年４月９日，Ｂの異議の申出について理由がない旨裁決（以下「本件裁決」という）をし，その通知を受けた東京入管主任審査官が，同月10日，Ｂに対し，その旨告知するとともに退去強制令書発付処分（以下「本件退令処分」という）をしたのに対し，Ｂが，本来ならば在留特別許可をするべきであるにもかかわらずこれを認めなかった本件裁決には裁量権を逸脱又は濫用した違法があり，この裁決を前提にした本件退令処分も違法であって，取消しを免れないとして争った事案である。したがって，争点は裁量権の逸脱又は濫用の有無であり，争点自体は明白であった。

(2)　行政事件取消訴訟における要件事実の吟味

(a)　裁量処分の取消訴訟の要件事実は，行政庁の裁量処分がその裁量の範囲を超え，又は濫用があることである。このように，法は，行政庁の裁量権の逸脱・濫用がある場合に，裁量処分の取消しを認める（行訴30条）。法は，自由裁量行為であっても，裁量権の逸脱・濫用の有無について司法審査が及ぶことを認めているわけである。司法審査を排除する伝統的な自由裁量論を排斥し，法治主義の徹底を図ろうとしたものといえよう。

(b)　もっとも，行政裁量への司法コントロールをどのように実現するかは問題である。学説の多くは，当該個別の行政処分がなされる際の判断過程を分析し，その段階ごとに裁量権の所在とそのあり方を検討し（①事実認定，②法定された要件の解釈，③認定事実の要件へのあてはめ，④手続の選択，⑤どの行為をするかの選択，⑥行動の発動，不発動の決定，⑦時の選択），それぞれのレベルで裁量の所在とあり方を検討すべきであると提唱する（南博方＝高橋滋編『条解行政事件訴訟法』〔第２版〕436頁以下，同『条解行政事件訴訟法』〔第３版〕510頁以下，室井力＝芝池義一＝浜川清編『行政事件訴訟法・国家賠償法』316頁以下）。

ところで，判例は，法律上の要件が不確定概念による場合，要件裁量（自由裁量を行政庁による法定要件の認定に見いだす考え方）を認める方向にある（南博

方＝高橋滋編『条解行政事件訴訟法』〔第3版〕509頁以下）。そのリーディング・ケースとして取り上げられているのが，外国人の在留期間更新に関する最高裁判決（最大判昭53・10・4民集32巻7号1223頁）である。同判決は，外国人の日本在留につき権利性を保障されないとした上で，「諸般の事情を斟酌し，時宜に応じた的確な判断をしなければならない。」とし，法務大臣の裁量（要件裁量）を肯定した。法は，在留特別許可についても，特別の事情があると認めるときに，法務大臣が在留を許可することができるものであるとして，不確定概念を用いているから（入管50条），在留特別許可も，在留期間の更新と同様に要件裁量といえるとする。

(3) **弁護方針**

(a) **在留特別許可の法的根拠について**

本件弁護の受任後も，裁量権の逸脱又は濫用を実質的にどのように理解すべきか，実のところ悩みに悩んだ。従前の判例を前提にすれば，行政の裁量は広く認められ，行政処分庁による「人生設計の全面的なやり直しを迫る」退去強制命令を司法的にコントロールすることは極めて困難であると考えられたからである。

その中で，裁量論に歯止めを加える理論的根拠を示唆したのが，駒井洋先生，瀬戸一郎先生及び山脇敬造先生が編集し，明石書店から出版されている『超過滞在外国人と在留特別許可』という書籍であった。右諸先生方の指摘を参考にし，在留特別許可の制度趣旨を，憲法が立脚する個人主義思想，居住移転の自由（憲13条・22条1項）及び同様な定めをする「市民的及び政治的権利に関する国際規約（以下「B規約」という）に求め，行政の裁量行為に限定を加える解釈論を展開することにした。

もとより，この解釈論によって，従前の判例が変更されるとは考えていなかったが，在留特別許可が行政から恩恵的に与えられるにすぎないという判例の発想に挑むには，憲法の規定及びB規約に法的根拠を求めることが妥当であり，A及びBの切実なそしてごく自然な要求を法論理からも認めるべきであると考えたからである。

(b) **在留特別許可を付与すべき事実の主張について**

事実主張に関する弁護方針は，「行政処分庁の判断の基礎とされた重要な事

実に誤認があること等により右判断が全くの事実の基礎を欠くかどうか，又は事実に関する評価が明白に合理性を欠く等により右判断が社会的妥当性を欠くことが明らか（最大判昭53・10・4民集32巻7号1223頁）」といえるか否かを基本に，真実を明らかにすることにもっとも力点を置くことにした。

具体的には，①Bの本邦に入国するに至る経緯，②入国後の生活状況，③不法滞在に至る経緯，④Bが善良な市民として日本の社会に定着してきたという事実，⑤Aとの親密な関係等の事実を明らかにし，Bを中国に強制的に退去させることが，人権上及び人道上も許されないという事実を立証することに主眼をおいた。この方針は，「私たちは，幾多の困難を乗り越え，愛情を深め，他の日本人と変わらない生活をしてきました。引き裂かれる理由はありません。」というA及びBの主張を証拠によって明らかにすることであった。

(c) 行政処分庁の判断過程における過ちの解明方針

A及びBの主張が真実であるという主張・立証活動に加え，法務大臣の委任を受けた東京入管局長が，何故に誤った判断をするに至ったのか，この点を解明するという方針を立てた。処分庁が事実の根拠を欠く判断をするに至ったのは，相応の原因があるからであり，その事実を客観的な証拠に基づいて明らかにすることにしたのである。

もっとも，国側からBの供述調書等の証拠が提出されない限り，行政庁が何故判断ミスを犯したのか解明できないので，入管における違法審査・口頭審理等において作成された供述調書の提出を待つとともに，B及びAから具体的な事情（インタビューの内容やAとBの面接，手紙のやりとり等）を聞き，準備をした。

Ⅲ 公判での主張・立証活動

(1) 法的判断に関する枠組み等の主張

(a) 原告の主張

憲法は，個人を尊重し，個人がいかなる幸福を追求するかを個人の決定に委ねるべきであり，国家はそれを追求する諸条件・手段を保障しようという個人主義思想に立脚し，詳細な人権カタログを用意し，居住移転の自由も保障している。この人権思想は，世界の潮流といってよく（人権思想の国際化），「市民的

及び政治的権利に関する国際規約（以下「B規約」という）」，「すべての移住労働者とその家族構成員の権利保護に関する国際条約69条2項」もその流れの一環である。

　そうだとすると，在留特別許可の制度趣旨についても，法治主義の徹底という視点だけではなく，法の支配の観点からも見直すべきである。

　このような観点からすれば，在留特別許可の制度趣旨の根拠は，憲法が立脚する個人主義思想（個人の尊厳に立脚し，個人がいかなる幸福を追求するかを個人の決定に委ねるべきであり，国家はそれを追求する諸条件・手段を保障しようとするという思想），居住移転の自由及びB規約に求めるべきであり（法の支配の徹底），在留特別許可をするか否かの判断基準は，「国連移住労働者条約69条2項」を参考に，①入国の状況，②在留期間及びその他関連する事項，③特に家族の状況に関する適切な配慮がなされているか否かに求めるべきであり，これらを念頭に不法滞在者が善良な市民として我が国に定着しているか否かという観点から，在留特別許可をすべきかどうかを判断すべきであると主張し，後述のように，本件には在留特別許可をすべき事情がある旨主張・立証した。

　(b)　国の主張

　国は，原告の主張に対し，①そもそも，国家は，国際慣習法上，外国人を受け入れるか否か，また受け入れる場合でもいかなる条件を付するか自由に決することと認められていること，②B規約は，①の国際慣習法を前提にしており，さらにB規約13条は法律による外国人に対する強制退去を前提にした規定を設けていること，③憲法上，外国人に入国の自由が保障されているものではなく，いったん適法に入国しても在留の権利又は引き続き本邦に在留する権利が保障されているものではないこと，④外国人の入国，在留は国家の自由な裁量に委ねられているのであり，これを前提に入管法が立法されていると考えられるところ，在留特別許可は，入管法上，退去強制事由が認められ退去すべき外国人に恩恵的に与え得るものにすぎず，在留期間の更新の場合と異なり，当該外国人に申請権すら認められていないなどと反論した上，在留特別許可は，外国人に対する出入国の管理及び在留の規制目的である国内の治安，善良な風俗の維持，保健・衛生の確保，労働条件の安定など国益の保持の見地に立って，当該外国人の在留中の一切の行状等の個人的な事情のみならず，国内の政治・

経済・社会等の諸事情が総合的に考慮されなければならないのであって，このような見地から入管法は，国内外の情勢に通暁する法務大臣等に極めて広範な裁量権を与えたことは明らかであるから，在留特別許可を付与しないことが違法となる事態は容易に考え難く，極めて例外的にその判断が違法となりうる場合もあるとしても，それは，在留特別許可の制度に設けられた入管法の趣旨に明らかに反するなど極めて特別な事情が認められる場合に限られるなどと主張した。

(c) 国の主張・反論とその問題点・原告の再反論

国の反論及び主張は，予想されたものである。そこで，B規約は国外退去を規定した「法律の存在」を前提にしているというが，ここでいう法律とは「法の支配に合致した法」を意味すると解すべきであり，諸外国では，非正規滞在者の合法化が比較的明確な基準で認められており，国連移住労働者条約を批准しない他国においても，同条約の精神を尊重している旨（駒井洋＝瀬戸一郎＝山脇敬造編『超過滞在外国人と在留特別許可』52頁以下）反論し，人権の国際化の潮流を無視すべきではない旨強調した。

そして，国の主張・反論は，実質的には，個人的な事情よりは，抽象的な国内外の諸事情を優先するというものであり，国が主張する諸事情を勘案すべき場合もあり得るとしても，現実には，内外の諸事情を考慮に入れる必要性がないかその影響が少ない場合もあるのであり（本件は後述のようにそのケースであった），それにもかかわらず，抽象的な国内外の情勢を殊更に強調し，単に在留特別許可の制度の趣旨に明らかに反する特別な事情がないというだけでは，裁量権の逸脱又は濫用を司法的にコントロールしようとする行訴法30条の趣旨が没却されるおそれがある。そこで，原告としては，「特別な事情」の具体的な内容・ガイドラインを明らかにするべきであると強調した。

国は，本件訴訟の中で，在留特別許可に関するガイドラインについて何ら触れることはなかったのであるが，法務省入国管理局は，平成18年10月，そのホームページに，在留特別許可に係るガイドラインを掲載するようになった。

このガイドラインは，出入国管理基本計画（平成12年法務省告示第119号）を骨格とする。出入国管理基本計画は，在留特別許可の許否にあたっては，個々の事案ごとに，在留を希望する理由，家族状況，生活状況，素行，内外の諸情勢，

人道的な配慮の必要性，我が国における不法滞在者に与える影響等，諸般の事情を総合的に勘案して判断する旨定めるものであるが，この基本計画を中軸にし，さらに当該許可の許否を判断するにあたり，積極的要素と消極的要素に分類し，考慮すべき事項を掲げている。参考までに本報告書の末尾にガイドラインを添付しておく。

(2) **在留特別許可を付与すべき事実の主張・立証**

(a) 事実に関する主張・立証は，既に述べた弁護の方針を基本にした（①Bの本邦に入国するに至る経緯，②入国後の生活状況，③不法滞在に至る経緯，④Bが善良な市民として日本の社会に定着してきたという事実，⑤Aとの親密な関係等の事実を明らかにし，Bを中国に強制的に退去させることが，人権上及び人道上も許されないという事実の主張・立証)。

そして，行政処分庁の処分がまったくの事実を欠くという主張・立証については，行政処分庁がA及びBに対する調査の過程の中で，いかなる不備があり，その不備によって事実誤認に陥ったという事実関係を解明することに力点をおいた。

(b) Bの入国以前の立証

Bが入国する以前の生活状況は，我が国において善良な市民として社会に定着しているかどうかとは，直接関わらない事柄である。しかし，Bの人柄を明らかにすることにより，我が国においても，誠実かつまじめに生活をしたであろうという間接事実として重要と考え，以下の事実を明らかにした（Bの陳述書及び同供述)。

(イ) Bは，昭和48年4月21日中国の遼寧省の地方で出生した。満州民族のBの両親は躾も厳しく，また仕事一筋であった。Bは家事を手伝いながら，勉学にもいそしみ，その能力を発揮するようになり，難関を突破して師範学校に入学した。遼寧省で推薦により師範学校を受験することができたのは，B一人であった。

(ロ) Bは，師範学校でも優秀な成績を修め，学校より国費留学を勧められた。遼寧省において，国費留学を勧められたのはB一人であった。Bは，日本に留学し，幼児教育の勉強をした後，中国において，幼児教育に専念しようと考えていたのである。そして，国費留学の試験を合格し，平成6年4月4日来日す

ることになった。

　Bの両親は，Bに対し，人に親切にし，特に老人や幼い子供たちには思いやりの精神で接するよう教育し，また自らまじめな生活をすることによって，人としての生き方を教え，Bもこれに応えて，難関な試験を突破するに至ったのである。

　(ハ) 以上のように，Bの中国での生活歴及び日本への入国状況について何ら問題はなかった。そして，国も入国以前については何の反論もしなかった。

　(c) 来日後の生活状況の立証

　(イ) 立証目的

　来日後の生活状況に関する立証目的は，国費留学生Bが勉学に勤しむだけでなく，日本の社会に馴染むため懸命に努力をし，日本の社会で生活の基盤を築き，かつAとの強い絆で結ばれるに至り，Bを強制退去させることが人道上も人権上も問題であることであった。

　具体的には，①留学時代から生活状況に問題がなかったこと，②Aとの出会いは真摯なものであり，その関係は濃密なものであり，平成15年1月頃からは，夫婦同然の生活を送っていたこと，特にAとBの出会いは，双方にとって，運命的なところがあったこと，③Bが収容後にAとの婚姻届を提出するに至ったのは，合理的な理由があったこと，④AとBの関係が濃密であったことは，Bが大村入国管理センターに収容された後も，Aが懸命にBを励まし，支えていたことからも明らかなこと，⑤Aの両親も，AとBの婚姻を最終的には歓迎したこと，⑥Bが，中国人X男と婚姻後資格外活動を行ったが，やむを得ない事情があり，その違法性は低いこと，⑦行政処分庁が，違反審査の時点で，AとBの間に婚姻する意思があったとは認められないという認定をしたのは，その調査方法に問題があり，そのために，当該処分がまったく事実の根拠を欠くものになったことを立証することにした。

　(ロ) 善良な市民として生活を営んでいたという事実

　　(i) 勉学に勤しんだという事実　Bは，平成6年4月文化外国語専門学校日本学校に入学し，日本語及び日本の文化・習慣を学んだが，中国において必要な単位をすべて取得していたので，同年7月に同校の卒業証書を授与され，平成7年3月8日には，文化外国語専門学校を卒業した。

その後Bは，専門学校で幼児教育学科，幼稚園教諭及び保母養成学科で就学し，2年間で幼稚園教諭資格，保母資格及び専門士の学位を取得した。
　そして，Bの在留期間は1年であったが，在留期間更新の手続を取っていた。
　以上の事実を卒業証明書，免許証等によって明らかにした。なお，Bは，日本社会にとけ込もうと考え，在学中にもアルバイトをしていた。
　　(ii) 婚姻とその後の生活状況　　Bは，平成6年頃に，中国籍を有するX男と知り合うようになるのであるが，やがて中国人男性X男と恋愛関係となり，妊娠を契機に，平成9年12月18日，同人と結婚した。
　Bは，この婚姻を契機に在留資格を「留学」から「家族滞在」に変更する申請をし，平成10年1月19日にその許可を得た。そして，Bは，平成12年1月6日，2回目の在留期間更新許可申請によって，在留期限は平成15年1月19日までとなった。
　ところで，Bは，つわりがひどく，中国で出産することにしたのであるが，日本での親子3人での生活について，X男が強く反対したため，娘を中国の両親に預けることにした。しかし，その後も，X男は職を転々とし，収入も多くなく，生活はもちろん，中国への送金もままならなくなり，Bは，レストランでアルバイトをし，さらに，資格外活動の許可を得ずに，平成11年5月に，旅行会社で勤務し，生活を支えるようになった。
　この旅行会社の上司がAであったのであるが，Bは，旅行業に関する知識がまったくなかったので，上司Aの指導の下，熱心に旅行業及び日常業務に関する知識を習得し，業務に専心した。そして，日常業務を行うにあたり，同僚へも気配りをし，信頼を得るようになった。
　Bは，会社だけではなく，地域においても，礼儀正しさ，優しさなどその性格が評価され，信頼されていた。
　その後，Bは，前夫X男に誘われて，同社を退社し，X男が勤務することになっていた某通信社で稼働することになったが，さらに，繁忙期が過ぎ，中国の娘に会いたいという気持ちが強くなって，同社も退職し，中国に帰国した。
　そして，日本に戻ったBは，平成12年5月頃，資格外活動の許可を得て，旅行業を営むR会社に勤務するようになったのであるが，必死で働き，分からないところがあると，電話でAに質問するなどして旅行業に精通するようになり，

顧客の立場で旅行計画を立案して，顧客からも信頼され，また会社においてもマナーを守るだけでなく，実績をあげ，上司同僚からも高く評価されるに至った。

　以上の事実を立証するため，職場の同僚，地域住民に陳述書の作成を依頼し，これを証拠として提出した。職場の同僚，地域住民は，快諾したのであるが，その時に精力的に動いたのがAである。実際に集まった陳述書は10通以上あったが，内容が重複しているものもあったので，裁判所の負担を考慮し，厳選した。Aは，出張や帰宅がおよそ午後10時過ぎという日常の激務の中で，月2回から4回大村の収容センターに通ってBを励ましていたのであるが，Bを救うため，時間を割き，協力を呼びかけてきたのである。

　(ﾛ)　Bの離婚原因と中国に帰国できなかった事情

　　(i)　立証の必要性　　Bは，平成14年2月27日X男と協議離婚したのであるが，離婚後もX男は同じマンションに居座っていた。そこで，Bが離婚するに至った具体的な経緯のみならず，離婚後も同居せざるを得なかった事情も明らかにし，真実離婚が正式なものであったことを立証する必要性があった。

　同時に，Bの娘は中国にいたのであるが，何故中国に帰国できなかったのか，その理由を明らかにしなければならなかったのである。

　そして，その手がかりを与えたのが，BのAに対する手紙であった。この手紙は，Bが収容されて間もない時（平成15年3月20日以前）のものである。援用しよう。

「9年前，何も知らず，全く知らない国に21歳の少女（Bのこと）がやってきた。他の留学生より豊かな条件をもって，勉強しに来た。そして，普通に進学し，少しアルバイトをし，普通の生活を過ごす日々だった。あまり（に）順調で世の中の恐さや悪人が存在することを知らず，少女は誰にも（全ての人々を）信じていた。学校を卒業後，迎えていたのは普通よりちょっと違う結婚だ。（子供が）できた結婚だ。就職（結婚）ができた少女（B）は，自分の夢を捨て，人妻になった。それは悪夢の開始だ。赤ん坊が生まれて，可愛い女の子だった。でも，彼の両親に可愛がってもらえなくて，（彼の両親は）男の子が欲しかったようだ。赤ん坊が生まれかけて，昔の少女はやっと分かり始めた。人はこんなに恐いのだ。世の中こんなに生きずらいのだ。どうしよう。……（少女は）

赤ん坊を実家の母に預けて二度日本に戻ってきた。でも彼女の考えは甘かった。結局家庭がバラバラになった。……彼女は感じた。世の中に誰も信じないと。彼女は心の扉を閉ざした。不幸を隠し，悩みを心に埋め，仕事だけ頑張っていた。……彼女は孤独だった。……星が現れた（Aのことである）。アンタレスを見た。海辺で無言のまま，散歩したり，流星を見ながら願ったり，打ち上げ花火と同じように彼女（B）の心に火をつけられた。（彼女は）少女に戻った気分だった。仕事の疲れや悩みを忘れ，女性（Bのこと）はいつもいつも週末を待っていた。彼のことが好きになった。命を捨ててでも，死ぬほど好きだった。彼（Aのこと）も女性が好きになった。2人は幸せな週末を迎え，送れ疲れを感じない日々だった。恋に落ちた人は恋に夢中にだった。……」

　この手紙は，「希望に燃えて日本に留学したBが，初めての恋愛を契機に，妊娠・結婚することになり，それが苦悩の始まりで，やがて，人生に絶望し，離婚するに至った経緯，その絶望感の中で，Aと再会し，やがて結ばれることになった。そして，漸く幸せを摑むことになった。」ことを示すのであるが，その具体的かつ詳細な事実を証明する手がかりとなったのである。

　　(ii) 婚姻と離婚　　Bは，平成9年頃，中国の清華大学卒業後，日本に留学していたX男と出会い，恋愛関係になった。Bにとって初めての恋愛である。そして，妊娠し，結婚することになったのであるが，障害があった。Bは国費留学であり，中国へ帰国することが条件になっていたのである。しかし，この問題は，一人っ子政策の推進により，学校の統廃合が進み，教員が過剰になっていたので，中国政府が，Bの婚姻，出産に同意し，解決するに至った。

　しかし，X男の両親は，BとX男の結婚には反対であった。①Bが満州民族でX男が漢民族であり，民族の違いがあること，②X男は北京出身であるのに，Bは地方の出身者であること，③Bの学歴がX男と比較して低いことが原因である。Bは，X男の勧めでX男の実家で出産する予定で北京を訪れたのであるが，その時に義理の両親の反対をはじめて知り，大変なショックを受けた。しかし，これに耐え，北京で出産を迎えることになった。

　生まれてきた子は女の子であった。一人っ子政策が進む中で，男の子の出産を望んでいたX男の両親は，跡継ぎとして男の子の出産を望んでいたのであるが，生まれてきた子が女の子であったため，Bに対する嫌悪の念を一層強め，

さらに冷たく接するようになった。この仕打ちに耐えきれず，Bは，生まれて間もない子を抱え実家に帰ることにした。

　X男の両親は，「これで，縁が切れた。Bも子供もいらない。」などと言っていた。また，出産後，2週間X男から連絡がなかった。

　このような環境での出産ではあったが，Bにとって，生まれたばかりの女の子は愛おしくてたまらず，母親として大切に育てたいという気持ちが強まっていた。

　Bは，自らの生い立ちから，子供を健やかに育てるためには，両親の愛情を注いで生活をすることが大事であると考えていたが，X男は強く反対した。日本で仕事をしながら，子育てをするのは大変だというのが理由であった。

　Bは，中国の両親から，結婚したら夫に従って夫を支え，家庭を守るのが妻の務めであると教わって育っていたので，子と生活をしたいという強い気持ちを抑え，X男の意見に従うことにした。しかし，Bが日本に戻った後も，X男は職を転々とし，わずかな収入しかなかった。

　そこで，Bは，最初レストランでアルバイトをし，さらにAの勤務する旅行会社で稼働して生活を支えた。

　X男は，某通信社に勤務することになったが，X男の両親が日本を訪れた際に，日中両親を放っておけないなどと同社を退職し，両親とともに都内観光，大阪そして京都に旅行に出かけるようになった。そして，半年後，X男は，両親とともに中国に帰り，日本に帰ってこない状態が続いた。

　Bは，新たにR旅行会社に勤務して仕事に専念し，収入を得ては中国に送金していたのであるが，X男の無責任さに耐えきれずに，中国に迎えに行った。しかし，中国では，義理の両親の冷たい仕打ちが待っていた。義理の両親は，Bを泥棒猫呼ばわりし，満州民族で地方出身のBを蔑み，X男自身もBが働いて子供の養育費を送金して当然という態度であった。そして，X男は北京でも求職活動をしていなかった。お互いにいたわり合い，支え合って生活をしていた両親を見て育ったBには，X男に父親，夫としての責任感がまったくないように映った。

　Bは，気を取り直し，もう一度日本でやり直そうと考え，X男を説得し，日本に戻ったのであるが，X男は相変わらず，仕事をせず，自堕落な生活を送っ

ていた。一方，Bは，日本に戻りR社で懸命に努力し，社内での売上げがトップになったのであるが，独立するという噂を流され，平成14年1月，解雇されることになった。

　Bは，夫のこと，解雇のことで人間不信に陥り，絶望感に襲われた。

　Bは，心の傷を癒すため，中国の娘に会いに行った。そして，自分一人で娘を育てようと決意し，求職活動もしたのであるが，中国の故郷は田舎で仕事がなかった。そのため，日本で働き，娘と2人で生活する以外に途はないと考え，日本に戻ってX男に離婚を強く求めた。そして，同年2月17日に漸く離婚することができたものの，X男は，他に行くところがないなどと言って，マンションに居座った。こうして，BとX男は，同じマンションで別々に生活することになった。

　上述したBのAへの手紙は，このような婚姻そして離婚への経緯の中での苦悩を示すものであり，それは，同時に入管に収容された苦悩をも滲ませるものでもあったことが，Bからの事情聴取で一層明らかになった。

　Bの苦悩を十分理解するまでには時間を要した。Bから電話で長時間話を聞くだけでは足りず，大村の収容センターに4～5回足を運び，Bから事情を聞き，そして，これを書面にし，内容に間違いがないかどうか確認した。このような調査の中で，Bが婚姻し，離婚するに至った経緯が具体的に明らかになった。もちろん，後述のその余の事情を聴取し，同様に確認した。

　(二)　Aとの再会と婚姻への環境整備

　　(i)　離婚後，Bは，娘への送金の問題，自身の生活，そして，離婚したX男が居座るという極めて不自然な状態の中で，何とか仕事をしなければならないと切羽詰まった状態にあったところ，J旅行会社から「就労ビザを取ってあげるから，働かないか。」と誘われ，勤務することになった。

　　(ii)　Bは，J旅行会社に勤務したものの，X男がいるマンションに帰ることが嫌になり，X男が就眠後に帰宅し，起床する前に出社するようになった。早朝から深夜遅くまで働き，Bは，人相が変わるほどやつれた。そして，心を休める場所すらなくしたBは，精神的にも落ち込んでいった。Bの精神状態は，きれいな花を見ても，自然に接しても何も感じられないというものであった。

　　(iii)　そのころ，Aは，BがJ旅行会社に勤務していることを知り，情報交

換をしたり，仕事の打ち合わせをするため，Aと電話でやりとりすることなどがあったが，会うことはなかった。やがて電話のやりとりの中で，Aは，Bを食事に誘うようになった。

Bは，尊敬でき，明るく親切なAに相談しようと考え，レストランでAに会ったとき，婚姻の経緯，離婚に至った事情，中国での出来事，子供のこと等の鬱積したすべての苦悩を堰を切ったように打ち明けた。

Aは，BがAの所属する会社に勤務していたときに，新人であったBの教育担当者であったので，Bが熱心に仕事に取り組み，顧客への対応も親切かつ丁寧であったことは知っていたが，Bの熱心さ，明るさの裏に抱えている苦悩を初めて知り，驚きを禁じ得なかったとともに，Bが人相が変わるほどにやつれた理由を知り，驚いたことはいうまでもない。

そして，Aは，Bの人柄の良さを熟知していただけに，何とか助けてやりたいという衝動に駆られるようになった。

(iv) その後，AとBは，頻繁に会うようになり，Bにあの明るさが戻ってきた。

Bは，上述のように，Aとの再会，そして親密な関係になったことについて，収容された後，Aに手紙でその当時を述懐している。もう一度その部分を示そう。

「……彼女は感じた。世の中に誰も信じないと。彼女は心の扉を閉ざした。不幸を隠し，悩みを心に埋め，仕事だけ頑張っていた。…彼女は孤独だった。……星が現れた（Aのことである）。アンタレスを見た。海辺で無言のまま，散歩したり，流星を見ながら願ったり，打ち上げ花火と同じように彼女の心に火をつけられた。（彼女は）少女に戻った気分だった。仕事の疲れや悩みを忘れ，女性（Bのこと）はいつもいつも週末を待っていた。彼のことが好きになった。命を捨ててでも，死ぬほど好きだった。彼も女性が好きになった。2人は幸せな週末を迎え，送れ疲れを感じない日々だった。恋に落ちた人は恋に夢中にだった。」

A自身も，Bと付き合うようになって，これまで付き合ってきた日本の女性にはない優しさ，老人や子供に対するいたわりがあるBに惹かれるようになったのである。

このように，AとBは親密な関係になっていくのであるが，他方でX男がBのマンションで生活をしているという現実もあった。Bが足をけがし，入院した後，病院に通院しながら治療をすることになった時のことである。Aは，Bと，時間を割いて付き合い，X男が就寝するまでの時間をBと共有していたのであるが，Bがけがをしたときに，側で看病できない自分に腹立たしさと無力感を覚えるなり，真剣に結婚を意識するようになった。

もちろん，BもAに対する尊敬の念から，Bの苦悩をすべて理解し，受け入れてくれるAに対し，思いを募らせるようになり，Aとの婚姻を望むようになった。両名が結婚を意識するようになったのは，平成14年8月頃のことである。

(v) しかし，親思いのAは，一人っ子であること，Bに離婚歴があり，かつ中国に子供がいること，X男がマンションに居座っていることなどから，Bとの婚姻の意思を両親に伝えることができなかった。そこで，AとBは，環境を整えた後に，両親を説得することにした。

環境整備の一環として，Aは，Bに新しい職場を紹介し，住まいを探すことにした。

もっとも，住まいも探していたのであるが，平成14年10月，X男が強制送還され，あえて新しい住居を探す必要性がなくなった。

Bは，平成14年9月12日頃，J会社の社長から，「在留資格変更の申請は不許可になった。ビザはあってもないと同じ。強制退去もある。週6日間働きなさい。」などと強要されていたので，平成14年11月20日に同社を退職し，Aが紹介した会社に再就職することにした。まずは，足元からの環境整備であった。

こうして，Bの職場の問題，そして住まいの問題も解決し，2人の不安材料は徐々に取り除かれるようになった。

2人は，将来に安心して，平成14年12月27日から翌年の1月8日までイタリア，フランスへの旅行に出かけた。

Bは，旅行先で，子供のようにはしゃぎ，世界遺産を見て感嘆し，世界の名画に魅せられ，行き先で笑顔で老人や子供に優しく接するなど本来の自分を取り戻すようになったのである。

そして，2人は，帰国後，ほとんど生活を共にするようになり，Aは，外食

や買い物を負担し，その他に月5万円の生活費を渡すようになった。

(vi) 残された問題は，在留資格であったが，Aは，Bに在留資格変更の申請をするよう助言した上，K行政書士に，その手続を依頼した。

(vii) この在留資格変更の申請を契機に，Bは収容されることになるのであるが，以上の経緯は，AとBの関係が濃密なものであるばかりでなく，深刻な幾多の苦悩，問題を乗り越え，幸せを摑もうとしている2人の真摯な姿があったことを示す。そして，国家がささやかな幸せを摑もうとする2人を引き裂き，人生設計の全面的なやり直しを迫る本件強制退去が如何に理不尽なものであるかは，憲法の立脚する個人主義思想及び人道上の見地に照らし，明らかといえる。

当初，A，B両名は，2人の関係を裁判で明らかにする必要はないと考えていたが，当職の説明で納得し，詳細な陳述書を作成し，すべてを明らかにした。当初からAは，「私たちは，幾多の困難を乗り越え，愛情を深め，他の日本人と変わらない生活をしてきました。引き裂かれる理由はありません。」と訴えていたが，その内実をA及びBの両名は裁判所に訴えたのである。

(十) 収容後の2人の関係

(i) 立証の目的　　Bは，平成15年3月12日，入管に収容され，同年4月10日，退去強制処分に付されたのであるが，A及びBの両名は，同年5月22日，婚姻届出をした。収容後に入籍するに至った経緯，入籍後の2人の関係を明らかにすることによって，収容前の両名が実質的に夫婦同然かそれ以上に濃密な関係にあったことが明らかになるので，収容後の両名の関係に関する立証も重視した。

立証内容は，BがAに対し，毎日手紙を送り，そして電話もし，Aも，平成15年3月17日頃から，大村の収容センターに送還されるまでの間，土日祭日を除き，毎日面会に出かけてBを励まし，またBの電話代等に要する費用を支弁し，Bが大村収容センターに送還されてからは，月2回から4回面会に行っていたという事実である。

(ii) 婚姻届提出までの道のり　　上述のように，収容後，婚姻届を出すまでに，1ヵ月以上を要したが，それは苦悶の時であった。

当初，Bは，日本での在留資格を得るため，Aに婚姻届を提出するよう申し

入れた。

　しかし，Aは，Bの収容に気が動転し，混乱したものの，Bがすぐに帰ってくるものと信じて疑わず，収容中のBを両親に紹介することをためらったので，入籍を断った。

　そして，古風な考えのBも，Aと将来一緒に生活をするという意思に変わりはないものの，これ以上Aに負担をかけてはならないという心境になり，これをやむを得ないことと考えるようになった。そして，Bは，Aに対し，平成15年3月17日「新しい幸せな人生をスタートするから，5年間でも気持ちが変わらない。待つ，Aちゃんの迎えを待つから。入管法はどうなっているか分からないけど，人によって違うと聞いたけど，二人の愛は嘘じゃないからきっと，きっと幸せになれるよ。信じている，ずっと，ずっと。」という内容の手紙を出した。

　こうして，Aは，入籍を断ったもののBの今後に不安を抱き，K行政書士に相談したところ，K行政書士から，「強制送還をされたら，最低5年は日本に来れない。結婚すれば，日本に残れる可能性はある。入籍しない限り，強制送還される可能性が高い。」と教えられ，安易な楽観論に依拠できない現実を思い知らされることになった。

　当時の心境の変化について，Aは，Bとの出会い，楽しかった日々が走馬燈のように頭を駆けめぐり，またBに会えなくなるかもしれない日々の辛さ，悲しさを感じ，意を決して，両親を説得することにした旨陳述書に記した。

　Aの父親は，技術者として定年退職まで会社勤めをした人物で，曲がったことを許さない人物であった。そして，母親も，パートをしながら，夫を支え，家庭を守ってきた。このような家族関係の中で，説得は難航した。

　Aは，両親にBとのこれまでの事情をすべて話し，説得したが，Aの父は，当初あきれた様子で，一言も口をきかなくなった。母親も「やめなさい。」の一言で片づけた。Aは，あきらめずに，母親に何度もBの日本での生活，離婚に至った経緯，Bの人柄，惹かれたところなどを話した。やがて，母親は，「日本人は，中国人に対する偏見があり，うまくやっていけるかしら。子供を日本に連れてきても，虐めに遇うかもしれない。辛い思いをするよ。」などと述べるようになった。そして，Bは，毎日Aに電話をしていたのであるが，母

親が電話に出ることもあり，Bと話す機会が多くなった。この電話を通じて，母親もBの人柄を知るようになり，Bとの結婚を許すことにした。父親も母親に説得されたのか，「男なら，きちんとけじめをつけろ。」と2人の結婚を許すようになったのである。

この間，Aは，Bに入籍しようと申し入れたところ，Bも同意した。Bは，Aからの入籍の申入れについて，以下のような手紙を出した。

「今まで面会に来てくれてありがとう。……貴方からの愛を感じた。すごく！ どんなに辛くても，どんな状況でも，がまんできるよ！……収容所に行っても我慢できる！ 心は貴方の側にいるから！……貴方と再会して，恋をして，よかった！ きっと貴方の妻になるのも幸せだ。二人力を合わせて，世の中一番幸せな家庭をつくって最高な家族になろうね。」

こうして，Aは，東京入管ではBのため上述のように面会に行き，Bが，平成15年5月20日，大村収容センターに送還された後も，月2回から4回面会に行き，日常品も送っていた。当時のAの給与は手取り月25万円程度であったため，預金を取り崩しての面会であった。BからAに対する手紙は数百通に及んだ。

(iii) Bも，Aの愛情に応え，毎日電話を入れていたのであるが，大村収容センターにおいて，他の収容者をみて同じ中国人として恥ずかしいと思うこともあって，在留資格等に関して勉強不足であったことなど反省の日々を送っていた。こうした収容所でのBの生活ぶりは，他の収容者の模範となり，収容所の職員からの評判も良かった。Bは，長い収容生活の中で，体調を崩したときでも，適切な治療，配慮を受け，職員に感謝をしていた。

なお，当職は向川行政書士とともに，数回仮放免の申請もしていたのであるが，すべて認められなかった。しかし，収容所でのBの模範的な生活が認められ，入管は，平成16年6月16日，職権によって仮放免を認めた。

(3) 国の反論とBの再反論等

(a) 国の反論

(イ) 当初，国は，Bの上述の主張，立証に対し，当初，①本件裁決当時BはAと婚姻関係になかったのであるから，在留特別許可を与える前提を欠いていたこと，②Bは，X男と離婚して在留資格「家族滞在」に該当しなくなった後

も，在留を継続したこと，③Bは，離婚しているにもかかわらず在日親族欄にX男の氏名を記載して，第2次在留資格変更許可を求めたこと，④Bは，平成14年11月から資格外活動の許可を得ないで，旅行会社で就労していたのであるから，Bが善良な市民として日本の社会に定着していたなどとは到底いえないなどと反論した。

(ロ) そして，①の根拠として，Bの入管入国警備官に対する平成15年3月12日付（収容の初日）供述調書，同月25日の違法審査における供述調書及び同年4月7日の口頭審理における供述調書を証拠として出した。

12日付調書では，①在留希望の理由として，日本で仕事を継続したいと述べるにとどまり，Aとの同居を継続し婚姻を予定しているなどと供述していないこと，②同月21日付BのAに対する手紙の内容からすると，Aが入籍に応じないことが判明し，B自身中国への帰国をほのめかしたことがうかがわれ，25日付違法審査の調書では，Bは，在留希望の理由を，主として，日本の生活に慣れ，今の会社の仕事が好きであることなどを挙げ，Aについては，「好きな人も日本にいる。」という程度であったことなどが記載されていた。

さらに，Aも，同月7日の入管特別審査官に対し，①「同居はしていません。週に2～3日泊まり，出勤しています。」など（面接記録書）述べていたこと，②生活費についても，AがBに家賃等の生活費を入れておらず，Bが支弁していた旨述べたこと（いずれも面接記録書）などの事実と前記Bの調書を総合し，本邦での在留を認めるべき特別な事情は存在しないと反論した。

(b) A及びBの関係についてのBの再反論

(イ) 国は，AとBが交際していたという事実は認められるものの，Bの供述調書及びAの面接記録で明らかなように，AとBの関係は在留特別許可を付与するほどのものではないというものである。

この主張は，まさに，入管における調査ないし口頭審理が杜撰であったことを示した。この手続の杜撰さは，国が事実誤認に陥り，在留特別許可を付与しなかった最大の要因であった。そこで，その事実を主張・立証した。

(ロ) Bは，平成15年3月25日の違法審査において，Aとの関係について，①Aは恋人であること（中国語で恋人は婚約者の意味である），及び②時期は確定しないものの，Aとはうまくいったら結婚すると述べていた（さらに，Bは，平

成6年4月4日から平成15年3月までの約9年と在留期間が長く，人脈はすべて日本にあり，中国にはないこと，日本に好感をもっていること，日本で夢を実現したいことなどを述べ，日本社会に定着している旨述べている）。

そして，入管特別審査官は，Aに対し，同年4月7日，面接をするにあたり，担当職員からの質問は公的なものでない旨伝えていた（この事実は，国も準備書面で認めた）。Aとしては，この面接を雑談と理解し，また入籍前にBと同居していることを話すのは恥ずかしいと考え，Bと婚姻予定であることなどは話したが，正確な交際状況については話さなかったのである。これに対し，入管特別審査官は，Bの前記供述と食い違っていることに気づきながら，Aに間違いないかどうかを確認することすらしなかった。

さらに，同日，入管特別審査官は，A立会いの下で，Bに係る口頭審理を実施したのであるが，Bは，①好きな日本で，恋人（婚約者）Aと結婚し，夫を支え生活していきたいこと，②恋人（婚約者）Aの仕事は日本にあるため，中国で生活できないこと，③平成14年年末から年明けまでAと旅行し，その後は収容されるまで，ほとんど同居している状態であったこと，④Aとの婚姻手続を進めるための書類を中国から取り寄せ中であることなどを述べた。にもかかわらず，同審査官は，立ち会ったAに対し，あらためて質問したり，調書を作成することなどしなかったのである。

AとBが濃密な関係にあったことは，Bの口頭審理における供述で明らかとなったのであるが，入管特別審査官は，雑談と勘違いされるような面接におけるAの供述を信じ，Bの供述が信用できないと判断したのである。

しかし，上述のように，Bは，Aに対し，毎日手紙を書いていた。したがって，特別審査官が，AとBの供述の不一致などについて，再度Aに調査をすれば，Aは，客観的な証拠としてBからの手紙等を翌日でも特別審査官に提出し，真実をより明らかにできた。この手紙の内容を確認することによって，AとBの関係が如何に緊密なものであったか容易に知ることができたのである。しかもAの面接調書には，AがBの親族とも会い，その親族を通じてBの両親に結婚の意思を表明していること，中国から書類を取り寄せて婚姻の手続を進めること等の記載があるのである。

然るに，入管特別審査官は，基本的な調査を怠り，世間体を考えたAの部分

的な供述を基礎に，在留期間中のA・Bの関係が在留特別許可を付するに値しない事情であると誤って認識するようになったのである。

　しかし，以上のAとBの濃密な関係については，Aの供述調書，面接記録，Bの多数の手紙，Bの陳述書，Aの陳述書，Aの証人尋問，そしてBの本人尋問等で明らかにした。

　(c)　**資格外活動に関するBの反論**

　そもそも，勤労の精神は，憲法27条1項で謳われているところ，入管法による外国人に対する規制目的と就労制限のあり方に合理的な関連性があるといえるかという批判的な見解もあるのであるから，格別な理由がない限り，在留特別許可をしない理由として，資格外活動を挙げるべきでない。

　本件において，Bは，①学生時代に資格外でアルバイトをしていたが，それは，法的に無知であったことが原因であるから，違法性が低い，②平成14年11月以降の就労も在留資格の変更によって就労の場を確保しようとしたものであり，違法性が低い等反論した。

　(d)　**在留資格変更申請書に虚偽記載があったことへのBの反論**

　当該申請書に虚偽記載があったのは事実であるが，Bは，行政書士に申請手続をすべて依頼して手続をしたのであり，悪意はなかったと反論した。

　(e)　**証拠調べ後の国の新たな主張・立証とこれに対するBの反論**

　(イ)　Aに対する人証の証拠調べは，平成15年4月27日に東京地方裁判所において行われ，Bに対する本人尋問は同年5月10日，大村収容センターで行われたのであるが，国は，人証調べを終えた後の同年7月16日に，これまで主張していなかった新たなBの素行不良を示す計9通の書証を裁判所及び当職に送付し，これを前提にした最終準備書面を提出した。

　国の追加的な主張・立証内容は，(α) Bの勤務していたR旅行会社の代表者は，Bが売上金の一部を横領し，会社に損害を与えたので解雇したと述べ，J社においても同様の理由で解雇されたのであるから，まじめに業務専念していたといえないこと，(β) 新たに提出したB名義の銀行預金及び郵便貯金の口座の出入金の流れという書証から分かるように，Bが就学中も多額の預金をしており，まじめに就学していたとは認められないばかりか，X男名義のシティバンク赤坂支店の口座に平成10年6月29日から同年9月3日までに約2900万

円が入金され，その内1300万円がB名義のシティバンク池袋支店の口座に送金されているが，2900万円が正業により得られたものであるとは考えられず，Bも不正な行為に関与していなかったとは考えられないこと，(γ)Bはけがをして休業したことを理由に損害保険金を受け取っているが，休業期間中の5日間は出社しており，5日分の損害保険金の支払をさせて不正な利益を受けているのであるから，Bの在留状況に問題があったというものである。

整理をしよう。新たな主張を展開する以前において，国は，①AとBは交際していたものの，婚姻関係がなかった，②Bは，資格外活動を行っていた，③Bは，離婚後も在留資格変更許可を受けていなかった，④Bは，平成15年1月16日の在留資格「家族滞在」を「人文・知識国際業務」に変更する手続の際，離婚及びX男が中国に強制退去された事実を秘し，同人が在日親族である旨虚偽の記載をしたなどと主張していたにすぎない。

ところが，結審間際になり，①会社の金を横領した，②X男は正業以外の業務に関与し多額の金員を入手していると考えざるを得ないが，Bがこれにまったく関与していないとは考えられない，③Bは損害保険金を不正に入手していたという主張・立証が追加されたのである。

(ロ) 国の結審間際における新たな主張，立証の仕方は，弁論主義・迅速な裁判の要請に反する常軌を逸したものといえるが，およそ3日間という短期間で反論の書証を準備し，最終準備書面に追加的な反論を展開することにした。

(i) (α)の横領したという反論について　まず，R社を解雇になったのは，独立の噂が立ち，その真偽を巡ってR社と諍いになり，解雇されたにすぎない。横領などという事実はまったくない。横領を基礎づける客観的な証拠はなく，R社代表者の陳述書のみである。

次に，J社における横領も事実無根である。J社においては，チケット等の売上金の管理方法として，経理担当者が，入金伝票，預金通帳，領収書の控え及び入金伝票等の書類を管理し，受付・営業部門における売上げの管理を行うというシステムになっていたところ，Bは受付・営業部門を担当していたのであるから，売上金を横領することなど不可能であり，会社の売上げを横領したなどと主張するのであれば，その事実を直接裏づける客観的な証拠で明らかにすべきであって，J社代表者の陳述書やB等の作成に係る申込書だけに基づい

て横領などと主張するのは恣意的な主張にすぎない旨反論した。国の新たな主張がねつ造ともいうべきものであることを，Bの陳述書で明らかにした。

　さらに，会社が横領という虚偽の事実を主張するに至った経緯も明らかにした。すなわち，J社の社長は，Bの手腕を買い，在留資格変更の許可（平成14年4月24日付第1次在留資格変更許可申請）の申請をしてあげるから，入社しないかと勧誘し，Bが入社することになったのであるが，同年9月12日，在留資格変更許可申請が不許可になると，J社の社長は，Bに対し「交際相手と結婚しろ。」とか「偽装結婚をしろ。」などと迫るようになった。そして，Bが「Aさんと結婚したいと思いますが，今はその時期ではありません。偽装結婚なんてとんでもないことです。」と答えると，J社の社長は「給料は同じで，毎週土曜か日曜に，午前10時から午後6時まで働きなさい。」などと労働契約にもまた労基法にも違反する就労をするよう強硬に言い続けるようになった。そこで，Bは，他にもJ社の約束違反があったので，Aと相談の上，平成14年10月25日に，同年11月20日をもって退職したい旨申し入れた。J社は，Bの在留資格変更許可申請が不許可になったことにつけ込み，長時間就労を求めたが，Bがこれを断り，さらに退職を申し入れてきたことから，憎悪の念を抱くようになり，記入ミスのあった平成14年7月24日付及び同月26日付の顧客の申込書を持ち出し，子供だましの手口で横領しているなどと主張するようになったことを明らかにした。

　そして，BがもっともJ社の売上げに貢献してきたという事実（売上げと成約件数）を同社の営業成績表で証明し，J社が自社の売上げを上げるために，Bにさらなる長時間労働を強要しようとしたという事実を立証した。

　(ii)　(β)の正業以外の業務によって収入を得ていたという反論について
　学生時代の預金については，①国費留学生として中国から学資資金が送金されていたこと，②中国の両親はBの生活を心配し，食料を含めた生活費必需品をBに送っており，Bは生活のための支出が少なく，特に平成9年当時はX男と交際し，支出も減っていたことなどを主張し，アルバイトの主目的は，日本人との交流を深めることにあったこと，③Bの保有するすべての預金通帳，すべての預金の入出金の一覧表，そしてBが質素な生活をしていたいうことなどを明らかにし，国の新たな主張が虚偽のものである旨立証した。Bは，陳述

書で以下のように述べた。

「来日当初，私の両親は，日用品やインスタント食品を大量に持って行くよう手配しました。日本語があまり話せない私を心配した親の気持ちからです。その後も，両親は高い郵送料を払って衣類・日用品・お米まで送ってくれました。学校が指定した学生会館で生活をしている私にとって，何も買わなくても生活ができました。毎月お部屋の賃料が差し引かれて，学校から生活費が送金されていましたが，ほとんど使わないで，お金は少しずつ貯まっていきました。そして，アルバイトをするようになると一層お金が貯まりました。しかし，私にとってアルバイトは，収入を得る目的というより，日本語・慣習文化を知り，日本の友達を増やすところでした。」

X男が行ったその余の正業以外の資金の流れについては，①Bが所持している通帳は上述のものに限定されており，それ以外の通帳は，その所在についてすら知らなかったこと，②国提出の出金の流れの書証だけでは，資金の流れしか判明しないところ，Bは一連の資金の流れへの関与を強く否定していること，③X男は平成14年11月に中国に強制送還されているが，それに先立つX男に対する違法審査，口頭審理において，資金の流れについての調査が十分可能であったにもかかわらず，国はX男が正業以外の業務で収入を得ていたという事実を主張・立証していないこと，④入管は，本件違法審査及び口頭審理において，Bに対し，資金の流れに関する調査をまったく行っていなかったのであり（国は，そもそも資金の流れについて在留特別許可を付与しない事情として考慮すらしていなかったという事実・その事実は国が提出したBに関する供述調書で確認できた），資金の流れについて問題にすらしていなかったこと等の事実に鑑みれば，国の主張は，憶測に基づく後知恵でしかないと反論した。

そして，資金の流れをみると，X男の口座に入金した直後に資金が他の口座に送金されていることなども判明するが，疑問があるのであれば，別事件として直ちに調査すべきであると反論した。この調査で，Bに何ら落ち度がなく，あらぬ疑いが払拭されることになるからである。

(iii) (γ) の損害保険金の不正取得に関する反論　損害保険金の不正取得の問題についても，①会社が主としてその申請手続書類の作成に関与していたのであって，会社自身事情を熟知していたこと，②Bは，けがの治療中，自

宅にはX男がいるので，自宅療養を避け，Aが会社に戻る時間帯を見計らいこれを逆算して通院し，会社に顔を出し，短時間業務をこなしていたのであるが，会社は，このような事情を加味して，平成14年8月23日から同年9月10日まで，欠勤扱いにしていたこと，③②の事実は，給与明細で明らかであること，④Bが育った頃中国においては保険制度がなく，B自身保険についての知識がなく，会社作成の書類を見てもその内容を理解できなかったことが原因であり，悪意はないなどと主張・立証した。

国の新たな証拠提出後，Bは，計9通の証拠を準備し，最終準備書面に主張を追加して提出することができたのであるが，それは，平成16年6月16日，職権により仮放免され，かつ日常業務に精通していたので，短期間で反論の準備ができたのである。この仮放免がなかったならば，国の時機に後れた主張・立証活動に対抗できなかったかもしれない。

手続的正義が如何に重要であるかを改めて思い知らされた事件でもあった。

(ハ) (ロ)の準備をした上で，最終弁論に臨んだのであるが，その際に，国が結審後に提出した新たな主張・立証は，時機に後れた攻撃防御方法であり，却下すべきである旨主張した。

裁判所は，「裁判所としても遺憾に思う。原告の主張は記録にとどめておく。」と述べ，結審した。そして，判決に至り，冒頭で述べたA及びBの喜びに満ちた声が当職に届くことになった。

Ⅳ　原審判決の概要

(1) 時機に後れた攻撃防御について

原審判決は，結審間際に提出した乙28号証から乙36号証の書証及びそれに基づく主張は，新たな主張・立証であって，時機に後れて提出したものといえ極めて遺憾であるが，上記書証及び主張を第6回口頭弁論期日において即時取り調べて，その証明力や本訴の争点への影響等を検討したところ，新たに提出されたな主張・立証によって本件訴訟の手続の完結を遅延させることにはならないので，乙28号証から乙36号証までを時機に後れた攻撃防御（民訴157条）にあたらない旨判示した。そして，原審判決は，国の新たな主張について詳細な

補足説明をした。
  (a) 原告の預貯金等について
　原審判決は，国の提出した入出金に関する証拠を時系列に従って整理し，①シティバンク池袋支店のＸ男の口座に入金されていた1300万円がＢ名義の口座へ送金され，その金員が円建てからドル建てに移し替えられた後に，時期を分けて，北京市内にある中国銀行のＢ名義に送金され，さらに，シティバンク赤坂支店のＸ男名義の口座に入金されていた金員がＢ名義の北京市内にある中国銀行の預金口座に送金されていたこと，②Ｂ名義の郵便預金307万円が払い戻されているが，その払戻しの当日にシティバンク赤坂支店Ｘ男名義の口座に773万円入金されていること，③ほとんど払戻しをしていないＢ名義の口座（貯蓄用）があること，④金融機関等は，平成2年10月から口座開設者の本人確認を行っていたことなどの事実を認定したものの，Ｘ男の実家は北京市内にあり，送金先の北京市内の中国銀行のＢ名義の口座は，実質的にはＸ男の口座の可能性があること，ＢはＸ男が口座管理をしており，事情は不知と述べていることからすると，開設及び送金等の事実だけで上記Ｂ名義の口座が実質的にもＢの口座とはいえないと認定した上，Ｘ男の本邦に在留中の活動状況の詳細が明らかにされていない本件において，その金額の大きさだけで，Ｘ男が正業以外で収入を得ていたとか，ＢがＸ男のその取得に関与していたなどと認定できない旨判示した。
　Ｂの反論をほぼ全面的に認めたのである。
  (b) Ｂの横領等の疑いについて
　原審判決は，国の主張のみならず，Ｂが，国の横領等に関する書証の提出以前から，会社を辞めるに至った経緯を明らかにしており，さらに，国の横領等に関する書証を弾劾する証拠を提出して争ったという経緯を合わせてみるならば，Ｂが感情的な対立を残して会社を退職していることが認められる。そうすると，Ｂが退職した会社において，Ｂへの誤解，中傷が生じることはあり得ることである旨判示し，国の主張は，十分な裏づけを伴わないとして，国の主張を退けた。
  (c) 損害保険金の取得について
　Ｂが平成14年8月23日，同月26日，同月28日，及び同月30日に出勤してい

るにもかかわらず，損害保険金を不正に受けていたという国の主張に対し，原審判決は，国の主張を裏づける確かな証拠はなく，その上，Bのけがに対する治療の具体的な内容，Bの通院状況，Bの勤務先における支払い状況等が十分明らかにされていない本件において，損害保険金の不正受給の疑いをもって在留特別許可を付与すべきではない事情として斟酌することはできない旨判示した。

(a)ないし(c)の補足説明は，長文ではあるが，国の提出した証拠の証明力は，即時判断できるほどに乏しいというものである。

(2) 原審判決の概略

(a) 判断枠組みについて

原審判決は，法的な判断枠組みについては，従前の判例を踏襲し，我が国に在留する外国人は，入管法に基づく在留制度の枠内においてのみ憲法に規定されている基本的な人権の保障が与えられているものと解するのが相当（最大判昭53・10・4民集32巻7号1223頁等）であるとの前提に立ち，①我が国の外国人在留制度においては，外国人に在留する権利を保障せず（入管21条)，法務大臣が在留期間の更新事由の有無の判断について広範な裁量権を有すると解されること，②在留特別許可の判断要件，基準等について何ら法定されていないこと（入管50条1項柱書・1項3号)，③在留特別許可の対象となる者は，退去強制事由に該当し，本来的に退去強制の対象となる外国人であること，④外国人の出入国管理は，国内の治安と善良な風俗の維持，保健・衛生の確保，外交関係の安定，労働市場の安定等種々国益保持を目的として行われるものであって，その判断については時宜に応じた専門的・政策的考慮を行うことが必要であり，時には高度な政治的判断を要することなど総合勘案すると，在留特別許可を付するか否かの判断は，法務大臣の極めて広範な裁量に委ねられ，その裁量権は在留期間更新の場合よりもさらに広範であると解され，在留許可を付与するか否かの法務大臣の判断が違法とされるのは，その判断がまったくの事実の基礎を欠き，又は社会通念上著しく妥当性を欠くことが明らかであるなど裁量権を逸脱し又は濫用した場合に限られると判示した。

(b) 事実の基礎を欠くか否か等について

原審判決は，①Bは在留期間中の約7年間資格外活動を行うという看過する

ことができない事情はあるものの，法的な無知，資格外活動の許可や在留資格の変更が得られると信じて行ったものと認められること，また②在留資格変更申請許可を求める第2次申請書に「在日親族」欄に強制退去させられたX男の氏名を記載したのも行政書士の指示に従ったものであり違法性の意識も乏しいこと，③本件は当初から就労目的を秘して違法に入国したような事案と異なることなどからすると，資格外活動のみを過度に強調することは不相当であると判示した。そして，①Bに中国及び日本において刑事事件の容疑で逮捕されたり捜査を受けたことがないこと，②不法在留期間が短いこと，③Bは収容される日まで不法在留の意識がなかったこと，③中国での就労経験がなく，成人後の大半を日本で過ごしてきたこと，④適法に本邦に上陸し，勉学に勤しみ，勤勉かつまじめに暮らしてきたこと，⑤Aと深い愛情で結ばれて，夫婦同然の生活をし，概ね善良な市民として日本の社会に定着していたと認められると判示した。その上で，東京入管局長がBとAとの婚姻可能性やその夫婦関係の安定性等を適正に認定していれば，Bに在留特別許可を付与した可能性が高く，Bに在留特別許可を付与しなかった本件裁決は，その判断がまったくの事実の基礎を欠き，又は社会通念上著しく妥当性を欠くことが明らかであるとして，裁量権の逸脱又は濫用を認めた。

(c) 本件退令処分の適法性について

原審判決は，本件裁決が違法である以上，これに従ってなされた本件退令処分も違法であると判示した。

(3) 原審判決等の感想

原審判決は，判断枠組みについて，従前の判例を維持したが，①Bが在留期間中善良な市民として社会に定着してきたといえるか，その素行だけでなく，特にAとの関係が濃密であったといえるかについて精査したこと，②入管特別審査官が在留特別許可を付与しなかったという経緯について慎重に審理したこと，③弁論主義の観点から訴訟指揮（特に時機に後れた攻撃防御について）を適切に行ったことなど国民の信頼に応えるに足りるものであったと解される。そして，この訴訟を通じて学んだことは，依頼者から詳細な情報を得，それを証拠化することの重要性である。特に，本件は間接事実の積み重ねを要する事案であり，詳細な情報の収集とそれを裏づける客観的な証拠の積み重ねが欠かせな

かったといえる。もっとも，大村収容センターでの出張尋問には，疑問を感じた。国は，東京地裁にBを同行できないと主張したのであるが，大村収容センターに送還できて，何故に東京地裁で証拠調べにBを同行しえないのか明らかにしていなかったからである。

　他方で，国の訴訟活動には義憤を感じられずにはいられないことがあった。その1つが，訴訟の初期段階での在留特別許可に付しなかった事情として，AとBの親交が深いものでないこと，Bが資格外活動を行っていたこと，第2次在留資格変更許可申請書の在日親族欄が虚偽記載であったことしか挙げなかったことである。Bの資格外活動が労働市場に及ぼす具体的な影響に関する言及が抽象的でしかなく，また虚偽記載についても違法審査の段階でA及びBが十分説明していたのに，行政書士への調査をしていなかった。そして，A及びBの関係について，Bに対する違法審査及び口頭審理が杜撰であることが判明すると，その杜撰さを覆い隠すために，収集済みの信用性のない新たな証拠を提出した。市民には潔さを求めるが，自らはこれを実行しないところに，不信感を募らせざるを得なかった理由がある。

　ただ，少なくとも，国は，在留特別許可の基準の明確化・透明性を高める閣議決定をし，平成18年10月以降法務省のホームページで在留特別許可付与に関するガイドラインを掲載したのは評価しえよう。

V　控訴審での訴え取下げ

　国は，原審判決後当然に控訴した。原審判決には，判断代置方式をもちいて，本件裁決を取り消したという違法があるという趣旨である。
　これに対し当職は，原審判決は，入管特別審査官が，その審査に問題があり，AとBの親交の深さに関する事実を誤ったと認定し，本件裁決はまったく事実の基礎を欠くか社会通念上著しく妥当性を欠くことになったというのであり，国の控訴に理由がない旨反論した。
　しかし，控訴審段階で，Bが妊娠していることが発覚し，国は在留特別許可を付与した。
　訴えの利益がなくなり，Bは訴えを取り下げることになった。

VI　その余の訴訟活動等

(1)　執行停止の申立てについて

　Bは，本件取消訴訟を求めると同時に，本件退令処分に基づく，執行の停止を求めた。本件退令処分に基づく収容部分と送還部分の双方に対する執行停止である。

　大村センターでの収容は，代理人との打ち合わせに支障があるばかりでなく，AがBに面接するには，多額の費用がかかり（往復5万円は要する），A・Bに経済的な破綻をもたらすおそれがある。そして，仮にBが中国に送還されることになれば，代理人との打ち合わせが著しく困難になり，事実上裁判を受ける権利が奪われることになる旨主張した。

　そして，執行を停止しても，本案審理の間収容・送還が阻止されるだけであり，それ自体公共の福祉に重大なおそれはない旨主張した。さらに，本案についても理由がないことについて，本案における訴状記載と同趣旨の主張をした。

　これに対し，国は，Bが当職の他に九州の弁護士に依頼すれば足りるとか，中国に送還されても電話，手紙による打ち合わせが可能であること，申立人Bの本案に理由がないなどと反論した。この反論に対し，Bは，在留特別許可を得た他の事件（就労目的で不法入国した中国人が10年の不法滞在の後，日本人男性と婚姻し，2年間婚姻生活を営んでいたが，窃盗事件を契機に不法滞在をするに至ったものの，結果として，在留許可を得たという事案）と比較した場合本案に理由があること，移住労働者とその家族に関する条約を批准していない国々においても，比較的明確な基準を定め，非合法移民の合法化に関する規定を定めていることを指摘し，在留特別許可を付与するか否かの基準として，同条約69条2項を参考にすべきこと，これを参考にして本案を考えた場合，申立人Bの主張に理由があることなど反論した。

　申立人B及び相手方国双方の意見を斟酌し，裁判所は，収容部分については申立てを却下し，送還部分の執行停止を認めた。

(2)　仮放免及び再審情願の申請

　向川行政書士の尽力を得て，仮放免の申請は計3回行い，再審情願の申請は，

2度行った。

　仮放免の申請は，悉く拒否されたが，上述のように，平成16年6月16日，職権により仮放免された。大村収容センターにおいてBの態度は模範的であり，そのことが評価されたものと思料する。

　そして，2度目の再審情願の申請の中で，上述の在留特別許可が付与された。

(3) その余の訴訟活動等の意義

　執行停止の申立てが本案の訴訟を維持する上で不可欠のものであることはいうまでもない。取消訴訟の提起だけでは，行政処分の執行を停止しえない以上当然に取らなければならない措置である。

　しかし，仮放免の申請，再審情願の申請も重要である。仮放免・再審情願の申請は，訴訟での要件事実論や証拠の証明力等にかかわる争点以外の刻々と変わる申立人の健康状態，収容生活の状況等事情の変化を処分庁に伝え，仮放免や在留特別許可の必要性を訴えることができるからである。

　現に，Bは，長期の身柄拘束によって，収容中に体調を崩し，多数回に渡って，治療を受けていた。その事情を仮放免及び再審情願の申請を通じて，明らかにすることは，入管に大村収容センターからの報告と合わせて検討させることになる。大村収容センターでの模範的な生活ぶりももちろん訴えた。

　向川行政書士は，仮放免及び再審情願の申請を精力的にこなした。そして，その申請手続には，A・Bのみならずその家族，友人が積極的に支援した。その中核にいたのは，いうまでもなく，AとBであった。

　A及びBは，家族，友人の支援の下で，最後まであきらめずに闘い抜き，現在幸せな暮らしをしている。子供たち，そして両親とともに，平凡な生活の大切さを噛みしめながら。

在留特別許可に係るガイドライン

平成18年10月
法務省入国管理局

在留特別許可に係る基本的な考え方

在留特別許可の許否に当たっては，個々の事案ごとに，在留を希望する理由，家族状況，生活状況，素行，内外の諸情勢，人道的な配慮の必要性，更には我が国における不法滞在者に与える影響等，諸般の事情を総合的に勘案して判断することとしている。

在留特別許可の許否判断に係る考慮事項

在留特別許可に係る基本的な考え方については，上記のとおりであり当該許可に係る「基準」はないが，当該許可の許否判断に当たり，考慮する事項は次のとおりである。

積極要素

積極要素については，入管法第50条第1項第1号から第3号（注参照）に掲げる事由のほか，次のとおりである。
（1）当該外国人が，日本人の子又は特別永住者の子であること。
（2）当該外国人が，日本人又は特別永住者との間に出生した実子（嫡出子又は父から認知を受けた非嫡出子）を扶養している場合であって，次のいずれにも該当すること。
　ア　当該実子が未成年かつ未婚であること。
　イ　当該外国人が当該実子の親権を現に有していること。
　ウ　当該外国人が当該実子を現に本邦において相当期間同居の上，監護及び養育していること。
（3）当該外国人が，日本人又は特別永住者と婚姻が法的に成立している場合（退去強制を免れるために，婚姻を仮装し，又は形式的な婚姻届を提出した場合を除く。）であって，次のいずれにも該当すること。

ア　夫婦として相当期間共同生活をし相互に協力し扶助していること。
　　イ　夫婦の間に子がいるなど，婚姻が安定かつ成熟していること。
（４）人道的配慮を必要とする特別な事情があるとき。
　〈例〉
　　・　難病・疾病等により本邦での治療を必要とする場合
　　・　本邦への定着性が認められ，かつ，国籍国との関係が希薄になり，国籍国において生活することが極めて困難である場合

　消極要素

　消極要素については，次のとおりである。
（１）刑罰法令違反又はこれに準ずる素行不良が認められるとき。
（２）出入国管理行政の根幹にかかわる違反又は反社会性の高い違反をしているとき。
　〈例〉
　　・　不法就労助長罪，集団密航に係る罪，旅券等の不正受交付等の罪などにより刑に処せられたことがあるとき。
　　・　資格外活動，不法入国，不法上陸又は不法残留以外の退去強制事由に該当するとき。
（３）過去に退去強制手続を受けたことがあるとき。

（注）出入国管理及び難民認定法（抄）
　　（法務大臣の裁決の特例）
　　第50条　法務大臣は，前条第3項の裁決に当たつて，異議の申出が理由がないと認める場合でも，当該容疑者が次の各号のいずれかに該当するときは，その者の在留を特別に許可することができる。
　　　一　永住許可を受けているとき。
　　　二　かつて日本国民として本邦に本籍を有したことがあるとき。
　　　三　人身取引等により他人の支配下に置かれて本邦に在留するものであるとき。
　　　四　その他法務大臣が特別に在留を許可すべき事情があると認めるとき。
　　2，3　（略）

第1章── 解　説

在留特別許可と法務大臣の自由裁量

Comment ／ 伊　東　　眞

Ⅰ　事案の概要

(1)　本件の原告Ｂは，昭和49年生の中国人で，中国政府の国費留学生として平成6年来日したが，その際の上陸許可の内容は，在留資格「留学」，在留期間「1年」であった。

Ｂは，平成7年，8年，9年と在留期間の更新を申請し，その都度在留期間を1年とする許可を受け，同9年には在留資格を「家族滞在」。在留期間「1年」とする許可を，また同12年には在留期間を「3年」とする許可をそれぞれ受け，日本に在留していた。この最終許可にかかる在留期限は，同15年1月19日であった。

Ｂは，日本の甲専門学校幼児教育学科に入学し，平成10年3月までに，甲専門学校のすべての課程を修了し，保母資格と幼稚園教諭免許を取得して卒業したため，国費留学生としての期間は終了したが，さらに日本での勉強を続けたいと考え，同年4月私費留学生となって，甲専門学校の保母養成専攻科に入学した。平成9年日本において恋愛関係のあった中国人Ｘの子供を妊娠したため，同年Ｘと婚姻したが，同12年Ｂは，旅行会社に就職し，同社を勤務先とする資格外活動許可の申請を行ったところ，同15年1月10日を期限とする資格外活動許可を受けた。

同14年両名は協議離婚し，Ｘは同年中国へ強制送還された。

Ｂは，平成14年ころより日本人男性Ａと知り合い，同年12月ころより事実

上の婚姻生活を開始した。Aは，Bと婚姻を切望していたが，自己の両親に打ち明けることを躊躇し，正式の婚姻に踏み切れないでいたところ，後述のとおり平成15年3月Bが収容令書により収容されたことから，Bに対し強く入籍を求め，両親を説得し，平成15年5月22日入籍を果たした。

(2) Bは，同14年4月，法務大臣に対し在留資格を「家族滞在」から「人文知識・国際業務」とする在留資格変更許可申請をしたが，同年9月不許可処分がなされ，さらにBは，同15年1月16日再度法務大臣に対し在留資格を「家族滞在」から「人文知識・国際業務」とする在留資格変更許可申請をしたが，同年2月不許可処分となり，在留期限を徒過した。

東京入管入国警備官は，同15年3月，主任審査官より収容令書の発付を受け，Bを入管収容場へ収容し，同年3月東京入管入国審査官は，Bを入管法24条4号ロに定める「不法残留」に該当する旨の認定を行った。

Bは，この認定に対し入管法に定める口頭審理を請求した。しかし東京入管入国審査官は，口頭審理をしたあと認定処分に誤りはない旨の判定を行ったため，さらにBは，入管法49条1項に基づく異議の申出をした。これに対し法務大臣からの権限委任を受けた東京入管局長は，同年4月9日付けにてBの異議は理由がない旨の裁決（本件裁決）を行い，これを受け東京入管入国審査官は，被告に対し同年4月10日付けにて退去強制令書発付処分（本件退令処分）を行った。

(3) このためBは，東京入管局長を被告として，本件裁決と本件退令処分の各取消しを求め本件訴訟を提起し，併せて収容令書に基づく収容処分と退去強制令書に基づく送還処分につき執行の停止を申し立てた。

東京地裁は，まず執行停止の申立てに対しては，収容部分につき申立てを却下し，送還部分につき執行停止を認めた。

次いで本案については，平成16年9月17日原告Bの請求をすべて認容し，本件裁決と本件退令処分の各取消しを命じた。

Bは，この間3回にわたり入管法54条に基づく仮放免の請求を行ったが，すべてその請求を拒否され，2回にわたり再審情願の申立てを行ったところ，平成16年6月16日職権により仮放免がなされている。

被告は，東京高裁に対し控訴を提起したが，控訴審段階で法務大臣はBに対

し在留特別許可を付与したため，Bは訴えを取り下げた。

Ⅱ　被告東京入管局長の主張

　被告東京入管局長の在留特別許可制度に関する主張は，報告に記載されているとおりである。

　⑴　被告は，本件在留特別許可を拒絶した根拠たる事実関係として，Bは，本件裁決時Xと離婚し，Xとの間に出生した子は中国に居住していること，Aとは婚姻関係になかったことから，在留資格を付与される資格は何ら存在せず，在留特別許可を与える前提を欠いていた。さらにBは，Xと離婚をしたのであるから，家族滞在という在留資格に該当しないにもかかわらず在留資格変更許可を受けず在留を継続し，Xが中国へ送還されているにもかかわらず平成15年1月在日親族欄にXの氏名を記入して在留資格変更許可を申請し，かつ平成14年11月から資格外活動の許可を受けることなく就労していたこと，このため，被告は，Bの以上のような在留状況に照らし，Bの提出書類の信憑性に疑義を認め，在留状況が不良と認められることを理由に平成15年2月25日在留資格変更許可申請に対し不許可処分をした，と主張し，これに加えて，

　⑵　B名義の預金口座には平成9年5月から同年12月まで合計金451万円が入金されており，同7年9月から同10年7月まで郵便局に300万円の貯金を有していたことは，Bが日本おいて正業により得られたものとは考えがたく，そうでないとしても学生の当時勉学にいそしんでいたとはいえ，入管法19条に違反し長時間労働をしていたことは明らかであること，Bが売上金の一部を着服したとして勤務先より解雇され，その後の就職先からも会社に無断でテレホンカードを仕入れて販売しその利益を自己の収入とし，また虚偽の売上げを報告し売上金の一部を横領したとして解雇されていること，足にけがをして休業したとして損害保険会社から20万円余の損害保険金を受領しているが，この休業期間中のうちの5日間は出勤しており，保険金の不正受給をしていること，Aとの婚姻は，本件裁決後になされたものであり，それ以前のBとAとの間には，平成15年3月の入国警備官の違反審査時点までは婚姻関係を形成する具体的な合意は存在せず，同年4月の口頭審理の時点でようやく婚姻関係を

形成する合意がなされたものであり，収容以前から両名の間に婚姻の意思などはなく，同居の事実もなかったこと，Bは，中国で出生し，ここで育ち，教育を受け生活を営んできたのであり，日本とは何ら関わりがなかったこと，稼働能力を有する成人であり，中国に両親，弟及び子が居住し，資産も約800万円あるというのであるから，中国に帰国しても生活に特段の支障はなく，以上によれば，Bについて在留特別許可を付与しないことが同制度に設けられた入管法の趣旨に明らかに反するなど極めて特別な事情があるとは認められないから，本件裁決は違法ではない，と主張した。

Ⅲ　本件判決の判断

(1)　まず本件判決は，被告東京入管局長に権限の委任をしている法務大臣の裁量権について検討し，憲法22条1項は，日本国内における居住・移転の自由を保障するにとどまっており，憲法は，外国人の日本へ入国する権利や在留する権利等については何ら規定しておらず，日本への入国又は在留を許容すべきことを義務づけている条項も存在しない。

このことは，国際慣習法上，国家は外国人を受け入れる義務を負うものではなく，特別な条約がない限り，外国人を受け入れるかどうか，受け入れる場合にいかなる条件を付するかについては，当該国家が自由に決定することができるとされていることと考えを同じくするものと解される。

したがって，憲法上，外国人は，日本に入国する自由が保障されていないことはもとより，在留する権利ないし引き続き在留することを要求する権利を保障されているということはできない。このように外国人の入国及び在留の許否は国家が自由に決定することができるのであるから，我が国に在留する外国人は，入管法に基づく外国人在留制度の枠内においてのみ憲法に規定する基本的人権の保障が与えられているものと解するのが相当である（最大判昭53・10・4民集32巻7号1223頁，最大判昭32・6・19刑集11巻6号1663頁）。

よって，特別許可を付与するか否かの判断は，法務大臣の極めて広範な裁量にゆだねられていると解すべきである。そしてその裁量権の範囲は，在留期間更新許可の場合よりもさらに広範であると解するのが相当である。したがって，

これらの点からすれば，在留特別許可を付与するか否かについての法務大臣の判断が違法とされるのは，その判断がまったく事実の基礎を欠き又は社会通念上著しく妥当性を欠くことが明らかであるなど，法務大臣が裁量の範囲を逸脱し又は濫用した場合に限られるというべきである，と判示した。

(2) 次いで，本件事案について，Bが，家族滞在という在留資格に該当しないにもかかわらず在留資格変更許可を受けず在留を継続し，Xが中国へ送還されているにもかかわらず平成15年1月在日親族欄にXの氏名を記入して在留資格変更許可を申請なしたBが，平成14年11月から資格外活動の許可を受けることなく就労していた事実については，入管法19条1項に違反する行為の反復継続として，目に余る行為であるといわざるを得ない。また，Bが本邦に上陸した当初の目的である幼児教育の勉強についてはすでにこれが達成されている上，本邦における在留中のBの素行には不良な点もあり，これは在留特別許可を付与すべきでない事情として斟酌すべきである，ということができる，と判示しつつ，Bの資格外活動は，法的無知が原因で違法性の意識に乏しく，隠れて実行していたわけではないことから，これを過度に重視することは不相当である，と述べ，また，従前刑事事件を引き起こした事実のないこと，入国自体適法なものであること，学業にまじめにいそしんだこと，不法残留期間は9年間の滞在中2ヵ月未満にすぎないこと，Bは，Aとは平成14年4月ころより交際を始め，同年8月末頃より婚姻を約していたこと，翌15年1月ころよりAはBの住居に衣類などを搬入し半同居状態にあり，本件裁決時には両名の間は極めて濃密なものであって正式な婚姻の上通常の夫婦生活が継続される可能性が極めて高かったと推認するのが相当であり，もしBが中国に強制送還された場合，Aとの我が国又は中国における同居は不可能又は困難となる，との事実を認定した。

(3) そして本件裁決について，被告は，平成15年4月7日の口頭審理がなされた2日後に本件裁決をしていること，BとAとの上記関係を考慮の対象から外して裁決したことが認められる，とし，被告がBとの婚姻可能性やその夫婦関係の安定性等を適正に判断していれば，被告は，Bに在留特別許可を付与した可能性が高い，と認めることができる，そうすると原告に在留特別許可を付与しなかった本件裁決は，その判断がまったく事実の基礎を欠き又は社会通

念上著しく妥当性を欠くことが明らかである，したがって在留特別許可を付与するか否かについて法務大臣から権限の委任を受けた被告東京入管局長に与えられた裁量権が極めて広範なものであることを前提としても，Bに在留許可を付与しなかったことは，裁量権の逸脱又は濫用にあたる，というべきである，と判示し，本件裁決を取り消した。

加えて「補足説明」として，被告が審理の最終段階で主張した事実について，これは時機に後れた攻撃防御方法とはいえない，といいつつ，B名義の預貯金口座は，借名口座であり実質の預金者はXであると思われること，横領と解雇の事実は，勤務先との感情的対立による退職を考慮すると，横領により解雇をした事実を認めるに足りないこと，保険金の不正受給については，Bは自分の担当した顧客に対する請求書をファックス送信するため短時間のみ出勤したにすぎず，保険金の不正受給の疑いをもって在留特別許可を付与すべきでない事情として斟酌すべきであるとはいえない，と判示し，被告の主張を退けた。

Ⅳ 解 説

(1) 外国人の在留資格について

日本に在留する外国人は，原則として在留資格を有しなければならず，出入国管理及び難民認定法（入管法）は，外国人の日本上陸について在留資格のあることを管理上の基本的な要件とし（入管4条1項），これを受けて外国人の在留中の管理についても在留資格の存在を中心的な要件としている（入管19条1項）。

在留資格は，外国人が日本に在留して行うことのできる活動や外国人がこの資格をもって日本に在留することができる身分の種類を類型化しており，外国人が日本に在留し一定の身分を有するものとして日本への在留が認められる法的地位ということができる。

このように入管法の認める在留資格制度は，入国・在留を認める外国人には，一定の在留資格を与え，その資格の範囲内での活動や身分状態を維持している限りはその在留資格に対応して定められた在留期間内の在留を保障するものであり，与えられた在留資格と異なる在留資格に属する活動をする場合又はその

有する在留資格の枠内で許容されている活動以外の活動（資格外活動）を行うには，その許可を受ける必要があり，この許可を受けない資格外活動があった場合は，強制退去処分を受けることとなる。

(2) **在留期間の徒過に対する処分**

在留期間を徒過して在留を継続した場合は，不法在留として強制退去の対象となり，入国警備官所属官署の主任審査官が発付する収容令書により，入国者収容所等へ収容されたうえ，身柄を入国審査官へ引き渡される。

入国審査官は，引渡しを受けた在留者に対し審査を行い，不法在留事由に該当すると認定したときは，理由を付した書面をもって在留者及び主任審査官へその旨を通知し，主任審査官は，在留者より口頭審理の請求がなされないときは，退去強制令書を発付する。

入国審査官の認定の通知に異議のある在留者は，通知を受けた日から3日以内に口頭をもって特別審理官に対し口頭審理の請求をすることができる。

入国審査官は，申立てに理由がないと認めるときは，認定処分に誤りはない旨の判定を行う。

この判定処分に対し異議のある在留者は，入管法49条1項に基づき法務大臣に対し異議の申出をすることができ，法務大臣から権限の委任を受けた入管局長は，異議に理由がないと認めるときは，異議は理由がない旨の裁決を行う。

この裁決に不服のある在留者は，行訴法に基づく裁決取消訴訟を提起することができる。

(3) **在留特別許可制度について**

入管法所定の在留資格を失い又は在留期間を徒過した外国人は当然日本から国外へ退去しなければならず，国外への退去を免れるためには，法務大臣による在留特別許可を受ける必要がある。

この在留特別許可を定める入管法50条は，「特別に在留を許可すべき事情があると認めるときに」在留を特別に許可することができる，とするのみで，この在留許可判断の要件，基準については，何ら定めを置いていないことから，旧出入国管理令当時からこれは法務大臣の自由裁量行為である，とされている。

この点につき最高裁昭和53年判決，いわゆるマクリーン事件（最大判昭53・10・4民集32巻7号1223頁）は，法務大臣の判断の基礎とされた重要な事実に誤認

があること等により右判断がまったく事実の基礎を欠くかどうか，又は事実に対する評価が明白に合理性を欠く等により著しく妥当性を欠く等により，右判断が社会通念と照らして著しく妥当性を欠くことが明らかであると認められるときには，裁量権の濫用があるとして違法になる，とする。

この判決は，在留特別許可については，その要件の存否につき法務大臣の固有の認定権，つまり要件裁量を認めたもの，と解されている（塩野宏『行政法Ⅰ』211頁）。

したがって，法務大臣が特別在留許可を与えなかったことにつき，これを違法として争うためには，許可を与えなかったことが裁量権の濫用にあたる場合でなければならない（行訴30条）。

(4) 裁量権の逸脱又は濫用

本件判決は，前記マクリーン事件最高裁判決に従い，在留特許可の付与は，法務大臣の広範な裁量に委ねられており，許可付与をしない大臣の判断が違法とされるには，まったく事実の基礎を欠くかどうか，又は事実に対する評価が明白に合理性を欠く等により著しく妥当性を欠く等により，右判断が社会通念と照らして著しく妥当性を欠くことが明らかであると認められるときには，裁量権の濫用があるとして違法になる，とする。

そして，Bが国費留学生として入国し在留していた状況，Aとの交際が婚姻を前提としていたものであることの実態があるにもかかわらず，被告東京入管局長は，BとAが同居ないし半同居の状態にはなく，結婚の約束もしておらず，結婚の可能性も不分明であるとの前提の下に両名の関係を考慮の対象から外して本件裁決をしたことが認められること，もし被告東京入管局長がBのAとの結婚の可能性やその夫婦関係の安定性等を適正に認定していれば，Bに在留特別許可を付与した可能性が高いと認められる。

そうすると，Bに特別在留許可を付与しなかった本件裁決は，その判断がまったく事実の基礎を欠き又は社会通念上著しく妥当性を欠いたこととなり，裁量権の逸脱又は濫用にあたるというべきである，とした。

(5) 裁量判断の逸脱又は濫用となる事実認定の程度

マクリーン事件最高裁判決は，特別在留許可付与の裁量は，要件認定の部分にあるとする，いわゆる要件裁量にあたるとされているが，この場合，重要な

事実の判断にも裁量が認められるのかどうか，という点に議論があるが，少なくともその処分の根幹にかかる重要な事実の認定については（原子力発電施設設置許可のごとき高度の科学技術的判断が伴う場合は例外として），裁判所の審査に服するものと考えるのが妥当であり，裁量に服するのは，事実に対する評価の部分である，とされる（塩野宏・前掲104頁）。

被告の本件裁決において，ＢとＡの間の婚姻可能性と継続性は重要な判断事項とされたことは（平成11年判決の影響），被告の主張からも事実であり，この点につき重大な事実誤認があったのであるから，次に問題となるのは，この事実誤認が事実に対する評価の部分である。

この点について，本件判決は，被告が適正に事実を認定していれば，Ｂに在留特別許可を付与した可能性が高いと認めることができ，そうすると，在留特別許可を付与しなかった本件裁決は，その判断がまったく事実の基礎を欠き又は社会通念上妥当性を欠くことは明らかである，と判示する。

一般に行政庁の判断過程の合理性にかかる審査の手法として，行政庁がなすべき具体的な比較考量・価値考量の場面において，考慮すべき要素・価値を正しく考慮したか否かという角度からの司法審査を行うべきである，とされ（橋本博之『行訴法逐条解説』511頁），日光太郎杉事件東京高裁判決では，本来最も重視すべき諸要素，諸価値を不当，安易に軽視し，その結果当然尽くすべき考慮を尽くさず，また本来考慮に入れるべきでない事項を考慮に入れ若しくは本来過大に評価すべきでない事項を過大に評価し，これらのことにより判断が左右されたものと認められる場合に，裁量判断の方法ないしその過程に誤りがあるとして，違法であることを判示したが（東京高判昭48・7・13判時710号23頁），本件判決が被告の本件裁決につき，その判断がまったく事実の基礎を欠き又は社会通念上妥当性を欠くことは明らかである，と判示したのは，被告に重大な事実誤認，ことにＢとＡ間の婚姻可能性と継続性につき，これを看過又は誤認し，Ｂに在留特別許可を付与せず強制送還することが，親密な夫婦の同居を強制的に不可能ならしめることの考慮を尽くさず，資格外活動を行ったという事実と勤務先から解雇された事実及び別れた夫の預金であるにもかかわらずＢの口座名義であることのみを重視するなど，考慮すべきでない事項を過大に評価するなど，事実に裁量権の逸脱又は濫用がある，と判断したものと思われる。

(6) 裁量行為を争う方法

　要件裁量行為となる行政処分であっても，マクリーン判決に述べるとおり，その処分の根拠となった事実の認定については，司法審査の対象となるので，このような処分を争うときは，被告が処分の根拠とした事実を徹底的に調査する必要があり，また行政庁の判断過程についても，処分にあたりなすべき比較考量・価値考量を正しく考慮したか否かという角度からの検討調査を行うことが必要であり，事実関係や判断過程が不明確な場合は，行訴法23条の2による釈明処分を活用して資料の収集に努めるべきであろう。　　　■

第 2 章

はみ出し自販機住民訴訟事件

第2章── 報　　告

はみ出し自販機訴訟

Report ／ 浅　野　　晋

Ⅰ　はみ出し自販機撲滅運動

　はみ出し自販機訴訟は，はみ出し自販機撲滅運動の締めくくりとして提起されたものである。このはみ出し自販機撲滅運動は，最初は未成年者の飲酒や喫煙の防止のための酒・タバコの自販機の撤廃運動から始まった。

　アルコール関連問題や嫌煙権運動のグループや消費者運動グループは，自販機を未成年者の飲酒，喫煙の元凶であるとして，以前からその撤廃を求めていた。ところが，業者は，自販機で酒類・タバコを販売するのは何ら法律に違反しないと抗弁し，どうしても自販機での販売をやめようとしない。

　「法律に違反しない」というのが酒・タバコを自販機で販売する業者側の一斑の理由であるなら，それを崩す理屈はないのかと考えたのが，はみ出し自販機の違法性である。すべての自販機の撤廃ができなくても，はみ出し自販機だけでも撤廃できれば，相当な効果があるのではないか。そこで私たちは，はみ出し自販機が法令に違反しているのかいないのかを調べることとした。

　道路法上の道路は，道路法，道路交通法によって規制されている。その道路法32条は「道路の占用・使用は道路管理者の許可を要する」旨定め，道路交通法77条は「道路に工作物を設けたり屋台店等の店を出そうとする者は警察署長の許可を要する」旨定めている。

　はみ出し自販機は明らかに道路を「占用，使用」しているし，また「工作物」でもある。

そこで，道路にはみ出して設置されている自販機が，道路管理者の占用許可や警察署長の工作物設置許可を受けているのかどうか調べたところ，そのような例は1件もないことが分かった。

すなわち道路にはみ出して設置されている自販機は，すべて道路法，道路交通法に違反していることが分かったのである。

そこで私たちは，1990（平2）年8月の暑い盛りに，千代田区内の酒・たばこの自販機のはみ出し実態調査を行った。その結果，酒類の自販機については千代田区内に設置されていた126台中約70％に及ぶ88台が，タバコの自販機については340台中約74％に及ぶ250台が道路にはみ出して設置されていることが分かった。

この調査結果をもとに，1990年10月，私たちは都道の管理者である東京都，区道の管理者である千代田区，タバコの所轄庁である大蔵省（たばこ塩事業室），酒類の所轄庁である国税庁（酒税課）や酒類，タバコメーカー等にはみ出し自販機の是正を申し入れるとともに，酒，タバコメーカーに公開質問状を送付した。

これに対し，大蔵省，国税庁がそれぞれ業界団体にはみ出し是正を文書指導し，東京都が日本自販機工業会等にはみ出し自販機是正の要請をしたり，都道のはみ出し自販機のサンプル調査をはじめるなどの動きがあったが，肝心の酒・タバコメーカー各社の動きはまったくなかった。

そればかりか，酒・タバコメーカー側からは，「道路にはみ出している自販機は酒・タバコの自販機ばかりでなく，清涼飲料水の自販機もたくさんある。どうして酒・タバコの自販機だけがはみ出しを是正しなくてはならないのか。」という抗弁がなされるようになった。

これは，万引犯が「他にも万引きをしている者はたくさんいる。どうして俺だけつかまらないといけないのか。」とぼやくのと同じで，奇妙な抗弁ではあるが，それなりに真実をついている。

私たちは，「それなら，やってやろうじゃないか。」と，はみ出し自販機撲滅のターゲットを，酒・タバコの自販機だけでなく，すべての自販機に広げることにし，1991（平3）年5月に，清涼飲料水メーカー各社にはみ出し自販機是正についての公開質問状を送付した。

また私たちは，この運動に賛同する主婦連その他の市民団体で「はみ出し自販機対策協議会」を設立し，同年5月には「はみ出し自販機撲滅集会」を開いて，そこに日本たばこ産業やビールメーカー各社，コカ・コーラなどを呼び，公開の席で各社にはみ出し自販機の是正と，今後は絶対にはみ出し設置をしないことを約束させた。

　その後も私たちは，各メーカーへ公開質問状を送ったり，各メーカーを訪れたり担当者を呼んだりしてはみ出し是正に向けて話合いを重ねた。もちろん各メーカーとも，表面上は早期是正を誓うのだが，詰問していくと，努力しているけれども，小売店との関係がありなかなか進展しないという弁解ばかりで，どうも本気で是正をしようという気持ちがない。はみ出しを是正すると，営業収入に大きな打撃を受けるという本音がそこにあった。

　このため，その後も道路を歩いていると，相変わらずはみ出し自販機がたくさんある。いつまで経っても，はみ出し自販機が減っているという実感が得られないのである。

　おかしいと思って調べてみると，今後はみ出し設置はしないと約束した後も，堂々とはみ出し設置をしている例がたくさんあることが分かった。

　そこで私たちは，1993（平5）年7月から9月にかけて，千代田区の清涼飲料水を含むすべての自販機の実態調査をした。その結果，酒類の自販機については，はみ出し自販機の数は前回の調査の88台から53台に，タバコ自販機については，はみ出し自販機の数は250台から204台に減っているものの，設置台数は酒類の自販機が前回調査時の126台から140台，タバコ自販機が340台から367台と増えていることがわかった。

　また清涼飲料水を含む自販機のはみ出し率は60.6％と，3年経っても是正が遅々として進んでいないことがわかった。

　これより前，東京都は自販機設置業者に対し，自主的にはみ出し自販機を調査して報告するよう指導していたが，その調査結果と私たちの調査結果とをつきあわせたところ，例えば東京コカ・コーラボトリングは，東京都への報告では千代田区内のはみ出し自販機の数を236台と報告していたが，私たちの調査では実際には281台あることがわかった。私たちの調査は，すべてのはみ出し自販機ごとに調査票をつくり，写真とどれだけはみ出しているかの計測をした

綿密なものであり、私たちの調査結果には自信があった。

　他にも同様な嘘の報告をしていた業者がたくさんおり、例えばアサヒビール飲料などは実際には千代田区内のはみ出し自販機数が126台あるのに、これを43台と報告するなど、業者の不誠実さはあきれるばかりであった。

　このような状態では、もはや業者の自主的な撤去を期待することはできない。そこで私たちは、はみ出し自販機対策協議会の集会を開き、そこに悪質だった東京コカ・コーラボトリング、日本たばこ産業他数社を呼び、その弁明を聞いたが、いずれも弁解ばかりで何ら私たちが納得できる是正策は示されなかった。

　このため私たちは1993（平5）年9月27日、悪質と思われた東京コカ・コーラボトリング、日本たばこ産業、カルピス食品工業、アサヒビール飲料の4社のはみ出し自販機のうち49台について、道路法・道路交通法違反容疑で警視庁に告発をした。

　はみ出し自販機撲滅運動については、それまでマスコミで大きく報道されていたためだろうか、警察の対応は私たちが期待していた以上に早かった。10月から11月にかけてわずか2週間で都内全域を調査し、その上で各はみ出し自販機の中身メーカーの代表取締役を警視庁に呼びつけてはみ出し設置をしないことを誓約させ、始末書を提出させたのである。これで業者の姿勢が急変した。

　それまでメーカーは、はみ出し自販機を是正するには5年かかるなどと言っていたのに、警察が動き出したらあっという間に是正を終了してしまった。この1993年10月時点で都内にあった約3万6000台のはみ出し自販機が、3ヵ月後の翌年2月にはたったの146台に減少したのである。

　この動きは、東京都から全国に波及し、たちまちのうちに各地からはみ出し自販機が消えていった。

　これに関し、後述するはみ出し自販機住民訴訟の東京地裁判決の解説（判時1540号13頁）の中で、「東京都内においては、東京都の積極的な行政指導に応じた業者が是正措置を講じたことにより、平成5年末頃には、はみ出し自販機は概ね公道上から撤去されたようである。」と記載されており、また最高裁判決の解説（判時1857号47頁）の中で、「東京都は、積極的に行政指導を行い、Yらの協力を得るなどして、はみ出し自販機の撤去を進めた。その結果……約3万6000台もあった東京都内のはみ出し自販機のほとんどが平成6年初めころま

でに撤去された。」と記載されており，あたかも東京都の行政指導によってはみ出し自販機の撤去がなされたように述べられているが，事実はこれと異なる。

　実は東京都は，主婦連などが主催するはみ出し自販機対策協議会の働きかけや世論の動向により，1992（平4）年9月には「自動販売機是正指導会」を開催し，また平成5年5月には「東京都路上自動販売機対策協議会」を開催したが，表面の体裁を作るばかりで実質的な指導は何もしていなかった。また，1993（平5）年9月には，東京都は業者に対し自主的に調査をして報告するよう指導したが，業者のほうはこの時点ではみ出し自販機を撤去するには5年後の1998（平10）年頃までかかると広言していたのである。

　それが1994（平6）年2月までにほとんどすべてのはみ出し自販機が撤去されたのは，私たちの告発によって警察が動いたからなのである。

II　監査請求

　上述した告発の3週間程後，私たちは東京都の監査委員に対し監査請求をした。「道路法に基づく道路占用許可を得て道路を占用使用する場合，占用者は条例が定める占用料を支払わなければならない。はみ出し自販機は道路を不正占用しているのだから，不法行為に基づき占用料相当損害金を支払う義務があるはずだ。都内の3万6000台のはみ出し自販機の道路占用料相当額を計算すると，年間3億4000万円余りとなるが，都はこの債権の徴収を放置しており，これは地方自治法242条1項にいう『怠る事実』に該当する。」というのが私たちの主張であった。しかし，はみ出し自販機3万6000台というだけでは，「特定性に欠ける」という理由で監査請求が却下されるおそれがある。そこで私たちは，都内のはみ出し自販機のうち13台について，はみ出し自販機の例として場所や中身メーカーを特定した。

　これに対し都は，道路の不法占用者に対しては道路法等の規定により工作物の除却などを命じ，履行しないものに対しては行政代執行もすることができるのだから，金銭賠償になじまないし，また道路占用許可をしないものについて，占用許可をしていたなら得られたであろう「占用料相当損害金」という概念は発生しないから，不法行為に基づく損害賠償請求権は成立しないと主張した。

これに対する監査委員会の判断は次のようなものであった。

「『監督処分等処理要領』では……不法占用があった場合は，……各種の措置を講じるために必要な実態調査を行うとともに，必要な是正指導，警告等の行政指導を行い，更に監督処分を前提とした精密調査を行う必要があるとしており，このことなどを考え合わせると，所要の手続きが行われた場合において初めて損害金を請求しうるものと解すべきであり，これら是正の指導の手続きの行われていない不法占用物件，また既に不法占用が解消されているものについて遡及して損害金の請求を行うことは必ずしも当を得ないものと思料される。」

しかし，「所要の手続き」が行われないと損害金を請求できない理由がまったくわからない。上記要領は，道路法上の是正措置をとるための段取りを定める内部規定であって，法令の定めではない。

これは到底納得できない。私たちは地方自治法に定める住民訴訟を提起することにした。

Ⅲ　訴訟上の請求の趣旨

住民訴訟において私たちは，東京都に対し，地方自治法242条の2第1項3号に基づき，都道上に設置された自動販売機に関し東京都の有する不当利得債権（予備的に不法行為債権）につき，都知事がその債権の行使を怠る事実が違法であることについての確認を求めた。

また，自販機の中身メーカーについては，特に悪質だった日本たばこ産業，東京コカ・コーラボトリング，サントリーフーズの3社を被告とすることとし，この3社に対し，地方自治法242条の2第1項4号に基づき，それぞれ数台（合計6台）のはみ出し自販機の道路占用料相当の不当利得金又は損害賠償金を東京都に支払へとの請求をした。

このうち東京都に対する請求は，

① まず，はみ出し自販機を具体的に特定することなく，「東京都は，都道敷を不法に占拠している「はみ出し自動販売機」について，その所有者等に対し，東京都道路占用料等徴収条例に基づく占用料相当額の不当利得返

還請求権を有しているところ，被告知事は，右請求権の行使をせず，東京都の財産である債権の管理を違法に怠っている。」と包括的に怠る事実の違法確認をするとともに，
② 中身メーカー3社のはみ出し自販機合計6台について，場所等を特定し，その道路占用料相当の利得額（損害額）を算出した上で，その不当利得返還請求権（損害賠償請求権）の怠る事実の確認

を求めるものであった。

Ⅳ 争　点

(1) 争　点

この訴訟の争点は，次の4点であった。
① 「怠る事実の特定性」について
② 監査請求前置
③ 係争債権は「財産」か
④ 当該債権の不行使は「財産の管理を違法に怠っている」ことになるか

以下，これら争点についての東京地裁判決，東京高裁判決，最高裁判決を対比しつつ，私たちの考えを述べることとする。

なお，各判決の紹介，判例評釈は次のとおりである。

【判決の紹介】
　　東京地裁判決平成7年7月26日
　　　　行政事件裁判例集46巻6～7号722頁
　　　　判例タイムズ885号93頁
　　　　判例時報1540号13頁
　　　　判例地方自治140号93頁
　　東京高裁判決平成12年3月31日
　　　　判例タイムズ1083号140頁
　　最高裁判決平成16年4月26日
　　　　最高裁判所民事判例集58巻4号892頁
　　　　判例タイムズ1150号112頁

　　　　　判例時報1857号47頁
【判例評釈】
　　　東京地裁判決
　　　　　自治研究73巻4号108頁
　　　　　判例評論450号33頁
　　　最高裁判決
　　　　　ジュリスト1277号123頁
　　　　　法令解説資料総覧271号94頁
(2)　「怠る事実の特定性」について
(a)　請求内容
　私たちは，東京都の怠る事実の違法確認請求に関して，「都道に設置された自販機について……債権の徴収を怠っていることが，違法であることを確認する。」と，業者に対する請求の対象自販機を特定せず，「都道に設置された自販機」と，概括的に記載して請求した。これは，都道に限ってもはみ出し自販機の数は5802台（業者の申告数）という多数にのぼり，とうていこれを特定することができなかったからであった。
(b)　これに対する裁判所の判断は次のとおりであった。
(イ)　東京地裁判決（裁判官　佐藤久夫・橋詰均・徳岡治）
　東京地裁判決は，次のように述べて請求を却下した。
- 「……法242条の2第1項3号に基づく請求……においては，既判力の客観的範囲を画し，審理の対象，範囲を明らかにするために，審判の対象である当該怠る事実に該当する財務会計上の作為義務が特定される必要があると解すべきである。」
- 「……原告らの右請求は，その行使すべきであるとする個々の債権が具体的に特定されていなければならないことはいうまでもないところ，原告らの右請求は，個々の自動販売機や債務者などを何ら明らかにしないまま，単に自動販売機による都道敷の不法占拠に基づいて発生する不当利得債権ないし不法行為債権につき一般的，網羅的に，その徴収解怠の違法確認を求めるものであって，結局，怠る事実の対象である個々の債権を個別，具体的に特定していないから，かかる訴えは，請求の特定を欠くものとして

不適法といわなければならない。」
- 「……単に債権の範囲が定まっているというだけでは三号請求訴訟の請求の特定として足りないというべきである。」

しかし, 先に述べたように, 私たちは日本たばこ産業他 2 社の被告中身メーカーの自販機 6 台については, 場所等を特定していた。これについて裁判所は次のように判断した。

- 「(被告 3 社に対する係争債権については) その発生原因, 債務者及び債権額についての特定に欠けるところはないことになる。しかしながら,

①……(原告は東京都に代位して 4 号請求訴訟を起こしているから)……「原告らが被告知事との間で右係争債権の行使をしないことが違法である旨の確認判決を得たとしても, 被告知事は被告 3 社にその債権履行を求める訴えを重ねて提起することはできない」

②「のみならず, ……4 号請求訴訟において原告らが勝訴すれば, その勝訴判決の効力は東京都に及ぶこととなり, これによって, 被告知事が右係争債権を「行使しない違法状態はより抜本的かつ直接的に是正されることになることからすれば, このような場合には, 4 号請求の他に同一の債権についての 3 号請求訴訟を行う実益は見いだし難いといわざるをえず, ……係争債権に限っても訴えの利益がなく不適法といわなければならない。」

(ロ) 東京高裁判決 (裁判官　伊藤瑩子・鈴木敏之・橋本昇二)

東京高裁判決は, 表現は違うもののほぼ同旨の判断を示した。

(ハ) 最高裁判決 (裁判官　福田博 (長)・北川弘治・滝井繁男)

この争点については, 上告受理申立てをしていないので, 最高裁判所の判断はない。

(c) この東京地裁の判断はおかしい。東京都が, ある一部のはみ出し自販機については, はみ出し設置についての占用料相当の不当利得金 (又は損害金) の請求を行い, その余のはみ出し自販機についてはその請求をしていない場合には, 怠る事実を特定するため, 対象自販機の特定が必要となるが, 東京都はすべてのはみ出し自販機について, まったく占用料相当の不当利得金 (又は損害金) の請求をしていない。この場合は, 「都道上に設置された自動販売機」

といえば，何ら特定性に欠けない。

　東京地裁判決は「当該怠る事実に該当する財務会計上の作為義務が特定される必要がある」と述べているが，業者の申告数でも5802台にのぼる夥しい数のはみ出し自販機を特定することは事実上不可能である。

　そもそも地方自治法施行令172条1項は，「地方自治法第242条第1項の規定による必要な措置の請求は，その要旨（千字以内）を記載した文書をもってこれをしなければならない。」と定め，措置請求は「要旨（千字以内）」でよいことを明らかにしている。

　住民には，地方公共団体の様々な作為・不作為について，それを調査する権限がない。また，必要な資料はほとんど当の相手方たる地方公共団体が握っている。住民の側では，具体的に事実を詳しく特定したくとも，十分特定できない場合がほとんどなのである。上記施行令はこのような事情を考慮して，「千字以内」という制限を設けることにより，住民側の負担を軽減しようとしたのである。

　すなわち上記施行令が監査請求について「その要旨（千字以内）」という制限を設けたのは，たかだか「千字以内」の文字で表現し特定できる程度の要旨の記載があればよいとするものにほかならない。

　住民訴訟は監査請求を経ないと提起できないから，東京地裁判決のように債権の特定性を厳格に要求すると，監査請求は「要旨（千字以内）」でよいとする施行令の趣旨に反することになる。

　また，数台のはみ出し自販機なら特定が可能だから住民訴訟が可能だが，その数が多ければ多いほど特定が困難になるから住民訴訟が困難になるというのは，巨悪になるほど法の網の目から外れてしまうことになり，著しく奇妙である。

　この点について「行政判例研究」（自治研73巻4号108頁）は，「……自動販売機の所有者等の不法占拠によって都に不当利得債権が発生していることのみで特定性の要件を充足しうる余地がないとはいえない。つまり，債権の一部しか行使していないことの違法確認請求の場合であれば別であるが，債権の行使そのものに着手していない場合であって，その不作為の違法の確認請求の場合であれば債権額の確定までは必要としない場合もありえよう。本件はまさにそ

のような場合にあたり，都道敷を不法占拠する自動販売機に対する不当利得債権の回収に都知事が乗り出す気配すら感じられない場合に，当該債権を都知事が一切行使していないことの違法確認を求めることは適法となる余地がないとはいえないであろう。」と述べ，やや控えめではあるが，私たちと同じ考え方を示している。

(3) 監査請求前置について
(a) 事実関係

私たちは，監査請求書の「怠る事実」の記載のなかでは，はみ出し自販機の特定をせず，都道にはみ出しているすべての自販機について不当利得金（損害金）を徴収せず放置している事実を包括して「怠る事実」とした。そして，その証明資料として，はみ出し自販機の例とて13台のはみ出し自販機の設置場所等を特定した資料を提出した。

住民訴訟においては，被告3社に対する請求の対象自販機は合計6台であったが，そのうち2台は住民監査請求の際に具体的に対象とした自販機13台の中に入っていなかった。そこで，この2台について，地方自治法242条の2の住民監査請求前置の要件を満たしているかどうかが問題となった。

(b) これに対する裁判所の判断は次のとおりであった。
(イ) 東京地裁判決
- 監査請求の際私たちが場所等を特定した13台のはみ出し自販機のうち12台については，監査委員が現地で調査をして，はみ出しの実態を確認した（なお1台は既に撤去されていたため監査委員ははみ出し設置の確認はできなかった）。そして，その12台のうちに，住民訴訟の対象となった6台のはみ出し自販機のうちの4台が含まれていた。したがって，この4台については適法な住民監査請求を経ていたということができる。
- しかし，住民訴訟の対象となったはみ出し自販機のうち2台は，監査委員がはみ出しを確認した12台に含まれていない2台については，「都道敷の不法占拠に基づく損害金を徴収しないことが財産の管理を怠る事実であるとしてその是正を求める住民監査請求においては，少なくとも，その損害金の原因となる不法占拠物件を個別具体的に特定してこれを行うことを要すると解すべきであるから，……（この2台については）適法な住民監査請

求が経由されたということはできないといわなければならない。」
　(ロ)　東京高裁判決
　東京高裁判決は，表現は違うもののほぼ同旨の判断を示した。
　(ハ)　最高裁
　上告受理申立てをしたが，排除された。
　(c)　上記の東京地裁の判断は，上述した「怠る事実」についての判断と同様のおかしさがある。

(4)　利得（損害）は発生するのか，それは法237条1項所定の「財産」か
　(a)　事実関係
　被告3社の自販機が設置されていた都道の敷地は国の所有物（国有財産）であり，都は国から道路敷として無償貸与を受けていた。
　そこで，被告3社は，道路敷の無償使用権は住民訴訟の対象となる財産ではないから，私たちが主張している係争債権は住民訴訟の対象となる財務会計性を欠いていると主張した。
　この点については，①そもそも国から無償貸与を受けていた道路敷を不法占用した場合に，当該道路管理者が占用料相当の不当利得返還請求権又は損害賠償請求権を取得するか，②取得するとして，それは地方自治法237条1項所定の財産といえるのか，という2つの問題がある。
　(b)　これに対する裁判所の判断は次のとおりであった。
　(イ)　東京地裁判決
　東京地裁判決は，上記①の問題について，「道路敷であっても，東京都は，道路占用許可によって適法な占有権限を設定しその対価として占用料を徴収することができるとされているのであるから，その限りでは，そのような道路敷も利用可能性のある土地というべきであって，これが不法占拠されれば，東京都としては，その占拠部分について右の利用可能性を失うという損失を受けることになる」，被告らはそれぞれの自動販売機について「都道敷地を占用し，使用したことによる利益を得た反面，東京都は損失を受けたというべきである」と判示した。
　次に上記②については，「道路敷の使用借権そのものは法238条1項4号所定の『地上権，地役権，鉱業権その他これに準ずる権利』には該当せず，法

237条1項が規定する地方公共団体の『財産』ではない。」としたが，「しかしながら，自動販売機による都道敷の不法占拠を原因として，東京都がその不法占拠者に対して不当利得債権又は不法行為債権を取得するとすれば，その債権は法237条1項所定の『財産』であり，……右債権の行使を違法に怠る事実があるときは，その怠る事実にかかる相手方である当該債権の債務者に対する4号請求訴訟を提起することを妨げられないことは明らかである。」とした。

(ロ) 東京高裁判決

これに対し東京高裁判決は，道路敷使用権については東京地裁判決と同様の判断をした。そして，上記①②については，「この無償使用権の対象である都道敷が不法占有されることにより，東京都に不法占有者に対する損害賠償請求権，さらには不当利得返還請求権等が発生すると解する余地があるとしても，その損害ないし損失は，円滑な道路交通の用に供されるといった公益が妨げられる面はあるとしても，財産的価値の減少という面から見れば，微弱なものでしかなく，右各条にいう財産に該当しないと解される余地は優にあるといえる。」と判示した。

しかし，「損害賠償請求権，さらには不当利得返還請求権等が発生する余地があるにしても，……財産的価値の減少という面から見れば，微弱なものでしかなく，右各条にいう財産に該当しないと解される余地は優にあるといえる。」というのは，遺憾ながら何を言っているのかわからない。

また，「財産的価値の減少」と述べているが，問題はその債権が法237条1項所定の「財産」といえるのかどうかにあるのであって，その金額の多寡ではないのだから，このような立論もおかしいことは明らかである。

結局，東京高裁判決は，道路敷の不法占拠者に対する不当利得債権又は不法行為債権が発生するのかどうか，また発生するとしてこれが地方自治法237条1項所定の「財産」に該当するか否かについてはっきりした判断をしないまま，ずるずると行政裁量についての判断に入ってしまったのである。

(ハ) 最高裁判決

最高裁判決は，上記①について，「……このように，道路管理者は道路の占用につき占用料を徴収して収入とすることができるのであるから，道路が権原なく占有された場合には，道路管理者占有者に対し，占用料相当額の損害賠償

請求権又は不当利得返還請求権を取得するものというべきである。」と判示したが，このような占用料徴収権の喪失を「損失」又は「損害」とするのは，最高裁として初めての判断であった。

次に上記②であるが，これについて最高裁判決は何も述べていない。しかし，判決は，上記①の判断に続けて損害賠償請求権又は不当利得返還請求権不行使の違法性についての判断をしていることから，最高裁は上記②については，地方自治法237条1項所定の「財産」に該当すると解していることがわかる。

(5) 行政裁量＝当該債権の不行使は「財産の管理を違法に怠っている」ことになるか

(a) 事実関係

先に述べたように，私たちは，東京都に対する「財産の管理を怠る事実の確認請求」については，特にはみ出し自販機の特定をせず，都道にはみ出しているすべての自販機について不当利得金（損害金）を徴収せず放置している事実を包括して「怠る事実」とした。

被告3社に対する請求の対象自販機は合計6台であったが，その請求額は合計で14万5990円，1台あたりの平均請求額は2万4331円であった。

このため，「財産の管理を怠る事実」は，この2つの面で問題になる。すなわち，①個別の特定をしない都道上のすべてのはみ出し自販機についての不当利得（不法行為）債権の行使を怠る事実，②この6台のはみ出し自販機についての同債権の行使を怠る事実の両面である。

そしてこの問題は，都知事に対する怠る事実の違法確認請求の場面と，被告3社に対する不当利得返還（損害賠償）の代位請求の場面で，このような債権を行使するか否かについてどこまで行政裁量が認められるのかという大きな争点となった。

(b) 判　決

(イ) 東京地裁判決

東京地裁判決は，都知事に対する怠る事実の違法確認に関しては，上記①の点について先に「『怠る事実の特定性』について」で述べたように，特定性に欠けるという理由で請求を却下し，また上記②の点については，被告3社に対する不当利得返還（損害賠償）請求をしている以上同一の債権について都知事

に対する違法確認請求をするのは実益がなく訴えの利益がないとして却下したため行政裁量の問題にまで踏み込んではいない。

被告3社に対する不当利得返還（損害賠償）の場面で，この行政裁量の問題について東京地裁判決は次のように判示した。

「右のとおり，東京都は，被告3社に対し，右認定した金額の不当利得返還請求権を有するものであるところ，被告知事が右債権を行使していないことは明らかであるから，特段の事情のない限り，右債権の行使を違法に怠るものということができ，本件においては，右特段の事情の存在は認められない。」

「被告3社は，自動販売機による都道敷の不法占拠の是正については，東京都による適切な行政指導がなされ，被告3社もこれに応じて是正に努めたものであるなどとして，係争債権について管理を「怠る事実」はない旨主張する。（中略）しかし，東京都の右行政指導は，多数の自動販売機が都道上にはみ出して設置されている状況に鑑み，道路交通の支障となる障害物を排除するとの観点から，道路管理行政の一環として，関係者にその是正を求めたものであるところ，もともと財務会計事項の処理は，法その他の財務会計に関する法律，条例及び規則に従い，右のような道路管理行政とは別個の観点から行われるものであるから，右行政指導や被告3社による任意の是正措置がされたという事実があったとしても，そのことは，本件のように右是正までの相当期間にわたる不法占有の継続に基づいて生じた不当利得債権（係争債権）を行使しないという財務会計上の処理を正当化する理由になると解することはできない。」

「本件においては，違法状態が是正されるまでに，少なくとも200日以上にわたって不法占拠が継続されていたものであり，その利得金額に照らしても，被告3社に対し係争債権を行使することが著しく困難であるとか，財務会計上の法令に徴し不適当であるとする根拠は見あたらず……」

このように，東京地裁判決は，道路管理行政と財務会計上の措置とを明確に区別して考えている。

(ロ) 東京高裁判決

東京高裁判決は，東京地裁判決と異なり，道路管理行政と財務会計上の措置とをごちゃ混ぜにして判断してしまった。すなわち，

・「はみ出し自販機について，不当利得返還債権，不法行為債権の成立につ

いては解釈の分かれるところであり，都が消極に解してこれを行使しなかったことにも，それ相応の根拠があるといえること，」
- はみ出し自販機の数は極めて多く，その調査や測量には多額の費用を要するから，「現実に回収できる債権額が費用額を下回る可能性も高い場合も往々にあろうものと推察される。」こと
- また，自販機のみならず不法占有の例はたくさんあるから，「……不法行為債権等を行使するに当たっては，行政の平等原則，比例原則の観点から，これらの事例との均衡に配慮する必要がある。」
- 「はみ出し自販機の是正につき，多様な選択肢があること。」
- 「東京都の被告らに対する要請とこれに応えた同企業らの是正努力により，短期間に多数の自動販売機のはみ出しの是正が完了したこと。」

「等に鑑みると，東京都が１審被告企業らに対して，１審原告ら主張の不法行為債権または不当利得返還債権を行使しなかったからといって，その不行使が法242条１項にいう違法な財産の管理または財産の管理を違法に怠る事実に当たっているということはできないものというべきである。」と判示したのである。

(ハ) 最高裁判決

最高裁判決は，さすがに道路管理行政と財務会計上の措置とを区別して考えてはいるようであるが，財務会計上の措置の中に，道路管理行政上の考察を滑り込ませ，事実上東京高裁判決と同じような判断をしてしまった。

すなわち，最高裁判決は，「地方公共団体が有する債権の管理について定める地方自治法240条，地方自治法施行令171条から171条の７までの規定によれば，客観的に存在する債権を理由もなく放置したり免除したりすることは許されず，原則として，地方公共団体の長にその行使又は不行使についての裁量はない。」としながらも，

「地方公共団体の長は，……『債権額が少額で，取り立てに要する費用に満たないと認められるとき』に該当し，これを履行させることが著しく困難又は不適当であると認めるときは，以後その保全及び取り立てをしないことができるものとされている（地方自治法施行令171条の５第３号）

「これを本件についてみると，……１台ごとに債務者を特定して債権額を算

定することには多くの労力と多額の費用とを要するものであったとして，本件について『債権金額が少額で，取り立てに要する費用に満たない』と認めたことを違法であるということはできない。」

「……対価を徴収することよりも，はみ出し自販機の撤去という抜本的解決を図ることを優先した東京都の判断は，十分に首肯することが出来る。そして，商品製造業者が，東京都に協力をし，撤去費用の負担をすることによって，はみ出し自動販売機の撤去という目的が達成されたのであるから，そのような事情の下では，東京都が更に撤去前の占用料相当額の金員を商品製造業者から取り立てることは著しく不適当であると判断したとしても，それを違法であるということはできない。」

「以上によれば，本件の事実関係の下では，東京都が被上告人らに対して前記損害賠償請求権又は不当利得返還請求権を行使しなかったからといって，これを違法ということはできない。」
として，結局は財務会計上の裁量行為の範囲内のことであるとして，都知事の不当利得返還（損害賠償）請求権の不行使について違法性を認めなかった。

(c) この行政裁量の問題は，高裁における弁論準備の中で，裁判所より法律上の論点として指摘され，議論を重ねていた。実務上参考になると思われるので，このときの私たちの主張を紹介する。

（裁判所の示した疑問点について）
一，田子の浦事件判決について
　1，田子の浦ヘドロ住民訴訟上告審判決（最判昭57・7・13，判時1054号52頁）は，田子の浦のヘドロ浚渫費用を，工場廃水排出者の共同不法行為による損害として認定した原審判決を破棄差戻しし，「ヘドロ堆積等の除去に要する費用の支出について」は，「（一）当該地方公共団体が行政上当然に支出すべき部分，（二）当該地方公共団体がその行政裁量により特別の支出措置を講ずるのを相当とする部分」を除いた「（三）汚水排出者の不法行為等による損害の塡補に該当し終局的には当該汚水排出者に負担させるのを相当とする部分」に限り損害とする旨示した。
　裁判所は，どうもこの「行政裁量」という点にこだわっているようで

ある。しかし，本件自販機のケースは右田子の浦判決の場合とは異なる。
2，すなわち田子の浦判決においては，「(一) 当該地方公共団体が行政上当然に支出すべき部分」というのは，

「一般に，河川港湾等いわゆる自然公物に対する汚水の排出は，社会通念上一定の限度までは許容されているものと解され，右限度を超えない汚水排出の結果生じた汚染ないしヘドロ堆積等は，当該自然公物の管理者である地方公共団体の行政作用により処理されるべきものである。」

との考え方に基づき支出される部分である。

ところがはみ出し自販機の場合は，このはみ出しが「社会通念上一定の限度まで許容されている」などと解すべき余地が全く無い。わずかでも道路上にはみ出していればすなわち道路法に違反する違法行為なのであり，これがいかなる意味でも「許容」されないものであることは明らかである。

従ってはみ出し自販機については，「当該地方公共団体が行政上当然に支出すべき部分」というのはあり得ないのである。

3，次に「(二) 当該地方公共団体がその行政裁量により特別の支出措置を講ずるのを相当とする部分」というのは，

「また，右汚水の排出が社会通念上右一定の限度を超えた結果汚染ないしヘドロ堆積等が生じた場合であっても，そのような状態に至った原因の中に行政上の対策の不備等があって，汚水排出者にすべての責任を負わせることが必ずしも適当でない場合もありうるのであるから，右汚染ないしヘドロ堆積等の除去又は予防のために講ずべき浚渫作業又は施設の設置・改善等の措置，そのために支出すべき費用及びその分担についてはなお公物管理権者の合理的かつ合目的的な行政裁量に委ねられている部分がある」

との考え方に基づき支出される部分である。

しかし，はみ出し自販機の場合は，このはみ出しについて「そのような状態に至った原因の中に行政上の対策の不備等があって，汚水排出者にすべての責任を負わせることが必ずしも適当でない」などと解すべき余地は全くない。はみ出し自販機の設置者は，法律に違反し行政の目を

かいくぐってはみ出し設置したのであって，全責任は設置者側にある。
　従って，その撤去費用の支出や分担について行政裁量の余地はないのである。

二，請求するか否かの裁量権の存否について（その１）
1，裁判所は，「損害額が大きくないときに，困難な立証までして請求する必要があるのか」とか「例えば都営住宅の居住者がちょっとでも賃料を滞納しているとき，住民訴訟が起こせるのか」とか「請求コストを考える必要があるのではないか」とか，あれこれ思い悩んでおられる。
　しかし裁判所がこんなことで悩む必要はない。これに関しては既に法令に定めがある。

2，本件の不当利得・損害賠償請求権は地方自治法240条１項の「債権」であるが，この「債権」について同条３項で「普通地方公共団体の長は，債権について，政令の定めるところにより，その徴収停止，履行期限の延長又は当該債権に係る債務の免除をすることができる。」
　と定めている。
　そして，これに基づき地方自治法施行令171条の５は，例えば「債権金額が少額で取立に要する費用に満たないと認められるとき」などの場合で，「これを履行させることが著しく困難又は不適当であると普通地方公共団体の長が認めるとき」は，その取立をしないという「徴収停止」の処分をすることができることを定めている。
　また，同施行令171条の６は「債権者が無資力又はこれに近いときにある状態にあるとき」などには，普通地方公共団体の長は債権の「履行期限を延長する特約又は処分をすることができる」ことを定めている。
　更に同施行令171条の７は，一定の場合には普通公共団体の長は債権の免除ができることを定めているのである。

3，上述の１，で記載した裁判所の悩みは，全て右施行令の条項を適用することによって，個別に妥当な解決を図ることができる。
　そして，これらの「徴収停止」「履行延期の特約書」「免除」等の措置は，全て普通地方公共団体の長の行政行為によって為されるものである。これらの「徴収停止」等をするのかしないのか，するとしてどれに

するのかなどは，全て地方公共団体の長が行なうことになっている。裁判所が普通地方公共団体の長に代わってこれらの措置をとることはできないのである。

4，上述1，の「損害額が大きくないときに困難な立証までして請求する必要があるのか」とか「請求のコストを考える必要があるのではないか」との悩みは，例えば　右施行令171条の5第3号に係る事案として，普通地方公共団体の長が考え，その取立をするかどうかを決定すればいい。その決定はもちろん当該普通地方公共団体の実情や考え方によって様々であり得る。どうして裁判所が一律に決めることができるのであろうか。

　例えば類似の違法行為が反復される可能性があるときに，当該事案のみを見たときは必ずしも採算が合わなくとも，類似の違法行為の予防の趣旨も込めてあえて損害賠償請求をすることがある。このような例は知的所有権の侵害や名誉毀損などの場合によく見られる。

　損害賠償というのは事後的な救済であり，かつその救済も十分でないことが多い。従って場合によっては賠償請求をするという決然たる意思を示すことによって，類似の違法行為の反復を阻止しようと考えることは当然のことである。

　右施行令171条の5に形式的に該当する場合であっても，普通地方公共団体の長は右のようなことを考慮して，徴収停止などをせずきちんと請求するということがあり得るのである。ここには裁判所のいう「請求のコスト」以上の重要な要素がある。

　「請求のコスト」も考慮すべき要素だが全てではない。その他あらゆる観点から考慮してどのようにするかは，右施行令の定めに従い普通地方公共団体の長に委ねておけばいいのである。

5，また，都営住宅の賃料滞納者に対し住民訴訟が起せるのかという問題は，普通地方公共団体の長が右施行令171条の6第1項1号乃至3号の問題として履行期限の延期等の適切な措置を講じていれば生じ得ない問題である。法令に基づき履行期限の延期等の措置を講じた場合には，そもそも地方自治法242条1項の「怠る事実」自体が存在しないことにな

る。

　また，仮にこの滞納について監査請求，住民訴訟が提起された後であっても，普通地方公共団体の長は，実情を調査して右施行令の要件を充足していると考えるときは，いつでも，履行期限の延期等の決定をすることができる。つまり，後からでも，とろうと思えばいつでも妥当な措置がとれるのである。

　地方公共団体の長がこのような措置をとらないときに，他の住民が監督請求・住民訴訟を提起できるのは当然のことである。例えばベンツを乗り回している暴力団の親分が不正に都営住宅に入居し賃料を滞納しており，都の職員は暴力団を恐れて放置しているとしよう。このようなとき，住民訴訟が提起できて当然ではないか。またこのような場合は，どんなに費用がかかろうが，断固として請求をすべきものである。ここにも「請求のコスト」以上の大事な視点がある。

　裁判所が「請求のコスト」を考えるというのは，なんだか裁判所が営利企業になったようでまことにおかしい。裁判所はコストを考えるところではなく，法による正義の実現を考えるところなのである。

　つい先日最高裁で判決の出た愛媛玉串料裁判で問題になった玉串料は，高々1回当たり5千円から1万円，合計22回の支出の総合計は16万6千円にしかすぎない。この請求について最高裁判所はもちろん「請求のコスト」を問題にしていない。この玉串料が例えば千円だとしたら最高裁判所は「請求のコスト」を問題にしたのだろうか。もちろんそんなことは問題にしないだろう。世の中には金より大切なことはたくさんある。裁判所には，この金より大切なことを，しっかりと大切にしてもらいたいと思うのである。

6，右施行令が定める徴収停止等は，いずれも「普通地方公共団体の長は，……ができる。」との定め方をされている。すなわち，この徴収停止等については，たとえ右施行令が定める要件に該当している場合であっても，徴収停止等をするかどうかは普通地方公共団体の長の裁量に委ねられているのである。

7，本件はみ出し自販機についての不当利得・損害賠償請求債権について

は，都知事による徴収停止等の措置は講じられていない。
　もし都知事が本件に関し例えば右施行令171条の5第3号に定める要件があるとして，「取立てをしない」旨の決定をしたとしよう。その場合には原告らは新たにこれを不服として監査請求，住民訴訟を起こすことになるだろうが，その場合には裁判所は，この「取立をしない」という決定が右施行令171条の5第3号の要件を満たすかどうかについて審理することになる。そのときになって裁判所は少額かどうか，とか，コストはどうかとか，まさに先に述べた裁判所の「悩み」について審理し判断すればいい。
8，このように都知事による徴収停止等の処分がなされていないこのような場合に，裁判所が普通地方公共団体の長になり代わって損害額の多少とかコストとかを考えて，それによって請求の当否を判断しようなどということは，明らかに裁判所の越権行為に他ならないのである。
三，請求するか否かの裁量権の存否について（その2）
（裁判所の示された疑問点について）
　1，裁判所の悩みは，どうも次のようなことであるらしい。
　　① 都知事には，どこに，誰が設置した，どれだけはみ出している自販機があるのかわからなかった。
　　② これを全て探索して損害賠償請求とか不当利得返還請求をしなければならないというのは実際問題として極めて困難である。
　　③ にもかかわらず，これを全て探索して請求しなければならないとすると，そうしなかった場合に当該担当公務員が，職務を怠ったということで損害賠償責任を生ずることになるのではないか。
　　④ このような場合に責任が生じると解するのは，どうも現金出納官吏がその保管に係る現金を亡失したときに問われる責任と比較して過重のようにも思われる。
　　⑤ はて，どうしたものか。
　2，この裁判所の"悩み"は，まことに不可解である。
　　第一審原告らは，本件で問題になっているはみ出し自販機についての法的判断を求めているのに対し，裁判所は法を森羅万象に適用した上で

生じ得べきあらゆる疑問点を予めこの裁判で考え，全てが整合されない限り本件での法の適用を消極に解そうというものに思われるからである。

このような裁判所の誠実さは，市民にとっては一面でありがたく他面ではいささか迷惑なことである。このような裁判所の姿勢は，世の中を良くしたいという善良な市民の感覚を萎えさせ，裁判制度に対する失望をもたらすだけである。森羅万象は人知の及ぶところではないのだから，誠実に考えれば考えるほど判断が消極になるに違いない。強大な社会的勢力を持つ者が作り出した違法な既成事実は，遂にそのまま放置されてしまうことになってしまう。けれども，私たちは裁判所が生き生きと法を適用することを期待しているのである。

3，第一審原告は，たかだか13台のはみ出し自販機を取り上げて住民監査請求をしたにすぎない。そして，本件住民訴訟でとりあげたはみ出し自販機は，たったの6台にすぎないのである。

なるほど，都がどこに，誰が設置した，どれだけのはみ出し自販機が存在するのか，その全てを調査して把握せよというのは困難である。

しかし第一審原告が住民監査請求によりその存在を明らかにしたたった13台のはみ出し自販機についてこれを把握し，それについて損害賠償請求をすることは極めて容易なことである。

4，このことは例えば建物の固定資産税の賦課徴収のことを考えてみるといい。

建物の固定資産税は，新築建物が登記されるとそれが都でいえば都税事務所に通知され，固定資産課税台帳に登録される。そして，この台帳に基づき課税がなされる。

ところが無登記建物や，増改築をしておりながらその登記をしていない建物についてはその存在を都は把握できず，課税されない場合が生ずる。

都税事務所の職員は受持区域を巡回してこのような建物の発見に努めるけれども，それにもかかわらず発見されない建物が数多く存在するのである。

例えば，A氏の隣地にB氏が豪邸を建築したが，無登記のためその事

実を都が知らず，固定資産税を払っていないとする。Ａ氏はこれを甚だ遺憾として都税事務所長のＣ氏に右事実を申告し徴税するよう求めたとしよう。申告を受けた都税事務所長Ｃ氏のとるべき途はただひとつ，直ちに調査をして申告の事実が確認出来れば課税をすることである。

　ところが，右申告を受けた都税事務所長Ｃ氏は，

「こんなことは他にもあるし，手間もかかる」

と考え，そのまま放置して時効にしてしまったとする。

　この場合，都税事務所長Ｃ氏は，都に損害を生じさせたとして賠償責任を負うのは当然のことである。

5，次にこのような場合はどうだろうか。Ｃ氏の都税事務所の管轄区域には，人知れぬ無登記建物が数多くあり，課税もれ建物は他にも数多く存在する。これらの課税もれの建物について，Ｃ氏はこれを探索して発見し課税すべきことが期待される。ところがＣ氏はそうしなかったとして損害賠償責任が生ずるのであろうか。

6，もちろん，具体的なケースにもよるであろうが，一般的に考えるとこの場合にはＣ氏の損害賠償責任は生じないと解される。

　Ｃ氏以下，全ての職員を管轄区域に巡回させ，課税もれ建物の発見に努めればあるいは都に生ずる損害を防止できたかもしれないが，そんなことをすると他の事務ができなくなってしまう。都税事務所がかかえている多端な事務について適切な人員配置をし，その人員配置の中で所要の仕事をしていたけれども右の発見に至らなかったのだとしたら，Ｃ氏には何ら職務懈怠がない。職務懈怠がないのに損害賠償責任を負わせるということができないのは当然である。これは法的には不法行為における過失の問題として処理してもいいだろうし，会計法第41条の趣旨を類推して，善良な管理者の注意を怠った場合に限り責任が生ずると考えてもいいだろう。

　いずれにせよ，健全な法感覚を有していれば，およそ責任の有無につき判断に窮することはないと思われるのである。

7，すなわち，いったん具体的に課税もれが明らかになった場合と，未だそれが具体的には明らかになっていない場合とでは，責任が異なるので

ある。

　本件訴訟の場合も全く同じことである。

　住民監査請求で具体的に指摘したたった13台の自販機くらい，都が調査しようと思えばたちまち調査することができる。それをしないで放置をし，請求権を時効にかけてしまったとしたら，このことの責任を問われるのは当然のことなのである。」

　最高裁判決は，「東京都が更に撤去前の占用料相当額の金員を商品製造業者から取り立てることは著しく不適当であると判断した」と判示しているのであるが，実は，東京都はこのような「判断」をしていない。この「判断」は，地方自治法施行令171条の5第3号に基づく「判断」であるが，東京都がこの「判断」をしたという主張，立証がなかったのである。すなわち，債権の徴収について「何もしない」という事実だけがあったにもかかわらず，最高裁はあたかもこの「判断」をしたかのように判示した。まことに奇妙である。

V　東京都を被告にしたことは戦略的に正しかったか

　今にして考えれば，はみ出し自販機の中身メーカー3社に対し，地方自治法242条の2第1項4号に基づき，東京都に代位して不当利得返還（損害賠償）の請求をしていたのだから，あえて都知事を被告として同項3号の怠る事実の違法確認請求をする必要はなかったように思われる。

　市民的活動をしている人々は，「行政の怠慢」に切歯扼腕することが多く，「行政憎し」という感情が生じやすい。はみ出し自販機撲滅運動も同様であった。

　判決を読むと，あたかも東京都が熱心に行政指導をして，その結果短期間ではみ出し自販機問題が解決されたような印象を持ってしまうが，事実はそうではなかった。

　私たちがはみ出し自販機撲滅運動を始めたのは1990（平2）年8月のことであったが，私たちはその年の10月には，実態調査の結果を持って東京都に是正の申入れをした。しかし，東京都は「まったく」動かなかった。

東京都が動き出したのは，はみ出し自販機撲滅運動がマスコミで大きく取り上げられるようになってからであり，私たちの再三の申入れに対しようやく動き出したのは1992（平4）年9月になってからのことである。この時東京都は業者を呼んで「自動販売機是正指導会」を開催したが，傍聴に行った主婦連の人々は，「指導の邪魔になる」という理由で会場から追い出されてしまった。東京都は，市民不在の密室の中で「指導会」を開いたのである。その後の東京都の「指導」も生ぬるく，業者ははみ出しの是正には5年かかると公言し，また新設の自販機についてもはみ出しをするなどしていた。

そこで私たちは，やむを得ず道路法・道路交通法違反容疑で業者を告発し，その結果文字どおりアッという間にはみ出し自販機がなくなった。当時私たちは，このような東京都のことを，「日照りの時は放置して，土砂降りになってからホースで水を撒いている。」と揶揄していたのである。

そのようなわけで，私たちは東京都に対して著しく悪い感情を持っていた。

そこで，深く考えることなく東京都知事を被告として「怠る事実の確認請求」を加えたのであるが，このため「行政裁量」という無用の争点を作ってしまったのではないかと思われる。

行政裁量については，当時裁判長だった稲葉威雄氏の問題意識のもとで論点を整理し，議論を重ねていた。先に紹介したのはその議論の過程で私たちが提出した準備書面の一部である。そして，この論点についてようやく裁判所の理解を得たように思われたとき，裁判長の稲葉威雄氏が転勤し伊藤瑩子氏に替わった。そのとき稲葉裁判長はこう言った。「せっかくまな板の上に載せて下ごしらえをし，さあ料理しようかと思ったら転勤することになってしまった。申し訳ない。」

その後伊藤裁判長のもとで，若干のやりとりがあったが，最終の弁論期日において，伊藤裁判長は私の顔を見てほほえんだ（ように思った）。これはいけない。伊藤さんににっこりされたら負けであると不吉な予感がしたら，果たしてそのとおりになってしまった。

行政事件の裁判は，どのような裁判官に「当たる」かによって勝敗が分かれることがあるように思える。当たりか外れかは運不運であるが，運も実力のうちと考えるしかない。

今，道路にはみ出して設置されている自販機はまったく見かけない。結局のところ裁判は敗訴に終わったが，はみ出し自販機撲滅運動そのものは私たちの大勝利であった。この運動の中心となった主婦連の担当者は，これほど成功した消費者運動は珍しいと喜んでいた。はみ出し自販機の撤去，薄型自販機の導入などで，自販機業界は約300億円の「特需」があったとの報道もあった。中身メーカーは，それだけの損失を被ったことになる。訴訟自体はなかなかおもしろくて，楽しみながらすることができたが，運動の役には立たなかった。この点，訴訟自体が運動を盛り上げていったいわゆる嫌煙権訴訟とは違っている。行政訴訟をする前に，その目的は何かをじっくり考える必要があるように思う。

■

第2章──解　　説

住民に厳しく，業者にやさしい裁判所の判断

Comment ／ 奥　島　直　道

　本件における論点は，浅野弁護士の指摘のように，①業者に対する請求の対象自販機を特定せずに，「都道に設置された自販機」と概括的に記載した請求が，「怠る事実の特定」として認められるか，②監査請求の際に特定しなかった自販機2台について，監査請求前置の点から許されるか，③道路敷を不法占用した場合に，当該道路管理者が占用料相当の不当利得返還請求権又は損害賠償請求権を取得できるか，④上記債権の不行使が「財産の管理を違法に怠っている」ことになるのか，の4点である。

I　争点1──「怠る事実の特定性」について

(1)　裁判所の判断

　本件は住民訴訟提起の段階における請求の特定の問題であるが，裁判所の判断は，オーソドックスな内容であったということができる。

　判例は，基本原則に忠実に，「裁判所の判決により，既判力をもってその怠る事実である個別具体的な財務会計上の作為義務の懈怠の違法を確定し，執行機関又は職員に右作為義務の履行を促すことを目的とするものであるから」……「既判力の客観的範囲を画し，審理の対象，範囲を明らかにするために，審判の対象である当該怠る事実に該当する財務会計上の作為義務が個別具体的に特定される必要がある。」

　「被告知事の個別具体的な金銭債権の不行使が財務会計上の作為義務の懈怠

といえるかどうかを審理，判断するためには，その行使すべきであるとする個々の債権が具体的に特定されていなければならない。」……「原告らの右請求は，個々の自動販売機や債務者などを何ら明らかにしないまま，単に自動販売機による都道敷の不法占拠に基づいて発生する不当利得債権ないし不法行為債権につき一般的，網羅的に，その徴収懈怠の違法確認を求めるものであって，結局，怠る事実の対象である個々の債権を個別具体的に特定していないから，かかる訴えは，請求の特定を欠くものとして不適法といわなければならない。」と述べている。

(2) 申立人側の主張及び根拠について

(a) まず，申立人側は，「自動販売機が都道敷を占有するかどうかは客観的に明らかであり，しかも，そのすべてが不法占有として不当利得債権（予備的に不法行為債権）を発生させるものであるから，債権の範囲は一義的に定まっており，請求の特定に欠けるところはない。」と述べている。

しかし，判決が指摘しているように，「怠る事実」の対象である財産は，地方公共団体が有するであろう一般的，抽象的な財産ではなく，地方公共団体に具体的に帰属する個別的な財産を意味するものである。個々の発生原因事実などが明らかにされなければ，それが具体的な地方公共団体の財産たる債権として存在しているかどうかすら判断できない。単に債権の範囲が定まっているというだけでは3号請求訴訟の訴訟上の請求の特定として足りない。

どこに設置された，どのような自販機が，どのくらいの期間，どの程度・範囲不法に占拠していたのか，それによりどの程度の損害が生じたのかについて明らかにすべきである。このような点が明らかにされたうえで，その債権が時効消滅していないか，あるいは当該債権を行使しないことに正当な理由があるか，といった点を地方公共団体が判断する必要がある。

(b) また，申立人側は，都道敷を占拠する自動販売機がある場合には，被告知事において損害金を請求すべき相手方，損害金の額，不法占拠期間などを把握すべき義務があることを理由に挙げている。

しかし，個々の債権を特定しないまま，単に一定範囲の債権の行使をしないことが一般的に違法であることの確認を求めることは，特定の債権の不行使という財務会計上の作為義務の懈怠を対象としてその違法をいうものではなく，

結局のところ、執行機関等において調査をして具体的な債権を把握すべきことを求めることになってしまう。

(c) 申立人側は、財務会計行為の特定が必要であるとすれば、市民は監査請求する際に、かなりの労力を使って、多くの情報公開などをしなければならなくなることを理由として挙げている。

確かに、特定を欠くということになれば、例えば本件の場合、現場に行き、写真等を撮ることも必要になる。負担が大きいので、その過程で、監査請求を断念する場合も多くなる。特定を求める裁判所の傾向は、法が監査請求について「要旨」でよいと規定した趣旨を失わしめ、請求者に過大な負担を強いることになり、住民訴訟制度が利用しにくいものになってしまう。

この申立人側の指摘はもっともである。しかし、だからといって、判決の結論を覆すまでの理由とはならない。

結局のところ、住民側には厳しいことになるが、労力を使って請求の内容を特定する必要がある。

Ⅱ 争点2——監査請求前置について

本判決は、住民訴訟の対象となったはみ出し自販機のうち、住民監査請求の際に具体的にはみ出していると述べられていなかった自販機2台については、住民監査請求を経ていないので監査請求前置主義に反する、と述べている。

しかし、本件の監査請求は、都道上にはみ出して設置されている自販機すべてについて監査を求めており、監査対象として提出した12台は、あくまで「例」として挙げたにすぎないといえる。そうすると、都道上にはみ出して設置されている自販機すべてについて監査請求の対象となっているのであり、かつ監査を経ているのであるから、監査請求前置には反しない。

地方自治法施行令172条1項は「地方自治法第242条第1項の規定による」措置請求は「要旨」でよいことを明らかにしている。住民側の主張も理屈に合致しているとはいえる。ただ、住民監査請求に求められる措置請求の「要旨」について、「都道上にはみ出して設置されている自販機すべて」という本件の記載方法が、「要旨」の記載としてあまりに広範すぎないかという問題が残っ

ている。

Ⅲ 争点3——占用料徴収権の成否

(1) 否定説

道路法は、「道路に広告塔その他これに類する工作物等を設け、継続して道路を使用しようとする場合においては、道路管理者（都道府県道については、その路線の存する都道府県である（道路15条））の占用の許可を受けなければならない」（道路32条1項）と定め、「道路管理者は、道路の占用につき占用料を徴収することができる。」（道路39条1項）と定めている。

この条項を形式的に解釈して、占用料徴収権が占用許可によって初めて発生するものである以上、この許可前にその喪失を観念することはできないとして、占用料徴収権の喪失をもって「損失」ないし「損害」とすることはできないとする。

(2) 肯定説——判例

他人の土地を無断で使用している場合、使用料相当の損害があったとして、損害金を支払うのが実務の扱いである。この点は、土地の所有者が地方自治体であっても同じことのはずである。はみ出し自販機の場合、無断で他人の土地である道路を使用しているのであるから、一般の所有権侵害の事実と同様に、使用対価としての使用料相当損害金等を請求できる。この点については、本件の判決によってほぼ確定したといえる。

Ⅳ 争点4——行政裁量＝当該債権の不行使は「財産の管理を違法に怠っている」ことになるか

(1) 占用料徴収権の行使の裁量について

地方公共団体が有する債権の管理について定める地方自治法240条、地方自治法施行令171条から171条の7までの規定によれば、客観的に存在する債権を理由もなく放置したり、免除したりすることは許されず、原則として、地方公共団体の長にその行使又は不行使についての裁量はない（この点に関し、参考となる判例として、最判昭57・7・13〔田子の浦ヘドロ住民訴訟事件〕がある）。

(2) 徴収停止ができる場合か（地方自治法施行令171条の5第3号の適用）
　(a) 「債権金額が小額で，取立てに要する費用に満たないか」
　本判決は，本件で東京都が取得する債権の額は，占用部分が1台当たり1㎡とすれば，1か月当たり約1683円にすぎない。他方，当時3万6000台もあったはみ出し自動販売機について，その一台一台につき，債務者を特定するとともに債務額を算定することは困難である上，多数の人員と多額の費用を要するとする。
　例えば，どの程度はみ出しているのかを測量する必要があり，測量費用だけを考えても，多額の費用を要することになる。この点の判断は正当である。
　(b) 「これを履行させることが著しく困難又は不適当か」
　本判決は，はみ出し自動販売機に係る最大の課題は，対価を徴収することよりも，はみ出し自動販売機の撤去にあるとする。そして，商品製造業者が，東京都に協力をし，撤去費用の負担をすることによって，はみ出し自動販売機の撤去という目的が達成されたのであるから，そのような事情の下では，東京都が更に撤去前の占用料相当額の金員を商品製造業者から取り立てることは著しく不適当であると判断したとしても，それを違法であるということはできないとする。
　しかし，この広い裁量権を認める判断は，「著しく不適当」という文言になじまず，疑問である。はみ出し自動販売機の問題は，通行の妨害物を排除するというはみ出し自働販売機の撤去に尽きるものではない。
　個々のはみ出し自販機においては，通行になんらの妨害にならない場所に設定されているものもある。
　はみ出し自販機が不法占拠していることは明らかであるから，業者ははみ出さないように自販機を設置すべきであったわけであり，はみ出している自販機を撤去などするのは当然のことである。当然の義務を履行した業者に対して，撤去費用を負担していることを理由として，撤去前の占用料について請求することが「著しく不適当」とまではいえない。
　この条項を検討する場合，債権を行使することによって得る財産的価値と，債権を行使することによって奪われる利益について比較検討する必要がある。例えば，市営住宅の家賃不払いによる明渡訴訟が多く行われているが，この場

合には，明渡しによって路頭に迷うことになるかもしれない借主及びその家族の点も考慮する必要があろう。明渡しに協力した保証人に対して遅滞している家賃を請求するかという問題もある。

これに対して，本件の場合は，賃料相当額の支払を不当利得返還請求する場合であり，純粋に金銭的な問題にすぎない。債権を行使することによって奪われる利益は見当たらない。

(3) 訴訟と市民運動の成果

住民訴訟の場合，市民運動自体も衰退して，その後訴訟も敗訴に終わり，挫折感だけを味わう場合が多い。

本件の場合には，訴訟では敗訴したが，運動としては，はみ出し自動販売機がなくなり，成功したまれな例である。

成功した理由を考えてみると，主婦連を中心とした運動の広がりなどの理由もあろうが，一般の住民訴訟の事案とは異なり，支出（本件では怠る事実）自体の違法性ではなく，その前段階となる行為に違法性が認められた事案であることが指摘できる。すなわち，はみ出し自販機の場合，許可なく道路を使用していることは明らかであり，道路法に違反していることは明らかであるし，市民感情においてもその違法性を容易に認識できる問題であった。それを放置することは，都民の支持を受けるものではなかった。これに加えて，東京地裁で不当利得返還請求権を認める判断があったことも運動を後押ししたのではないか。■

第3章

在外邦人選挙権事件

第3章── 報　告

在外邦人選挙権訴訟
── 大法廷判決までの道程と残された
　　　いくつかの疑問

Report ／ 古 田 啓 昌

Ⅰ　はじめに

　本件は，日本国内に住所を有しない日本国民（以下，最高裁大法廷判決に倣って，「在外国民」という）に国政選挙における選挙権行使の全部又は一部を認めないことの適否等が争われた事案である。最高裁判所大法廷は，在外国民の選挙権の行使を制限することは憲法15条1項及び3項，43条及び44条ただし書に違反するとした（最大判平17・9・14民集59巻7号2087頁）。最高裁の違憲判決を受けて，平成18年法律第62号によって公職選挙法が改正され，2007年6月以降，在外国民もすべての国政選挙において選挙権を行使することが可能となった。1996年11月の訴え提起から10年余の歳月を経て，原告らの願いが結実したのである。

　筆者は，訴訟準備の段階から大法廷判決に至るまで，原告らの訴訟代理人を務めるという幸運に恵まれた（ちなみに，原告弁護団結成に至る経緯については，二関辰郎「在外日本人選挙権訴訟にかかわって」全友ウェブニュース2006年2号13頁（http://www.zenyu.jp/report/0602/13.htm），古田啓昌「最高裁判決2005　弁護士が語る　在外邦人選挙権訴訟」法セ2006年3月号30頁参照）。本稿においては，当事者的な立場から，本件訴訟の各局面で原告弁護団が何を考え，いかなる訴訟追行を行ったかを（若干の反省も交えつつ）述べるとともに，第三者的な立場から，大法廷判決の説示に対する若干の疑問点を列挙することにしたい。

II　事案の概要

　1996年10月20日に第41回衆議院議員総選挙が実施されたのを受けて，在外国民である原告ら53名は，同年11月20日，国を被告として，公職選挙法が違法であることの確認と精神的損害に対する慰謝料（原告1人あたり5万円）の支払を求める訴訟を提起した。第1審（東京地判平11・10・28判時1705号50頁）は違法確認請求を却下し，国家賠償請求を棄却した。控訴審（東京高判平12・11・8判タ1088号133頁）は第1審原告らの控訴を棄却し，また控訴審で追加された選挙権確認請求を却下した。最高裁は，在外国民の選挙権の行使を制限している公職選挙法は違憲であるとした上で，原判決を変更し，原告らの選挙権確認請求及び国家賠償請求を認容した。

　法律を違憲とする判決は最高裁判所史上7件目であり，憲法学上の意義は大きい。また，大法廷判決は，選挙権確認の訴えを適法な訴訟形態である（公法上の法律関係の確認訴訟である）とし，さらに，国会の立法不作為による国家賠償請求を認容した。いずれも最高裁としては初の判断であり，行政法学上も重要な意義を有する。

　本件に関連する重要事象の年表は，以下のとおりである。

　　1950年4月15日　公職選挙法（昭和25年法律第100号）制定
　　1984年4月4日　在外選挙制度法案が第101回国会に提出される
　　1986年6月　衆議院解散に伴い上記法案は廃案となる
　　1994年2月　「海外在住者投票制度の実現をめざす会」設立
　　1994年3月　「海外有権者ネットワーク」結成
　　1995年2月　「海外有権者ネットワーク」が日弁連に人権救済申立て
　　1996年5月　日弁連が「調査報告書」及び「要望書」を発表
　　1996年9月　在外邦人選挙権訴訟の弁護団結成
　　1996年10月20日　第41回衆議院議員総選挙
　　1996年11月20日　訴え提起
　　1998年5月1日　改正公職選挙法（平成10年法律第47号）公布
　　1999年10月28日　第1審（東京地裁）判決

2000年5月6日　　在外選挙制度施行
2000年6月25日　　第42回衆議院議員総選挙
2000年9月25日　　事実審（控訴審）の口頭弁論終結日
2000年11月8日　　控訴審（東京高裁）判決
2001年2月　　　　上告理由書提出
2001年7月29日　　第19回参議院議員通常選挙
2003年11月9日　　第43回衆議院議員総選挙
2004年7月11日　　第20回参議院議員通常選挙
2004年12月　　　　第2小法廷から大法廷へ回付
2005年4月　　　　大法廷から口頭弁論期日の指定通知
2005年7月13日　　最高裁大法廷第1回口頭弁論期日
2005年9月11日　　第44回衆議院議員総選挙
2005年9月14日　　上告審（最高裁大法廷）判決
2006年6月14日　　改正公職選挙法（平成18年法律第62号）公布
2007年6月1日　　 改正公職選挙法施行
2007年7月29日　　第21回参議院議員通常選挙

Ⅲ　在外国民に係る選挙制度の概要

(1) 本件訴訟提起前の制度（平成10年法律第47号による改正前）の概要

　本件訴訟提起当時に現に施行されていた公職選挙法においては，選挙人名簿への登録は，当該市町村の区域内に住所を有する年齢満20年以上の日本国民で，その者に係る当該市町村の住民票が作成された日から引き続き3ヵ月以上当該市町村の住民基本台帳に記録されている者について行うこととされていた。選挙人名簿に登録されていない者及び選挙人名簿に登録されることができない者は，投票をすることができない。したがって，我が国のいずれの市町村においても住民基本台帳に記録されることのない在外国民は選挙人名簿には登録されず，その結果，在外国民は衆議院議員の選挙又は参議院議員の選挙において投票をすることができなかった。

(2) 大法廷判決当時の制度（平成10年法律第47号による改正後）の概要

本件訴訟提起から約1年半後の1998（平成10）年5月1日，改正公職選挙法（平成10年法律第47号）が公布され，新たに在外選挙人名簿が調製されることとなった（公職選挙4章の2参照）。ただし，在外選挙制度の対象となる選挙は，当分の間は，衆議院比例代表選出議員の選挙及び参議院比例代表選出議員の選挙に限ることとされた（公職選挙附則8項）。その結果，在外国民は衆議院小選挙区選出議員の選挙及び参議院選挙区選出議員の選挙については依然として投票をすることができないままであった。

(3) 現行制度（平成18年法律第62号による改正後）

最高裁大法廷の違憲判決から9ヵ月の2006年6月14日，改正公職選挙法（平成18年法律第62号）が公布され，在外国民も衆議院小選挙区選出議員の選挙及び参議院選挙区選出議員の選挙において投票をすることが可能となった。

Ⅳ　本件訴訟における実体法上及び訴訟法上の主たる争点

(1) 実体法上の論点

本件においては，在外国民の選挙権の行使を制限することの当否について，主として下記の3点が問題となった。

① 選挙権を保障した憲法15条1項及び3項，43条及び44条ただし書に違反するか

② 法の下の平等を保障した憲法14条1項に違反するか

③ すべての市民に平等な選挙権を保障した「市民的及び政治的権利に関する国際規約」（昭和54年条約第7号。いわゆるB規約）25条（「すべての市民は，第2条に規定するいかなる差別もなく，かつ，不合理な制限なしに，次のことを行う権利及び機会を有する。(a) 直接に，又は自由に選んだ代表者を通じて，政治に参与すること。(b) 普通かつ平等の選挙権に基づき秘密投票により行われ，選挙人の意思の自由な表明を保障する真正な定期的選挙において，投票し及び選挙されること。(c) 一般的な平等条件の下で自国の公務に携わること。」）に違反するか

(2) 訴訟形態の選択

本件では，実体法上の論点のほか，訴えの適法性という手続法上の論点も重

要であった。在外国民の選挙権の行使を制限することの可否を争う方法としては，①名簿訴訟，②義務付け訴訟，③公職選挙法の違法確認訴訟，④選挙権確認訴訟及び⑤国家賠償請求訴訟といった訴訟形態が考えられる。それぞれの訴訟形態の利害得失は，概ね以下のとおりである。

(a) 名簿訴訟の可否

公職選挙法は，選挙人名簿の登録に関し不服がある選挙人は，当該市町村の選挙管理委員会に異議を申し出ることができ（公職選挙24条），当該市町村選挙管理委員会の決定に不服がある異議申出人は，当該市町村の選挙管理委員会を被告として，決定の通知を受けた日から7日以内に出訴することができるとしている（公職選挙25条1項）。この訴訟形態は，名簿訴訟と通称され，一般に民衆訴訟（すなわち客観訴訟）であると理解されている（南博方＝高橋滋編『条解行政訴訟法』〔第2版〕（2003年）106頁）。名簿訴訟は，当該市町村の選挙管理委員会の所在地を管轄する地方裁判所の専属管轄に属し（公職選挙25条2項），控訴はできないが最高裁への上告ができる（同条3項）。

在外国民との関係では，仮に名簿訴訟を提起するとした場合，いずれの市町村の選挙管理委員会に異議を申し出ればよいのかが不明確であるという問題があった。常識的には，原告の本籍地か，あるいは最後の国内住所地の市町村ということになりそうである（山本隆司「在外邦人選挙権最高裁大法廷判決の行政法上の論点」法学教室2006年5月号28頁）。しかし，この点については公職選挙法に明文がないため，いずれの地方裁判所に提訴した場合であっても，異議申立先の選択を誤ったことを理由に訴えを却下されるおそれが否定できなかったのである。また，本件では多数の在外国民が共同原告として訴訟提起することになっていたところ，各原告の本籍地ないし最後の国内住所地は全国各地に点在しており，仮に名簿訴訟を選択した場合には，全国各地の地方裁判所で，各別に訴訟遂行を強いられることも予想された。これは手弁当で弁護活動を行う原告弁護団にとっても大変な負担となる。こうした理由から，名簿訴訟という選択肢は見送ることとなった。

(b) 義務付け訴訟の可否

原告らの不満は，要するに国政選挙で投票ができないという点にある。この原告の不満を解決するために最も直截なのは，「被告は原告らに選挙権を行使

させなければならない。」，あるいは「被告は原告らの選挙権行使を妨げてはならない。」という給付請求であろう。この請求は，訴訟類型としては，国政選挙の実施という公権力の行使につき，一定の作為・不作為を求める義務付け訴訟となる。

　本件訴訟が提起された当時の行政事件訴訟法（平成16年法律第84号による改正前）には「義務付けの訴え」（行訴3条6項）の規定は存在せず，この種の訴えは法定外抗告訴訟（ないし無名抗告訴訟）と整理されていた。当時の代表的な学説（塩野宏『行政法Ⅱ』〔第2版〕（1994年）188頁）によれば，かかる法定外抗告訴訟としての義務付け訴訟が認められるためには，以下の3要件を満たす必要があるとされていた。

　　(i)　行政庁に第1次判断権を行使させるまでもないほど，処分要件が一義的に決まっていること，

　　(ii)　損害が差し迫っていて，事前に救済しなければ回復しがたい損害が生じること，及び，

　　(iii)　ほかに救済手段がないこと

　本件は国会の立法不作為の違憲性を問う訴訟であるところ，一般に国会には広範な立法裁量が存すると解されていることに照らすと，義務付け訴訟の上記3要件を充足することは，相当に困難であると考えられた。

　また被告適格についても問題があった。現行の行訴法11条では，行政庁が所属する国又は公共団体が被告適格を有するものとされているが，本件訴訟提起当時には，行政庁自身が被告適格を有するとされていた。仮に「被告は原告らの選挙権行使を妨げてはならない。」，又は，「被告は原告らに選挙権を行使させなければならない。」といった請求を行う場合，どの行政庁が被告適格を有することになるのか，必ずしも明確ではなかった。国の立法不作為を焦点とみれば，国会が被告適格を有しそうである。しかし，「国会」というのは当時の行訴法上の「行政庁」にあたるのか。「衆議院」「参議院」が，それぞれ「行政庁」にあたるのではないか。公職選挙法の執行を焦点とみれば，選挙事務を実際に取り扱う選挙管理委員会が被告適格を有しそうである。しかし，選挙管理委員会には，中央選挙管理委員会，各都道府県の選挙管理委員会，各市町村の選挙管理委員会がある。どの選挙管理委員会を被告とすべきなのか。も

し被告の選択を誤れば，訴訟は不適法却下されてしまう。

以上のような理由から，義務付け訴訟は断念することとなった。

(c) 公職選挙法の違法確認訴訟の可否

次に考えられるのは，公職選挙法が憲法に違反し，違法であることの確認を求める確認訴訟である。確認訴訟は行政事件訴訟上の抗告訴訟ではないので，当時の行訴法においても，民事訴訟の一般原則に従い，行政庁ではなく，国が被告適格を有することとなる。その意味で，義務付け訴訟における被告選択の困難を回避することが可能であった。

しかし，この訴訟形態を選択した場合の最大の問題は，このような法令の違法確認請求が「法律上の争訟」(裁3条1項)に該当するか否かであった。我が国においては，一般に，具体的な事件性がなく，抽象的に法令の効力を争う規範統制訴訟は「法律上の争訟」に該当せず，不適法であると却下されている（警察予備隊違憲訴訟に関する最大判昭27・10・8民集6巻9号783頁，最高裁判所規則に関する最判平3・4・19民集45巻4号518頁など）。公職選挙法が憲法に違反し，違法であることの確認請求も，そのままでは抽象的規範統制訴訟であるとされ，早々に不適法却下される蓋然性が高い。

そこで本件訴訟提起にあたっては，請求の趣旨を「公職選挙法は，原告らに衆議院議員及び参議院議員の選挙権の行使を認めていない点において違法であることを確認する。」と表現することによって，いわゆる規範統制訴訟とは一線を画することを目論んだ。「原告らに衆議院議員及び参議院議員の選挙権の行使を認めていない点において」との部分に原告らの具体的な権利義務関係に関する紛争性が顕在化しており，法律上の争訟に該当するという整理である。

(d) 選挙権確認訴訟の可否

我が国においては，国民の選挙権は，単なる公務への参加ではなく，個人としての権利としての側面も有すると解されている（さしあたり，樋口陽一ほか編『注解法律学全集1　憲法Ⅰ』(1994年)335頁)。だとすれば，原告らが選挙権を有することの確認を求める確認訴訟を提起することも考えられる。この確認訴訟は，原告らの選挙権の有無という公法上の法律関係の確認を求めるものであり，行政庁ではなく，国を被告とすることが可能である。ただし，平成16年法律第84号による改正前の行訴法4条には「公法上の法律関係に関する確認の訴

え」の明文規定がなく，かかる確認訴訟の適法性には些かの疑問はあった。それでも，公職選挙法の違法確認が法律上の争訟性の観点から問題があるのと比較すれば，選挙権確認訴訟の問題は相対的に少ないといえる。そこで，我々は，控訴審段階で，「原告らが，衆議院小選挙区選出議員選挙及び参議院選挙区選出議員選挙において選挙権を行使する権利を有することを確認する。」旨の確認請求を予備的に追加することとなった（今にして思えば，こうした選挙権確認請求を訴訟提起の当初から行うことは可能であった。しかし，訴え提起の段階では，原告弁護団としては公職選挙法の確認請求を如何に主観訴訟として構成するかに腐心しており，選挙権確認請求という訴訟形態には思いが至らなかった）。

(e) 国家賠償請求の可否

原告らは，従前，国政選挙において選挙権を行使することができなかった。そこで，選挙権の行使を妨げられたことによる精神的な慰謝料の支払を求める国家賠償請求をすることが考えられる。この場合，訴訟形態としては，国を被告とする通常の民事訴訟となる。

かかる国家賠償請求訴訟について，訴えが適法であること，及び国を被告とすべきことは国家賠償法の規定上ほぼ明らかである。しかし，立法不作為を理由とする国家賠償請求については，実体法上かなりの困難が予想された。最高裁は，在宅投票制度廃止事件に関する最判昭60・11・21民集39巻7号1512頁において，「国会議員の立法行為は，立法の内容が憲法の一義的な文言に反しているにもかかわらず国会があえて当該立法を行うといった例外的な場合でない限り，国家賠償法1条1項の適用上，違法の評価を受けない」と判示しており，立法行為に関して国家賠償請求という形で争うことの実効性は，現実には極めて低いと理解されていたからである（藤田宙靖『行政法Ⅰ』〔第4版〕(2003年) 478頁等）。本件訴え提起当時の公職選挙法は，在外国民に国政選挙における選挙権の行使を認める制度（以下「在外選挙制度」という）を用意しておらず，その合憲性の判断には，いわゆる「厳格な審査基準」が用いられることになる（法曹会編『最高裁判所判例解説　民事篇　昭和60年度』(1989年) 380頁）。しかし，最判昭60・11・21を前提とする限り，国家賠償請求が認容されるためには公職選挙法の違憲性をいうのみでは足りず，当時の公職選挙法が憲法の一義的な文言に反していることまでいわなければならない。果たして憲法の一義的な文言が在

外選挙制度を要求しているのか。在外選挙制度を設けるか否か，設けるとすればどのような仕組みでどのような時期からこれを実施するかなどの具体的決定は，国会の裁量に委ねられているのではないか。国家賠償請求は適法な訴えではあるが，請求認容を勝ち取るには高い壁が立ちはだかることは事前に予想された。とはいえ，公職選挙法の違法確認のみを求めた場合には不適法な訴えであることは明白であるとして，本格的な憲法論争に立ち入ることなく，早々に訴え却下の憂き目を見るおそれがあった。そこで，是が非でも憲法論争に持ち込むために，違法確認請求に加えて，国家賠償請求訴訟も行うこととなった。原告ら本人には，カネ目当ての訴訟ではないという意識があり，金銭を請求することへの違和感も強かったが，訴訟戦略上の重要性を説明し，また請求額も1人あたり5万円に抑えて「カネ目当て」との謗りを避けることとして，最終的に納得をいただいた（もっとも，最高裁で認容されたのが1人当たり5000円であったことからすると，1人当たり5万円というのは，なお高額だったかも知れない）。我々は1996年10月の第41回衆議院議員総選挙の実施を待ち，原告らに損害（精神的苦痛）が生じてから，本件訴えを提起することとした。

V 本件訴訟の経過

(1) 第1審（東京地裁平成8年（行ウ）第266号）

原告ら（在外国民53名）は，1996年11月，被告国に対して在外日本人選挙権剥奪違法確認等請求訴訟を提起した。訴え提起時の請求の趣旨は，

「1 公職選挙法は，原告らに衆議院議員及び参議院議員の選挙権の行使を認めていない点において違法であることを確認する。

2 被告は，各原告に対し，金5万円及びこれに対する平成8年10月21日から各支払済みに至るまで年5分の割合による金員を支払え。」

というものであった。事件は当初，通常民事事件（（ワ）号事件）として受け付けられ，通常民事部（東京地裁民事第4部）に配点されたが，公職選挙法の違法確認を求める部分が公法上の当事者訴訟（行訴4条）に該当するとして，ほどなく行政部（東京地裁民事第2部）に配点替えされ，事件番号も（行ウ）に変更された。その後，裁判長による訴状審査の段階で，手数料の追納を求める補正命

令（平成9年1月8日付け）が発令された。我々は，確認請求の訴額は算定不能であり，かつ原告らで利益共通であるとして，95万円＋5万円×53人＝360万円を訴額として訴え提起の手数料を納付していた。これに対し，裁判長は，確認請求についても原告毎に訴額を積算すべきであるとして，(95万円＋5万円)×53人＝5300万円を訴額として，訴え提起の手数料を算定したのである。補正命令に対しては独立の不服申立ては認められない。訴額の計算を争うのであれば，補正命令を無視して，訴え却下の判決を受けてから，訴え却下に対する控訴審で補正命令の当否を争うほかない。我々原告弁護団としては，本案の審理を迅速に進めることを優先すべきであると判断し，補正命令に従い手数料の追納に応じることとなった。

　こうした経緯を経て，ようやく1998年3月27日に第1回口頭弁論が開かれた。その後，口頭弁論が重ねられ，憲法上の論点及び行政法上の論点について，原告と国との間で主張立証の応酬がされた。国側の主張は，要するに，「公職選挙法の違法確認請求は抽象的規範統制訴訟であって，法律上の争訟ではないから，不適法である。在外選挙制度を設けるか否か，設けるとすればどのような仕組みでどのような時期からこれを実施するかなどの具体的決定は，国会の広汎な裁量に委ねられていると解すべきであるから，国家賠償請求は最判昭和60年11月21日の基準に照らして理由がない。」というものであった。立証活動は書証を軸に行われ，人証の申し出は行われなかった（人証調べは第1審，控訴審を通じて，まったく行われていない）。諸外国における在外投票制度の概要については，国立国会図書館調査立法考査局が編集発行する「外国の立法」33巻3号（1995年）に特集があり，大いに役立った。

　この間，1998年4月15日に野党が在外投票制度を導入する公職選挙法改正案を国会に提出し，6月10日に与党が対案を政府案として国会に提出した。同改正案は審議未了で継続審議となり，1999年4月24日，政府案に基づく公職選挙法改正（平成10年法律第47号）が国会で成立した。

　原告団においては，まがりなりにも在外投票制度が導入されたことを受けて，本件訴訟を維持するか否かについて議論がされた。結局，改正法の附則において参議院選挙区選挙と衆議院小選挙区選挙が「当分の間」在外投票の対象外とされていることから，未だ完全な在外投票制度が実現されたとはいえないとの

意見で一致し、訴訟を継続することとなった。そして、改正公職選挙法に基づく在外投票制度が不完全なものであることを明らかにするべく、1998年10月、「公職選挙法（昭和25年法律第100号。ただし平成10年法律第47号による改正後のもの）は、原告らに衆議院小選挙区選出議員及び参議院選挙区選出議員の選挙権の行使を認めていない点において違法であることを確認する。」との請求の趣旨を追加した（なお、確認請求について、訴えの交換的変更ではなく、追加的変更をしたのは、当時、平成10年法律第47号の施行期日（2000年5月1日）が未到来だったためである）。訴えの追加的変更後の請求の趣旨は、以下のとおりである。

「1　公職選挙法（昭和25年法律第100号。ただし平成10年法律第47号による改正前のもの）は、原告らに衆議院議員及び参議院議員の選挙権の行使を認めていない点において違法であることを確認する（以下「本件確認請求A」という。）。

2　公職選挙法（昭和25年法律第100号。ただし平成10年法律第47号による改正後のもの）は、原告らに衆議院小選挙区選出議員及び参議院選挙区選出議員の選挙権の行使を認めていない点において違法であることを確認する（以下「本件確認請求B」という。）。

3　被告は、各原告に対し、金5万円及びこれに対する平成8年10月21日から各支払済みに至るまで年5分の割合による金員を支払え。」

提訴後約2年で第1審判決が言い渡された（東京地判平11・10・28判時1705号50頁）。違法確認請求に係る訴えは、いずれも却下。国家賠償請求は棄却。全面敗訴であった。第1審判決の主文は、以下のとおりである。

「1　本件各訴えのうち、違法確認請求に係る訴えをいずれも却下する。

2　原告らのその余の請求を棄却する。

3　訴訟費用は原告らの負担とする。

4　原告らのために、控訴期間に2週間を付加する。」

第1審判決理由は、概ね以下のとおり判決理由を述べている。

「ア　国家賠償請求について

・国会議員の立法行為（立法不作為を含む。以下、同じ。）が国家賠償法1条1項の適用上違法となるかどうかは、国会議員の立法過程における行動が個別の国民に対して負う職務上の法的義務に違背したかどうかの問題

であって，当該立法の内容の違憲性の問題とは区別されるべきものである。
- 国会議員の立法行為は，立法の内容が憲法の一義的な文言に反しているにもかかわらず国会があえて当該立法を行うといった例外的な場合でない限り，国家賠償法1条1項の適用上，違法の評価を受けないと解すべきである。
- 在外選挙制度を設けるか否か，設けるとすればどのような仕組みでどのような時期からこれを実施するかなどの具体的決定は，国会の裁量に委ねられていると解すべきであり，衆議院議員及び参議院議員の選挙権が憲法に基づく基本的かつ重要な権利であるからといって，原告らの主張するように，国会には，在外選挙制度を設けるなどして在外日本人の選挙権行使を確保すること以外に立法上の選択が許されていないとまではいえない。
- したがって，憲法15条1項・3項・43条・44条ただし書又は14条1項の各規定をもって，これらが直ちに立法府である国会に対して衆議院議員及び参議院議員の選挙のすべてにつき在外日本人の選挙権の行使を可能にする立法をなすべきことを一義的に明白に命じていると解することは困難である。
- B規約25条が，条約締結国の立法府に対し，在外に居住する自国民の選挙権の行使を可能にする立法措置を講ずべきことを一義的に明白に命じているとは解されない。

イ　本件各違法確認請求に係る訴えの適否について
- 裁判所がその固有の権限に基づいて審判することのできる対象は，裁判所法3条にいう「法律上の争訟」に限られる
- 右の「法律上の争訟」とは，当事者間の具体的な権利義務ないし法律関係の存否に関する紛争に限られており，このような具体的紛争を離れて，裁判所に対し，抽象的に法令が憲法に適合するかしないかの判断を求めることは許されない
- 本件各違法確認請求の趣旨のうち，原告らの権利行使が認められていないとする部分は，改正前の公職選挙法又は改正後の公職選挙法において，

選挙権を有する在外日本人一般について右各選挙権行使の方法が確保されていないという一般的状態を現在の原告らの立場に当てはめて表現したにすぎない
- したがって，本件各違法確認請求に係る訴えは，結局のところ，具体的紛争を離れて，改正前の公職選挙法又は改正後の公職選挙法の違法の確認を求める訴えであるというべきであり，法律上の争訟には当たらないと解すべきである。
- 仮に本件各違法確認請求が法律上の争訟であると解すると，それは国会の立法権限の不行使に対する不服の訴えにほかならないから，公権力の行使に関する不服の訴訟として，抗告訴訟の類型に属する訴えと解するのが相当である
- いわゆる無名抗告訴訟は，無制限に許容されるものではなく，三権分立の原則からすれば，それが適法な訴えとして許容されるためには，少なくとも，行政庁が処分をなすべきこと又はなすべからざることについて法律上羈束されており，行政庁に自由裁量の余地が全く残されていないなど，第一次判断権を行政庁に留保することが必ずしも重要ではないと認められることが必要である
- 本件各違法確認請求に係る訴えは，唯一の立法機関として広範な立法裁量権を有する国会の立法権限の不行使に対する不服の訴えであり，憲法又はB規約上，国会に対して衆議院議員及び参議院議員の選挙のすべてにつき在外日本人の選挙権の行使を可能にする立法を行うべきことを一義的に命じる規定が存在するとは認められないことは前記認定のとおりであるから，本件各違法確認請求に係る訴えが右の無名抗告訴訟が許容されるために必要な要件を具備していないことは明らかである。」

(2) **控訴審**（東京高裁平成11年（行コ）第253号）

原告53名のうち24名（在外国民21名＋提訴後に帰国した元在外国民3名）が控訴を提起した。控訴審においては，第1審における主張を繰り返したほか，公職選挙法の違法確認請求の訴えが第1審で不適法とされたことを踏まえて，「控訴人らが，衆議院小選挙区選出議員選挙及び参議院選挙区選出議員選挙において選挙権を行使する権利を有することを確認する。」との予備的請求（以下「本

件確認請求C」という）を追加した。現行の行訴法4条には、「公法上の法律関係に関する確認の訴え」を当事者訴訟の一類型として許容する旨の明文規定があるが、この文言は平成16年法律第84号による行訴法の改正で付加されたものであり、本件控訴審当時には「公法上の法律関係に関する確認の訴え」の適法性に関する明文規定はなかった。しかし、解釈論としては、公法上の法律関係に関する確認の訴えも適法であるとするのが、当時の多数説であった。そこで、規範統制訴訟の許容性について控訴審が第1審と同じ立場をとった場合に備えて、公法上の権利確認請求の訴えを予備的に追加したのである。

なお、控訴審係属中の2000年5月1日に平成10年法律第47号が施行されたため、控訴審の口頭弁論終結時（2000年9月25日）においては、本件確認請求Aは過去の法律関係の確認を求める請求となっていた。過去の法律関係の確認を求める訴えは、一般に確認の利益を欠くとされており、本件においても、本来なら平成10年法律第47号が施行された時点で本件確認請求Aは取り下げるべきであったともいえる。しかしながら、この点について控訴審裁判所からも被控訴人（国）からも何らの問題提起がなされなかったことから、本件確認請求Aを維持したまま控訴審は弁論終結を迎えた。

控訴提訴後約1年で控訴審判決が言い渡された（東京高判平12・11・8判タ1088号133頁）。控訴は棄却。予備的請求は却下。再び全面敗訴であった。控訴審判決の主文は、以下のとおりである。

「1　本件控訴を棄却する。
　2　予備的請求に係る訴えをいずれも却下する。
　3　控訴費用は控訴人らの負担とする
　4　控訴人らのために上告及び上告受理申立て期間に2週間を付加する。」

控訴審判決理由は、概ね以下のとおり判決理由を述べている。

「・控訴人ら21名の予備的請求に係る選挙権確認の訴えは、直接法令等の違憲あるいは違法性等に関する判断を求める訴えではないが、改正後の公職選挙法が、在外日本人のために衆議院小選挙区選出議員選挙及び参議院選挙区選出議員選挙において選挙権を行使する措置を設けていないことは当事者間に争いがないのであるから、それなのに右各選挙において選挙権を行使する権利を有することの確認を求めるというのは、裁判所に対して、同

法が在外日本人に右各選挙において選挙権を行使する権利を認めていないことの違憲，違法を宣言することを求めているのか，又は右行使をする権利を創設することを求めるものといわなければならない。

・そうすると，右訴えも，主位的請求に係る違法確認の訴えと同様，当事者間の具体的な権利義務ないし法律関係の存否に関する紛争ではなく，抽象的，一般的に法令等の違憲，違法をいうか，又は更に一般的に権利を創設する判断を求めるものといわざるを得ず，裁判所法第3条第1項にいう「法律上の争訟」に該当しないことは明らかであるから，不適法といわざるを得ない。」

(3) **上告審**（最高裁平成13年(行ツ)第82号，同第83号，同年(行ヒ)第76号，同第77号）
控訴人24名のうち13名（在外国民11名＋提訴後に帰国した元在外国民2名）が上告提起・上告受理申立てを行った。控訴審判決には憲法解釈の誤り（民訴312条）があり，また，国家賠償法及びB規約の解釈について重要な事項を含む（民訴318条）という理由である。上告審は，当初，最高裁判所第2小法廷に係属し，我々は，2001年2月，上告理由書及び上告受理申立理由書を提出した。その後，最高裁から何の音信もないまま3年余りが経過し，2004年12月，最高裁から弁護団に対し，「本件上告事件を大法廷に回付することになった。」旨が通知された。2005年3月には最高裁第2小法廷から上告受理決定が届き，上告受理事件も大法廷に回付された。2005年4月，最高裁大法廷から「口頭弁論期日を7月14日午後2時に指定する。」との通知が届いた。最高裁行政調査官室の担当調査官と事前打ち合わせの結果，上告人側の弁論時間として60分を確保し，まず上告人代理人5名が，①総論，②選挙権の意義，③平等原則，④B規約論，⑤国家賠償法について各10分の弁論を行い，次いで上告人1名が意見陳述を行うこととなった。2005年7月13日午後1時50分，最高裁大法廷で上告審の第1回口頭弁論が開催され，午後3時過ぎ，裁判長（町田長官）が弁論終結を告げた。2005年9月14日，判決が言い渡された。大法廷判決の主文は，以下のとおりである。

「1　本件各確認請求に係る訴えのうち，違法確認請求に係る各訴えをいずれも却下する。

2　別紙当事者目録1記載の上告人ら（注：在外国民11名のこと）が，次回の

衆議院議員の総選挙における小選挙区選出議員の選挙及び参議院議員の通常選挙における選挙区選出議員の選挙において，在外選挙人名簿に登録されていることに基づいて投票をすることができる地位にあることを確認する。
3　被上告人は，上告人らに対し，各金5000円及びこれに対する平成8年10月21日から支払済みまで年5分の割合による金員を支払え。
4　上告人らのその余の請求をいずれも棄却する。
5　訴訟の総費用は，これを5分し，その1を上告人らの，その余を被上告人の各負担とする。」
　大法廷判決の法廷意見，補足意見及び反対意見の概要は，以下のとおりである。
「ア　法廷意見
- 国民の選挙権又はその行使を制限することは原則として許されず，国民の選挙権又はその行使を制限するためには，そのような制限をすることがやむを得ないと認められる事由がなければならないというべきである。
- 公職選挙法が，平成8年10月20日の衆議院議員選挙当時，在外国民であった上告人らの投票を全く認めていなかったことは，憲法15条1項及び3項，43条1項並びに44条ただし書に違反するものであったというべきである。
- 遅くとも，本判決言渡し後に初めて行われる衆議院議員の総選挙又は参議院議員の通常選挙の時点においては，衆議院小選挙区選出議員の選挙及び参議院選挙区選出議員の選挙について在外国民に投票をすることを認めないことについて，やむを得ない事由があるということはできない。
- 本件予備的確認請求に係る訴えは，公法上の当事者訴訟のうち公法上の法律関係に関する確認の訴えと解することができるところ，選挙権は，これを行使することができなければ意味がないものといわざるを得ず，侵害を受けた後に争うことによっては権利行使の実質を回復することができない性質のものであるから，その権利の重要性にかんがみると，具体的な選挙につき選挙権を行使する権利の有無につき争いがある場合にこれを有することの確認を求める訴えについては，それが有効適切な手

段であると認められる限り，確認の利益を肯定すべきものである。
- 国会議員の立法行為又は立法不作為が同項の適用上違法となるかどうかは，国会議員の立法過程における行動が個別の国民に対して負う職務上の法的義務に違背したかどうかの問題であって，当該立法の内容又は立法不作為の違憲性の問題とは区別されるべきであり，仮に当該立法の内容又は立法不作為が憲法の規定に違反するものであるとしても，そのゆえに国会議員の立法行為又は立法不作為が直ちに違法の評価を受けるものではない。
- しかしながら，立法の内容又は立法不作為が国民に憲法上保障されている権利を違法に侵害するものであることが明白な場合や，国民に憲法上保障されている権利行使の機会を確保するために所要の立法措置を執ることが必要不可欠であり，それが明白であるにもかかわらず，国会が正当な理由なく長期にわたってこれを怠る場合などには，例外的に，国会議員の立法行為又は立法不作為は，国家賠償法1条1項の規定の適用上，違法の評価を受けるものというべきである。最高裁昭和53年(オ)第1240号同60年11月21日第一小法廷判決・民集39巻7号1512頁は，以上と異なる趣旨をいうものではない。
- 昭和59年に在外国民の投票を可能にするための法律案が閣議決定されて国会に提出されたものの，同法律案が廃案となった後本件選挙の実施に至るまで10年以上の長きにわたって何らの立法措置も執られなかったのであるから，このような著しい不作為は上記の例外的な場合に当たり，このような場合においては，過失の存在を否定することはできない。このような立法不作為の結果，上告人らは本件選挙において投票をすることができず，これによる精神的苦痛を被ったものというべきである。したがって，本件においては，上記の違法な立法不作為を理由とする国家賠償請求はこれを認容すべきである。
- そこで，上告人らの被った精神的損害の程度について検討すると，本件訴訟において在外国民の選挙権の行使を制限することが違憲であると判断され，それによって，本件選挙において投票をすることができなかったことによって上告人らが被った精神的損害は相当程度回復されるもの

と考えられることなどの事情を総合勘案すると，損害賠償として各人に対し慰謝料5000円の支払を命ずるのが相当である。そうであるとすれば，本件を原審に差戻して改めて個々の上告人の損害額について審理させる必要はなく，当審において上記金額の賠償を命ずることができるものというべきである。

イ　補足意見1名（福田博判事）
- 泉判事の少数意見について，「一面においてもっともな内容を含んでおり，共感を覚えるところも多い。」
- しかし，「選挙後帰国してしまった人々に対しては，心情的満足感を除けば，金銭賠償しか救済の途がない」「代表民主制の根幹を成す選挙権の行使が国会又は国会議員の行為によって妨げられると，その償いに国民の税金が使われるということを国民に広く知らしめる点で，賠償金の支払は，額の多寡にかかわらず，大きな意味を持つ」
- 在外国民の選挙権の剥奪又は制限は憲法に違反せず，国会の裁量の範囲に収まっているとする横尾判事，上田判事の少数意見について，「全く賛同できない。」
- 「国会は，平等，自由，定時のいずれの側面においても，国民の選挙権を剥奪し制限する裁量をほとんど有していない。国民の選挙権の剥奪又は制限は，国権の最高機関性はもとより，国会及び国会議員の存在自体の正当性の根拠を失わしめるのである。国民主権は，我が国憲法の基本理念であり，我が国が代表民主主義体制の国であることを忘れてはならない。」「在外国民が本国の政治や国の在り方によってその安寧に大きく影響を受けることは，経験的にも随所で証明されている。」

ウ　全部反対意見2名（横尾和子判事，上田豊三判事）
- 在外国民にどのような投票制度を用意すれば選挙の公正さ，公平さを確保し，混乱のない選挙を実現することができるのかということも国会において正当に考慮しなければならない事項であり，国会の裁量判断にゆだねられていると解すべきである。

エ　一部反対意見1名（泉徳治判事）
- 選挙権が基本的人権の一つである参政権の行使という意味において個人

的権利であることは疑いないものの，両議院の議員という国家の機関を選定する公務に集団的に参加するという公務的性格も有しており，純粋な個人的権利とは異なった側面を持っている。しかも，立法の不備により本件選挙で投票をすることができなかった上告人らの精神的苦痛は，数十万人に及ぶ在外国民に共通のものであり，個別性の薄いものである。したがって，上告人らの精神的苦痛は，金銭で評価することが困難であり，金銭賠償になじまないものといわざるを得ない。

- 英米には，憲法で保障された権利が侵害された場合に，実際の損害がなくても名目的損害（nominal damages）の賠償を認める制度があるが，我が国の国家賠償法は名目的損害賠償の制度を採用していないから，上告人らに生じた実際の損害を認定する必要があるところ，それが困難なのである。

- 上告人らの上記精神的苦痛は国家賠償法による金銭賠償になじまないので，本件選挙当時の公職選挙法の合憲・違憲について判断するまでもなく，上告人らの国家賠償請求は理由がないものとして棄却すべきであると考える。」

Ⅵ 大法廷判決の意義

　大法廷判決は，憲法学及び行政法学の分野において，極めて重要な判示事項を含む画期的な判例である。これらの点については既に多数の評釈・論説が公表されているので，ここでは敢えて詳論しないは，大法廷判決の意義を簡単にまとめれば，以下のとおりである。

(1) 選挙権の権利性の再確認

　本判決の法廷意見は，「国民の代表者である議員を選挙によって選定する国民の権利は，国民の国政への参加の機会を保障する基本的権利として，議会制民主主義の根幹を成すものであり，民主国家においては，一定の年齢に達した国民のすべてに平等に与えられるべきものである。」と判示した。これは，選挙権は単なる公務への参加ではなく，議会制民主主義の根幹をなす国民の基本的権利であることを再確認した。ただし，泉徳治裁判官は反対意見で，「選挙

権が基本的人権の一つである参政権の行使という意味において個人的権利であることは疑いないものの，両議院の議員という国家の機関を選定する公務に集団的に参加するという公務的性格も有しており，純粋な個人的権利とは異なった側面を持っている。」と指摘していることに留意すべきであろう。

(2) **厳格な違憲審査基準の採用**

法廷意見は，「国民の選挙権又はその行使を制限することは原則として許されず，国民の選挙権又はその行使を制限するためには，そのような制限をすることがやむを得ないと認められる事由がなければならないというべきである。」とした上で，平成10年改正前の公職選挙法および平成10年改正後の公職選挙法は，いずれも憲法15条1項及び3項，43条及び44条ただし書に違反するとした。選挙権の行使は単なる公務への参加ではなく，国民の権利であることを再確認した上で，選挙権の制限には「やむを得ないと認められる事由」が必要であるとしたものである。いわゆる厳格な違憲審査基準を採用したものと評価することができる。

なお，上記法廷意見については，「在外国民にどのような投票制度を用意すれば選挙の公正さ，公平さを確保し，混乱のない選挙を実現することができるのかということも国会において正当に考慮しなければならない事項であり，国会の裁量判断にゆだねられていると解すべきである。」とする反対意見（横尾和子判事，上田豊三判事）と，この反対意見に対して「全く賛同できない。」とする補足意見（福田博判事）が付されている。

(3) **選挙権確認請求を認容**

原審は，原告らの主位的確認請求及び予備的確認請求は，いずれも法律上の争訟に該当せず，不適法な訴えであるとした。これに対し本判決法廷意見は，「本件予備的確認請求に係る訴えは，公法上の当事者訴訟のうち公法上の法律関係に関する確認の訴えと解することができるところ，選挙権は，これを行使することができなければ意味がないものといわざるを得ず，侵害を受けた後に争うことによっては権利行使の実質を回復することができない性質のものであるから，その権利の重要性にかんがみると，具体的な選挙につき選挙権を行使する権利の有無につき争いがある場合にこれを有することの確認を求める訴えについては，それが有効適切な手段であると認められる限り，確認の利益を肯

定すべきものである。」として，その適法性を肯定し，原告らが，「次回の衆議院議員の総選挙における小選挙区選出議員の選挙及び参議院議員の通常選挙における選挙区選出議員の選挙において，在外選挙人名簿に登録されていることに基づいて投票をすることができる地位にあることを確認」した。これは裁判官14名全員一致の判断である。

本判決は，選挙権確認の訴えという訴訟形態（本件確認請求Ｃ）の適法性を肯定した初めての最高裁判決である。具体的な事件性がなく，抽象的に法令の効力を争う規範統制訴訟は，従前から，裁判所法3条にいう「法律上の争訟」に該当せず，不適法であるとされてきた（警察予備隊違憲訴訟に関する最大判昭27・10・8民集6巻9号783頁，最高裁判所規則に関する最判平3・4・19民集45巻4号518頁など）。本判決は，選挙権確認の訴えを「公法上の法律関係の確認訴訟」（行訴4条）の一類型として整理し，具体的な選挙につき選挙権を行使する権利の有無につき争いがある場合に，確認の利益を肯定したものである。

(4) 国会の立法不作為による国家賠償請求を認容

本判決は，国会の立法不作為による国家賠償請求を認容した初めての最高裁判決である。かつて在宅投票制度廃止事件に関する最判昭60・11・21民集39巻7号1512頁は，「国会議員の立法行為は，立法の内容が憲法の一義的な文言に反しているにもかかわらず国会があえて当該立法を行うといった例外的な場合でない限り，国家賠償法1条1項の適用上，違法の評価を受けない」としていた。

本判決（法廷意見）は，「国会議員の立法行為又は立法不作為が同項の適用上違法となるかどうかは，国会議員の立法過程における行動が個別の国民に対して負う職務上の法的義務に違背したかどうかの問題であって，当該立法の内容又は立法不作為の違憲性の問題とは区別されるべきであり，仮に当該立法の内容又は立法不作為が憲法の規定に違反するものであるとしても，そのゆえに国会議員の立法行為又は立法不作為が直ちに違法の評価を受けるものではない。」としながらも，「しかしながら，立法の内容又は立法不作為が国民に憲法上保障されている権利を違法に侵害するものであることが明白な場合や，国民に憲法上保障されている権利行使の機会を確保するために所要の立法措置を執ることが必要不可欠であり，それが明白であるにもかかわらず，国会が正当な理由

なく長期にわたってこれを怠る場合などには，例外的に，国会議員の立法行為又は立法不作為は，国家賠償法1条1項の規定の適用上，違法の評価を受けるものというべきである。」とした。

本判決（法廷意見）は，「最高裁昭和53年(オ)第1240号同60年11月21日第一小法廷判決・民集39巻7号1512頁は，以上と異なる趣旨をいうものではない。」とするが，最判昭60・11・21を実質的に変更したと評価できよう（杉原・前掲333頁，鼎談「在外邦人選挙権最高裁大法廷判決をめぐって」ジュリ2005年12月15日号12頁〔小幡純子発言〕）。

Ⅶ 大法廷判決に対する若干の疑問

以上のように，画期的な内容を含む大法廷判決であるが，訴訟法の観点から細かく検討すると，些か疑問に思われる点も散見される。勝たせてもらっておいて文句をいうのも大人げないが，今後の議論に資する意味も含めて，以下，いくつかの問題を提起したい。

(1) **主文第2項（確認判決）はいつの時点における法律関係を確認したのか**

大法廷判決の主文第2項は，「次回の衆議院議員の総選挙における小選挙区選出議員の選挙及び参議院議員の通常選挙における選挙区選出議員の選挙において，在外選挙人名簿に登録されていることに基づいて投票をすることができる地位にあることを確認する。」としている。しかし，本件の事実審（控訴審）の口頭弁論終結日以降，最高裁大法廷判決が言い渡されるまでの間には，下記のとおり，のべ4回の衆議院議員総選挙ないし参議院議員通常選挙が実施されている。大法廷判決主文第2項にいう「次回の衆議院議員の総選挙……及び参議院議員の通常選挙」というのは，具体的にいずれの選挙を指すのか，必ずしも明確ではない。

  2000年6月25日 第42回衆議院議員総選挙
  2000年9月25日 事実審（控訴審）の口頭弁論終結日
  2000年11月8日 控訴審（東京高裁）判決
  2001年7月29日 第19回参議院議員通常選挙
  2003年11月9日 第43回衆議院議員総選挙

2004年7月11日　第20回参議院議員通常選挙
2005年7月13日　最高裁大法廷第1回口頭弁論期日
2005年9月11日　第44回衆議院議員総選挙
2005年9月14日　上告審（最高裁大法廷）判決
2007年7月29日　第21回参議院議員通常選挙

　一般に，確認訴訟は現在（＝事実審の口頭弁論終結時）の法律関係についてのみ認められ，過去又は将来の法律関係については許されないとするのが判例・通説である（秋山幹男ほか『コンメンタール民事訴訟法Ⅲ』65頁以下）。この判例・通説を前提とすると，大法廷判決は，本件訴訟の事実審（控訴審）の口頭弁論終結時（2000年9月25日）における法律関係を確認したことになる。本件の担当調査官も，そのように理解しているようである（杉原則彦「最高裁判所判例解説」曹時58巻2号325頁（2006年））。だとすると，主文第2項にいう「次回の衆議院議員の総選挙」とは2003年11月9日に実施された第43回衆議院議員総選挙を，「次回の参議院議員の通常選挙」とは2001年7月29日に実施された第19回参議院議員通常選挙を指すことになる。しかし，これら第43回衆議院議員総選挙及び第19回参議院議員通常選挙は，大法廷判決の時点では既に終了した選挙である。判決時に既に終了している選挙についてのみ，「投票をすることができる地位にある」ことを確認し，判決以降に実施される選挙について「投票をすることができる地位にある」か否かを確認しない判決に，どのような実益があるのか甚だ疑問である。理論的にいえば，第43回衆議院議員総選挙及び第19回参議院議員通常選挙において上告人らに投票させなかったことが違法であることが大法廷判決によって確定され，上告人らがこれら選挙について別途国家賠償請求を行った場合に争点が限定されるという意味はあるのかもしれない。ただし，現実問題としては，これら選挙に係る国家賠償請求は，大法廷判決時には既に消滅時効が完成している（国賠4条，民724条）。

　大法廷判決が上告審の口頭弁論の口頭弁論終結時（2005年7月13日）における法律関係を確認したものであるとすると，「次回の衆議院議員の総選挙」とは2005年9月11日に実施された第44回衆議院議員総選挙を，「次回の参議院議員の通常選挙」とは2007年7月29日に実施された第21回参議院議員通常選挙を指すことになる。しかし，このうち第44回衆議院議員総選挙は，やはり大法

廷判決の時点では既に終了した選挙となっている。また，民事訴訟における確認訴訟の原則の観点からみると，そもそも法律審の口頭弁論終結時を基準時として確認判決を行うことの理論的当否には疑問の余地がある。

ところで，大法廷判決は，その理由中において，「遅くとも，本判決言渡し後に初めて行われる衆議院議員の総選挙又は参議院議員の通常選挙の時点においては，衆議院小選挙区選出議員の選挙及び参議院選挙区選出議員の選挙について在外国民に投票をすることを認めないことについて，やむを得ない事由があるということはできない。」と述べている。だとすると，判決主文にいう「次回の衆議院議員の総選挙……及び参議院議員の通常選挙」とは，「本判決言渡し後に初めて行われる衆議院議員の総選挙又は参議院議員の通常選挙」を指す趣旨なのかも知れない。しかし，主文第2項の趣旨を上記のように理解する場合には，やはり確認訴訟の原則（事実審の口頭弁論終結時に現に存在する法律関係の確認）との整合性が問題となる。この点について，主文第2項は，「現在の法律関係に基づく権利行使の時期が将来であることを示したもの」ではなく，「一定の抽象性をもった将来の法律関係の確認の訴え」を認めたものであると理解する見解もある（赤坂正浩「判批」判評572号13頁）。しかし，このような理解は，確認訴訟の原則に関する従前の判例（最判昭31・10・4民集10巻10号1229頁，最判昭32・9・19裁判集民事27号901頁等）と整合的ではない。また，主文第2項を将来における法律関係の確認と理解した場合，そこでいう「将来」とは，上告審の判決言渡し後に始めて行われる選挙の時点ということになるが，控訴審の口頭弁論終結時（2000年9月25日）から上告審の判決言渡し（2005年9月14日）までの約5年間に行われる選挙については何ら法律関係を確認せず，上告審の判決言渡し後に始めて行われる選挙の時点についてのみ法律関係を確認するというのは，あまりに技巧的な処理である。

このように，大法廷判決の主文第2項は，いつの時点における法律関係を確認するものであるのか，不明瞭である。その原因は，確認対象となる選挙について，主文第2項が，「次回の衆議院議員の総選挙……及び参議院議員の通常選挙」という限定を付したことにある。この主文に対応する本件確認請求Cの請求の趣旨は，「原告ら（上告人ら）が，衆議院小選挙区選出議員選挙及び参議院選挙区選出議員選挙において選挙権を行使する権利を有することを確認す

る。」というものであり、そこでは「次回の」という限定は付されていない。もし主文第2項に「次回の」という限定が付されていなければ（請求の趣旨と同じ表現であったならば）、かかる疑問は生じなかった。本件確認請求Cの請求の趣旨どおりの判決主文であれば、本件訴訟の事実審（控訴審）の口頭弁論終結時（2000年9月25日）における上告人らの選挙権が確認されたことになり、同日から改正公職選挙法（平成18年法律第62号）の施行日（2007年6月1日）までの間に実施された第19回参議院議員通常選挙（2001年7月29日）、第43回衆議院議員総選挙（2003年11月9日）、第20回参議院議員通常選挙（2004年7月11日）、第44回衆議院議員総選挙（2005年9月11日）は、（選挙が大法廷判決の言渡し以降に実施されたか否かにかかわらず）いずれも上告人らとの関係では違法な選挙であったこととなる。

　換言すれば、確認訴訟の原則に立つ限り、主文第2項に「次回の」との限定が付されたことによって、大法廷判決の効果が及ぶ具体的な選挙の範囲が縮小される結果となったのである。その意味で、主文第2項は本件確認請求Cを一部認容したものと解するべきである。大法廷判決の担当調査官は、主文第2項は「一部認容ではなく、請求の趣旨を善解した上での全部認容である。」と説明するが（杉原・前掲325頁）、本当にそういえるのか疑問である。

(2) **本件確認請求Cは、請求の特定性に欠けるか**

　本件確認請求Cの請求の趣旨について、担当調査官は、「選挙を全く特定しないで確認を求めている関係で対象が広すぎるのではないかという問題、あるいは、次回の選挙の時点で原告らになお選挙権があるか、帰国することにより在外選挙人名簿に登録されることができない者になるという事態が生じないといえるかは、現時点ではいまだ確定することができず、確認の利益がないのではないかという問題など」があり、「このようなことを考慮すると、上記の予備的確認請求の趣旨については、当事者の合理的意思を損なわない程度で善解することが相当である。」とした上で、具体的には「請求の趣旨には『今後実施される選挙について』あるいは『直近に実施されることになる選挙について』という意味内容が含まれていると善解することが可能」であるとする（杉原・前掲325頁）。しかし、こうした「善解」の結果、かえって確認訴訟の原則（現在の法律関係の確認）との整合性に問題を生じてしまったといえる。

上述した担当調査官の説明については，そもそも本件確認請求Ｃの請求の趣旨が特定性を欠くという前提に，まずもって疑問がある。民事訴訟において請求の特定が求められる趣旨は，裁判所に対し審判対象を明示するとともに，被告に対し防御の機会を与える点に存する。とすれば，「（原告らが）衆議院小選挙区選出議員選挙及び参議院選挙区選出議員選挙において選挙権を行使する権利を有することを確認する」との請求の趣旨によっても，裁判所は十分に審判対象を把握できるし，被告の防御に支障をきたすとも考えづらい。原告が求めているのは選挙権を行使しうる地位であるところ，それを「次回」の選挙時に限ったところで，裁判所の審理及び被告の防御活動に特に影響はないものと考えられる。

　また，「次回の選挙の時点で原告らになお選挙権があるか」という問題は，要するに確認判決の既判力の基準時以降の生じた新事由によって，判決主文で確認された法律関係に変動が生じることがあり得るという問題である。このような問題は，確認訴訟一般について問題となり得ることであり，例えば，労働者が労働契約上の地位の確認を求める訴訟において，次回の給料支払日の時点で原告らになお雇傭契約上の地位があるかという問題があっても，なお，裁判所が何らの期間的制限を付することなく原告の確認請求を認容することは妨げられない。本件において，本件確認請求Ｃの請求の趣旨がそのまま認容された場合であっても，判決の基準時以降の事由によって次回の選挙の時点で原告らが選挙権を失っていれば，本件確認判決の既判力は及ばないのであるから，かかる事態を訴訟法上何ら問題にする必要はない。

　また，確認の利益の問題についても，その基準時が事実審の口頭弁論終結時なのか法律審の口頭弁論終結時なのかという問題（後述）はさておき，いずれかの時点で確認の利益が存在すれば，裁判所が本案判決をすることは妨げられない。原告らが帰国することにより在外選挙人名簿に登録されることができない者になるという事態が生じる可能性があることは，何ら本件確認請求Ｃの確認の利益に影響するものではない。この理は，例えば，労働者が労働契約上の地位の確認を求める訴訟において，労働者が将来的に任意退職することにより労働契約上の地位を失うという事態が生じる可能性があったとしても，確認の利益が否定されないのと同様である。

以上に照らせば，本件確認請求Cをそのまま認容することに何らの支障はなく，最高裁が本件確認請求Cの請求の趣旨を「善解」する必要は存在しなかったことになる。そうすれば，確認訴訟の原則（現在の法律関係の確認）との関係も，上述のとおり整合的に理解することができたのである。

なお，請求の対象を「次回の選挙」に限定すれば，訴えが原告の権利（侵害の可能性）と具体的に関係するものになり，確認の利益を認めやすくなる旨を最高裁は説示しているとの見方がある。しかし，この見解は続けて，「直近の選挙に係る請求について確認の利益を認めるのであれば，その後の選挙（それは直近の選挙の直後に実施される可能性もある）に係る請求についても確認の利益を否定できないのではないか」として，最高裁が請求の対象を直近の選挙に限定したことに対しては，やはり疑問を呈している（山本・前掲28頁）。

(3) 大法廷判決の訴訟要件の基準時はいつか

一般に訴訟要件は本案判決の要件であり，本案判決は事実審の口頭弁論終結時までの資料に基づいてなされることから，訴訟要件の基準時は事実審の口頭弁論終結時であるとされている（新堂幸司『新民事訴訟法』〔第3版補訂版〕218頁，秋山幹男ほか『コンメンタール民事訴訟法Ⅰ』294頁，当事者能力につき最判昭42・6・30裁判集民事87号1453頁）。この通説的見解によれば，確認の利益の有無は訴訟要件の問題であるから，本件訴訟における確認の利益も事実審（控訴審）の口頭弁論終結時（2000年9月25日）を基準時として判断されることになる。仮に事実審の口頭弁論終結後に日本に帰国し，市町村の選挙人名簿に記載されるに至った上告人がいたとしても，本件確認請求Cについて確認の利益は失われないこととなる。実際，本件上告人の中には事実審の口頭弁論終結後に帰国した者もおり，その後上告を取り下げてもいない。そして，最高裁は帰国した原告について特に言及することなく，上告人全員について確認の利益が肯定されることを前提に判示していると読める。これは，通説の立場から導かれる素直な判示といえよう。

他方，確認の利益の有無については，上告審段階での変動を考慮すべきであるとする有力説がある（新堂・前掲218頁，高橋宏志『重点講義民事訴訟法（下）』19頁）。大法廷判決の担当調査官も，確認の利益は，原審口頭弁論終結後であっても消滅することがあり得るとし，例えば原告の死亡や，海外に居住していた

原告が帰国した場合には，事実審の口頭弁論終結後であっても訴えの利益は失われるとしている（杉原・前掲327頁）。訴訟要件は職権調査事項であるから，有力説の立場からすれば，最高裁は，事実審の口頭弁論終結後の事情の変化について，自ら職権で調査して考慮すべきであったことになる（民訴320条ないし322条）。しかし，我々原告代理人が知る限り，本件上告審において訴訟要件に係る事実調査が行われた形跡はない。

(4) 規範統制訴訟の許容性

第1審判決及び控訴審判決は，本件確認請求B（主位的請求）は法律上の争訟に該当しないとして，訴えを却下した。これに対し，大法廷判決は，本件確認請求Bにつき確認の利益を否定したが，法律上の争訟であることは否定しなかった。果たして大法廷判決は，一定の場合には規範統制訴訟を許容する趣旨であろうか。

この点について担当調査官は，「本判決は，主位的請求に係る訴えは公職選挙法そのものの抽象的な意見確認を求めているものであって不適法であえるとした原判決を是認したもの」であるとする（杉原・前掲323頁）。しかしながら，大法廷判決は，本件確認請求Bが不適法である理由として，「予備的確認請求に係る訴えの方がより適切な訴えであるということができるから」と説明しており，控訴審判決とは明らかに異なる理由づけをしている。法律上の争訟性にしろ，確認の利益にしろ，いずれかが欠ければ訴えは不適法となるのであるから，大法廷判決は法律上の争訟性については何らの判断もせず，判断しやすい確認の利益の有無で勝負したとみることも可能ではある。しかしながら，法律家の思考の流れとしてはまず法律上の争訟性を判断し，その上で確認の利益を判断するのが，理論的な展開であろう。最高裁が，理論的な思考形態よりも，判断の容易さを重視しているとは思いたくない。最高裁は，第1審及び控訴審とは異なり，本件確認請求Bの法律上の争訟性を肯定したと解するべきではないだろうか（野坂泰司「在外日本人の選挙権」法学教室2006年12月号85頁参照）。

もとより，本件確認請求Bは，原告らの主観的な権利を離れて抽象的に公職選挙法の違法確認を求めるものではなく，「原告らに衆議院議員及び参議院議員の選挙権の行使を認めていない点において」との限定を付して，原告らの具体的な権利義務関係に関する紛争性を表現していた。したがって，この大法廷

判決をもって，最高裁が本来的な抽象的規範統制訴訟に好意的な見解を示したと評するのは行き過ぎであろう。それでも，今後，抽象的規範統制訴訟についての考え方がどのように変わっていくのか，注目されるところである（鼎談・前掲16頁〔小幡純子発言〕）。

(5) **法律審における立法事実の認定**

大法廷判決は，「本件選挙において在外国民が投票をすることを認めなかったことについては，やむを得ない事由があったとは到底いうことができない。そうすると，本件改正前の公職選挙法が，本件選挙当時，在外国民であった上告人らの投票を全く認めていなかったことは，憲法15条1項及び3項，43条1項並びに44条ただし書に違反するものであったというべきである。」とし，また，「遅くとも，本判決言渡し後に初めて行われる衆議院議員の総選挙又は参議院議員の通常選挙の時点においては，衆議院小選挙区選出議員の選挙及び参議院選挙区選出議員の選挙について在外国民に投票をすることを認めないことについて，やむを得ない事由があるということはできず，公職選挙法附則8項の規定のうち，在外選挙制度の対象となる選挙を当分の間両議院の比例代表選出議員の選挙に限定する部分は，憲法15条1項及び3項，43条1項並びに44条ただし書に違反するものといわざるを得ない。」と判示している。しかし，このような「やむを得ない事由」の有無は，事実審段階では何ら認定判断されていない。もとより上記「やむを得ない事由」の有無は，公職選挙法の合憲性・違憲性を基礎づける事情であり，いわゆる立法事実に属するものである（戸松秀典『憲法訴訟』〔第2版〕243頁，新正幸『憲法訴訟論』569頁）。したがって，訴訟物たる権利関係の存否に係る事実（いわゆる主要事実）が弁論主義に服するのとは異なり，また，上告審は事実審が適法に確定した事実に拘束されるわけではないのかもしれない。しかし，だからといって，法律審たる上告審が，自らの専権で立法事実を自由に認定判断してもよいのであろうか。

こうした立法事実の顕出方法については，法令に特段の規定はなく，判例の準則が形成されているわけでもない。当事者が違憲の主張を裏づける証拠として，また，裁判所自らの判断で，あるいは，当事者でない国が意見を述べる方式で，立法事実の顕出がなされる。また，立法事実については立証責任は観念されず，その判断は原則として裁判所の裁量的判断に委ねられる。以上が，立

法事実の顕出方法に関する一般的な理解であろう（戸松・前掲244頁）。かかる実務・学説を前提とすると，立法事実については，主張方法も判断方法も，原則として裁判所の裁量に委ねられることになる。だとすれば，本件で最高裁が自ら立法事実を認定し，それを判断の基礎としたことに問題はないようにも思える。

　しかしながら，「訴訟中に顕出され両当事者の目にさらされなかった資料に基づき立法事実が認定され，判決中に，依拠した資料が明示されないとすると，法の合憲性についての判断の基礎になった立法事実の認定が，専断的恣意的でないことを担保するものがない」（時国康夫「憲法事実—特に憲法事実たる立法事実について—」曹時15巻5号669頁）ことは，夙に時国判事が1963年に公表した論文で指摘されているところである。本件について見ると，平成10年法律第47号による改正前の公職選挙法の合憲性については，大法廷判決は，「記録によれば，内閣は，昭和59年4月27日，……衆議院議員の選挙及び参議院議員の選挙全般についての在外選挙制度の創設を内容とする「公職選挙法の一部を改正する法律案」を第101回国会に提出したが，同法律案は，その後……廃案となったこと，その後，本件選挙が実施された平成8年10月20日までに，在外国民の選挙権の行使を可能にするための法律改正はされなかったことが明らかである。世界各地に散在する多数の在外国民に選挙権の行使を認めるに当たり，公正な選挙の実施や候補者に関する情報の適正な伝達等に関して解決されるべき問題があったとしても，既に昭和59年の時点で，選挙の執行について責任を負う内閣がその解決が可能であることを前提に上記の法律案を国会に提出していることを考慮すると，同法律案が廃案となった後，国会が，10年以上の長きにわたって在外選挙制度を何ら創設しないまま放置し，本件選挙において在外国民が投票をすることを認めなかったことについては，やむを得ない事由があったとは到底いうことができない。」と判示しており，立法事実の認定に際して最高裁が依拠した資料は，いちおう判決文中に明示されている。これに対して，平成10年法律第47号による改正後の公職選挙法の合憲性については，大法廷判決は，「本件改正後に在外選挙が繰り返し実施されてきていること，通信手段が地球規模で目覚ましい発達を遂げていることなどによれば，在外国民に候補者個人に関する情報を適正に伝達することが著しく困難であるとはい

えなくなったものというべきである」ことなどを理由として，「衆議院小選挙区選出議員の選挙及び参議院選挙区選出議員の選挙について在外国民に投票をすることを認めないことについて，やむを得ない事由があるということはでき」ないと判示しているが，いかなる資料に基づいて，どの程度「通信手段が地球規模で目覚ましい発達を遂げている」と認定したのか，判決文からはまったく明らかでない。大法廷判決は，平成12年法律第118号による改正後の参議院比例代表選出議員の選挙について，平成13年及び同16年に在外国民が選挙権を行使していることも理由としてあげるが，これらの選挙において在外国民の選挙権行使に何らかの支障があったかなかったかについても，何ら考慮が払われた形跡はない。

　一般に法律審が法令の合憲性を判断する際には，事実審の口頭弁論終結時を基準時とするのではなく，法律審の口頭弁論終結時（あるいは法律審の判決合議が成立した時点）を基準時とすべきであろう（もっとも，本件担当調査官は，法律審の判決時を基準とするようである（杉原・前掲706頁）。しかしながら，判決時における事実関係を判決成立時（すなわち判決合議が成立したとき）に認定することは論理的に不可能である（あくまでも予想にすぎないことになる）。法律審の判決時を基準時とする考え方は理論的には取りがたいのではなかろうか）。その場合，立法事実を認定するために，法律審において事実調べその他の資料収集を行うことができるか否かが問題となる。この点については，法律審には証拠調べの権能がないことを理由に，事実審に差し戻すべきとの考え方もあり得よう（時国康夫「憲法訴訟の方法と憲法判断の手法」ジュリ638号228頁）。しかし，法令が憲法に反するか否かは法律問題であるから，裁判所は，当該法令の合憲性に係る立法事実の存否を職権ででも調査認定しなければならない（時国・前掲「憲法事実」667頁）。その意味で，立法事実の認定判断は，いわゆる主要事実の認定判断よりは，むしろ訴訟要件に係る事実の認定判断に類似した性格を有する。また，最高裁は，松川事件（最大判昭34・8・10刑集13巻9号1419頁）において，「当裁判所の提出命令により提出され，当裁判所が領置したいわゆる『諏訪メモ』は，当裁判所において公判にこれを顕出したのみで，事実審におけるが如き証拠調の方法は採らず，従って当裁判所が直ちにこれを事実認定の証拠とすることはできないとしても，少なくとも原判決の事実認定の当否を判断する資料に供することは許される」

としており，法律審における判断資料の収集がまったく不可能というわけではない。以上に鑑みれば，本件においても，立法事実の審理判断のためだけに，事件を事実審に差し戻す必要まではなかったといえよう。

　それでも，とりわけ平成10年法律第47号による改正後の公職選挙法の合憲性については，両当事者に対して，立法事実（特に事実審の口頭弁論終結後の事情）について意見照会（求釈明）を行い，必要であれば最高裁の法廷に資料を顕出することは必要なかったか。最高裁は，光華寮事件（最判平19・3・27民集61巻2号711頁）において，上告審判決言渡しに先立ち，両当事者に対して，訴訟要件に係る争点について意見照会（求釈明）の手続を取ったとのことである（平成19年1月23日付け朝日新聞（夕刊）1面参照）。これと比較すると，本件では最高裁で弁論が開かれてはいるものの，それに先だって最高裁から何らの意見照会（求釈明）も行われておらず，弁論期日においても当事者から新たな訴訟資料は何ら提出されていない（大法廷における口頭での弁論の要旨を記載した書面は提出されたが，その内容は上告理由書，上告答弁書と概ね同一である）。もし，最高裁が，平成10年法律第47号による改正後の公職選挙法の合憲性に係る立法事実について，当事者に意見照会（求釈明）の手続を取っていれば，あるいは何らかの新たな訴訟資料が最高裁の法廷に顕出されていたかもしれない。本件大法廷判決に至る最高裁の処理は，勝訴した我々としては結果的に不満のない進め方であるが，敗訴した被告（国）にとっては些か不意打ち的な進め方であったかもしれない。

(6) 法律審における慰謝料額の認定

　第1審及び控訴審は，いずれも国家賠償法1条にいう違法性を否定し，原告らの国家賠償請求を棄却した。これに対し，大法廷判決は，国家賠償法1条にいう違法性を肯定して原判決を破棄した上で，「損害賠償として各人に対し慰謝料5000円の支払を命ずるのが相当である。」と自判している。これは従前の最高裁判例と比較すると，やや異例の処理である。例えば，早稲田大学江沢民国家主席講演会事件（最判平15・9・12民集57巻8号973頁）では，最高裁は，原審が認めなかったプライバシー侵害による不法行為の成立を肯定した上で，「更に審理判断させる必要がある」として，事件を原審に差し戻している。そして，差戻し後の控訴審（東京高判平16・3・23判時1855号104頁）において，原告1人当

たり5000円の慰謝料が認容されている。また，「新しい歴史教科書をつくる会」教科書廃棄事件（最判平17・7・14民集59巻6号1569頁）においても，最高裁は，原審が認めなかった著作者人格権の侵害を認定した上で，やはり事件を原審に差し戻している。そして，差戻し後の控訴審（東京高判平17・11・24判タ1197号158頁）において原告1人当たり3000円の慰謝料が認容されている。

　一般に，慰謝料算定の基礎となる事実関係は，事実審において証拠により認定される必要があるが（したがって，法律審は事実審が適法に確定した事実に拘束されるが），一定の事実関係を前提としていくらの慰謝料を認容するかは，諸般の事情に即して裁判所が判断すべき事項である（したがって，法律審は事実審が認定した慰謝料額に拘束されない）と解されている（最判昭32・2・7裁判集民事25号383頁）。その意味では，事実審が棄却した国家賠償請求を上告審段階で初めて認容する場合であっても，原告の精神的苦痛を判断するのに必要な「諸般の事情」が事実審段階で認定されていれば，それを基礎として上告審が相当な慰謝料額を認定判断することは可能であろう。しかしながら，本件の第1審判決及び控訴審判決をみる限り，そのような基礎事実が十分に認定判断されているとは言い難い（例えば，原告らの中には，1996年10月20日の投票日前に最終住所地の選挙管理員会に投票用紙の郵便交付を請求して拒否された者，あるいは投票日に投票所に赴いて投票を求めたが拒否された者などもいたが，こうした事実は控訴審判決ではまったく認定されていない）。本件についても，慰謝料額の算定の基礎となるべき「諸般の事情」について更に審理させるため，事件を原審に差し戻すべきであった，との批判もあり得るところであろう。

Ⅷ　おわりに

　本件訴訟は，原告が第1審及び控訴審で全面敗訴し，最高裁で逆転勝訴という劇的な展開を辿った。最高裁の違憲判決を受けた行政府及び立法府の対応も，比較的迅速であった。我々原告弁護団にとっては，このうえない結果に終わった事件である。憲法学，行政法学の観点からも画期的な最高裁判例が誕生することになった。

　反面，訴え提起から法改正が実現するまでには10年強の歳月を要した。そ

の間に5回の国政選挙が実施された。特に，上告が提起されてから最高裁判決が言い渡されるまでに5年近くを要している。Justice delayed, justice denied という法諺がある。裁判迅速化法（平成15年法律第107号）が施行されて以降，事実審における民事訴訟の審理は相当に迅速になったが，最高裁の審理は未だ十分に迅速化されていない印象である。

　また，大法廷判決が憲法学・行政法学の観点から重要な先例的価値を有することはさておき，訴訟法の観点から検討すると，はなはだ粗雑な処理がされていると評価せざるを得ない面もある。同じメンバーで日常的に裁判官の合議が行われる小法廷での判決に比べて，日頃は議論をする機会の少ない他の小法廷の裁判官も交えた合議となる大法廷の判決は，往々にして議論が大雑把になる傾向があるとの風評も聞くところである。それにしても，選挙権確認判決（大法廷判決主文第2項）の具体的効果，訴訟要件（確認の利益）の基準時，法律審における立法事実の認定手法といった論点については，今後さらに議論が深化・精緻化されることを期待したい。

後記　本稿の執筆にあたっては，高橋俊昭氏（東京大学法科大学院）から多大なる御教示・御協力を得た。ここに記して謝意を表する次第である。

■

第3章── 解　説

行政訴訟における確認訴訟論

Comment ／ 斎　藤　　浩

Ⅰ　問題意識

　2004年行訴法改正（以下単に「行訴法改正」という）によって同法4条のうち実質的当事者訴訟，そしてとりわけ確認訴訟に光があたった。改正条文は「この法律において『当事者訴訟』とは，当事者間の法律関係を確認し又は形成する処分又は裁決に関する訴訟で法令の規定によりその法律関係の当事者の一方を被告とするもの及び<u>公法上の法律関係に関する確認の訴えその他の</u>公法上の法律関係に関する訴訟をいう」となった（下線部が改正で補充）。

Ⅱ　検討会，改正法と処分性問題

(1)　代替的改正

　抗告訴訟（取消訴訟）における処分性の拡大を求める立場からすると，行訴法改正は不十分なものであり，4条の改正は処分性改正を見送ったことへの代替的改正と捉えられる[1]。

　処分性問題は取消訴訟見直しの考え方の重要な一部として当然に論じられたが，改正すべきだとの一般論では一致してもそのベクトルが容易に合致しなかった[2]。

　そこで出て来た確認訴訟の活用という切り口が行政法学説としては虚を衝かれたとする感慨が語られる一方[3]，「法の支配」という視点からの有力な論考

*4が出たほか、塩野宏教授の行政訴訟検討会座長時代及び検討会終了後の論文*5を素材に、「オープンスペース」の一つとしてこの論点を考察し直す有力な論考*6が出ているので、これらの点の検討を行い、自説を述べたい。

- *1　斎藤浩『行政訴訟の実務と理論』（三省堂）320頁参照。処分性を限定し純化し取消訴訟中心主義から脱却して、幅広く当事者訴訟などを活用すべきだとする立場からしても、今回の改正が処分性問題を見送った一種あいまいな解決ということになろう。
- *2　斎藤*1文献19～21頁。
- *3　中川丈久「行政訴訟としての『確認訴訟』の可能性」（民商130巻6号）973頁参照。
- *4　中川丈久「行政法からみた日本における『法の支配』」日本法哲学会編『現代日本社会における法の支配―理念・現実・展望』所収42頁。
- *5　行政訴訟検討会中のものとして、①塩野宏「行政訴訟改革の動向―行政訴訟検討会の『考え方』を中心に」（曹時56巻3号1頁）、②「行政事件訴訟法改正と行政法学」（民商130巻4・5号3頁）、検討会後のものとして③「法治主義と行政法」（自治研究83巻11号16頁）。なお、④「立法による行政の変革と公法学-塩野宏先生に聞く」（法時80巻10号4頁以下、聞き手、岡田正則、人見剛）の塩野発言も参照のこと。
- *6　橋本博之「行政訴訟改革といわゆる『オープンスペース』論」慶應法学10号1頁。

(2) 実質的当事者訴訟、確認訴訟の従来の扱いと転機

行政事件訴訟特例法は実質的当事者訴訟を抗告訴訟を含む行政訴訟全体を指すものとして使用していた。私法をつかさどる民事訴訟に対する、公法をつかさどる行政訴訟の意であった。

しかし、行訴法が行政訴訟を大きく抗告訴訟と当事者訴訟に分けたことにより、実質的当事者訴訟が行政訴訟を代表するものでなくなったばかりでなく、マイナーな行政訴訟とでもいう存在になったこと、そして公法上の当事者訴訟の別名をもつこの制度は、公法私法二元論への風当たりが強くなっていった学界においては、ほとんど論じられることのない制度として存在した*7。

そのような中で、当事者訴訟の実践的検討を展開したのが高木光教授であった*8。高木教授は行訴法の素直な解釈から「4条後段の当事者訴訟は文字ど

解 説／行政訴訟における確認訴訟論　*121*

おり『公法上の法律関係』に関する訴訟すべてではなく，そこから『公権力の行使に関する不服の訴訟』を控除した残りであることが確認できる。つまり，抗告訴訟が積極的なメルクマールとされているのに対して，当事者訴訟は残余概念として定義されているのである。かくして『当事者訴訟＝対等関係』という伝統的観念にしばられる必要はなく，当事者訴訟には〈抗告訴訟に近いものから民事訴訟に限りなく近いものまで〉ありうることになる」と整理し，その活用を説いていたのである。排他性をもった取消訴訟の対象となる処分性を狭く限定し，それ以外を当事者訴訟で扱うという考えで，卓見というほかはない。しかし学説も判例もこの優れた解釈論を尊重することはなかった。我々弁護士もこの説に依拠することはなかった。裁判実務の現状を日々感得する身からは，あまりに遠くの美しいハーモニーに聞こえたからである。

　しかし，処分性問題を検討会でいかに論議してもベクトルは合わず，その代替として同法4条に上述のような改正を施すことになったいま，実質的当事者訴訟は大きなものとして（再）登場した。高木説の法文化ともいえるが，本質は上述したように，取消訴訟，処分性概念整理の放棄からくる代替的改正であった。

　しかし代替的改正などという消極的賛意でなく，もっと積極的に位置づけるべきである[9][10]。もとより弁護士も理論は尊重しその深化のために役立ちたいが，要するに原告，国民（企業，NPOを含む）の裁判を受ける権利が伸長すればよいのであり，これらの論考に一部賛成である。

　これら積極論考を検討するとともに，私の結論も述べたい。

* 7　斎藤*1文献320頁。阿部泰隆は当事者訴訟の「安楽死」を提案したほどであった（阿部泰隆『行政訴訟要件論』234頁以下参照）
* 8　高木光『行政訴訟論』（有斐閣）136頁以下。
* 9　筆者も「処分性問題と当事者訴訟」日弁連行政訴訟センター編『実務解説行政事件訴訟法』（青林書院，2005年所収）でこの問題意識で検討している。この度検討するのは*4の中川論文と*6の橋本論文である。
* 10　ここで私は60年代後半に読んだ渡辺洋三『法社会学と法解釈学』（岩波書店，1959年）に大きな影響を受けたことを述べたい。同書の35頁に，悪法反対の時の条文の広義解釈と，制定された時の縮小解釈とは矛盾することはないのだと

する趣旨の注があり，私は珠玉の言葉だと今日まで40年以上ずっと思ってきた。行訴法改正は悪法問題とは違うが，改正前によりよい改正を求めて言ったことと，改正後にできた条文をどのように国民，企業，ＮＰＯなどのために活用するかへの言及とでは趣を異にしてよいのではないかと考える。

(3) 法の支配論からのアプローチ（中川論文）

前掲＊4の中川論文は「法の支配」概念にいうところの「法」の意味を現代日本社会の現実を踏まえて深め，「法の支配」概念の重要な一部である「法律の留保」，「法律の優位」，「法律による行政の原理」が崩壊の危機，深刻な問題をかかえることを摘示し，「法の支配」概念の別な重要な一部である秩序形成観を立法的秩序から裁判的秩序に舵を切ることで組み替えることを提起する。司法は具体的事案における正義追求を可能とする。斉一的処理の行政解釈と個別処理の司法解釈とが拮抗し，せめぎあう環境を確保することで「法の支配」のガバナンスが効くというのである。

中川論文はそのような司法が行政活動に対し事後的に積極的かつ広範にかかわる機会を認めるべきで，誰が提起しうるか（原告適格），どのような行為を争いうるのか（審査対象性）の間口を憲法76条の司法権が許容する限界点まで最大限に拡大されなければならないとする。

中川論文は，その立場から，2004年行訴法改正の原告適格拡大メッセージの9条2項と，審査対象を当事者訴訟（確認訴訟）で広く受け皿とするというメッセージの4条改正に注目し，活用を呼びかける＊11。

> ＊11　塩野教授は＊5③論文の中で，中川教授の法の支配論と行訴法改正との関係を批判する。ただ読む者には，塩野教授が中川教授の法の支配論が外国法に解決の手段を求めるものというならば，法治主義論もそうなのではないかとの素朴な疑問がある。

(4) オープンスペース論（塩野論文，橋本論文，その他）

(a) 出　現

サッカー用語としてはよく聞くものの，法律学分野でのオープンスペースという言葉の氏素姓に私は詳らかでない。私がこのような言葉を聞いたのは行政訴訟検討会の第27回（2003年12月22日）で小林久起参事官が「行政訴訟制度の見直しのための考え方」の説明において，「救済範囲の拡大」の「原告適格」の

ところで「考慮事項を定める考え方は，今後裁判所が解釈していって，個人の権利利益の救済の場面で，行政における利益調整原理を広く考慮していくための，そのオープンなスペースを提供しているもの」という言葉遣いであった。「その他の検討結果」に含まれる「確認訴訟の活用」の部分ではその言葉は使われなかった。

(b) 塩野教授の言及

塩野教授はこの小林参事官説明を，自らが同検討会第25回で原告適格についての開かれた解釈規定と発言したことと同旨として引用している[12]。引用した上で，その趣旨を国民の権利利益の実効的救済を図るための条件を整備すること全体に広げ，確認訴訟の活用論にもその趣旨を及ぼすことを付加している[13]。

行訴法改正に関する塩野教授の次の論文[14]にはオープンスペース論は出てこない。

塩野教授の法治主義論文[15]には＊5①論文と同旨の言及がある。

いずれにせよ，塩野教授は確認訴訟についてオープンスペース論を具体的に詳論してはいない。

* 12 塩野＊5①論文15頁。
* 13 塩野＊5①論文16頁。
* 14 塩野＊5②論文。
* 15 塩野＊5③論文。

(c) 法学教室座談会[16]

磯部力教授はオープンスペース論を改正法全体に及ぼして使いその意義を考察している[17]。

しかるのちに櫻井敬子教授と磯部教授は行政訴訟検討会の事務局企画官として検討会と立法化を主動した村田斉志判事にオープンスペースの使い方の外延を聞いたところ，村田判事は自説として当事者訴訟までの広がりを認めている。磯部教授は今次の改正により，（行特法時代の当事者訴訟のように），行訴法で設けた特別の訴訟形態である取消訴訟がうまく機能しない場合には当事者訴訟でいくことになったのだとの趣旨を語り，村田判事はそれに賛成している。要するに2人の言うことは，抗告訴訟にも当事者訴訟にもあたらない領域はないと

いう意味をオープンスペースに込めている[18]。

*16　磯部力＝櫻井敬子＝神橋一彦＝村田斉志「行訴法改正，その後」（法学教室2007年6月号60頁以下）。
*17　磯部発言（*16文献70～71頁）。なお同じく村田発言（*16文献72～73頁参照）。
*18　*16文献72～73頁。

(d)　橋本論文

　*6の橋本論文は，当事者訴訟，確認訴訟プロパーに絞れば，(c)の法学教室座談会における磯部教授，村田判事の言説と変わりはない[19]。

　重要なのはオープンスペース論の位置づけである。

　橋本教授は，塩野教授が*5①論文で述べる行政作用立法と行政訴訟立法のあり方は異なると述べた見解を整理した内容[20]を塩野テーゼと命名し，塩野教授がそれに該当する論点としてあげた原告適格，執行停止，出訴期間，確認訴訟における改正内容は「立法者の側から，個別具体的事例における紛争解決や，国民の権利利益の実効的救済のための柔軟な解釈の場（オープンスペース）を提供するという趣旨に基づく改正がなされたということになるし，逆に上記の改正点が，国民の権利利益の実効的救済を妨げる方向で解釈運用されること（略—引用者）は，立法者意思に反するものとして厳に戒められることになろう」と言っている[21]。

　また橋本教授は，改正法が特定の学説の公定化ではなく，新たな学説の展開を可能にすると述べていることも塩野教授のオープンスペース論の内容として述べている[22]。

　その上で橋本教授は，塩野教授の議論が，立法的対応により改正すべき部分と判例・学説の展開に委ねる部分の理論的仕分けが不十分と批判する[23]。

　加えて橋本教授は，行訴法制定時のオープンスペース論と類比される論者を批判する。

　すなわち，行訴法制定に関与した田中二郎，雄川一郎両教授に対する兼子仁，原田尚彦両教授の批判を紹介し，田中・雄川両教授のオープンスペース類比論は，結局は2人の学説を前提にした上でのオープンスペースであり，国民の裁判を受ける権利の伸張という意味でのそれではなかったとする。

そして橋本教授は新しい公法ドグマティクの構築の必要と，行訴法分野での立法により改正する部分と判例・学説の展開に委ねる部分の仕分けが重要とするのである。

　筆者から見ると，田中，雄川両教授の学説などは乗り越える対象以外の何ものでもない。

　例えば，田中教授は後に取り上げる土地区画整理事業計画についての最大判平20・9・10が変更した悪評高い最大判昭41・2・23の青写真判決の書き手である。5人の裁判官の反対意見にもかかわらず8対5で出されたものであり，田中裁判官は多数意見を形成している。というより，多数意見は田中裁判官の意見であったのである[*24]。

　筆者が今次のオープンスペース論に一部賛成であると上で述べたのは次のような理由である。

　2004年行訴法改正の諸規定がオープンスペースを期待して作られたものであるということは論旨のとおりとしても，原告適格，執行停止，確認訴訟でいえば，改正前の条文でも今回の改正のような解釈が可能であった。原告適格や執行停止で原告側弁護士は常にそのような解釈を展開してきた。初めから広大なオープンスペースは存在した。しかし学説が必ずしも全体としてそれを支持せず，判例もそのような学説の状況も見ながら牢固とした保守解釈をしてきたのではないか。確認訴訟については原告側弁護士さえも高木教授のような卓見に依拠していなかったのである。

　つまり，国民の裁判を受ける権利の立場からいえば，学説の行訴法解釈が全体として牢固であったのではないか。判例が牢固であるのと学説が牢固であるのとの関係は鶏と卵の関係である。学説の中に，国民の裁判を受ける権利の立場から例外的に優れた者が論点ごとにいたというにすぎないのではないか（少ない論点で優れているか，阿部泰隆教授のように多くの論点で優れているかの量的差異はあったが）。

　橋本教授が塩野教授を批判する点は，結局は新しい公法ドグマティク（新しい権利利益の実効的救済論）の構築と，それに依拠した学説，弁護士，裁判官による国民の裁判を受ける権利保障解釈，実践に含まれる。

　オープンスペース論の展開はこのような意味の中での好ましい一つのイシュ

ーということができるが，その論がもつ目眩し的役割への直視も必要である。オープンなのだから裁判官が自由に解釈して，橋本教授の言う国民の権利利益の実効的救済のための柔軟な解釈の場としてではなく，逆の立場をとることを許容する可能性もありうるのではないか。

　また，オープンスペース論の出発点である原告適格についての行訴法9条2項につき，塩野教授は裁判官の積極解釈に期待を込めるのだが，藤田宙靖判事は同条項が裁判官を拘束する効果をもったものとすれば違憲（憲76条3項違反）の疑いがあるとまで述べる[25]。

　筆者の見解を述べるならば，サッカー用語を取り入れなくても，裁判を受ける権利の伸張という古典的用語で足りると考える。しかしこれまでの学説・判例が裁判を受ける権利の伸張を阻害していたから，新しい公法ドグマティク（新しい権利利益の実効的救済論）の構築が今こそ学説に求められ，それを基礎にした判例実務へのその拡大が期待しうるのである。その基礎理論としては，前述したように法の支配論が存在すべきものと考える。

[19]　*6文献16～17頁。

[20]　①立法権が法律によって行政権限の行使（＝行政作用）を規律するという局面では，「これを可能な限り厳密に規律する」ことが基本となるが，②行政訴訟立法を行う場合，「司法権は行政権のコントロールの権限を憲法上与えられて」おり，「立法権の重点は，司法権が本来有する行政に対するチェック機能を十分に果たすことができるような，より効率的な場ないし手段を提供すること」であるため，③行政訴訟検討会の基本的課題は「裁判所が国民の権利利益の実効的救済を図るための条件を整備することに帰着する」。

[21]　橋本*6論文4頁。

[22]　橋本*6論文4～6頁。

[23]　橋本*6論文14頁。

[24]　園部逸夫が整理する田中二郎裁判官在職時代の多数意見，意見は，目を覆うばかりの，裁判を受ける権利の否定リストである（園部逸夫「田中先生の行政争訟論」ジュリ767号69～71頁参照）。

[25]　藤田宙靖『行政法Ⅰ（総論）』（第4版改訂版）（青林書院，2005年）。

Ⅲ　在外邦人選挙権大法廷判決までの訴訟活動と判決の意義

　本書所収の古田啓昌弁護士の論文は，担当弁護団の中核であった立場をふまえ，かつ客観的な検討を加えた詳細なもので，追加することはあまりないし，多くの評釈も出されているので*26，筆者は，2004年改正をふまえ，原審判決が変更される可能性を予測した者として*27，訴訟活動と判決の内包外延を若干考察したい。

　訴訟活動としてはいうまでもなく，控訴審から確認の請求の趣旨をどのような議論と問題意識で予備的に追加したのかに関心を持つ。この関心は，確認訴訟一般ではなく，主位的な確認訴訟（公職選挙法改正後，控訴人らに衆議院小選挙区選出議員及び参議院選挙区選出議員の選挙権の行使を認めていない点において違法であることを確認する）に加えて予備的確認訴訟（控訴人らが，衆議院小選挙区選出議員選挙及び参議院選挙区選出議員選挙において選挙権を行使する権利を有することを確認する）を加えたことにある。この2つをどう見るかである。この点は学者や前述の担当調査官の諸評釈には現れていない。この主位と予備をどう考えるかは重要である。最高裁は補充性の議論をして，かつ請求の趣旨を「次回の」選挙と善解して予備を認めた。筆者も*27の文献で，予備で判例変更すると予測した。しかし最高裁は判決において，補充性の視点から主位を不適法というのである。不適法という意味は，予備的確認訴訟のほうがより適切というものであり，主位的確認訴訟も当事者訴訟として見ており，無名抗告訴訟とは見ていないものであろう。

　このような重要な判決を得ておきながら，タラ，レバは不遜だが，弁護団が予備的確認訴訟を追加していなければ，最高裁は主位的確認訴訟を認めなかったであろうか。元担当調査官が日本公法学会（2008年10月12日）で報告したのを聞くと，（予備確認も含めて）確認は不適法却下と調査官報告ではしたが，担当判事がこれを覆したというのであるが，その意向は主位確認でも同じだったのではないかと今は思う。そのほうがさらに積極判断であった。規範統制訴訟としての確認判決ともいえたかもしれないのである。本件での主位確認と予備確認とは表裏の関係であり，どちらでも差し支えないというのが裁判を受ける権

利を実質化するという視点ではあるべき姿であるからである。優秀な弁護団でなければ最高裁がさらに積極判断を出した可能性があるなどということを書いているとすればおかしいことであるがそんな気がしてならない。

　筆者は実質的当事者訴訟に補充性を過度に要求する取消訴訟中心主義には反対である*28。確認訴訟どうしの補充性も必要ないと考える。

　しかしながら大法廷判決の意味は大きい。当該部分の公職選挙法が違憲違法状態にあることを確定したうえで，あるべき権利が存在すること，権利を行使する地位にあることを端的に確認する手法を打ち出している。

　この手法は，法律，条例，命令等，計画等に行政処分性があるとしての争い方でなく，法律，条例，命令等，計画等が違法である場合に，それらの規範から本来保障されるべき権利，地位の確認である。この手法の射程は長いものである。

　本件が憲法という最高法規から保障されるべき最重要な選挙の権利を扱っているから，他の通常の権利の事例には適用されないのかというと，そのようなことはこの判例のどこにも表現されず暗示さえもされていない。この判例の上述の手法が貴重であり，最高裁が当事者訴訟の改正後の活用方法を示したというべきである。

　消費者の利益や環境利益など法律関係ないし権利義務関係に引き直しにくい場合には機能しにくいとする意見もある。そのような場合には取消訴訟でも不可能であろうから，そのような論者は手続法，実体法の整備をいうのであろうが，そのような解釈態度は，解釈論としては上述したオープンスペース論とも裁判を受ける権利の伸張論とも異なる克服されるべき古い公法ドグマティクとでもいいえよう。消費者利益，環境利益が害されるならば，端的に確認の利益を確かめて，確認訴訟にのせる解釈態度を打ち出すことがやがて判例に反映し，この国の法の支配に寄与しよう。立法の取組みも当然必要であることには異論はないが，現状の解釈論として最大限のことが求められる。

　　*26　例えば，北村和生「在外日本人選挙権剥奪訴訟における行政法上の論点について」ジュリ1303号25頁，越智敏裕「在外邦人の選挙権に関する確認訴訟」行政判例百選（5版）II 428頁など。なお担当調査官であった杉原則彦裁判官の評釈（ジュリ1303号31頁以下）も参照のこと。

＊27　弁護団が当事者訴訟の予備的主張を控訴審から追加していることに注目して，筆者が最初に判例変更に言及したのは2004年7月24日の第4回行政法研究フォーラム（於中央大学）での報告であった（その後，判時1877号に，報告のごく一部が掲載され，その部分は15頁にある）。同様の趣旨は＊9の文献69頁でも展開した。他方，この事件が公法上の当事者訴訟であったことを大法廷判決が出てから知ったという反応が（おそらく学者内に）あったと報告されている（＊16文献73頁）。

＊28　筆者の＊1文献16〜21頁参照。

Ⅳ　改正以後の確認訴訟の活用

(1)　判例の様相

改正以後の確認訴訟判例を私はすでに整理しているので繰り返さない＊29。

まだ数は多くないが着実に歩み出しているのではなかろうか。確認訴訟として認容されたのは，公刊物にあらわれたものでは4件にすぎないが，棄却判例中にも重要なものがある。

条例の無効を扱った判決（東京高判平17・12・19）は，結論は違法性がないとして蹴ったが，高層マンション規制条例を当事者訴訟としての確認訴訟で争う方法を次のように広く認めている。「本件地区計画と本件条例は，それぞれ一般処分又は法令の形式をとっているが，これらは対象区域内の建築物の高さ制限を具体的に規制し，第一審原告の権利義務に直接変動を及ぼすものであるから，その無効確認請求は具体的な法的紛争として法律上の争訟に該当する」。「第一審原告は，第一審被告らが主張する建築物の高さ制限への服従を拒否しているところ，第一審原告がその法律上の地位の不安定を解消するためには，現在の法律関係に関する訴えの一種である当事者訴訟として本件条例部分の無効確認の訴えを提起することができるというべきである。なぜならば，本件においては，過去の法的関係である本件条例部分の無効を判決で確認することが最も有効かつ適切であり，紛争の抜本的解決をもたらすことになるからである」。「本件条例は，本件地区計画が存在するために制定可能になったものであって，本件地区計画と本件条例は，先行行為と後行行為の関係にある。本件地区計画

のうち，当該区域内の建築物の高さを20メートル以下に制限する部分が違法ないし無効である旨が確定すれば，本件条例の該当部分も無効になる関係に立つ。改正後の行政事件訴訟法のもとでは，当事者訴訟としての確認訴訟は，確認の利益が存する限り，一般的抽象的な効力を有するにすぎない行為についても適法に提起することができると解される」。

中小企業基盤人材確保助成金の支給を受けられる地位の確認を求める訴え認容判決（東京地判平18・9・12）は裁判所ホームページの裁判要旨によれば次のようなものである。独立行政法人雇用・能力開発機構が，中小企業における労働力の確保及び良好な雇用の機会の創出のための雇用管理の改善の促進に関する法律（平成3年法律第57号）等の規定に基づき，雇用安定事業として行う中小企業基盤人材確保助成金の支給を受けられる地位の確認を求める訴えにつき，前記助成金支給のような行為は，贈与契約という形式で行われるとしても，行政目的を実現するためのものであって，公益的性格を有していることは明らかであるから，純然たる私法上の契約とは異なり，契約自由の原則について一定の制約が課されるのであり，特に前記助成金に関しては，雇用保険法施行規則（平成18年厚生労働省令第71号による改正前）118条3項1号が，一定の要件を満たした者に対しては一律にこれを支給することを予定しているものと解され，平等取扱いの要請が働くことは明らかであるとした上，前記独立行政法人が前記助成金の支給事業を行うに当たっての基準として実施要領を定めた以上，これに定められた支給要件に該当する申請者に対しては，平等に前記助成金を支給しなければならない義務を負うものと解すべきであり，また，このような平等取扱いの要請は，究極的には憲法14条に基づくものであるということも可能であることを考慮すると，単なる行政機関の内部的義務にとどまるものと解するのは相当ではなく，これによる平等取扱いの利益は，国民である申請者の利益としても保護されたものと解すべきであり，前記助成金の支給を受けられる地位の確認訴訟を提起することは，助成金支給の要否をめぐる問題を解決するための適切な手段であるといえ，他に適切な解決手段も存在しないことから，確認の利益を肯定することもできるとして，前記訴えを適法とした。

国籍の確認認容判決（東京地判平17・4・13）は裁判所ホームページの判決要旨によれば次のようなものである。国籍法3条1項は，出生後に認知を受けた非

嫡出子が，父母の婚姻により嫡出子としての身分を取得した準正子である場合にのみ，届出によって日本国籍を取得させることを定め，同じく出生後に認知を受けた非嫡出子であっても，父母が婚姻に至らない者との間で，日本国籍を取得させるかどうかについて区別を生じさせる規定であるところ，同項が，子の出生後に父母が婚姻をした場合には，父母とその子との間に家族としての共同生活が成立しているという点に着眼して，我が国との間に国籍取得を認めるに足りる結びつきが生じているものとして準正子に国籍取得を認める旨の規定であることからすれば，父母が法律上の婚姻関係を成立させてはいないが，内縁関係（重畳的なものを含む。）にある非嫡出子について，我が国との結びつきの点において異ならない状況にあるにもかかわらず，国籍取得が認められないというのは，国籍取得の可否について合理的な理由のない区別を生じさせている点において，憲法14条1項に違反し，国籍法3条1項は，子が「嫡出子」としての身分を取得した場合にのみ国籍取得を認める旨の定めをしている点において，一部無効であるから，内縁関係を含む父母の婚姻及びその認知により嫡出子又は非嫡出子たる身分を取得した子について，一定の要件の下に国籍取得を認めた規定と解すべきである。外国人女性を母とし，日本人男性を父として本邦で出生し，出生後父親から認知を受けて国籍取得届を提出した者が，国に対してした日本国籍を有することの確認請求につき，国籍法3条1項は，内縁関係を含む父母の婚姻及びその認知により嫡出子又は非嫡出子たる身分を取得した子について，一定の要件の下に国籍取得を認めた規定と理解すべきとした上，当該国籍取得届を提出した者及びその母は，認知によって法律上の父となった者によって生計を維持しており，週末等においては，夫婦及び家族としての交流もしており，これら三者の間では完全な同居生活の成立は認められないが，家族としての共同生活と評価するに値する関係が認められるから，国籍取得の届出によって国籍を取得したものとして，日本国籍を有することの確認請求を認容した。

　この控訴審（東京高判平19・2・27）はこれを破棄し確認請求を棄却したが，上告審（最大判平20・6・4）は地裁と同様，国籍法3条1項が，日本国民である父と日本国民でない母との間に出生した後に父から認知された子につき，父母の婚姻により嫡出子たる身分を取得した場合に限り日本国籍の取得を認めている

ことにより国籍の取得に関する区別を生じさせていることは，遅くとも平成17年当時において，憲法14条1項に違反するとし，日本国民である父と日本国民でない母との間に出生した後に父から認知された子は，父母の婚姻により嫡出子たる身分を取得したという部分を除いた国籍法3条1項所定の国籍取得の要件が満たされるときは，日本国籍を取得するので，その確認訴訟は許されるとした。

混合診療の健康保険受給権確認請求事件についての東京地判平19・11・7は，裁判所ホームページの判示事項によれば，健康保険法63条1項に規定する「療養の給付」にあたる療養（インターフェロン療法）に加えて，「療養の給付」にあたらない療養（活性化自己リンパ球移入療法）を併用する診療（いわゆる混合診療）を受けた場合であっても，「療養の給付」にあたる診療については，なお同法に基づく「療養の給付」を受けることができる権利を有することの確認を求める請求が，認容された事例である。

ところで，確認訴訟の活用方法については＊3で見た中川論文がこれまでの諸論考の中で最も包括的な内容でかつ実践的である[30]。その中で具体的に論じられる第1に処分性なき場合に使われるべき確認訴訟という論点，第2に取消訴訟，差止訴訟，確認訴訟の関係の論点は実際の裁判例ではどのように扱われているであろうか。

上記東京地判平18・9・12は行政処分性が否定されるような制度仕組みの場合に確認訴訟を認めたもので第1の論点の具体化である。

日本国籍確認の地裁，最高裁判決は，法務大臣の国籍取得届に対する拒否通知を取消訴訟，無効等確認訴訟で争うべきだとするような論点を（被告の国が出していないからか）一切扱っていない。

混合診療の事件は，医療機関が全体を厚生労働省の解釈に従い健康保険法の「療養の給付」と認めなかったので国を相手に確認訴訟を提起したもので，そもそもそこには行政処分は介在しない。これも上記第1論点の具体化といえよう。

条例の無効確認判決も地区計画，それと一体となった条例に処分性は認められなくても（この結論は後述の最大判平20・9・10との関係でやがて見直されるものと考

えるが），確認訴訟は可能とするものであり第１論点である。

　第２論点に属する判決はまだ現れていない。行政立法，行政計画のように三面関係が通常であるような事案では確認訴訟は有効でないかのような論稿があるなかで，中川教授がいうところの，個別法により救済方法が認められるまでの暫定的時代の補完手段としての提訴例，裁判例が待たれるところである。

　　＊29　筆者の＊１文献336頁以下参照。
　　＊30　筆者の＊１文献322〜323頁，332〜333頁も参照。

(2)　**土地区画整理事業の事業計画決定に処分性を認めた最大判平20・9・10をどうみるか**

　この判決を確認訴訟との関係でどうみるべきであろうか。

　筆者はこのような判例変更が行われる前には，処分性は留保して，確認の利益があれば確認訴訟で事業計画の違法を争えばよいと考えていた＊31。

　都市計画分野の巨大な処分性壁が崩れたが，行政計画一般の訴訟方法についてはこの大法廷判決ですべて解決するわけではないから，確認訴訟の活用もおおいに行いつつ，行政訴訟検討会が積み残し課題として上げている典型論点でもあり，立法的取り組みも極めて重要である。

　　＊31　筆者の＊１文献48頁，326〜333頁参照。

第4章

幼稚園就園仮の義務付け事件

第4章── 報　　告

町立幼稚園への就園許可の仮の義務付け申立事件

Report ／ 松原　健士郎

I　はじめに

　私は，行政事件については素人である。
　このシリーズは，国家賠償請求訴訟事件も含むということであるが，私が担当した国家賠償請求訴訟事件としては，自動車を運転中にいわゆる潜水橋から落下し，運転者と同乗者が死亡した事故について，橋の管理責任を追及し，徳島市の責任を認めさせた事件（徳島地方裁判所平成15年10月31日判決平成14年(ワ)第277号，高松高等裁判所平成16年7月22日判決平成15年(ネ)第475号）等はある。
　しかし，行政行為の無効や取消しを求める行政事件を担当したことはない。
　本件について言えば，母親とともに私の事務所を訪れ，事件について聞き取り中，ひたすら鉛筆で絵を書いている4歳の幼児が，歩行器と導尿を必要とするというだけで幼稚園に入れてもらえないと聞き，「そんなバカな。これはなんとかせんとあかん。」との思いから，無我夢中で取り組んだにすぎないものであって，行政事件をやる，というような構えた気持ちは一切なかった。
　そして，目の前に仮の義務付けという新しい制度が存在し，それに日本で初めて飛びついただけのことなのである（仮の義務付け決定が「判例自治」に掲載された後，阿部泰隆先生から「義務付け訴訟，仮の義務付けの必要は小生がドイツ留学時代から一番詳しく強く主張してきたものです。早速実現して頂いて有難うございました。小生も弁護士登録をしたので一番乗りしたかったのですが，残念でした。」とのメールを頂いた）。

本件は，ここで掲載されている大多数の新聞の一面を飾るような事件ではないが，編集部からの依頼があったので，御紹介することにした。

Ⅱ 事案の概要

本件は，徳島県板野郡藍住町（以下「藍住町」という）に居住する申立人（母親）が，二分脊椎等の障害のある次女Ａ児を被申立人（藍住町）が設置する藍住北幼稚園に就園させることの許可を求める申請をしたのに対して，藍住町教育委員会（以下「町教育委員会」という）が就園を不許可とする決定をしたことに対して，同不許可決定は違法であり，Ａ児の就園を許可すべきであって，就園の許可がされないことによりＡ児に償うことができない損害が生じるので，これを避ける緊急の必要があると主張し，行訴法37条の5に基づき，主位的に藍住北幼稚園長において，予備的に町教育委員会において，上記就園を仮に許可するよう求めた仮の義務付け申立事件である。

なお，二分脊椎というのは，脊椎骨が先天的に形成不全となり，本来ならば脊椎の管の中にあるべき脊髄が脊椎の外に出て癒着や損傷しているために起こるさまざまな神経障害の状態をいう。Ａ児の場合，運動機能障害については，当時リハビリ中で長下肢（装具）着用によりＰＣＷ歩行器を使用しなければならず，水頭症については，シャント術により脳脊髄液の流量は調節されており，日常生活においての問題はなかった。

Ⅲ 事案の経過（本案も含む）

(1) 平成17年3月11日　受任
(2) 平成17年4月1日　仮の義務付け申立て。なお，同時に就園不許可決定取消し，就園許可決定請求事件提起。

4月8日からは5歳児の保育が始まる。取消訴訟や義務付け訴訟の判決を待っていては，Ａ児の心身に対し，重大な損害が発生するし，また，幼稚園への通園期間があと1年しかないことを思えば，Ａ児の入園を認めなければ償うことのできない損害が発生し，これを避けるため緊急の必要があり，かつ本案に

ついて理由があると考えるので，仮の義務付け（行訴37条の5第1項）を求める，との申立てをした。

 (3) 平成17年5月12日 審尋
     6月7日 仮の義務付け決定（主文は「藍住北幼稚園長は，申立人に対し，A児の藍住北幼稚園への就園を仮に許可せよ。」）
     6月13日 藍住町は即時抗告を見送り，仮の義務付け決定を受け入れることを決定。
     6月21日 A児が藍住北幼稚園に初通園。
     8月17日 本案につき和解成立

Ⅳ　仮の義務付けの意義

(1)　仮の義務付けとは

　行政事件訴訟法では，行政事件訴訟は抗告訴訟，当事者訴訟，民衆訴訟，機関訴訟の4つに分けられているが（行訴2条），「行政庁の公権力の行使に関する不服の訴訟」（行訴3条1項）である抗告訴訟の類型としては，これまでは取消訴訟，無効等確認訴訟，不作為の違法確認訴訟が明示されているだけであった。
　ところが，平成17年4月1日から施行された改正行政事件訴訟法では，「国民の権利利益のより実効的な救済手続の整備を図る観点から」，抗告訴訟の中に義務付けの訴えを新設し，さらに本案判決前における仮の救済制度を設けるとの見地から仮の義務付け制度を新設したのである。仮の義務付けの要件は，義務付けの訴えの提起があった場合において，その義務付けの訴えに係る処分又は裁決がされないことにより生ずる償うことのできない損害を避けるため緊急の必要があり，かつ，本案について理由があるとみえるときに，裁判所が命ずるが，ただし，公共の福祉に重大な影響を及ぼすおそれがあるときは，することができないとされている（行訴37条の5第1項・3項）（松永邦男＝小林久起編『Q＆A　改正行政事件訴訟法』8頁，9頁，134頁〔司法制度改革推進本部事務局〕）。

(2)　従来の制度との対比

　本件のような場合，従前であれば，藍住町の就園不許可決定に対し，就園不

許可決定に対する取消訴訟を提起すると同時に，執行停止の申立てをすることになろう。

しかし，私が本件を受任した平成17年3月11日には，A児（平成11年9月生まれ）は，既に5歳6ヵ月で，4歳児の幼稚園就園は終了するところであり，あと1年後期の幼稚園教育が受けられる可能性があるにすぎないという時間的関係にあった。

そして，本件について，たとえ就園不許可決定の執行停止の決定が得られたとしても，就園が可能となるものではなく，取消訴訟という本案訴訟に勝訴して初めて就園が可能となるものと思われる。

しかし，仮に取消訴訟に1年を費やしたとすれば，その勝訴判決は，まったく無意味なものとなってしまうのである。

私は，当初無知なため，執行停止を求める制度しかないと考えていたので，上記手続を取ろうとしたが，文献を検索していく中に新行政事件訴訟法のさまざまな改正点を知り，その施行日の4月1日を待って仮の義務付けの申立てと就園不許可決定取消し，就園許可決定請求事件を提起したのである。

なお，本件のような場合，就園不許可決定の執行停止の申立てが可能かどうかは後記判例のとおり争いがある。

V 前提事実

(1) 当事者等

(a) 申立人は，平成9年6月20日から，北幼稚園の通園区に属する住所地に居住しており，長女及び次女であるA児とともに生活している。

(b) 被申立人は，北幼稚園，東幼稚園，南幼稚園及び西幼稚園を設置している地方公共団体である（藍住町立学校の設置に関する条例2条）。被申立人には，地方教育行政の組織及び運営に関する法律に基づき，町教育委員会が設置されているほか（2条），藍住町障害児就学指導委員会設置規則に基づき，障害をもつ幼児等の適正な就学を図るために町教育委員会に町障害児委員会が設置されている。

(2) A児の障害の程度等

(a) A児は，先天的に，脊椎骨の発達異常により脊椎骨が完全に閉鎖していない状態である二分脊椎という障害を有し，これを原因として歩行障害，排尿障害があるほか，水頭症に罹患している。A児には，これらの障害以外に身体の障害はなく，知的障害もない。

(b) A児は，現在，歩行障害のため，自力歩行をすることができず，階段の昇降には介助が必要であるものの，長下肢装具を装着し，歩行器（PCW歩行器）を用いることにより独力で歩行することができ，ある程度までの段差であれば独力で乗り越えることができる状態である。A児は，自力歩行を可能とするため，週1回程度，ひのみね医療センターに通院し，運動療法を受けている。

(c) A児は，排尿障害のため，1日5回，医療資格保持者又は家族である申立人による導尿（管で尿をとること）を受ける必要がある。町立幼稚園への通園時間中には，このうち2回の導尿を受けることが必要である。

(d) A児は，水頭症のため，シャント術（脳脊髄液の流量を調節して脳圧を一定に保つため，「シャント」という管で脳室と腹室とを短絡し，脳脊髄液を逃してやる手術）を受けている。A児は，年2，3回程度定期的に，独立行政法人国立病院機構香川小児病院（以下「香川小児病院」という）に通院し，「シャント」の位置等について確認するためにMRI等の検査を受けている。

(3) A児についての専門家の意見

(a) ひのみね医療センター意見書では，A児について，自力歩行の障害を有しているので，ひのみね医療センターで自力歩行の獲得を目標に運動療法を実施していること，A児の二分脊椎による下肢の麻痺が第5腰髄レベルであり，近い将来自力による歩行が可能となることが予想されること，そのためには運動療法及び日常生活における歩行の取組みが重要であり，障害を克服し，自力歩行を可能にしようとする意欲を持続することが求められ，同年齢の児童と行動をともにすることが効果的であることなどの意見が述べられている。

(b) 県児童相談所証明書では，A児について，肢体不自由に対応する設備等の充実化が図られるのであれば，健常児集団の中で対応することができる状態であること，肢体不自由に対する個別的配慮，個別的指導も必要と思われるので，加配教師の配置による加配保育が必要であり，加配教師の配置があれば健

常児集団の中で十分に対応することができることなどの意見が述べられている。
　(c) 香川小児病院脳神経外科夫敬憲作成の平成17年2月25日付診断書（以下「香川小児病院診断書」という）では、A児の診断名が水頭症及び脊髄髄膜瘤であり、それらの症状が落ち着いており、幼稚園での集団生活、行事等において特に制限事項がないと診断されている。
(4) 町立幼稚園の概要
(a) 園児数と教職員数
(イ) 町立幼稚園では、1つの幼稚園において、園児数については、平成11年度までは1クラス当たり30人以下と設定していたのに対し、平成12年度以降には1クラス当たり35人以下に変更し、教職員については、各クラスの担任教職員のほかに、平成14年度まで、クラスを担当しない教職員（フリー主任）を各学年ごと1人の計2人と設定していたのに対し、平成15年度以降は同教職員を1人に変更した。
(ロ) 町立幼稚園における園児数及び職員数は、以下のとおりである。
　　①平成16年度　園児数　653人
　　　　　　　　　教職員数　合計38人
　　　　　　　　　　　　　　うち正規教職員　31人
　　　　　　　　　　　　　　　　臨時教職員　7人
　　②平成17年度　園児数　668人
　　　　　　　　　教職員数　合計39人
　　　　　　　　　　　　　　うち正規教職員　32人
　　　　　　　　　　　　　　　　臨時教職員　7人
(ハ) 被申立人は、臨時教職員の採用について、毎年10月から12月までの間、臨時教職員候補者名簿への登録者を募集し、その登録者から選考して採用を決定している。被申立人は、平成17年度の臨時教職員の募集において、上記登録者を全員採用しており、現在採用されていない登録者はいない。
(b) 障害児の入園状況等
(イ) 被申立人の町内には、平成17年5月の時点で、身体障害者手帳の交付を受けている幼児はA児を含めて5歳児が3人おり、そのうち1人（男子、等級1種2級、移動機能障害）が幼稚園に通園している。療育手帳の交付を受けて

図表1　加配状況一覧表

町　名	幼稚園名	障害内容（人数）	加配状況
松茂町	松茂幼稚園	自閉症（1人）	各幼稚園に1人（6時間勤務）
	喜来幼稚園		
	長原幼稚園		
北島町	北島幼稚園	自閉症（1人）	加配1人
	北島南幼稚園	自閉症（1人）	加配1人
板野町	板野東幼稚園	肢体不自由（1人） 自閉症ほか（3人）	加配3人
	板野南幼稚園	自閉症（1人）	加配1人
	板野西幼稚園	ことばの遅れ（1人）	加配1人
藍住町	北幼稚園	知的障害（3人）	加配2人
	南幼稚園	自閉症（2人） ダウン症（1人） 知的障害（1人）	加配2人
	東幼稚園	自閉症（1人）	加配1人
	西幼稚園	自閉症（3人） 多動症（1人） 知的障害（2人）	加配2人

いる幼児は9人おり，そのうち6人が幼稚園に通園している。

(ロ)　町立幼稚園には，前記(イ)の各手帳の交付を受けている幼児を含めて合計32人の障害を有する幼児が就園している。徳島県板野郡内の各町における教職員の加配の状況は，**図表1**のとおりである。

(ハ)　町教育委員会は，平成17年1月26日の平成16年度定例委員会において，全委員の賛同により，A児とは別の障害を有する幼児1人について保護者の協力を得ながら町立幼稚園で受け入れるとの判断をした。

(c)　幼稚園の日課等

町立幼稚園における日課及び東幼稚園における保育内容は，次頁の**図表2**のとおりである。

(d)　北幼稚園の概要

(イ)　北幼稚園の園舎は，2階建ての建物であり，1階に4歳児の保育室3室，遊戯室等があり，2階に5歳児の保育室3室等がある。同園舎には，その出入口や下駄箱付近に段差がある上，1階から2階への昇降手段としてエレベーターやスロープ等が設置されていないため，階段により昇降しなければならず，2階の廊下（外廊下）から保育室への出入口にも段差がある構造となっている。同園舎の遊戯室の出入口は1階と2階にあり，1階の出入口には段差があり，

図表2　日課表

時　間	教育内容	東幼稚園における内容
～午前8時15分	登園 （集団登校で登園）	登園
午前8時15分～ 午前11時30分	自由な活動・経験させたい活動 （自ら選んだ遊び，学級全体の遊び）	前半の60分は，園児に自由な活動をさせる。園児は，室内で過ごしたり，園庭でサッカー，ドッジ・ボール，鬼ごっこ等をして遊んだり，他のクラスに遊びに行ったりして，自由に活動する。 後半は，教員がカリキュラムを組んで，室内，遊戯室，園庭等で，数種類の集団活動を企画して，指導する。
午前11時30分～ 午後1時	給食	給食
午後1時～ 午後1時20分	降園準備	降園準備
午後1時20分～ 午後2時	降園指導	降園指導

2階の出入口に行くためには階段により昇降しなければならない構造となっている。

(ロ)　北幼稚園には，平成17年度において5歳児のクラスが3クラスある。

(e)　東幼稚園の概要

(イ)　東幼稚園の園舎は，2階建ての建物であり，2階に5歳児の保育室がある。同園舎には，玄関に段差があるほか，1階から2階への昇降手段としてエレベーターやスロープ等が設置されていないため，階段で昇降しなければならない構造になっている。

(ロ)　東幼稚園には，平成17年度において，5歳児のクラスとして，うさぎ組ときりん組の2クラスがある。園児数については，うさぎ組が35人，きりん組が33人であり，各クラスを，それぞれ1人の教職員が担当している。

(5)　**本件不許可決定に至る経過等**

(a)　申立人は，平成15年12月，北幼稚園に対し，A児について就園の申請をしたところ，平成16年3月，町教育委員会から，同申請について不許可と決定する旨の通知を受けた。申立人は，町教育委員会に対し，同不許可決定の理由について説明を求めた際，町教育委員会から，A児について，東幼稚園において申立人の付添いによる体験入園を許可することを伝えられた。

(b)　東幼稚園は，4月期には幼稚園生活を開始したばかりの幼児が親や担任

に対する依存性が高く，幼稚園生活にも不慣れで行動も落ち着かないことを理由に，Ａ児の体験入園については平成17年5月7日から開始することにした。Ａ児は，同日以降，東幼稚園において申立人の付添いによる体験入園をしている。

(c) 申立人は，北幼稚園長に対し，平成16年12月20日，町立幼稚園学則17条に基づき，Ａ児の就園の願書を提出し，その就園の許可を求める本件申請をした。北幼稚園長は，本件申請についての許否の判断を慎重にするため，町教育委員会に対し，その判断を求めた。同委員会は，申立人に対し，判断資料を提出するよう求め，申立人から，ひのみね医療センター意見書及び県児童相談所証明書の提出を受けた。同委員会は，上記資料等を踏まえ，町障害児委員会に諮った上，平成17年1月20日と同月26日の平成16年度定例委員会において審議し，その委員全員の賛同により，Ａ児には重複障害があり，現段階では人的・施設設備面において十分な配慮をすることができないので，Ａ児を北幼稚園に受け入れることが困難であるとの結論に至った。

(d) 町教育委員会は，申立人に対し，平成17年3月8日，以下の理由により，本件申請を不許可とする本件不許可決定をした。

(不許可理由)
(イ) 被申立人の町内の幼稚園がいずれも古い施設であるため，バリアフリーに配慮した施設になっていないこと。
(ロ) 5歳児の保育室が2階にあるため，自力歩行をすることができないＡ児の教育環境として適切ではなく，大規模な施設改修が当分見込めない現状では，極めて受け入れが困難であること。
(ハ) Ａ児には，重複障害があるため，看護的な補助等が必要であり，これに対応するための専門的な知識を有する教職員の加配措置をすることが困難であること。

(e) Ａ児は，現在も，東幼稚園において，申立人の付添いによる体験入園を継続している。

(6) 東幼稚園における体験入園の状況等

(a) Ａ児は，現在，火曜日，水曜日及び金曜日の週3回，午前9時から

図表 3　正式入園と体験入園との相違点

項　目	正式入園の場合	体験入園の場合
地位	原則として，園児としての地位が保障され，卒園まで通園することができる。	サービスとして認められており，園児としての地位の保障はなく，体験入園が卒園時まで継続されることが認められているわけではない。
通園日	月曜日から金曜日	火，水，金の週3日
時間	午前8時15分から午後1時20分まで	午前9時から午前11時まで
保育内容等		
教材	あり。	あり。
給食	あり（午前11時30分から午後1時まで，他の園児とともに給食をとる）。	なし（給食時間前に降園する）。
名札・帽子	実費により支給。	なし（ただし，実費の負担により支給可能）。
特別行事（運動会，遠足への参加）	可能。	可能（幼稚園側が申立人に参加の意向を確認しており，発表会等には参加している）。
クラスの固定	固定。	隔週でクラス変更。

午前11時までの間，東幼稚園において体験入園をしている。A児は，申立人が運転する自動車に乗って東幼稚園に行き，到着すると，申立人がA児を歩行器に移動させ，A児が歩行器を使って自力で歩き，その玄関の段差を乗り越えて移動し，1階から2階へは申立人の介助を受けながら階段を上って，2階の教室に入り，申立人がA児を教室の椅子に座らせるという手順により，東幼稚園に通園している。

(b)　A児は，東幼稚園における体験入園では，隔週ごとに活動をともにするクラスが代わり，午前9時からの自由な活動をする時間帯においては，サッカー，ドッジ・ボール，鬼ごっこ等をすることはできないものの，申立人の付添いの下，少人数の園児とともに，砂遊びをしたり，絵本を読んだりして過ごし，午前11時には，東幼稚園を降園している。

(c)　A児の東幼稚園における体験入園の状況と正式入園をした場合との相違点について，**図表3**のとおりである。

(d)　A児は，東幼稚園において体験入園をすることについて体力的に問題はなく，健康に生活をしている。A児は，東幼稚園に通園することを大変楽しみにしており，申立人に対し，毎晩明日が東幼稚園に体験入園に行くことができる日であるか否かを尋ね，申立人が，体験入園の日であるこ

とを告げると，大変喜ぶ一方で，体験入園の日ではないことを告げると，さびしそうな感情を示している。A児は，東幼稚園における体験入園では，降園する際，他の園児と異なり，自分一人が給食を食べずに降園することについて，申立人に対し，涙ぐみながら，他の園児とともに給食を食べたいなどと訴えることがあった。A児は，歩行訓練をしたならば幼稚園に正式入園することができると信じて，歩行訓練を続けている。

(e) 東幼稚園において，A児を担当するクラスは，A児の登園日には，学級全体の遊びについてできる限り活動的な遊びを控えるなどの対応をしているほか，例年実施されていた2クラス合同で実施する活動を控えている。東幼稚園の教職員らは，A児の体験入園中，A児の安全を危惧し，A児に対する注意をする必要があることから負担が大きく，他の園児に対する保育や注意の程度がそがれるとか，申立人がA児に付き添っていることにより，教育現場の雰囲気等に影響を与え，自然な保育の在り方を阻害し，A児のためにカリキュラムを変更することにより，他の園児に対する保育に少なからず影響を与えているなど，他の園児の保育等にも制約が生じているといった感想を有しているものの，東幼稚園のA児の同学年の園児の父兄からは，A児が体験入園をしていることについての不満等は出ていない。

(7) **被申立人の財政状況等**

被申立人は，平成13年度頃から，財政的に逼迫した状態に陥り，平成16年度から，藍住町行財政改革大綱及び藍住町行財政改革実施計画を作成し，行財政改革に取り組んでおり，平成17年度予算では，平成16年度と比較して4億6200万円を縮減し，職員数の削減や職員の報酬や手当の削減（5パーセント）をしている。被申立人は，平成15年3月には，財政調整基金について，基金目的による制限を解除して他の目的にも流用をすることができるように条例を改正し，平成17年度には，道路舗装等のために，教育整備事業積立金のうち3億2600万円を取り崩して流用している。被申立人は，その町立学校について地震対策，犯罪対策等を実施するという行政課題を抱えている。

Ⅵ 争　　点

(1) 被申立人

　被申立人は，藍住町とした。行訴法38条は11条を準用しているので当該処分をした行政庁の所属する公共団体を被申立人としたのである。ただし，請求の趣旨においては，就園についての最終的な許可権者である町教育委員会か，あるいはA児が通園することになる就園についての直接の許可権者である藍住北幼稚園長かの判断がつきかねたので，後者を主位的に，前者を予備的に被申立人とした。

　決定は，「藍住北幼稚園長は，申立人に対し，A児の藍住北幼稚園への就園を仮に許可せよ。」とした。

(2) 本案訴訟について理由があるとみえるか否か

　仮の救済における本案に関する要件につき，執行停止の要件においては，「本案について理由がないとみえるときは，することができない」とされ（行訴25条4項），執行停止をすることができない場合を規定した消極要件として規定されている。仮の義務付けの場合には，これとは異なり，仮の義務付け又は仮の差止めを認めるために必要な積極要件として「本案について理由があるとみえるとき」であることが必要とされている。したがって，仮の義務付けの決定をするには，本案について理由があると一応認められる必要がある。

　この要件の判断にあたっては，上告又は再審の訴えの提起があった場合の執行停止（民訴403条1項）や，執行文付与に対する異議の訴え又は請求異議の訴えの提起があった場合の執行停止（民執36条1項）において，「……主張した事情が法律上理由があるとみえ，（かつ，）事実上の点につき疎明が」あることを要件としている規定が，参考になると考えられ，仮の義務付けについて「本案について理由があるとみえるとき」とは，本案訴訟である義務付けの訴えに関して主張する事実が，法律上，義務付け判決をする理由となる事情に該当すると一応認められ（行訴37条の2第5項・37条の3第5項・37条の4第5項参照），かつ，その主張する事実が一応認められ

ることをいうものと考えられている（福井秀夫ほか『新行政事件訴訟法―逐条解説とＱ＆Ａ―』162頁）。

(a) 町教育委員会が本件不許可決定をする権限を有するか否か。

(イ) 申立人の主張

幼児は幼稚園に就園して適正な保育を受ける権利を有し，行政機関には同権利を確保する措置を採る義務がある。

憲法14条・26条１項，学校教育法78条の各規定や，幼稚園教育要領の「第三章　指導計画作成上の留意事項」の「２　特に留意を要する事項」において「(2)　障害のある幼児の指導に当たっては，家庭及び専門機関との連携を図りながら集団の中で生活することを通して全体的な発達を促すとともに，障害の種類，程度に応じて適切に配慮すること」と規定されていることや，児童の権利に関する条約２条の規定等に基づき，幼児は，幼稚園に就園して適正な保育を受ける権利を有し，行政機関には同権利を確保する措置を採る義務がある。現代の福祉社会においては，ノーマライゼーション（人は，障害等があっても，普通の生活を送る権利があり，社会にはそれを支える責任がある）が基本理念である。1994年サマランカ宣言以降には，いわゆるインクルージョンも基本理念となっており，行政機関は，子どもが一人一人違うのが当たり前であることを前提として，すべての子どもを包み込む教育システムの中で，一人一人の特別な必要に応じた教育援助をしなければならない。町立幼稚園においては，幼児の保護者が就園の申請をすれば，ほぼ自動的に就園が許可されることになっている。そうである以上，Ａ児には北幼稚園に就園して適正な教育を受ける権利があり，被申立人にはＡ児の同権利を確保する措置を採る義務があるというべきである。

(ロ) 被申立人の主張

憲法14条・26条１項，学校教育法78条，幼稚園教育要領等は，いずれも幼児に幼稚園に就園する権利を保障したものではなく，行政機関に同権利を確保する措置を採る義務を負わせたものではない。むしろ，憲法26条１項，教育基本法，学校教育法等によれば，小学校教育及び中学校教育については義務教育として定められ，これらと高等学校教育とが普通教育として位置づけられているのに対し，幼稚園教育については，義務教育とも，

普通教育ともされていないことからすれば、上記の幼児の幼稚園に就園する権利や行政機関の同権利を確保する措置を採る義務が法律上存在しないことは明らかである。町立幼稚園については、保護者が提出した就園願を受理した幼稚園の園長が、保護者と面接して、必要に応じて資料の提出を受け、町教育委員会の審議等を経た上で、町立幼稚園学則24条に定める退園事由の有無等を検討して、就園の許否を決定するのであり、幼児の保護者が就園の申請をすれば、ほぼ自動的に就園が許可されるというものではない。A児は、町立幼稚園に就園する権利を有せず、被申立人には、A児の同権利を確保する措置を採る義務はない。

(ハ) 裁判所の判断

町立幼稚園学則17条によれば、幼児を町立幼稚園に就園させようとする保護者は、幼稚園長に対して就園願を提出してその許可を受けなければならないとされていることからすれば、第1次的には北幼稚園長が本件申請について許否の決定をする権限を有するものと考えられる。もっとも、町教育委員会は、地方教育行政の組織及び運営に関する法律23条4号に基づき、幼児の入学に関することを管理し、及び執行する権限を有する上、北幼稚園長は、申立人による本件申請についての許否の判断を慎重にするために、町教育委員会に対してその判断を求め、町教育委員会は、これを受けて本件不許可決定をしたのであるから、少なくとも本件申請についての許否の決定については、北幼稚園長のほか、町教育委員会も権限を有するものと一応認められる。

(b) 仮に町教育委員会が上記権限を有するとすれば、本件不許可決定は、町教育委員会がその裁量権を逸脱又は濫用したものとして取り消されるべきであるか否か、北幼稚園長又は町教育委員会において本件申請についてA児の就園を許可する決定をしないことが、その裁量権を逸脱又は濫用したものといえるか否か。

(イ) 申立人の主張

裁量権の逸脱又は濫用がある。

(ⅰ) 裁量権の範囲　　行政機関に幼児の就園を許可するか否かについての裁量権があるとしても、幼児が人間性、社会性、自立性を獲得してい

くためには他者とのかかわりを持つことが不可欠であることや，前記憲法14条・26条1項等の各規定に照らすと，行政機関が上記許否の判断をするにあたり，合理的な理由なしに不許可にすることは許されない。

(ii) 本件不許可決定に合理的理由がないこと

㋐ A児は，二分脊椎の障害を有するものの，その障害の内容は歩行障害と排尿障害だけで，そのほかに行動上の障害はない。A児は，0歳児から運動機能を高めるために，ひのみね製肢医療センター（以下「ひのみね医療センター」という）に通院しており，ひのみね医療センター作成の平成17年1月13日付の意見書（以下「ひのみね医療センター意見書」という）や徳島県児童相談所作成の平成16年12月20日付証明書（以下「県児童相談所証明書」という）では，A児が幼稚園において集団生活をすることが可能であり，むしろ望ましいと判断されている。A児が体験入園をしている東幼稚園においては，午前8時15分から午前11時30分まで，ほとんどの時間が自ら選んだ遊びに費やされており，この間，A児はドッジ・ボールや鬼ごっこ等はすることができないものの，少人数の園児とともに砂遊びをしたり，絵本を読んだりして過ごしているのであるから，A児を就園させた場合に，町立幼稚園のカリキュラムを変更する必要はない。A児は，水頭症に罹患しているものの，健常児以上に頭部に注意を要する状態ではない。本件不許可決定は，北幼稚園がバリアフリーに配慮した施設になっていないことを理由に挙げている。しかしながら，A児は，東幼稚園における体験入園の際には，申立人が自動車でA児を東幼稚園まで送り，A児が歩行器に移って，自力で教室まで行き，申立人が教室内の椅子に座らせている。現状の施設のままでも，A児の北幼稚園への登園に支障はなく，1階と5歳児の保育室がある2階との間だけで移動介助が必要なだけである。A児の移動介助をする者を加配（特別の人員の配置）すれば，北幼稚園への就園が可能である。

㋑ 被申立人は，肢体不自由児や自閉症児等の多数の幼児について教職員を加配しており，A児についてだけ加配をしない合理的理由はない。被申立人は，平成17年度予算において，道路を舗装するためなどに教育施設設備事業積立金を3億2600万円も取り崩して流用しており，被申立人に

おいて加配をする気さえあれば，当該積立金を本来の用途に用いて加配をするなどして，Ａ児を就園させることに支障はないはずである。被申立人の財政上の問題を理由としてＡ児の就園が不許可とされるのならば，県内の地方公共団体のすべての障害児が就園を不許可とされることになりかねない。Ａ児は，通園時間中に２回の導尿をすることが必要であり，これを行う医療資格保持者を加配することができないとしても，申立人は，Ａ児のためにＡ児に付添って北幼稚園に通園する意思があり，申立人においてＡ児の導尿をすることができる。他の自治体ではそのような方法で保育が実施されており，申立人の付添いを認めないのは余りに形式的，硬直的である。

⑤　Ａ児は，現在東幼稚園において体験入園を認められているものの，北幼稚園への就園（正式入園）が認められる場合と異なり，通園日が火，水，金の週３日，通園時間が午前９時から午前11時までの２時間に限定されており，隔週でクラスも変わり，クラスごとに配付される帽子や名札もなく，給食の支給もないほか，運動会，遠足等の特別行事への参加も許されていない。Ａ児は，申立人に対し，東幼稚園への非通園日の前日には，毎日通園したいと訴え，通園日にも，他の園児よりも早く降園する際には，何故降園しなければならないのか，どうしたら給食が食べられるか，などと訴えている。

(iii)　申立人は，本件申請の際，ひのみね医療センター意見書や県児童相談所証明書を添付したにもかかわらず，町教育委員会は，これらの専門家の意見を無視して本件不許可決定をした。被申立人は，自閉症や多動症等の保育上障害が重いといえる園児については，教職員を加配しながら，より障害の軽いＡ児については加配をせずに通園を認めないという矛盾した措置を採っている。町教育委員会の委員は，申立人がＡ児のことを思うあまり他の園児への影響への配慮やお世話になっている意識が薄いと述べるなどしており，同委員には，障害者蔑視の発想が根本にあり，障害者も社会において自立する権利があり，健常者も障害者と共生することにより人間的に豊かな社会を構築することができるという当然の認識を欠いている。

(ⅳ) 上に述べたところによれば，本件不許可決定は，町教育委員会が合理的な理由もなくしたものであることが明らかである。

(ⅴ) 以上によれば，本件不許可決定は，町教育委員会がその裁量権を逸脱又は濫用した違法なものである。本件不許可決定は取り消されるべきであり，本件申請について許可せず，A児の北幼稚園への就園を認めないことは，北幼稚園長が，その裁量権を逸脱又は濫用したものというべきであり，仮に，北幼稚園長に上記許可をする権限がないとしても，町教育委員会が，その裁量権を逸脱又は濫用したものというべきであるから，本案訴訟について理由があるとみえるということができる。

(ロ) 被申立人の主張

裁量権の逸脱又は濫用はない。

(ⅰ) 裁量権の範囲　幼稚園教育は，義務教育ではない上，町立幼稚園への就園の許可は，私立幼稚園の場合と同様に幼稚園への利用関係の設定行為にすぎないから，契約自由の原則が支配する私立幼稚園の就園契約における幼稚園設置者と同じように，行政機関も，幼児の就園を許可するか否かについて，広範な裁量権を有するというべきである。

(ⅱ) 本件不許可決定に合理的理由があること

ⓐ 町立幼稚園の校舎は，いずれも5歳児の保育室が2階にある上，バリアフリーに配慮した施設になっていない。北幼稚園の園舎については，校舎玄関，保育室や遊戯室の出入口等に段差があるなど，まったくバリアフリーに配慮した施設になっていない。このような北幼稚園に歩行障害を有するA児を就園させるためには，移動の介助だけでは到底足りず，北幼稚園の園舎についてバリアフリー化のための改修工事をすることが必要不可欠である。

ⓑ ①A児は，歩行障害を有する上，水頭症にも罹患しており，頭部への外力が加わることは極めて危険である。幼稚園児は，周囲の状況を考慮して行動することができず，自己の眼前にある関心事にしか注意を向けることができないため，予測不可能な行動をとることも多い。このような園児がいる中でA児の安全を確保するためには，A児1人のために幼稚園児の行動特性を熟知した教職員を別途配置することが必要である。東幼稚

園にA児が体験入園している際，教職員としては，申立人が付き添っていても，A児の安全に非常に気を遣っている。②A児は，他の園児と同じように行動することができないため，1人では他の園児がしている遊技や活動にとけ込むことができず，1人きりになりがちである。A児の北幼稚園への就園を許可するのであれば，A児に必要な保育をすべて施すことが必要になるから，A児が他の園児から孤立しないように，A児と他の園児との間を意識的に仲立ちしなければならない上に，A児が参加することができない活動的な保育の時間には，A児に別の保育を施さなければならず，このようなことは教育的知識を持つ教職員にしかすることができない。③A児は，自由に立ち上がって必要なものを取りに行くことなどができず，適切な保育を施すためには，必要な教材等をA児の手元に運んでやる必要があり，そのようなA児の手足となる教職員を加配することが不可欠である。④A児は，排尿障害を有するため，導尿をすることが必要である。導尿は医療行為にあたるため，導尿をする資格を有する教職員を加配するか，導尿のためだけに別途有資格者を加配する必要がある。

　これらの事情によれば，A児の移動等の介助に加えて，A児の安全を確保すること，A児に対して適切な保育を実施すること，A児の手足となること，A児の導尿をすることなどのため，A児1人のために1人の医療資格を有する教職員を加配するか，教職員1人と医療資格保持者1人を加配する必要がある。県児童相談所証明書においても，教職員を加配することがA児の就園の条件とされている。

　申立人は，A児のために教職員を加配することができないとしても，申立人がA児に付き添えば足りると主張する。しかしながら，幼稚園は，幼児が母子分離を図って社会性を身につける人生最初の場面であり，これを主たる教育目標としているにもかかわらず，申立人がA児に付き添うとすれば，申立人の姿を見た園児らにおいて母親への思いが芽生えてしまい，母子分離を達成することができず，他の園児の自立を阻害することになる。また，申立人がA児に付き添うとすれば，A児自身も自立することができず，他の園児との共同の態度を育むことも阻害されてしまう。さらに，A児の就園を許可するとすれば，被申立人は，幼稚園の利用関係全般に責任

を負わなければならないのであり，重要な園児の健康上の措置についての責任を他者に委ねるような幼稚園の利用関係を設定することはできないから，申立人が北幼稚園においてＡ児の導尿をすることも認められない。これらの事情によれば，申立人がＡ児に付き添うことは不適切であり，上記教職員の加配が不可欠である。

⑤　被申立人は，平成13年度から平成14年度にかけて実質的に赤字に転じ，平成15年３月，財源を確保するため，財政調整基金について基金目的による制限を解除して必要な行政施策の実施のための財源にあてることができるように条例を改正し，平成17年度には，約３億3658万円の各種基金を取り崩しており，教育施設整備事業積立金の取崩しもその１つである。被申立人は，現状のままで推移すると，２，３年後には財政再建準用団体となる可能性もあるので，平成16年度から，藍住町行財政改革大綱等を策定し，抜本的な行財政改革を進めており，平成17年度予算も，前年度から４億6200万円も縮減し，職員数，給与や手当の削減にも取り組んでいる。被申立人は，そのような財政の逼迫した状況下，教育行政についても，物的設備費や人件費の削減をしており，町立学校施設の地震対策，凶悪犯罪対策，パソコン整備等の優先重要課題さえも解決することができていない上，改築が必要とされる北幼稚園や南幼稚園でさえも修繕修理をするにとどまっており，町立幼稚園の教職員数を抑制するとともに，教職員を臨時職員として採用するなどしている。被申立人は，そのような極めて厳しい財政状況において，何とか行政課題に対応しているのであり，いかなる施策に資金を費やすかは極めて高度な政策的，政治的問題である。

上記の被申立人の財政状況からすれば，被申立人が改修工事を実施することは不可能であり，Ａ児のために教職員の加配をするための財政支出をすることも困難である。被申立人の町内には，Ａ児と同じく障害を抱えながら幼稚園に通園していない幼児が少なくとも５人おり，これらの幼児が就園を希望した場合，被申立人としては財政上対応することができない。被申立人における臨時教職員の採用は，毎年10月から12月までの間に臨時教職員候補者名簿への登録者を募集し，その登録者に対して面接等を行って決定しているものの，平成17年度については，上記登録者全員を採用し

ており，臨時教職員の対象者がいないのであるから，A児のために教職員の加配をすることは不可能であり，しかもA児の導尿をすることができる医療資格を保持する教職員を採用することはできない。

これらの事情によれば，北幼稚園では，申立人と被申立人との間でA児についての安全で適正な幼稚園施設の利用関係を構築することはできない。

(え) A児にとって有意義なことの本質は，幼稚園教育を受けることというよりは，その機会を利用して，障害克服の意欲を持続させるために同年齢の幼児と接触する機会を確保することであり，このことはひのみね医療センター意見書からも明らかである。被申立人は，上記のようなA児にとって真に必要なことを検討し，A児のために，同年齢の幼児と接触する機会を確保しようと，さまざまな配慮工夫や負担の下，A児の東幼稚園への体験入園を許可するというできる限りの代替手段を講じているのであり，決してA児を拒否しているわけではない。A児が現在東幼稚園で体験入園をしているからといって，就園（正式入園）が許可されることにはならない。A児にとっては，幼稚園の責任において幼稚園保育のすべてを施す必要がある正式入園よりも，身体的状況に応じて柔軟に対応することができる体験入園のほうが望ましいということができる。東幼稚園の教職員らは，A児について運動会や遠足等の特別行事についての参加の意向の有無を確認しており，A児は，現に発表会には参加している。申立人の希望があれば帽子や名札についても提供することもできる。上記体験入園では，A児の通園は週3回で，午前中に限定されており，A児を担当するクラスについても隔週ごとに入れ替えるなどの対応を採っている。A児について正式入園を許可することになれば，A児を受け入れるクラスがA児に保育を施す時間が増大し，上記体験入園においてさえ，A児を担当するクラスが運動的遊びをしないカリキュラムに変更したり，A児の安全に多大な注意を払ったりしている現状では，保育現場に及ぼす影響は大きい。

(iii) 北幼稚園長は，本件申請についての許否の判断を慎重にするため，町教育委員会に対し，その判断を求めた。町教育委員会は，申立人から判断資料の提出を受け，藍住町障害児就学指導委員会（以下「町障害児委員会」という）に諮った上，町教育委員会での2回の審議を経て，前記(ii)の事情

を理由として本件不許可決定をしたものである。

(iv) 上に述べたところによれば，本件不許可決定は，合理的理由に基づくものであるというべきであり，町教育委員会において，その裁量権を逸脱又は濫用したものではないことは明らかである。

(v) 以上によれば，本件不許可決定も，本件申請について許可する決定をしないことも，町教育委員会がその裁量権を逸脱又は濫用したものではないから，本案訴訟について理由があるとみえるとはいえない。

裁判所が北幼稚園の施設の改修や教職員などの加配を前提として，本件不許可決定を取り消し，本件申請について許可することを義務付けることは，地方公共団体の行政政策に対する司法の干渉となる上，上記改修や加配を前提とせずに，北幼稚園にＡ児が就園し，事故が現実化した場合，被申立人は責任をとることを余儀なくされるのであるから，裁判所が上記義務付けをすることは司法権の範囲を逸脱するものとして許されない。

(ハ) 裁判所の判断

裁量権の逸脱又は濫用がある。

(i) 幼稚園の入園許否の裁量権　幼稚園教育は，幼児を保育し，適当な環境を与えて，その心身の発達を助成することを目的とするものであり（学校教育77条），地方公共団体が設置する公立の幼稚園の入園は，幼稚園の設置者と保護者との間で上記幼稚園教育を実施するための教育施設の利用関係を設定する行為である。

幼稚園の入園に関する事項については，学校教育法等に規定がないことなどからすれば，幼稚園長又は教育委員会は，公立幼稚園への入園申請を許可するか否かについて裁量権を有するというべきである。

(ii) 裁量権の範囲

ⓐ 子どもには，1人の個人又は市民として，成長，発達し，自己の人格を完成するために必要な教育を受ける権利が憲法上保障されており，子どもに対する教育の制度や条件を整備することは国家の重要な責務であるというべきである（憲26条等参照）。子どもにとって，幼児期は，その健康かつ安全な生活のために必要な習慣を身につけたり，自主的，自立的な精神を育んだり，集団生活を経験することによって社会生活をしていく上

での素養を身につけたりするなどの重要な時期であり，幼稚園教育は，義務教育や普通教育ではないものの，幼児の心身の成長，発達のために重要な教育として位置づけられるべきものということができる。そうだとすれば，地方公共団体としては，幼児の保護者から公立幼稚園への入園の申請があった場合には，これを拒否する合理的な理由がない限り，同申請を許可すべきであり，合理的な理由がなく不許可としたような場合には，その裁量権を逸脱又は濫用したものとして，その不許可処分は違法になると解するのが相当である。

(い) 本件不許可決定は，A児の北幼稚園への就園の申請である本件申請について，A児に身体障害があり，これに対し，人的，物的に十分な配慮をすることができないことを理由としてされたものである。地方公共団体にとって幼稚園において障害を有する幼児を受け入れることは，施設面等の物的な配慮や，教職員等の負担の増大に対する人的な配慮が必要となり，そのためには財政的な措置等を要することなどが想定されることは明らかである。しかしながら，障害を有する幼児に対し，一定の人的，物的な配慮をすることは，社会全体の責務であり，公立幼稚園を設置する地方公共団体においてもこのような配慮をすることが期待されるものというべきである。心身に障害を有する幼児にとって，社会の一員として生活するために成長，発達していくためには，特に，幼少期から，障害の有無にかかわりなく他者とともに社会生活を送り，自主的，自立的な精神を育むことが重要であると考えられるほか，身体に障害を有する幼児にとっては，その障害を克服する意欲を持続するためにも，他者との社会生活が重要となる場合もあると考えられる。そうだとすれば，心身に障害を有する幼児の公立幼稚園への就園の申請に対する許否の決定をするにあたっては，当該幼児に障害があり，就園を困難とする事情があるということから，直ちに就園を不許可とすることは許されず，当該幼児の心身の状況，その就園を困難とする事情の程度等の個別の事情を考慮して，その困難を克服する手段がないかどうかについて十分に検討を加えた上で，当該幼児の就園を許可するのが真に困難であるか否かについて，慎重に検討した上で柔軟に判断する必要があるというべきであり，そのような観点からみて不許可処

分に合理的な理由がないとみられる場合には，当該不許可処分は，裁量権を逸脱又は濫用したものとして違法となると解すべきである。

(ⅲ) 裁量権の逸脱又は濫用の有無

あ　A児は，その二分脊椎という障害を原因として歩行障害や排尿障害があり，水頭症に罹患しているものの，知的障害はない。A児は，その歩行障害のため，自力歩行をすることができず，階段の昇降には支障があるものの，歩行器を用いることにより独力で歩行し，ある程度までの段差であれば独力で乗り越えることができる上，将来自力歩行を獲得することができると予想されている。A児の排尿障害については，幼稚園への通園時間中，医療行為である導尿を2回することが必要である。A児は，水頭症に罹患し，シャント術を受けているものの，医師により，幼稚園での集団生活，行事等において特に制限事項はないと診断されている。

い　被申立人は，北幼稚園でのA児の就園については，①北幼稚園がバリアフリーに配慮した施設になっておらず，そのような施設に改修することは被申立人の財政上不可能であること，②A児の移動等のための介助をするほか，水頭症でもあるA児の安全を確保するためには，A児1人に対して1人の教職員を加配することが必要不可欠であるものの，これを付することは被申立人の財政上及び採用手続上困難である上，A児についてはその排尿障害のために導尿を行うことが必要であるから，医療資格保持者による介助が必要であるのに，そのような資格を有する教職員を加配することは不可能であること，③A児の就園を許可すると，保育現場において教職員の負担が増大したり，他の園児に対する教育の質が低下したりするなどの不都合があること，④A児には，現在東幼稚園における体験入園が認められており，A児に対する教育配慮が十分されている上，A児にとってはむしろ体験入園のほうが好ましいと考えられることからすれば，本件不許可決定に裁量権の逸脱又は濫用はない，と主張する。

北幼稚園の園舎においては，現在5歳児の保育室が2階にあり，1階と2階との間の昇降手段としてエレベーター等が設置されていないほか，教室等の出入口にも段差があるなど，バリアフリーに配慮した施設とはいえないので，少なくともA児において1階と2階との間の昇降に支障が生じ

るほか，上記段差の通過に際して危険があることも否定することができない。北幼稚園にＡ児が就園するためには，北幼稚園の施設面での対応が望ましいということができるものの，被申立人の財政状況からすると，北幼稚園の園舎に直ちにエレベーターを設置するなどの改修をすることは，被申立人の財政上，困難であると考えられる（もっとも，北幼稚園の園舎内の段差のうちＡ児が頻繁に通過する部分等について何らかの工夫をして段差を解消する対応を採ることは，多額の費用を要するものとは考え難く，その実施は可能であると考えられる。加えて，東幼稚園の園舎のほうが北幼稚園の園舎よりも段差が少ないなど，Ａ児にとって適した園舎であるならば，Ａ児の北幼稚園への就園を許可した後，東幼稚園に転園させる柔軟な措置を採ることも不可能であるとは考え難い）。

また，Ａ児は，その歩行障害のために移動等に支障があり，そのような障害を有しない幼児と比較して，事故に対する危険を回避することができない可能性が高いこと，Ａ児がシャント術を受けていることから，他の幼児よりも頭部に外力が加わらないように注意をする必要があること，幼児については必ずしも他者の安全に配慮して行動することができない面があること，北幼稚園では，5歳児のクラスが3クラスあり，その1クラス当たりの幼児数が30人を超えていて，多数の園児が就園していることからすれば，Ａ児の北幼稚園への就園を許可した場合には，他の園児やボール等がＡ児にぶつからないようにするなど，Ａ児の身体の安全性を確保するために配慮する必要があるものの，担任教職員1人のみでは十分な配慮をすることが困難であるということができる。

しかしながら，以上に述べたＡ児を北幼稚園に就園させるにあたっての問題点は，Ａ児の移動等の介助，安全確保等をするため，教職員の加配措置を採ることができれば克服することが可能であるということができる。この点について，本件不許可決定は，Ａ児の障害に対応するための教職員の加配措置を採ることが困難であることを理由の1つに挙げており，被申立人も，財政上の理由等を根拠に加配措置を採ることは困難であると主張する。

⑤　そこで，Ａ児の北幼稚園への就園を可能とするために教職員の加配措置を採ることができないとの上記判断が合理的なものであるか否かに

ついて検討する。
　　　（α）　被申立人は，平成13年頃から，財政的に逼迫した状況に陥り，平成17年度においても，平成16年度と比較して，約4億6000万円の予算を縮減し，教職員や職員の報酬の削減をするなど，行財政改革に取り組んでいるほか，歳入不足を補うため，教育関係の積立金を約3億2600万円取り崩して，他の行政施策のために運用せざるを得ない財政状況であり，教職員等の加配には相当程度の費用を要することからすれば，教職員の加配措置を採ることが容易であるということはできない。
　しかしながら，①公共団体がその財政状況の悪化等を理由として，心身に障害を有する幼児について公立幼稚園への就園を不許可にすることができるとすれば，多くの地方公共団体の財政状況が悪化している現状において，およそ障害を有する幼児のすべてが公立幼稚園へ就園することができないことになりかねない。幼児にとっての幼稚園教育の重要性や，行政機関において障害を有する幼児に対してできる限りの配慮をすることが期待されていることにかんがみれば，地方公共団体が，財政上の理由により，安易に障害を有する幼児の就園を不許可にすることは許されないというべきである。②教職員の加配に要する費用については被申立人の予算全体から見れば多額とはいえないことからすれば，A児のために教職員の加配をすることにより被申立人の財政状況を著しく悪化させるものとは考え難い上，町立幼稚園においては，**図表1**のとおり，心身に障害を有する幼児のために教職員の加配をしているのであるから，被申立人の財政上の理由だけから，他の園児と異なり，A児については加配措置を採ることが不可能であるとは直ちに認め難い。③東幼稚園においては，自閉症の障害を有する園児1人に対して教職員1人の加配がされていることなどからすれば（**図表1**），A児1人のために教職員の加配措置を採ることについて，被申立人の財政上の理由から不適切であると評価されるものとは考え難い。④被申立人の町内には，障害を有していて幼稚園に就園していない幼児がA児を含めて5人いることから，被申立人は，A児1人のために教職員の加配措置を採ると，他の4人の幼児にも同様の対応策をとらなければならない可能性があり，そのようなことは被申立人の財政上到底不可能であると

主張する。しかしながら、A児以外の4人の幼児が町立幼稚園への就園を希望しているか否かも、A児と他の4人の幼児とで就園の諸条件に係る事情が類似するものであるか否かも明らかではないのであるから、A児についても教職員の加配措置を採ったとしても、他の4人の幼児にも同様の措置を採る必要があるということはできない。被申立人の上記主張は、A児について上記措置を採らない理由となるものとはいえない。⑤町教育委員会の会議録をみても、町教育委員会等において、本件申請についての許否の判断をするにあたり、A児1人のために加配教職員1人を配置する措置を採ることについて、被申立人の全体的な財政や教育関連予算等に与える影響等を具体的に検討した形跡はなく、上記対応策を実施することが不可能であるとの判断をするにあたり、上記のような財政上の観点を重視していたかは疑わしい。

　これらの事情からすれば、被申立人の財政上の理由をA児について教職員の加配措置を採らないとする決定的な理由とすることはできないというべきである。

　　　（β）A児は、排尿障害のため、幼稚園での通園時間中に、医療資格保持者又は母である申立人による導尿を受ける必要がある。被申立人は、A児に対する導尿については、医療資格保持者の介助が必要であるから、加配する教職員は医療資格を有する者でなければならないし、このような資格を有する教職員の加配措置を採ることは困難である、と主張する。しかしながら、医療資格を有する教職員の加配をすることが現実的に不可能であるとしても、本件においては、A児の母である申立人が幼稚園に待機してA児の導尿をすることを申し出ており、現に、A児が体験入園中の東幼稚園においても、そのように導尿がされている。このように導尿の点については、申立人の協力を得ることによって十分に対応することができるということができるから、加配する教職員を医療資格を有する者に限定する必要はないというべきである。この点について、被申立人は、A児の北幼稚園への就園を許可した場合には、体験入園の場合と異なり、被申立人がA児について全面的に責任を負うのであるから、A児の健康上の重要な措置である導尿について他者に委ねることはできない、と主張する。しか

しながら，申立人は，日常的にA児の導尿を行うことを認められている者であるから，申立人に導尿をさせることによってA児の健康上の不安があるとはいえない。A児の北幼稚園への就園を許可した場合に，申立人の協力を得てはならないとする合理的な理由は見当たらない。被申立人は，北幼稚園でA児が就園する場合に申立人が付き添うことは，A児及び他の園児の自立や，A児と他の園児との共同の態度を育むことを阻害し，教職員に対して心理的影響を与えるなどの弊害があることから，上記対応策を採ることはできない，と主張する。被申立人の上記主張は，幼稚園において園児に母親が付き添うことが教育上好ましくないという一般論としては理解することができる。しかしながら，障害を持つ幼児が就園することによって，教育上，ある程度の制約が生じるとしても，そのような制約は，特段の事情のない限り，障害を有しない幼児や幼稚園において受忍すべきものである。本件においては，仮に，A児に申立人が付き添うことによって，被申立人の主張するような教育上の問題があるとしても，このような問題は，教職員の努力や申立人の配慮等により一定程度対処可能なものであるということができ，これにより幼稚園教育が達成することができないほどの弊害が生じるとは考え難く，これを受忍することができない特段の事情があるとは認められない。被申立人の上記主張はいずれも採用することができない。

　（γ）被申立人は，臨時教職員の採用について，臨時教職員候補者名簿の登録者から選考して，採用を決定しているものの，平成17年度において，上記登録者全員を採用しており，現在採用されていない登録者は存在しないことから，被申立人は，A児のために加配する教職員を採用し，配置することは不可能である，と主張する。

　しかしながら，被申立人において，上記名簿の登録者から加配する教職員を採用するのが通常の手続であるとしても，そのような手続に固執する理由があるとは考え難く，被申立人等において，自ら又は関係各機関の協力等を得るなどの努力をすることが可能であるということができる。本件不許可決定をするにあたり，被申立人等において，そのような努力をしたこともうかがわれない。

被申立人の上記主張を採用することができない。

　　（δ）以上に説示したところによれば，被申立人等において，その財政上の理由，採用手続上の理由等から，A児のために教職員を加配する措置を採ることが不可能ないし著しく困難であるということはできず，導尿についても申立人がすることが可能であるから，加配する教職員が医療資格を有する者に限定されるということもできない。A児の北幼稚園への就園を可能とするために教職員の加配措置を採ることができないとの判断は合理性を欠くというべきである。

　　（ε）仮に被申立人等において，教職員の加配措置を直ちに採ることが困難であるとしても，A児が東幼稚園に体験入園をしているときは，申立人がA児の移動等の介助をし，保育時間中もA児に付き添うことにより対応しており，その際にA児の安全等について問題が生じたことはうかがわれず，申立人は，A児が北幼稚園に就園する場合にも，A児に付き添うことを申し出ていることなどからすれば，加配措置が採られるまでの間のA児の移動等の介助，安全の確保については，A児の母である申立人がA児に付き添うことにより対応することが可能であるというべきである。直ちに加配する措置を採ることができないからといって，加配する措置が講じられるまでの間，A児の就園を認めないとすることは相当ではない

　　（ζ）被申立人は，①A児の就園を認めると，東幼稚園における体験入園の場合よりも，A児に対する保育時間が長くなり，A児の安全等に多大な配慮をしている教職員の負担に影響を与えること，②体験入園の場合には，A児が隔週ごとにクラスを変更し，A児を担当するクラスがA児のためにカリキュラムを変更して対応してきたのに対し，上記就園を認めるとすれば，クラスが固定され，当該クラスのカリキュラムの変更を要し，他の園児に対する適切な保育の実施が困難になることなどの問題が生じる，と主張する。東幼稚園においては，A児に配慮したカリキュラムに変更しており，東幼稚園の教職員らも，被申立人の上記主張に沿う感想を有している。

　　しかしながら，A児の安全の確保については，加配された教職員又は申立人が付き添うことにより対応することが可能であることは既に説示した

とおりである。

　また，障害を有する幼児がいることによって教育のカリキュラムに制約が生じることがあるとしても，そのような制約は特段の事情がない限り，障害を有しない幼児や幼稚園において受忍すべきものであるということができる。A児の北幼稚園への就園を許可したとしても，A児を担当するクラスにおいて，できる限り歩行障害等を有するA児に配慮したカリキュラムを組めば足りるのであって，すべてのカリキュラムについてA児が参加することができるようなものに変更する必要はなく，申立人もそのような変更を望んでいるものでもない。A児において，参加することが困難なカリキュラムを実施する際には，見学等をすることになってもやむを得ないのであって，そうしたとしてもA児に対する幼稚園教育を十分に達成することができると考えられる。東幼稚園の他の園児の父兄から，A児が体験入園していることによってカリキュラムが制約されていることについて意見や不満等がだされたことはうかがわれない。A児の北幼稚園への就園を許可したとしても，他の園児に対する適切な保育の実施が困難になるなどの弊害が生じるなどの特段の事情があると認めることはできない。被申立人の上記主張は採用することができない。

　(お)　被申立人は，A児については現在東幼稚園において体験入園が認められており，A児にとって必要なことは達成されている上，北幼稚園に就園するよりも，上記体験入園のほうがA児に配慮した保育をすることができるから，A児にとっては上記体験入園のほうが適切である，と主張する。

　A児は，平成16年5月から，東幼稚園における体験入園が認められ，東幼稚園の教職員らの努力等により，ひのみね医療センター意見書において必要性が指摘されているところのA児が自立歩行を可能にしようとする意欲を持続するために効果的な同年齢の幼児と行動をともにすることについては，相当程度達成されているということができる。しかしながら，体験入園は，正式入園とは異なり，入園の継続が必ずしも保障されているわけではない上，東幼稚園における体験入園の場合と北幼稚園への就園（正式入園）の場合との間には**図表3**のとおりの相違点があり，A児は，正式入

園の場合と異なり，登園することができない日が週2日あり，登園時刻も約45分遅く，給食が支給されず，そのために退園時刻も約2時間20分も早いなどの違いがあり，これらの違いは決してわずかなものということはできない。A児については，歩行訓練次第で近い将来自力歩行することが可能との見解が示されていることを考慮するならば（ひのみね医療センター意見書），A児にとって，毎日通園し，他の園児と同一の時間生活をともにする機会を持つことは，近い将来における小学校や中学校への進学の可能性を考えた場合に重要な意味を有すると考えられる。さらに，A児は，正式入園をしている園児と上記のような異なる取扱いを受けていることに疑問を抱き，毎日通園したり，他の園児とともに給食を食べることを強く希望しているのであり，このようなA児に体験入園しか認めないことは，必要以上にA児に差別感を抱かせるものであり，身体に障害を有するA児の心身の成長や障害の克服等にとって障害となるおそれが十分に考えられる。A児が現在東幼稚園での体験入園が認められているとしても，北幼稚園への就園を認める必要がないといえるまでの代替措置が採られているということはできない。被申立人の上記主張は採用することができない。

　　ⓚ　ⓐないしⓞに述べたA児の心身の状況やその就園を困難とする事情の程度等，その困難を克服するための手段について慎重かつ柔軟に判断するならば，本件不許可決定について，合理的な理由があるということはできない。

　　ⓚ　以上によれば，本件不許可決定は，町教育委員会がその裁量権を逸脱又は濫用した違法なものとして取り消されるべきであり，かつ，本件申請を許可する決定をしないことは北幼稚園長又は町教育委員会の裁量権を逸脱又は濫用したものであるということができるから，本案訴訟について理由があるとみえると認められる。

　(3)　**本件申請について就園許可がされないことにより償うことのできない損害を避けるため，緊急の必要があるか否か**

　　仮の義務付けは，本案判決の前に，裁判所が，仮に行政庁が具体的な処分をすべきことを命ずる裁判であり，本案訴訟の結果と同じ内容を仮の裁判で実現するものである。この点を踏まえ，仮の義務付けについては，本

案訴訟である義務付けの訴えの要件である「重大な損害を生ずるおそれ」よりも厳格な要件として，本案判決を待っていたのでは「償うことのできない損害」を生ずるおそれがあり，これを避けるために緊急の必要がある場合であることを要件としていると考えられる。したがって，「償うことのできない損害」とは，「重大な損害」よりも，損害の回復の困難の程度が比較的著しい場合をいうものと考えられる（福井秀夫ほか・前掲161頁）。

(a) 申立人の主張

北幼稚園では，平成17年4月8日から，5歳児の保育が始まっている。本案訴訟の判決を待っていては，A児の心身に重大な損害が生じる上，A児にとって幼稚園で就園することができる期間があと1年もなく，A児が幼稚園で就園することができなくなってしまうことからすれば，本件申請について許可がされないことによりA児にとって償うことのできない損害が生じることは明らかであって，このような損害を避けるため緊急の必要がある。

(b) 被申立人の主張

幼稚園教育は，義務教育や普通教育ではなく，実際にも適齢期の幼児のすべてが幼稚園教育を受けているわけではない。既に主張したように，北幼稚園への就園を認めるための物的及び人的な条件を整備することができない以上，A児が幼稚園に就園することができないとしても，社会通念上不相当であるとは到底いえず，そのような条件が整備されない状況においてA児の就園を許可することは，担任教職員に過大な負担を課す結果となり，他の園児に対する監護の程度を低下させたり，カリキュラムの変更等により教育の質を低下させたりして，A児だけでなく，他の幼児の安全や適正な教育の実現を脅かすことになり，被申立人の幼稚園設置目的を損なうものである。A児は，現在も，東幼稚園の5歳児学級において体験入園を継続しているのであるから，これによりA児にとって真に必要な集団生活の体験が一定程度実現されている。これらの事情からすれば，A児には，他の園児の幼稚園教育に支障をきたしてまで救済しなければならないほどの損害は存在しないことは明らかであり，A児の就園を許可することはA児にとっても好ましいことではない。本件申請について許可がされないこ

とによりA児にとって償うことのできない損害を避けるため緊急の必要があるとはいえない。

(c) 裁判所の判断

(イ) A児は，現在満5歳であり，北幼稚園への就園が許可されたとしても平成18年3月には北幼稚園を卒園することになる。A児は，現在，東幼稚園で体験入園が認められているものの，正式入園が認められた場合との違いは決してわずかなものといえないことは既に説示したとおりである。

申立人は，平成17年4月1日に本案訴訟を徳島地方裁判所に提起しているものの，本案訴訟の判決を待っていては，A児は，幼稚園に正式入園して保育を受ける機会を喪失するということができる。また，A児に体験入園しか認めないことは，必要以上にA児に差別感を抱かせるものであり，身体に障害を有するA児の心身の成長や障害の克服等にとって障害となるおそれが十分に考えられる。このような損害は，後に回復するような性質のものではないことは明らかである。

そうである以上，A児には，北幼稚園に就園の許可がされないことにより生じる償うことのできない損害を避けるため就園を仮に認める緊急の必要があるというべきである。

(ロ) 被申立人は，A児にとって必要なことは障害克服のための意欲を持続させるために同年齢の幼児と行動をともにすることであり，A児が現在東幼稚園において体験入園し，上記必要なことが実現されているのであるから，A児にとって幼稚園への就園の許可がされないことにより償うことのできない損害を避けるため緊急の必要があるとはいえない，と主張する。

しかしながら，被申立人の主張するとおり，A児に体験入園が認められることにより，A児の心身の成長のために必要な措置が一定程度実現されているということはできるものの，入園の許可がされないことによるA児の損害については，被申立人の主張するものにとどまるものではないことは前記のとおりであり，このような損害は決してわずかなものではなく，償うことはできないというべきである。

被申立人の上記主張は採用することができない。

(ハ) 上に述べたところによれば，本件申請について就園許可がされない

ことにより償うことのできない損害を避けるためＡ児の就園を仮に認める緊急の必要があると認められる。

(4) Ａ児の北幼稚園への就園を仮に許可することを義務付けることにより，公共の福祉に重大な影響を及ぼすおそれがあるか否か

仮の義務付けおよび仮の差止めは，「公共の福祉に重大な影響を及ぼすおそれがあるときは，することができない」こととされており（行訴37条の5第3項），この点は，執行停止の場合（行訴25条4項）と同様の要件となっている。

仮の義務付けは，その必要性に関する要件として「償うことができない損害を避けるため緊急の必要」がある場合であることを要件としているから，「公共の福祉に重大な影響を及ぼすおそれがあるとき」とは，申立人において「償うことができない損害を避けるため緊急の必要」がある場合であっても，なお，「公共の福祉に重大な影響を及ぼすおそれがある」ために，仮の義務付けを差し控えるべき場合をいうことになると考えられる（福井秀夫ほか・前掲162頁，163頁）。

(a) 申立人の主張

Ａ児は，被申立人に対し，多少の障害はあるものの，申立人の協力を得ながら努力をするので是非とも就園させて欲しいとお願いしているだけである。被申立人にＡ児の北幼稚園への就園を仮に許可することを義務付けたとしても，公共の福祉に重大な影響を及ぼすおそれがあるとはいえない。

(b) 被申立人の主張

Ａ児の北幼稚園への就園を仮に許可することを義務付けるならば，担任教職員の他の園児に対する監護の程度を低下させたり，カリキュラムの変更等により教育の質を低下させたり，Ａ児だけでなく，他の幼児の安全や適正な教育の実現を脅かすことになり，被申立人の幼稚園設置目的を損なうことになるから，公共の福祉に重大な影響を及ぼすおそれがある。

(c) 裁判所の判断

被申立人は，北幼稚園にはＡ児を適正及び安全に利用させる人的・物的配慮をしないままに就園を認めることは，北幼稚園の担任教諭の幼児に対する監護の程度を低下させ，カリキュラム変更などの教育内容の変更等に

より教育の質を低下させ、他の幼児についての安全及び適正な教育の実現を脅かす状況を生じさせるから、仮にA児の就園を許可することを義務付けることは公共の福祉に重大な影響を及ぼすおそれがある、と主張する。

しかしながら、仮にA児の就園を許可することを義務付けたとしても、被申立人が主張する状況が生じるおそれがあるとは認められないことは既に説示したところから明らかである。

被申立人の上記主張は採用することができない。

Ⅶ 参考判例

(1) 筋ジストロフィー疾患を有する入学希望者に対し、市立高等学校校長がした入学不許可処分が、裁量権の逸脱又は濫用によるものであって違法であるとされた事例

本件は、原告が、平成3年度の尼崎市立尼崎高等学校（本件高校）の入学を志願し、学力検査を受検したところ、調査書の学力評定及び学力調査の合計点において合格点に達していたが、進行性（デュシェンヌ型）の筋ジストロフィー症に罹患していて、高等学校の全課程を無事に履修する見込みがないと判定されて、被告本件高校校長（被告校長）から入学不許可処分（本件処分）を受けたため、同被告に対し、本件処分が身体的障害を唯一の理由としたもので、憲法26条1項・14条、教育基本法3条1項等に反し違法であるとして、本件処分の取消しを求めるとともに、被告尼崎市に対し、国家賠償法1条1項に基づき慰謝料を求めた事案である。

本判決は、本件処分における原告の履修可能性について、原告が中学の課程を無事終了したこと、本件高校において筋ジストロフィー症（ウルリッチ型）の生徒を受け入れて無事卒業させたことがあること、本件高校における障害者の受入れ態勢、原告の筋ジストロフィー症について専門医が本件高校を念頭に置いて「高校3年間の就学は可能である」旨の診断書を作成していたこと等の事実を認定した上、障害を有する生徒についても、各教科・科目の選択、その内容の取扱いなどについて必要な配慮をすべきであり、これによって体育実技の単位の認可も可能であるから、原告が本

件高校の全過程を履修することは十分可能であるなどとして,「本件高校の全過程を履修する見通しがない」との判断に基づく本件処分は,被告校長の事実等の重大な誤認によるもので,裁量権の逸脱又は濫用が認められるから,違法であると判示した(神戸地判平4・3・13判時1414号26頁)。

(2) **上記事件につき,執行停止の申立てを却下した原決定に対する抗告審において,抗告棄却決定がなされた事件**

前提事実については,ほぼ上記のとおり認定したが,次のように述べて申立てを却下した原決定を支持した。

行政処分の効力の停止は,行政処分の暫定的取消しを意味するものではなく,ただその効力の発生を停止するにすぎないから,処分を遡及的に消滅させる行政処分取消しの判決とは異なり,行政処分の効力が停止されても,右行政処分の効力が現実に発生したとして,これを前提にした行為を行うことができなくなるだけで,当該行政処分自体は存在するのであるし,また,行政庁は,行政処分の効力が停止された場合に,改めて右行政処分を取り消して,執行停止の判断内容に従った新たな行政処分をしなければならない拘束を受けるものでもない。したがって,例えば,大学院在学期間延長不許可処分,旅券発行不許可処分,生活保護開始申請却下処分のようないわゆる申請に対する行政庁の拒否処分については,その効力を停止してみても,申請者(処分の相手方)をその処分のない状態と同様の状態におくだけで,原則として,申請者(処分の相手方)に何らの法的利益をもたらすものではないから,右拒否処分に対する執行停止の申立ては,申立ての利益を欠き不適法というべきである。本件において,相手方のした抗告人に対するA高等学校への本件入学不許可処分(本件不許可処分)についても,その効力の停止により,本件不許可処分の効力が発生していない状態になるだけであり,相手方が右本件不許可処分を取り消して,入学の許可をすべき義務を負うものではなく,また,相手方が右本件不許可処分を取り消して,入学の許可をしない限り,抗告人が現実にA高等学校に入学をして,授業を受け得る状態になるものではないのであって,抗告人に何ら法的利益をもたらすものではないから,抗告人には,本件不許可処分の効力の停止を求める法的利益はないというべきである(大阪高判平3・11・15)。

Ⅷ　本決定を得ることができた3つの力

　本決定については，斎藤浩先生より「感動的な事例である。司法の人権感覚とあたたかみを感じる好例である。」とお書き頂いた（斎藤浩『行政訴訟の実務と理論』159頁）。

　つまり，事実を詳細に認定され，障害者のおかれた現状と障害者教育論に関する理解及び感性を持っておられた裁判官がおられてはじめて得られた決定である。

　それ以外に本決定を得ることができた背景をあげるとすれば，次の3つである。

　1つは，藍住町会議員の協力が得られたことである。証拠資料で提出した幼稚園障害児加配配置状況，平成16年度定例委員会会議録，予算説明書などは上記町会議員より提供を受けたものである。藍住町の予算規模から考えて加配が可能かどうか，また，他のどのような障害児に対し加配がつけられているのかは重要な争点であったので，提供を受けた資料は役立った。また議事録に記載された議員の発言（「先般，両名の保護者，本人にお目にかかりましたが，A児の場合体験入園が長引いたということもあり，正式入園できるのではないかとの期待感が強くなった気がします。また，子どものことを思うあまり他児への影響や，お世話になっているという意識が薄いようにも思われます。」）は，私をますますドライアイにさせた。

　2つ目は，私が障害者や高齢者の方の相談援助活動を行っていることである。

　2000年6月より，徳島当事者擁護ボランティアホップスというグループの代表者として，障害者や高齢者の方が利用されている施設に赴き，あるいは電話相談を受けるなどして，それらの人の生活の質の向上に努めるという活動をしている。

　本件を遂行するにあたっては，そのメンバーの方，あるいはメンバーを通じて知り合った方の助言や資料の提出を受けたことが大変役立った。

　鳴門教育大学名誉教授で，障害児教育を専攻されている位頭義仁先生か

らは，インクルージョンについての先生の著作や導尿は医療行為とはみなされず，医療的ケアと位置づけられ，教員が行えると考えられているという現状を報告したレポートを送って頂いた。また，社会福祉論を専攻されている四国大学教授日開野博先生からはノーマライゼーションやインテグレーション，メインストリーミング等の障害者や障害児に対する基本理念を説明する論稿を送って頂いた。さらに幼稚園の園長からは，幼稚園教育要領について教えて頂いた。

　以上の方々との交流なしには得られない決定であったと思う。

　最後に役立ったのは，私は1991年1月より徳島医療問題研究会という医療過誤事件を受任する弁護士グループを組織していたので，多少とも医療知識や相談できる医師との交流があり，二分脊椎についての種々の情報を得られたことが役立った。

IX　本案について

　平成17年4月1日仮の義務付けを申し立てると同時に藍住町に対し次のような請求の趣旨の就園不許可決定取消，就園許可決定請求事件を提起した。

「1　藍住町教育委員会が，平成17年3月8日付藍教第2536号をもって，原告に対して発したA児に関する就園不許可決定は取り消す。

　2　藍住町教育委員会は，原告に対し，A児に関し就園を許可する。」

　4回の弁論を重ね平成17年8月17日に次のような内容の和解をした。

「1　原告及び被告は，本和解成立後，原告が藍住北幼稚園長に対してA児の藍住北幼稚園への就園申請し，同園長が速やかにこれを許可することを確認する。

　2　原告は本件訴えを取下げ，被告はこれに同意する。

　3　原告及び被告は，原告と被告との間には，本件に関し，何らの債権債務が存在しないことを相互に確認する。」

　そして，当日申立人とA児が藍住北幼稚園を訪れ，同幼稚園の園長に入園願書を提出し，同日正式に入園が許可された。

X 仮の義務付けの問題点

　仮の義務付けの制度が設けられた趣旨からすれば，もう少し迅速な審理と決定をして欲しかったと思う。両当事者の審尋が行われたのが，申立てから1ヵ月以上も経過した5月12日であり，決定が出されたのは，申立てから2ヵ月以上も経過していたのである。はじめてのケースであるので，裁判所も慎重になっていたのではないかとも思うが「国民の権利利益のより実効的な救済」という面からは問題があるように感じた。

　また，本決定を得るために，私は本件の申立書や準備書面の中でA児の障害の程度が軽いとか，親の協力が得られるとか記載したが，それでは障害の重い子供や親の協力が得られない子供は，就園不許可となってもやむを得ないということを自分自身が認めているのではないか，本件申立ては障害者の権利を守るための申立てであるのに，反面差別を助長しているのではないかという思いが今でも頭を悩ませている。

　最後に本事件を遂行するにあたって御協力を頂いた位頭義仁先生より本決定の感想と問題点を指摘して頂いたので，それを紹介し，本稿を納める。

　第一に思ったことは，裁判官の方々がよく勉強されたなあということです。特にA児さんの幼稚園へ行きたいという思いを的確に捉え，これを実現したことは大変素晴らしいことと思いました。そして，そのことが，本人の生活と発達にとって必要であるとの視点を持たれたことを評価したいと思います。具体的には，「幼児が人間性，社会性，自立性を獲得していくためには他者とのかかわりを持つことが不可欠である」（Ⅵ(2)(b)(イ)(i)）や，「近い将来自力による歩行が可能になることが予想されること，そのためには運動療法及び日常生活における歩行の取組みが重要であり，障害を克服し，自力歩行を可能にしようとする意欲を持続することが求められ，同年齢の児童と行動をともにすることが効果的であるなどの意見が述べられている。」（Ⅴ(3)(a)）とひのみね医療センターの意見書を用いているところです。

また、「1994年サラマンカ宣言以降には、いわゆるインクルージョンも基本理念となっており、行政機関は、子どもが一人一人違うのが当たり前であることを前提として、すべての子どもを包み込む教育システムの中で、一人一人の特別な必要に応じた教育援助をしなければならない。」(Ⅵ(2)(a)(イ))に見られるように、新しい考えを取り入れておられることは素晴らしいことでした。
　これに反して、藍住町の入園不許可理由は、どれもが先進的常識に欠けるものでした。また、「水頭症」「シャント」等の言葉から「特別な」「病的な」「要保護」など医学的知識とはかけ離れたことを連想したのかもしれません。それは、「水頭症にも罹患しており、頭部への外力が加わることは極めて危険である」(Ⅵ(2)(b)(ロ)(ii)ⓑ)に表れています。
　さらに、「A児が他の園児から孤立しないように、A児と他の園児との間を意識的に仲立ちしなければならない上、A児が参加することができない活動的な保育の時間には、A児に別の保育を施さなければならず、このようなことは教育的知識を持つ教職員にしかすることができない。」(Ⅵ(2)(b)(ロ)(ii)ⓒ)にも抵抗を感じます。障害のある子どもと他の園児との間を仲立ちすることは、至極当たり前のことであって、これは教職員であれば誰もがしなければならないことなのではないでしょうか。今日のように幼稚園に多くの障害のある子どもが入園する時代に、障害のある子どもの教育について基本的な知識を持つことも、教職員の資質として求められていることなのです。
　この判断は、今日の時代のものの考え方に合ったものであり、私も全面的に賛成致します。ここで強いて申せば、保護者(母親)が幼稚園までの送迎をすることはよいとしても、導尿のために付き添うことは、保護者に特別の負担をかけることになるので(他の保護者並の暮らしができてあたりまえ)、導尿を職員が行うようになればよいとの意見が残ります。

第4章── 解　説

仮の義務付けの今後の方向性

Comment ／ 出　口　　崇

I　はじめに

　徳島地決平成17年6月7日（判例自治270号48頁。以下「本決定」という）は，行政事件訴訟法2004（平成16）年改正により新設された仮の義務付け（行訴37条の5）を日本の裁判所が初めて認め，幼稚園長に対し児童の就園を義務付けた極めて意義深い決定である。また，同時に提起された義務付けの訴えにおいても，確定した本決定の内容を前提として訴訟上の和解が成立した。学説も本決定に一斉に注目した。例えば，斎藤浩＝高木光＝阿部泰隆「更なる行政訴訟制度の改革について（上）」自治研究82巻3号10頁には，阿部泰隆教授・弁護士による紹介がある。

　本件を担当された松原健士郎弁護士の報告は明快かつ詳細であり，解説者がこれに加えるべき点はほとんどない。そこで本稿では，解説者が本決定と和解のポイントと理解する部分及び関連する若干の論点を指摘するに止める。

II　本決定の特徴──裁量権の逸脱・濫用を中心として

(1) 憲法規定の参照等に基づく幼稚園教育を受ける権利の重要性を強調

　本決定は，「幼稚園の入園に関する事項については，学校教育法等に規定がないことなどからすれば，幼稚園長又は教育委員会は，公立幼稚園への入園申請を許可するか否かについて裁量権を有する」としつつ，憲法26条等を参照

し，「幼稚園教育は，義務教育や普通教育ではないものの，幼児の心身の成長，発達のために重要な教育として位置づけられるべきもの」とした上で，「地方公共団体としては，幼児の保護者から公立幼稚園への入園の申請があった場合には，これを拒否する合理的な理由がない限り，同申請を許可すべきであり，合理的な理由なく不許可としたような場合には，その裁量権を逸脱又は濫用したものとして，その不許可処分は違法となる」として，幼稚園教育を受ける権利の重要性にウエイトを置いた判断枠組みを示している。そして，「当該幼児に障害があり，就園を困難とするという事情があることから，直ちに就園を不許可とすることは許されず，当該幼児の心身の状況，その就園を困難とする事情の程度等の個別の事情を考慮して，その困難を克服する手段がないかどうかについて十分に検討を加えた上で，当該幼児の就園を許可するのが真に困難であるか否かについて，慎重に検討した上で柔軟に判断する必要があるというべきである」との判断基準を示し，裁量権の範囲に限定を付している。

(2) **財政状況の悪化等の理由による安易な不許可に対する戒め**

本決定は，「幼児にとっての幼稚園教育の重要性や，行政機関において障害を有する幼児に対してできる限りの配慮をすることが期待されていることにかんがみれば，地方公共団体が，財政上の理由により，安易に障害を有する幼児の就園を不許可にすることは許されない」として，裁量権の逸脱・濫用の有無を判断するにあたっての考慮要素に関する価値基準を示している。

(3) **就園による制約の受忍者は特段の事情のない限り幼稚園等**

本決定は，「障害を持つ幼児が就園することによって，教育上，ある程度の制約が生じるとしても，その程度の制約は，特段の事情のない限り，障害を有しない幼児や幼稚園において受忍すべきものである」として，就園による制約を誰が受忍すべきかに関する価値判断を示している。

(4) **幼稚園教育を受けられる年齢が限定されている点などを最大限重視**

本決定は，「本案訴訟の判決を待っていては，A児は，幼稚園に正式入園して保育を受ける機会を喪失する」「A児に体験入園しか認めないことは，必要以上にA児に差別感を抱かせるものであり，身体に障害を有するA児の心身の成長や障害の克服等にとって障害となるおそれが十分に考えられる。このような損害は，後に回復するような性質のものでないことは明らかである」として，

時期を経過することによる幼児の保育を受ける機会の喪失等が就園許可がされないため償うことのできない損害であり，事後的に回復できない性質のものであることを示している。

(5) 結論として裁量権の逸脱・濫用を肯定

結論としても，幼稚園長又は教育委員会の裁量権の逸脱・濫用を認め，Ａ児の公立幼稚園で教育を受ける権利利益を救済した画期的な決定となった。ただ，松原報告に指摘されているとおり，より迅速な救済が可能でなかったかの問題は残ろう。

Ⅲ　行政処分と訴訟上の和解

(1) 和解内容

本案訴訟において成立した和解の要旨は，「和解成立後，原告がＡ児のＫ幼稚園への就園を申請し，Ｋ幼稚園長が速やかにこれを許可することを確認し，原告は，訴えを取り下げ，被告はこれに同意する」というものであった。

(2) 和解成立の持つ意味

行政事件訴訟，なかんずく抗告訴訟においては，行政処分の本質（又は法律による行政の原理）上，確定判決と同一の効力を有する和解調書による和解（民訴267条）は原則として認められないという意見もある。しかし，確定判決と同一の効力を有する和解調書による和解であっても，裁判所が関与して成立するものである以上，原則として，その効力を否定しなければならない理由はなかろう（斎藤浩『行政訴訟の実務と理論』4頁以下参照）。

いずれにせよ，本件は，確定判決と同一の効力を有する和解調書による和解ではなく，いわゆる「事実上の和解」といわれる事案であるが（斎藤浩・前掲3頁），本件が和解で終了したことは事案との関連で妥当であったと考える。原告及び被告が確認対象とした，就園申請及び速やかな許可は，本決定の内容をそのまま確認するものであったから，当然，司法判断を尊重する内容であり，そこに被告の裁量が入り込む余地はまったくなかったからである。

(3) 原告及びＡ児の利害状況

原告及びＡ児にとっては，本案判決で勝訴判決を得られる可能性は極めて高

かったと考えられる。しかし，6月に仮の就園が実現していたとはいえ，すでに8月に入り，幼稚園に通える残り期間は1年を大きく割り込んでいた。したがって，1日も早い「本就園」を実現するため，今後なおどの程度の期間，訴訟を継続する必要があるのか，不明かつ不安な状況下におかれていたことは想像するに難くない。もっとも，和解条項は，和解後に再度の申請及び許可を要する内容となったが，実際には，和解成立後，その当日に許可も含めて実現しており，原告及びA児は実際上，勝訴判決を得たのに等しい効果を勝訴判決を得るよりも早期に獲得した。

(4) **被告の利害状況**

仮の就園許可に基づくA児の就園実態に何も問題がなかったことが，被告にも和解の機運を促進させたとみられる。と同時に，和解後の就園申請に対する許可という，いわば通常の行政行為と異ならない行為形式が用いられること，本訴それ自体は取り下げられ，被告も応訴を要しなくなることなどからすると，被告にとってもメリットのある和解内容となったとみることができる。

(5) **被告の姿勢及び態度**

ちなみに，被申立人は，仮の義務付け決定に対し即時抗告することなく，その内容を受け入れ，仮にA児を就園させた。また被告は，本案訴訟においても仮の義務付け決定を前提とした和解に応じた。被申立人（被告）主張の裁量論に対しては，申立人（原告）及び本決定が述べるとおり，批判を加え得る余地が多分にある。しかし，上にみたとおり，即時抗告をせず，本案訴訟でも和解に応じた点は，「国民の権利利益の実効的救済確保」に配慮した被告の採るべき柔軟な姿勢及び態度として，一定の評価に値しよう。

Ⅳ 「仮の」義務付けで行われた「処分」と本来の「行政処分」との関係

(1) **問題の所在**

K幼稚園長は，本決定に従い，「仮に」就園を許可した。しかし，原告及び被告は，その後の平成17年8月17日，本案訴訟において訴訟上の和解を成立させた。上に述べた和解条項に従い，本件では，和解成立後，即日入園が許可された。そうすると，本和解は，仮の就園許可を，本来の根拠法令（実体法）

に基づく「行政処分」ではなく，行訴法37条の5（訴訟法）に基づく「仮の」処分との認識を前提として行われたものであろうか。

(2) 本和解の認識に対する評価

実際，本和解は，あくまでも訴訟法に基づく「仮の」処分であるという認識を前提として運用されたという評価もないわけではない（佐竹毅「行政事件訴訟法の仮の義務付けの要件該当性」行政関係判例研究会編『平成17年行政関係判例解説』54頁）。しかし，本和解の評価としては，実体法上の行政処分と理解しつつ，改正行訴法の施行直後でもあり，その解釈も未だ定まっていなかったことなどから，念のため，更なる申請及び許可を行うこととされたとの理解も不可能ではないであろう。

(3) 本来の根拠法令（実体法）を根拠規定と解した場合の処理

法律による行政の原理に忠実に，仮の就園許可を本来の根拠法令（実体法）に基づく行政処分と理解する立場からは，「仮の義務付け後に本案の義務付け判決が行われ，それが確定したときは，仮の義務付けに従って仮にされた処分がそのまま「本処分」となり，または──義務付け判決の内容に応じて必要があれば──，行政庁において，仮にされた処分に変更を加えて「本処分」とすべきものと解するのが妥当であろう」とされる（小早川光郎『行政法講義下III』318頁。小早川光郎編『改正行政事件訴訟法研究』ジュリ増刊2005年3月号187頁〜189頁。塩野宏「行政事件訴訟法と行政法学」小早川光郎編『改正行政事件訴訟法研究』ジュリ増刊2005年3月号14頁以下。とりわけ15頁，塩野宏『行政法II〔第四版〕行政救済法』224頁）。

V 本決定後の仮の義務付け決定例

認められた例として，東京地決平18・1・25（判時1931号10頁・判タ1218号95頁），その本案訴訟である東京地判平18・10・25（判時1956号62頁）及び岡山地決平19・10・15（判時1994号26頁・判タ1259号182頁）がある。

Ⅵ　まとめに代えて

　本決定は，松原弁護士が依頼者から事実を聞き取る中で，「『そんなバカな。これはなんとかせんとあかん。』との思いから，無我夢中で取り組んだにすぎないものであって」と報告されておられるように，依頼者と素朴かつ常識的な感覚を共有した同弁護士が，積極果敢に義務付けの要件に関する柔軟かつ適切な解釈を主張し，これが良識ある裁判所により採用・尊重され，被告も納得し，即時抗告をしなかった事案であったと考えられる。

　事案は異なっても，このような局面に出くわすことがないとはいえない。このような場合，行政訴訟における勝訴率の低さ等の厳しい現状に目を向け諦めるのではなく，申立人（原告）代理人が2004（平成16）年行訴法改正の趣旨である「国民の権利利益の救済確保」に照らし，「使えるツールはすべて使う」との気概で臨めば，裁判所には応える用意があることを本決定は教えてくれているといえよう（斎藤浩・前掲307～310頁）。

　今後，仮の義務付け及び義務付けの，より広い分野における活用が大切である。

第5章

国立マンション諸事件

第5章── 報　　告

国立マンション訴訟

Report ／ 河 東 宗 文

Ⅰ　はじめに

　平成20年3月11日，国立マンション訴訟・行政訴訟最高裁決定（4億円裁判上告審）がだされ，これによって，国立の大学通りに建築されたマンションをめぐるすべての裁判が終了したこととなる。

　裁判は終了したものの，広幅員の大通りに，高さ20mに揃った銀杏並木や桜並木，そして低層の住宅で構成された街並みとは，まったく異質の無機質な高層マンションは残ったままであり，残念な結果となった。国立マンション訴訟に限らず，最終的に，景観保護を認めた裁判例は，依然としてない。

Ⅱ　国立マンション訴訟について

　国立マンション訴訟とは何か，簡単にみておこう。
　東京都国立市は，日本でも屈指の学園都市である。国立市には，大学通り[1]という高さ20mで揃った銀杏並木と桜並木の美しい広幅員の大通りがある。この大通り，しかも国立市・国立市民にとっては聖域といってもいい場所に，明和地所株式会社が高さ44mの高層マンション（以下「国立マンション」という。）を建築しようとしたため，国立市住民らを中心として，反対運動がおこり，明和地所㈱と国立市住民等とがまさに「激突」することとなった。国立市民らは，種々の反対活動を展開する一方，裁判を提起することとなった。

186　第5章　国立マンション諸事件

　国立マンション問題は，環境というものをどう考えるか，景観とは何なのか，地方分権とまちづくりをどう考えるかの契機となったし，また民事訴訟・東京地裁判決により，景観という言葉が市民権を得るようになり，景観法制定の1つの動機となるなど，社会的な影響は極めて大きかった。

>　*1　「大学通り」とは一橋大学を分断しているので，この名がある。一橋大学が，国立マンション問題に無関心であったのは，残念である。一橋大学や，国立マンションの大学通りを挟んだ反対側にある東京都立国立高校が，この問題に参加していたら，結果は，どうなっていたろうか。

Ⅲ　国立市の大学通りの景観について

(1)　大学通りの客観的価値

　東京都国立市には，大学通りという高さ20ｍで揃った銀杏並木と桜並木の美しい広幅員の大通りがある。大学通り周辺の景観は，マスメディア等から高い評価を受けている。例えば，昭和50年には，「文化の薫る町番付表」(読売新聞)において東前頭筆頭にランクされた。昭和57年には，大学通りが，東京都選定の「新東京百景」に選出された。昭和61年には，「環境色彩10選」(財団法人日本色彩研究所)に選ばれた。平成6年には，大学通りが，「新・東京街路樹10景」，「新・日本街路樹100景」(読売新聞)に選ばれている。

(2)　大学通り周辺の現在の状況

　(a)　ＪＲ国立駅の南口はロータリーになっており，このロータリーから南に向けて幅員の広い公道（都道146号線）が直線状に延びていてるが，そのうち江戸街道までの延長約1.2kmの道路は，「大学通り」と称され，そのほぼ中央付近の両側に一橋大学の敷地が接している。大学通りは，歩道を含めると幅員が約44ｍあり，道路の中心から左右両端に向かってそれぞれ約7.3ｍの自転車レーン，約9ｍの緑地及び約3.6ｍの歩道が配置され，緑地部分には171本の桜，117本の銀杏等が植樹され，これらの木々が連なる並木道になっている。

　(b)　大学通り沿いの地域のうち，一橋大学より南に位置する地域は，桐朋学園及び東京都国立高校の各敷地並びに本件建物の敷地を除いて，大部分が都市計画上の用途地域区分において第1種低層住居専用地域に指定され，建築物に

つき，高さ10mまでとする制限があり，低層住宅群を構成している。そのため，一橋大学より南の大学通り沿いの地域では，本件建物を除き，街路樹と周囲の建物とが高さにおいて連続性を有し，調和がとれた景観を呈している。

さらに大学通り沿いの地域のうち一橋大学から南に位置する地域は，国立高校の各敷地及び「本件土地の一部を除き」[*2]，その大部分が都市計画上の地域区分において第1種低層住居専用地域に指定されており，低層住宅群を構成している。

さらに，大学通りの東方約500m先を南北に走る幅約12mの道路と西方約500m先を南北に走る幅16mの道路とに挟まれ，一橋大学の北側に位置する道路から江戸街道に至るまでの，東西約1km，南北約1kmの道路で囲まれた約100haの地域において，6階以上の建築物は，一橋大学構内にある事務棟（7階）と合同棟（6階），旭通り沿いのアントレ一番館（6階）だけで，大学通り沿いは，そのほとんどが2階建ての低層住宅であり，3階建ての建築物も西側で3戸，東側で10戸を数えるだけである。

本件土地の大学通りの沿道，また道路反対側沿道とも，第1種低層住居専用地域である。本件敷地についても，本件土地の大学通り沿道部分は，僅か18cmであるが，第1種低層住居専用地域に指定されており，「本件土地を除いて」ではない。国立市の都市計画図をみれば，容易にわかることである。道路沿いは，高い建物が建ち，道路から中に入るほど，低い建物となるのが通常である。ところが，大学通り沿道は，両側とも，第1種低層住居専用地域となっているのである。大方潤一郎東京大学教授の意見書では次のようにある。

「……国立市の大学通りの沿道には，昭和48年の用途地域指定の際，住民運動（第1種住専運動）の結果をふまえ，第1種住居専用地域（これを引き継ぎ，今日では第1種低層住居専用地域）が指定されている。通常，大学通りのような広幅員の街路沿道について第1種住居専用地域を指定することは都市計画行政上極めて稀である。こうした特殊な用途地域指定を行った背景には，大学通りの街並み（すなわち土地利用と景観）を高さ10m以下の低層（および併用住宅）によって構成しようとする市の意図があったことは明白である」と。

[*2] 裁判所の事実認定では，「本件土地を除き」となっているが，誤りである。

(c) 国立マンションの敷地は，国立駅から約1160mの距離にあって，大学

通りの南端に位置し，江戸街道を隔てた南側約660ｍの地点にはＪＲ南部線谷保駅があり，谷保駅から続く商店街が近くに位置している。本件土地の狭い道路を挟んだ北側は，学校法人桐朋学園である。また，本件土地の大学通りを挟んだ東側には5階建ての都立国立高校の校舎がある。

(3) 歴史的経緯（国立のまちづくり）

国立市において，「まちづくりの歴史」があったことは重要である。建築禁止仮処分の東京高裁・江見決定（後述Ⅳ(2)参照）では，「当該地域においては，これまで景観等の地域住環境の保全のために住民が熱意をもって活動してきた実績があるのは公知の事実に属」すると判示されている。国立のまちづくりとしては，長い歴史があるが，その中でも，昭和48年の第1種住専運動は重要である。昭和45年の建築基準法の改訂に伴う用途地域の全面見直しに際して，東京都のガイドラインは大学通りと沿道奥行き20ｍの住宅地は二種住専であった。国立市行政は，議会の了承を経て，二種住専を国立市の案として東京都に提出した。しかしながら，それでは大学通りに中高層の建物が建築され，大学通りの美しい景観が破壊されるということで，反対派の市民たちは，署名を集め，規制の厳しい一種住専にするという大運動が展開された。国立市を2つに割っての大論争であった。その結果，昭和48年の東京都都市計画審議会は，現在の一橋大学以南と沿道20ｍを一種住専に指定することとなった。

では，何故同じ地域性を有している本件土地が，その範疇から外れたかというと，本件土地上には，東京海上の計算センターがあり，その既存不適格化を避けるためであった。用途地域の変更を行う場合，都市計画の実務では，既存不適格となる建物ができるだけ発生しないようにするのが，実務である。用途地域の指定は，現実の状況を離れて単に都道府県知事がいかなる用途地域がふさわしいのか判断するものではない。そして，計算センターが多摩に移転した後も，建物だけは残っていたため，用途地域としては，第2種中高層のままとなっていたものである。

(4) 本件土地及び国立マンション

(a) 本件土地に対する行政的規制

(ｲ) 都市計画法

本件土地は都市計画法の用途地域指定では，第2種中高層住居専用地域，第

1種高度地区に指定され，建ぺい率60％，容積率200％と定められている。
　㈹　国立市都市景観形成条例（平成10年3月30日制定）について
　国立市においても，平成9年の「国立市都市景観形成基本計画都市景観形成上重要な地域における基本方針」を定め，そこでは，大学通りについて，「景観資源としての大学通りを保全していくことは景観形成上最優先の課題である」「沿道の建築物が大学通りの並木や街路全体の雰囲気と調和することが景観形成上極めて重要である」としている。さらに「国立市の都市景観の形成に関する基本事項を定めることにより，『文教都市くにたち』にふさわしく美しい都市景観を守り，育て，つくること」を目的として，国立都市景観形成条例及び国立市都市景観形成条例施行規則を定め，国立市長は，同条例に基づいて大規模行為景観形成基準を定めているところ，国立市都市景観形成条例施行規則11条及び大規模行為景観形成基準には，高さ10ｍを超える建物の新築工事をしようとする建築主は，高さについて，まちなみとしての連続性，共通性を持たせ，周囲の建築物との調和を図ることを配慮すべきことが定められている。
　ここでいう調和とは何かが問題となった。住民側は，高さ20ｍの桜・銀杏並木と高さ14階建て，44ｍの建物は調和しないとする。明和地所は，調和しているとする。確かに調和という用語は，抽象的であり，主観的ではあろうが，大学通りと本件マンションとが調和しているとは思えない。
　㈁　条例の不充分さ
　現在の地方自治体では，その多くにおいて，まちづくり条例や景観条例などの条例を規定している。地方分権の時代といわれていることもあって，その条例の数は増えつつある。地方自治の本旨は，住民自治と団体自治にあるが，これからの地方自治としては，画一的な行政システムではなく，住民や地域の視点に立った地域の独自性と個性を尊重する行政システムに移行することが必要である。そして地域の自然，歴史，文化に即した個性的な地域社会が自主的に生成されていくことが必要となる。しかしながら，現在の条例には不十分なところがある。強制力や罰則等の規定については，極めて不充分である。また多くの事項について，規定できるはずのところ，その範囲が明確となっていないこともある。特に，財産権との関係については，法律と条例との上下関係の問題があって，極めて及び腰の規定でしかない。さらに自治体自体のことなかれ

主義があり，罰則規定や強制力については，指導・助言や事実の公表程度にとどめている条例がほとんどである。

国立市の景観形成条例でも，強制力については助言，指導・勧告，事実の公表にとどまっており，いずれも行われたが，効果はなかったといってよい。

㈢　まちづくり条例制定権の範囲

都市計画法や建築基準法は，財産権に対する配慮により全国的な公平性を確保すべきとの観点から制度が組み立てられているから，基本的には地方自治体は法律で規定するメニューから地域の実情にあった選択肢を選択するか，それとも法律で特別に委任している事項についてのみ条例を制定することで地域の需要に応えるべきものである。したがって，これらの法律の規定と事実上抵触する規定を条例で地方自治体が独自に制定することは許されないこととなる。

都市計画法や建築基準法が，かつては国が土地利用規制を行うべきものであると考えていたのは事実であるが，地方自治法の改正により，今やこれらの法律は，地域の需要に応じた地域独自の条例による規制の存在を許すものとして性格を変えたと考えるべきであり（まちづくりの事務はほぼすべては地方自治体の固有の自治事務と整理されたことから），そうである以上，これらの法律は「それぞれの普通地方公共団体において，その地方の実情に応じて，別段の規制を施すことを容認する趣旨」の法律と解されるべきであって，法律と条例とが同一の目的の規制で異なった規制を行っても，条例が国の法令に違反することにはならない。

民事訴訟・最高裁判決（後述Ⅳ(5)参照）では，「……景観利益の保護とこれに伴う財産権等の規制は，第一次的には，民主的手続により定められた行政法規や当該地域の条例等によってなされることが予定されているものということができる……」とある。ここで判示されている条例とは，通常の自主条例を指すと思われるので，地方自治体には，景観保護のために，積極的に，条例を活用することが期待される。

㈣　財産権との関係

条例と法律との関係でよく問題となるのは，憲法29条2項の「財産権の内容は，公共の福祉に適合するやうに，法律でこれを定める。」という規定である。まちづくり条例に盛り込まれる土地利用規制はほとんどすべて土地所有権

の内容を制限するものともいえるから，「法律」によらなければ，財産権の内容を定められないとすれば，法律に根拠のない土地利用規制を条例で独自に定め得ないことになりそうであるが，それでは地方自治法の本旨を定める憲法94条に反することとなる。地方自治法2条13項にも関わる問題でもある。

㈡ 条例による強制力について

地方自治体は，地域環境や住民生活の実情に即したまちづくりや環境規制を行うため，法令に違反しない限りにおいて，法令の委任に基づかない固有条例を制定し，独自の規制を行うことが可能となっている。しかしながら，自治体が固有条例によって，その規制による義務を事業者や住民に履行させる場合に大きな問題がある。

現在のまちづくり条例は，事業者の抽象的な義務を定め，事前協議制度・助言・指導・勧告・事実の公表にとどまっているのがほとんどである。条例に従わない者には，それ以上の強制手段はないといえる。その結果，条例を遵守する者が，条例を守らない者に比較して不利なことにもなる。

(b) 建築物の状況

本件マンションは，地上14階，地下1階，総戸数353戸の分譲マンションであり，建築面積は6401.98m²，高さは43.65mであり，外観上はおおむね4つの棟に分かれており，そのうち少なくとも大学通りに沿った東側の1棟は，その大部分が大学通りとの境界線から西側20mの範囲内に位置している。

(5) 地区計画の策定

(a) 地区計画とは

建築基準法68条の2は，地区計画で，地区整備計画等を定め，「建築物の敷地，構造，建築設備又は用途に関する」事項を制限できるとしている。地区計画は，ミクロの都市計画といわれているように狭い範囲の地域の規制を目的としていることから，市町村の行う規制としてもっともふさわしいものである。ただし，無制限に自由な規定を認めているわけではなく，同条2項にあるように，政令で定める基準に従うことが求められている。その政令とは，建築基準法施行令136条の2の5であり，詳細な規定がある。

地区計画が条例化されることにより，建築基準法と連動することとなり，建築確認時の対象法令となる。通常の条例であれば，建築確認時には何ら顧慮さ

れない。
　(b) 地区計画の内容

　国立市住民は，大学通りの景観を守るために，地区計画を策定した。

　本件地区計画の内容としては，その地区整備計画において，本件地区を低層住宅地区1，2，中層住宅地区及び学園地区に区分し，それぞれの地区における建築物の高さを，低層住宅地区2について10m以下，中層住宅地区及び学園地区のうち第1種低層住居専用地域を除く地区について20m以下としているので，本件土地は，中層住宅地区として建築物の高さを20m以下とする地区となる。

　(c) 地区計画の制定経過，建築確認等

　　①平成11年11月15日　　住民らが，国立市長に対し，地権者の82％の賛同署名を添え，「中三丁目地区地区計画（仮称）」を添付して要望書を提出する。

　　　　　　　　　　　　本件の地区計画というものは，国立住民の主導によるもので，行政の主導によるものではない。

　　②同年11月24日　　地区計画原案を公告・縦覧した。

　　③同年12月3日　　明和地所，建築確認申請提出

　　④同年12月4日　　地区計画の説明会

　　⑤同年12月22日　　地区計画案の公告・縦覧。

　　⑥平成12年1月5日　　建築確認がおりる。明和地所，建築工事に着手。

　　⑦同年12月21日　　国立市都市計画審議会において，全会一致で「中三丁目地区地区計画」を可決した（13名中8名の出席）。

　　⑧同年12月24日　　地区計画の都市計画公示決定，東京地裁八王子支部に建築禁止仮処分の申立てをする。

　　⑨同年12月31日　　臨時市議会で建築物制限条例可決（全会一致）

　市長の議会開催要請に対し，「緊急性がない，会派間の調整不足，手続の不備」を理由に議長が臨時市議会開会を認めず，朝から7時間以上も議会内の調整が続けられたが，結局，議長・副議長・議会事務局不在という紛糾した中で，流会ギリギリの4時56分，出席議員の最年長議員の開会宣言により臨時市議会が開催され，議決された。

当日は、午前9時30分には議会招集に応じ、全員の出退表示器が点灯していた。議会の開催は、午前10時ということで、早くから傍聴席は200名を超える市民であふれ、議会ロビーも人であふれかえっていた。ところが、臨時市議会の開催をめぐって、議会運営委員「懇談会」による話し合い、正副議長と、議運正副委員長による話し合い等、いつまでたっても臨時市議会は開催されなかった。午後4時30分過ぎに、与党幹事長が、午後5時を過ぎると自然流会になり、市長の告示などすべての手続をやり直さなければ議会の開催はできなくなることから、正副議長へ「開きますので議場に入ってください。」と通告し、開催される運びとなったものである。午後5時10分過ぎには、正副議長や自民党らの野党会派に対し、再度出席要請がされたが、出席は拒否された。午後5時50分頃、ようやく臨時市議会が開会された。

⑩同年2月1日　　建築物制限条例公布・施行

地区計画等の経過は、前記のとおりであるが、後記の民事訴訟・最高裁の事実認定では、基本的事項が認定されていない。例えば、11月24日に、「地区計画案」を公告・縦覧したとなっている。11月24日に、公告・縦覧したのは、「地区計画原案」であって地区計画案ではない。「地区計画案」を公告・縦覧したのは、平成11年12月22日である。地区計画に対しては、法律上、2回にわたっての公告・縦覧が必要であり、その度に、意見書が提出され、検討されることとなる。反対者からの意見を述べる機会でもあり、明和地所からも意見書は提出され、検討されている。地区計画の手続自体に、権利者の意見を述べる機会が組み込まれている。

また平成12年1月21日には、国立市都市計画審議会が開かれ、全会一致で、「中3丁目地区地区計画」を可決した。この重要な事実も認定されていない。都市計画審議会において、明和地所の反対意見等も検討されている。

このような基本的な事項にミスがあるのは、第2審の東京高裁大藤判決の業者寄りの杜撰な事実認定があるからである。大藤判決は、このような地区計画における反対者の意見を述べる機会を何ら認定することなく、「明和地所の意向を一切顧慮することなく、地区計画を決定したことは、異例であり、明和地所の立場を配慮した慎重な対処がされて然るべきであった」と判示する。

(d) 国立マンション紛争におけるいわゆる「後出しジャンケン」について

地区計画と建築物制限条例の時系列については，上記で述べたとおりである。地区計画と建築確認との関係について，テレビ等のマスコミ等では，「建築確認が先におり，建築物制限条例が後に出来たのであるから，適用にならないのは当然である。」旨のコメントが多く流れ，これを「後出しジャンケン」という。時系列からは，国立市が，建築物制限条例の制定手続に入ったほうが早い。しかし，条例を制定するには，2回にわたる公告・縦覧や都市計画審議会や議会での議決など時間を要する。他方，建築基準法6条3項で，建築主事は建築確認の申請書を受理した場合，21日以内に審査の結果を申請者に通知すると規定されている。さらに明和地所は，建築指導主事に対して，早く建築確認をおろさないと損害賠償をするぞなどの内容証明を送付し，異例な早さで建築確認申請がおりることとなる。国立市住民らは，明和地所の建築確認申請らこそが「駆け込み申請」であるといい，明和地所やマスコミは，地区計画と建築物制限条例の制定が「後出しジャンケン」であるという。

Ⅳ　国立マンションをめぐる訴訟状況

　国立マンション訴訟は，幾多の興味ある法律的な争点を含み，また民事訴訟・東京地裁判決（後述(3)参照）が，「出来上がったマンションを一部撤去せよ」というこれまでにない衝撃的な結論だったために，新聞・テレビ等のマスコミを賑わせた。

　裁判における主たる争点は，3つに大別できる。①本件マンションが，地区計画及び建築物制限条例に違反する違反建築物であるかどうか。②景観の内容や権利性について。③日照権，圧迫感のない生活，プライバシーの侵害，教育環境の破壊等その他である。ところが①及び②の争点については，地裁，高裁等それぞれの裁判の考え方や結論が異なっている。

　まず，国立マンションをめぐる訴訟状況についてみておこう。

(1)　**仮処分**（東京地裁八王子支部平成12年（ヨ）第28号，第107号）

　国立市住民及び桐朋学園らが，高層マンションの建築禁止仮処分を申し立てたものである。

　平成12年1月24日，東京地裁八王子支部に建築工事禁止の仮処分を申し立

てた。申立ての内容は，本件マンションは建築基準法上も違法建築物であり，また住民の景観権，日照権等を侵害しているとして，建築禁止を申し立てたものである。申立てをした相手方は，不動産業者である明和地所株式会社と実際の建築工事をしている三井建設株式会社である。

平成12年2月29日には，地区計画内の土地の地権者らが同様の仮処分を申し立て（平成12年（ヨ）第107号），前に申し立てた仮処分（第28号事件）と併合審理されることとなった。

平成12年6月6日，八王子支部において，住民側の申立ては却下された（この決定を裁判長の名前を冠し，「満田決定」ということとする。以下も同様に呼称する）。住民側にとって，その決定内容にみるべきものは何もなく，平成12年6月19日，東京高裁に即時抗告をした。

(2) **仮処分**（東京高裁平成12年（ラ）第1328号）

平成12年12月22日，東京高裁から，抗告棄却の決定がなされた（江見決定）。結論は残念なものであったが，内容的には，住民側に大なる希望の光を与えるものであった。すなわち，本件マンションを違法建築物と認定したことである。本件マンションが，建築基準法上も違法建築物というのであれば，違法部分の是正を求めること，つまり20mを超える部分の撤去を求めることは，法律上も極めて正当であることとなる。

(3) **民事訴訟**（東京地裁平成13年（ワ）第6273号）

(a) 国立市住民や桐朋学園らは，平成13年3月29日，東京地裁に，民事訴訟を提起した。すなわち国立市住民らは，大学通り周辺の景観について景観権ないし景観利益を有しているところ，高層マンションの建築により受忍限度を超える被害を受け，景観権ないし景観利益を違法に侵害されたとして，この侵害による不法行為に基づき，①明和地所及びマンションの区分所有者に対し，本件建物のうち高さ20mを超える部分の撤去を，②また景観を破壊されたことによる慰謝料及び弁護士費用1000万円の支払を求める訴訟を提起したのである[3]。

* 3 訴訟提起後の早い段階で，裁判所らとともに，現地を見に行く機会があった。JR国立駅に，裁判官と書記官，明和地所側の代理人弁護士，住民側の代理人弁護士，少数の当事者らが，集合し，国立駅の赤い三角屋根の駅舎から始まり，

大学通りやポイントとなる場所を，当事者・代理人らが裁判官らに対し，説明をしながら歩く。訴状においては，桐朋学園の教育環境（日照権や圧迫感）の悪化も訴えている。宮岡章裁判長は，桐朋学園のグランドに立っただけでなく，グランドにしゃがみ込み，子どもたちの目線にたった場合，高層マンションがどのように映るのかも検討していた。グランドにしゃがみ込み，工事中のマンションを，首をあげてクッとみている姿を見て，この裁判官は，信頼できるような思いを感じた。東京高裁の裁判官らは，自分たちで，個別的に見に行くということであった。現状を見に行くことは大切である。しかし，現状を視察するにしても，当事者が説明をしながら，そして思いを訴えながら見て歩くのと，裁判官だけで見て歩くのとは，大分異なると思われる。特に，環境問題においては，現場において，当事者の悲鳴を聞いてもらいたい。また裁判官だけで現場を見にいく場合，どのような場所を見ることになるのであろうか。桐朋学園のグランドや教室にまで入ったのだろうか。グランドに立ち，それまで青空が広がっていたところに高層マンションが立ち上がっていくことへの思い。桐朋学園の教室に入り，それまでは窓一杯に空が見えていたところに，マンションだけしか見えなくなっている。これらの悲鳴は，現場で直に聞いてもらいたいところである。

(b) 平成14年12月18日，判決が言い渡された（宮岡判決）。

国立マンションの一部であったが，高さ20mを超える部分について撤去が認められ，この訴訟が社会的に有名となり，また「景観」という言葉自体が，社会的に認知されるようになったと思う。また慰謝料として，原告のうち3名についてのみであったが，建物部分が撤去されるまでの間，1ヵ月当たり1万円の支払を認め，さらに弁護士費用として900万円の支払が認められた。

(4) **民事訴訟**（東京高裁平成15年（ネ）第478号）

(3)の控訴審である。

宮岡判決に対して，明和地所は控訴した。国立市住民としては，明和地所が控訴した対抗上，控訴した。双方控訴である。

平成16年10月27日に判決が言い渡された（大藤判決）。

大藤判決は，環境・景観といったものを軽視する，時代に逆行する判決であっただけでなく，事実の認定や物の見方，視点が，まったくの企業寄りの姿勢であったため，国立市住民として，収まりがつかず，最高裁に上告・上告受理

の申立てをすることとなった。しかしながら，前にも述べたように，最高裁は法律審であり，事実認定のやり直しはできない。大藤判決の事実認定では，要するに，悪いのは，国立市住民らであって，明和地所でないということである。その事実認定の下では，明和地所の違法性はもちろん，不当性も出てこない。

(5) **民事訴訟**（最高裁平成17年（受）第364号）

(4)の最高裁判決である。

平成18年3月30日午後3時に判決が言い渡された。当日午後2時前には，最高裁の南門前に集合し，係官に誘導されて最高裁の中に入る。やがて，時間がきて，小法廷に入り，席に着き，裁判官が入場するのを待つ。裁判官が入場し，テレビ撮影が始まる。その後，ようやく判決言渡しとなる。判決の言渡し時間は，1分もかからなかった。

判決内容は，本件上告を棄却する・上告費用は上告人らの負担とするということである。言渡期日に先立つ平成18年3月16日，最高裁判所から，判決を言い渡す旨の通知があった。弁護団からは，「口頭弁論を開くのかどうか。」を問い合わせたところ，口頭弁論は開かないということであったため，「上告棄却」ということは予想されていたところである。

結論は，上告棄却であったが，唯一の僅かな救いは，判決の中で，「景観利益」が認められたことであった。大学通りには，爽やかに高さ20mに揃った樹々の中で，依然として高層マンションはそびえたっている。国立市・国立市住民は，大切な「景観」を失うことによって「景観利益」という認定を得たのである。

(6) **行政訴訟**（東京地裁平成13年（行ウ）第120号）

(a) 国立市住民が，平成13年5月31日，東京地裁に，東京都多摩西部建築指導事務所長及び東京都建築主事を被告として，①国立マンションが高さ20mを超える部分において建築基準法に適合しない違法建築物であることの確認，②本件是正命令（建築基準法9条1項，マンションを一部撤去すること）を出さないという不作為が違法であることの確認，③是正命令を発するように義務付けること，④建築主事に対し，国立マンションについての検査済証の交付を禁止すること等を求めたものである。

この行政訴訟において，東京都建築主事らの主張するところは，義務付け訴

訟としての要件を満たしていないということであった。行政庁には，広範な裁量があるので，無名抗告訴訟の要件としての，①明白性，②緊急性，③補充性の各要件を満たさないということにある。

しかしながら，行政側に裁量があるというが，問題となっている国立マンションが如何なるものであるのか，つまり国立マンションが違法建築物なのか，それとも適法建築物なのか，その法律的な見解を明らかにしなければ，裁量の範囲内なのか，裁量を超えているのかは判断できない。ところが，東京都建築主事側の主張は，裁量があることや，訴訟要件を満たしていないということに終始し，国立マンションが建築基準法上，適法であるのかどうかの主張をしようとしない。

そして，月日はどんどん経過し，マンションは完成に近づいていく。住民側の弁護団のあせりもあり，「本件マンションが適法か違法かを判断しなければ，裁量の問題についても判断できないのではないか。早急に主張されたい。」旨を法廷において述べると，裁判所も，そのとおりであるとして，東京都建築主事側に対し，「本件マンションが適法建築物なのか，違法建築物なのか，その主張を速やかにするように」との訴訟指揮をした。

平成13年11月12日の法廷で，市村陽典裁判長は，東京都に対し，「工事完了するのは何時か。」と問うたところ，「わからない。」ということであったが，傍聴席にいた明和地所社員が，「12月10日の予定です。」と答えた。我々が，別途建築工事をしている三井建設株式会社に聞いたところでは，もっと早い時期であり，平成13年11月30日に消防検査は予定されており，検査済証は，遅くとも平成13年12月3日前後には，出される可能性があるということであったので，その旨の上申書を提出している。建築工事が完了し，検査が終了すれば，被告である東京都建築主事は，「検査済証」を出す予定である。このような状況の中で，東京都建築主事らが，国立マンションが適法建築物であるとの主張をしたのが，ようやく平成13年11月27日であり，同日に，主張を整理して，口頭弁論は終結された。

そして判決の言渡しは，平成13年12月4日である。口頭弁論終結後，極めて僅かの間に，判決を書いてくれたものと思う。

(b) 平成13年12月4日，判決が言い渡された（市村判決）。

判決の内容は，地区計画の範囲内の土地の所有権者に対する関係で，結論としては，要するに「本件マンションについて，地区計画に違反する部分を是正するために，是正命令権限を行使しないことは違法であることを確認する。」としたものである。

行政訴訟における原告適格としては，「地区計画内の地権者の大学通りの景観に対する利益は，本件建築条例及び建築基準法によって保護された法律上の利益に該当すると解するのが相当」とし，無名抗告訴訟に関し，まず一義的明白性の要件については，①国立マンションは，地盤面からの高さ20mを超える部分について，本件建築条例，建築基準法68条の2に明確に違反する違法建築物であり，その違反の程度は著しいこと，②本件建物の違反部分により本件建築条例，建築基準法68条の2の規制によって達成しようとした景観と都市環境の維持という行政目的は大きく阻害されていること，③地区計画内の地権者の景観に対する利益については重大な被害を生じさせていること，④建築主に発生する不利益について，考慮すべき特段の事情は存しないこと，⑤建築主による自発的な違反解消の見込みはまったくないこと，⑥是正命令以外の手段による違反解消の見込みもないことなどから，是正命令権限を行使しないことは，裁量権の逸脱にあたり，違法というべきであり，是正命令権限を行使すべきことは一義的に明白な義務であるとした。

次に，緊急性の要件については，調和のとれた景観が形成されるまでには相当長期間を要するのに対し，景観は非常に破壊されやすいものであり，いったん破壊された景観は容易には回復し得ないものであるし，国立マンションに多数の入居者が居住し始めるなどの既成事実が積み重ねられていくと，景観被害を回復することは事実上不可能となるため事前救済を求める必要性が高く，緊急性の要件を満たしている。

さらに補充性の要件についても，本件のような事例では，義務付け訴訟を提起するより他に適切な救済手段はないとして補充性の要件も満たしているとした。

(7) **行政訴訟**（東京高裁平成13年（行コ）第260号）

(6)の控訴審判決である。平成14年6月7日，東京高裁において，判決が言い渡された（奥山判決）。

なお，奥山興悦裁判長は，鎌倉の景観裁判においても，否定的な判決を書い

ている。

　結論は，逆転の敗訴判決であった。その内容は，建築基準法3条2項の解釈について，本件マンションは，「現に建築……工事中の建築物」と認められる状態にあったと認めるのが相当であるとし，建築基準法に違反する建物ではないとする。その結果，建築指導事務所長が，本件マンションについて，建築基準法9条に基づく是正命令を発することが一義的明白でなく，無名抗告訴訟の要件である，一義的明白性の要件を満たしていないとする。すなわち，本件不作為違法確認請求及び本件義務付け請求に係る訴え自体が，そもそも一義的明白性の要件を満たしておらず，不適法であると判示し，一審判決を取り消し，住民側の逆転敗訴となったものである。

　そして，景観等その他の点の判断はしていない。建築基準法3条2項の解釈において，高裁レベルにおいて，江見決定と奥山判決とで判断が分かれたこととなる。通常は，最高裁への上告・上告受理は，まず駄目としたものであるが，本件については，東京高裁江見決定があるために，可能性はあるものと考えた。そこで国立市住民らは，最高裁の判断を仰ぐこととし，上告・上告受理の申立てをした。

(8)　行政訴訟（最高裁平成14年（行ツ）第207号，同平成14年（行ヒ）第245号）
(7)の平成17年6月23日の最高裁決定である。
　内容は，上告棄却，上告審として受理しないということである。

(9)　行政訴訟（東京地裁平成12年（行ウ）第45号，同第55号，同平成13年（行ウ）第98号事件）
　明和地所が，国立市及び国立市長を相手取って，地区計画・建築物制限条例の無効確認並びに取消しを求めたもの，及び国立市に対し，地区計画・建築制限条例によって損害を被ったとし，また信用を毀損されたとして，4億円の損害賠償を請求したものである。国立市住民らは，この裁判を「4億円裁判」と呼んでいる。国立市住民は，遅れてではあったが，補助参加をした（補助参加が認められたのは，ようやく平成13年11月12日である。口頭弁論の終結日も同日である）。
　平成14年2月14日，東京地裁で，判決が言い渡された（藤山判決）。国立市に対し，地区計画の決定及び建築条例の制定により，本件マンションが既存不適格化したことによる損害として3億5000万円，信用毀損行為による損害とし

て5000万円，計4億円の支払を認めた。

　藤山雅行裁判長は，閉塞した行政訴訟の中にあって，思い切った判決を書くということでよい意味でも悪い意味でも，有名な裁判官として知られており，この判決もその例にもれない。

　藤山判決では，本件の地区計画・建築物制限条例は，国立マンションの建築計画を阻止するために作られたものであるとし，それまでは何もしなかったという不作為や，建築物制限条例は本件土地の用途とも相容れないとし，行政の一貫性を欠き，行政に対する信頼をも裏切っているという点で違法があるとするものである。

⑽　**行政訴訟**（東京高裁平成13年（行ウ）第120号）

　平成17年12月19日，判決が言い渡された（根本判決）。国立市からの控訴に基づき，認容額を減額し，2500万円の支払を命じた。

　この高裁判決に対しては，明和地所，国立市・国立市長双方とも，上告・上告受理申立てをしなかったが，補助参加人である国立市住民は納得せず，補助参加人が上告・上告受理の申立てをするという異例の事態となった。

　根本判決の問題点としては，次のようなものがある。①不法行為の成否について，「個々の行為を単独で取り上げた場合には不法行為を構成しないこともあり得るけれども，一連の行為として全体的に観察すれば，第１審被告らは，補助参加人らの妨害行為をも期待しながら，第１審原告らに許されている適法な営業行為すなわち本件建物の建築及び販売を妨害したものと判断せざるを得ない」と判示し，申立人国立市の不法行為責任を認める。しかしながら，この考え方では，訴えられた側としては，防御に困る。民事訴訟法の大原則である弁論主義や証明責任規範の点から問題である。②不法行為に基づく損害，信用毀損に基づく損害の，いずれの損害額の算定についても安易に民訴法248条を適用して算出している。③また政治公約（景観保護）らと中立性についても考えさせられる。上原公子国立市長は，国立の景観権裁判（本件とは別個である。東京地裁八王子支部平成13年12月10日判決平成8年（ワ）第1704号，平成10年（ワ）第956号，東京高裁平成15年3月28日判決平成14年（ネ）第743号）の原告であった者であり，景観保護を政治公約として掲げ，平成11年，平成15年の国立市長選挙において連続当選している。政治公約と中立性をどのように考えるか。④当時

は東京高裁・江見決定により本件マンションは違法建築物と認定されていたのであるから，議会における答弁として，「高裁決定によれば本件マンションが違法建築物である」と答弁することが，明和地所の信用を毀損することとなるのか等々である。

(11) **行政訴訟**（最高裁平成18年（行ツ）第98号，同平成18年（行ヒ）第113号）

(10)の平成17年6月23日の最高裁決定である。

内容は，上告棄却，上告審として受理しないということである。当事者双方が，上告・上告受理申立てをしない以上，補助参加人だけがしても，裁判所としても判断を覆しにくいであろう。

(12) **民事訴訟**（東京地裁平成12年（ワ）第845号）

番外編たる訴訟であり，原告は自民党・自民クラブの国立市議7名であり，被告は国立市及び議会において，建築物制限条例に賛成をした13名の議員である。自民党市議らは，国立市長が地方自治法に違反して，臨時市議会を招集，開催し，自民党市議らを強制排除した建築物制限条例を強行採決したとし，慰謝料として500万円，弁護士費用として75万円を求めたものである。国立市住民は，この裁判を「いやがらせ裁判」と呼んでいる。

平成15年9月1日，判決が言い渡された。当然，請求棄却であり，国立市長らが，自民党市議らに対し，審議への参加を求めて努力を重ねたのに対し，自らの意思で審議への参加を拒否したもので，不法行為は成立しないとする。

V 建築基準法3条2項について（争点1）

(1) **はじめに**

(a) 建築基準法3条2項は，次のように規定されている。

「この法律又はこれに基づく命令若しくは条例の規定の施行又は適用の際，現に存する建築物若しくはその敷地又は現に建築，修繕若しくは模様替えの工事中の建築物若しくはその敷地がこれらの規定に適合せず，又は，これらの規定に適合しない部分を有する場合においては，当該建築物，建築物の敷地又は建築物若しくはその敷地の部分に対しては，当該規定は適用しない。」

すなわち，建築基準法3条2項によれば，「現に存する建築物」や「現に建

築……工事中の建築物」は，新しい法令ができたとしても，その法令は適用されないこととなっている。つまり「現に建築……工事中の建築物」とは何なのかが問題となる。本件でいえば，本件マンションが，「現に建築…工事中の建築物」に該当するとすれば，建築物制限条例は，本件マンションに適用されないこととなる。逆に国立マンションが，「現に建築…工事中の建築物」に該当しないということにれば，国立マンションは違法建築物ということになる。

(b) 国立マンションの工事状況

平成12年1月5日，本件土地に対する根切り工事が開始され，同月26日，山留H鋼の打設が開始されたこと，同年2月1日の時点では，根切り工事の約16％が終了した段階であり，山留工事については約10％が終了した段階であったこと，同日時点では，基礎工事，杭工事はなされていなかった。

(c) 義務付け訴訟との関係について

本件訴訟のうち，東京都多摩西部指導事務所長等を相手方とする訴訟は，義務付け訴訟といわれる類型に属する訴訟である。この争点は，義務付け訴訟の要件としての，一義的明白性の問題とも直結する。国立マンションが建築物制限条例が適用されないこととなれば，適法建築物ということになり，一義的明白性の要件を満たさず，義務付け訴訟自体が不適法ということになる。国立マンションが建築基準法上も違法建築物ということとなれば，義務付け訴訟の要件としての，一義的明白性の要件を満たす可能性が高くなる。

行政訴訟第1審の東京地裁市村判決は，建築物制限条例の適用を認めたために，義務付け訴訟の要件を満たすこととなり，さらにその後の判示として，原告適格の問題として，景観の問題を論ずることとなった。第2審の東京高裁奥山判決は，建築物制限条例の適用を否定したため，義務付け訴訟の要件を満たさず，訴えそのものが不適法ということになり，その余の景観等については判断していないこととなった。

(2) 建築基準法3条2項（適用除外建築物）をめぐる2つの見解

(a) 基礎工事開始時説

住民側の見解である。

建築基準法3条2項の立法趣旨は，新法令の法益保護と建築主の既得権保護との調和であるが，新法令は新しい法令を実現しようとする国民意思や住民意

思の体現物なので，新法令の適用を原則とし，建築基準法3条2項の新法令の適用除外は，例外ゆえに建築主の既得権の保護は厳格に解し，かつ合理的なものに限られるべきであり，この点から調和を考えるべきである。以上の立場より，建築基準法3条2項の目的は，決して建築主の建築意思でもなければ，それまでにかけた費用でもなく，あくまで建築物そのものである。同法3条2項が「現に存する建築物」という建築物そのものを保護しているのと同様，同一の項に規定する「現に建築……工事中の建築物」も物理的存在そのものを保護しているのである。

したがって，建築基準法3条2項に規定する，「現に建築……工事中の建築物」は，直接基礎である場合は，基礎工事が開始され配筋工事等人工の構造物の一部が出現したとき，杭基礎である場合は杭工事が開始したときで，かつ，その後工事が継続されていることをいうと解する。

(b) 建築工事着手時説

明和地所側の見解は次のとおりである。

建築基準法3条2項の立法趣旨は，建築制限を強化する新規定を遡及適用すると，既存建築物又は「現に建築……工事中の建築物」の所有者等の既得的地位を害するので，これらの者に対し新規定の適用をさしあたり除外し，将来当該建築物の建替え，増改築等の工事が行われる機会に，その「工事の着手」の時点で改めて新規定を適用し，新規定に適合した建築物とすることにより，新規定の公益実現の使命と利害関係人の既得的地位の保護との調和をはかったものである。

したがって，建築基準法3条2項に規定する，「現に建築……工事中の建築物」は，建築物の実現を直接の目的とする工事（建築工事）が開始され，建築主の建築意思が外部から客観的に認識される状態に達しており，かつ，その工事が継続的に実施されているが，未だ建築物の実現には至っていない段階をいう。

(3) 建築基準法3条2項に関する国立マンションの裁判

国立マンションに関する裁判例が，建築基準法3条2項について，どのように判示しているかをみておこう。紙面の関係もあるので，適用を認める仮処分・東京高裁江見決定，行政訴訟・市村判決と，適用を否定する民事訴訟宮岡

判決，大藤判決をみることとする。

　(a)　仮処分・東京高裁江見決定（平成12年12月22日）

　「建築主の既得権の保護と新たな規制の目的の達成との調整を図る同条項の趣旨及び文言にかんがみると，『現に工事中』であるといい得るためには，建築請負契約の締結や建築の材料，機械の敷地への搬入をし，敷地の掘削等敷地に改変を加えるだけでは足りず，建築物の駆体中の基礎を除いた部分の工事に至っていることまでは要しないものの，敷地において，地中であれ，地上であれ，計画された建築物の基礎又はこれを支える杭等の人工の構造物を設置する工事が開始され，外部から認識できる程度に継続して実施されていることを要すると解するのが相当である。」

　(b)　行政訴訟・東京地裁市村判決

　「建築基準法3条2項は，新規定の適用又は施行時において『現に建築工事』であった建築物については，その建築を許容し，結果的に新規定に適合しなくなった建築物を容認することとして，新たな規定による行政目的の達成を一部後退させて，建築主の期待を保護することとしたが，その反面において，新規定の適用又は施行時において『現に建築の工事中』でなかった建築物については，新規定を適用し，その結果，適法に建築確認を受けた建築物であっても，同法37条3項の検査済証の交付は受けられず，同法9条の是正命令の対象となるなど，建築主に一定の不利益が生じることをやむを得ないものとして，新たな規定による行政目的の達成を優先することを明らかにしている。」

　「このような建築基準法3条2項の趣旨に照らすと，『現に建築の工事中の建築物』に該当するか否かは，当該建物が保護されるか否かの重要な基準であるから，同項の文言を解釈するに際しては，同項の文理に即して客観的に明白な基準となるように解釈する必要があるというべきである。また，同項の文言からすれば，『現に建築の工事中の建築物』として同項の適用を受ける対象は，当該建築物の建築計画について同法6条1項の定める建築主事の建築確認を得ているものには限られないというべきである。そこで，これらのことからすれば，『現に建築の工事中の建築物』であるといい得るためには，建築物の建築が外部から客観的に認識できる程度に継続して実施されていることを要すると解するのが相当である。ところで，建物の建築は，一般に，建物敷地の取得，

建物建築請負締結，建築設計，既存建築物の除去，建物建築現場の整地，建物建築現場の仮囲い，建物建築現場への資材搬入，根切り工事，杭打ち，基礎工事，躯体工事などの各段階を経て行われる。……（略）……次に，建築物の基礎又は地下室部分を築造するためには地盤面以下の土を掘削して所用の空間を設ける工事である根切り工事については，根切り時における周辺地盤の崩壊を防止する工事である山留めの工事も含め，建築物の建築を前提とする工事であるということはできるが，将来建築物となる人工の建築物は存在しない段階であり，建築物の建築の工事が行われていることが，外部から客観的に認識できるともいえない。また，根切り工事に着手した段階では，当該建築物の建築計画について建築確認を得ていない場合，建築物を建築するための工事であるかどうかさえ，外部からは明らかでなく，また人工の構成物の全く存在しない，その段階であれば，建築計画の変更も容易であるということができる。そうすると結局，『現に建築工事中』であるといい得るためには，敷地において，計画された建築物の基礎又はこれを支える杭等の人工の構造物を設置する工事が開始され，外部から認識できる程度に継続して実施されていることを要すると解すべきである。」

(c) 民事訴訟・東京地裁宮岡判決

「建築基準法3条2項は，新法適用に関する経過規定であり，新規定の適用又は施行時において『現に建築……の工事中の建築物』については，その建築を許容し，その限度で新規定による行政目的の達成を一部後退させて，建築主の期待を保護することとしたが，その反面において，この要件を満たさないものについては，適法に建築確認を受けた建築物であっても，新規定を適用し，建築主に一定の不利益が生じることをやむを得ないものとして，新規定による行政目的の達成を優先することとしている。新規定は，より現状にふさわしいものとして立法者により定められるものであるから，この行政目的の達成のためには，新規定が全ての建築物に適用されることが望ましい。他方，一般に，建築物の完成には高額な費用，相当の準備及び相当な工事期間を要するものであるため，建築の工事途中であっても，建築物の完成に対する建築主の期待や経済的な利益を保護すべき要請が強い。そこで建築基準法3条2項は，これらの調整を図り，『現に建築……工事中の建築物』について新法の適用を除外す

る一方,『建築……工事中』の建築物については新法を適用することとしたものである。このような建築基準法3条2項の趣旨からすると,『現に建築……の工事中の建築物』とは完成に至っていない建築工事途中の状態を指し,これに該当するというためには,建築物の完成を直接の目的とする工事が開始され,建築主の意思が外部から客観的に認識できる状態に達しており,かつ,その工事が継続して実施されていることを不可欠の要件とするものではないと解するのが相当である。……(略)……根切り工事は,建築物を支持できる地盤が確保されたことに引き続き,建築物の基礎躯体や地下室部分を容れる空間を作り出すために,地盤面以下の土地を掘削する工事であり,建築物の形状に合わせ,地盤面の高さを精密に測定して,空間の形状を作るものである。建築物を支えるに足りる地盤の地耐力の大きさは,建築物の規模や建築物の力学的構造により決定され,建築基準法上1棟とされる建築物が力学的構造の異なる部分からなるときは,異なる部分ごとに必要な地耐力の大きさが決定される。そして,地耐力が十分ある場合には,地盤は杭なしで建築物の重量を支えることができ,この場合は,杭は不要となる。……(略)……以上のような根切り工事の目的及び実態によれば,根切り工事は建築物の完成を直接の目的とする工事であり,一般的には外部から客観的に建築主の建築意思を把握し得る建築意思の具現化としての工事(建築基準法3条2項のいう『建築……工事中』の『工事』)に該当するというべきである。」

(d) 民事訴訟・東京高裁大藤判決

「1審原告らは,当審においても,建築基準法3条2項が,新規定排除の要件として,『現に建築……の工事中の建築物』としている文理を強調し,『建築物』とされている以上,少なくとも建築物の基礎工事が開始されていることが必要であって,根切り工事は基礎工事とはいえず,新規定適用排除の要件として根切り工事の開始で足りるとすれば,その判断基準が不明確となるのであって,基礎工事開始時説が正当であり,この見解を採用することによって実際上も不都合は生じないなどと主張する。しかしながら,建築基準法3条2項は,新規定による行政目的の達成と建築主の期待及び経済的利益の保護の要請との間の合理的調整を図った規定であると解されるところ,1審原告ら主張のように『建築物』の文理に拘泥することは,同項の立法趣旨に適合しないことにも

なるものというべきである。1審原告らは，上記のとおり基礎工事開始時説で実際上も不都合はないと主張するが，根切り工事の開始で足りるとする見解を採用することによって不都合が生じるとは認められず，かえって個別の建築工事に応じて具体的妥当性を図ることが可能となるのであり，それが立法趣旨にかなうものというべきである。」

(4) 最高裁の見解

上記のとおり，高裁段階では，形式的には，仮処分・江見決定（基礎工事開始時説）と民事訴訟・大藤判決（建築工事着手時説）とで見解が分かれてはいるが，東京高裁・大藤判決に対する上告審の最高裁判決では，「……本件建物は，いわゆる根切り工事が行われている段階にあり，建築基準法3条2項に規定する『現に建築の工事中の建築物』に当たるものであるから……」とあり，最高裁は，建築工事着手時説をとっていることになる。

この見解に対しては，住民らは，現在でも，納得していない。建築基準法3条2項で規定する「現に存する建築物」が「建築物」の保護ということで争いがないのなら，同じく同項で規定する「現に建築……工事中の建築物」も「作りかけた建築物」の保護ということに何故ならないのか，立法趣旨が異なるのか，素朴に尋ねられると説明しづらい。また建築物の特性は，土地の定着性にあるなら基礎のかけら（基礎のない建物はない）くらいはあるべきではないか。大藤判決のように，「文理に拘泥する」などと判示されるとは，夢にも考えていなかったところである。文理解釈は，基本である。

VI 景観について（争点2）

まず国立マンションに関する裁判例が，景観について，どのように判示しているかをみておこう。

(1) 建築禁止仮処分・八王子支部満田決定（平成12年6月6日）

景観の権利性については，次のように判示している。

「いかなる景観が美しいのか，いかなる景観が当該地域にふさわしいのかについては，それを判断する者の主観に負うところが極めて大きく，これを一義的に定めることは，極めて困難であって，事実上不可能といつても過言ではな

い。そうすると，景観について法的に定義付けがなされ，その景観を保護すべき義務を国民・市民等に義務づけるような法令・条例等が制定・適用されれば格別，そのような法令・条例等が存在しない現時点においては，美しい景観，地域に適した景観を享受する利益を法的保護に値する具体的権利とみることは困難というほかない。そうすると，右利益を侵害されたとしてその侵害行為の排除等を求めることはできないというべきである。」

(2) **建築禁止仮処分・東京高裁江見決定（平成12年12月22日）**

「環境にしても，景観にしても，その中に居住して生活する住民の多数が長い間にわたって維持し，価値が高いものとして共通の認識の確立したものは，先に居住を開始した住民の単なる思い入れにとどまるものではなく，新たに住民となる者や関係地域においても十分に尊重すべきものである。しかして，これら環境や景観は，個々の住民の利益というよりは，時代及び世代を超える，地域全体の利益として，国や地方自治体において，その内容を明確にし，これを維持する根拠となる法令を定め，その行政を通じて維持されるべきものであって，私人間に偶発的に発生する紛争の解決を通じては，有効かつ適切に維持されるとは解されない。もとより，これを司法の過程を通じて維持することを可能にするかどうか及びその範囲を決定するのは立法政策の問題ではあるが，我が国においては，景観に関する利益，環境のいずれについても，裁判規範となる立法はされていない。このことは，我が国においては，これを司法裁判所によって維持すべきものとする国民の需要が立法を促す程には強くないことを示すものである。

　以上のとおり，当該地域の環境及び景観に対する住民の利益は，それのみでは，法律上，相手方らの本件マンションの建築を差し止める根拠とはなりえないと解すべきである。」

(3) **行政事件・東京地裁市村判決（平成13年12月4日）**

「まず本件建築条例は，前記のとおり，単に，一般的抽象的な意味における景観の維持・保全を図ろうとしたものではなく，前記のとおり，歴史的に既に存在している大学通りという特定の景観（高さ20メートルの美しい並木通りの景観）を維持・保全するという具体的な目的を実現するために，強制力のない景観条例によっては実効的に景観を維持するという行政目的を達成できないこと

から，是正命令という行政目的実現を担保する規定のある建築基準法に基づく規制として，建築物の高さを具体的に制限したものである。

したがって，本件高さ規制によって，国立市民が享受することができるようになった景観の利益は，抽象的，主観的，一般的なものではなく，並木通りの高さである20メートルを超えない高さの建築物で構成される景観という，客観的な基準によって，その美しさの維持が法的に図られた大学通りの特定の景観を享受する具体的，客観的な利益であるということができる。

そこで，このように具体化された公益としての景観の有する特質について検討する。

景観は，通りすがりの人にとっては一方的に享受するだけの利益にすぎないが，ある特定の景観を構成する主要な要素の一つが建築物である場合，これを構成している空間内に居住する者や建築物を有する者などのその空間の利用者が，その景観を享受するためには，自らがその景観を維持しなければならないという関係に立っている。しかも，このような場合には，その景観を構成する空間の利用者の誰かが，景観を維持するためのルールを守らなければ，当該景観は直ちに破壊される可能性が高く，その景観を構成する空間の利用者全員が相互にその景観を維持・尊重し合う関係に立たない限り，景観の利益は継続的に享受することができないという性質を有している。すなわち，このような場合，景観は，景観を構成する空間を現に利用している者全員が遵守して初めてその維持が可能になるのであって，景観には，景観を構成する空間利用者の共同意識に強く依存せざるを得ないという特質がある。

このような景観の特質をふまえて，さらに検討すると，本件地区のうち高さ制限地区の地権者は，法令等の定め記載のとおり，本件建築条例及び本件地区計画により，それぞれの区分地区ごとに10メートル又は20メートル以上の建築物を建てることができなくなるという規制を受けているところ，これら本件高さ制限地区の地権者は，大学通りの景観を構成する空間の利用者であり，このような景観に関して，上記の高さ規制を守り，自らの財産権制限を受忍することによって，前記のような大学通りの具体的な景観に対する利益を享受するという互換的利害関係を有していること，1人でも規制に反対する者がいると，景観は容易に破壊されてしまうために，規制を受ける者が景観を維持する意欲

を失い，景観破壊が促進される結果を生じ易く，規制を受ける者の景観に対する利益を十分に保護しなければ，景観の維持という公益目的の達成自体が困難になるというべきであることなどを考慮すると，本件建築条例及び建築基準法68条の2は，大学通りという特定の景観の維持を図るという公益目的を実現するとともに，本件建築条例によって直接規制を受ける対象者である高さ制限地区地権者の，前記のような内容の大学通りという特定の景観を享受する利益については，個々人の個別的利益としても保護すべきものとする趣旨を含むものと解すべきである。そして，本件高さ制限地区地権者の景観の利益は，街並みの高さを20メートルにするという客観的数値によって，保護の対象となる利益の範囲及び内容の外延が明確である。そうすると，本件高さ制限地区の地権者の大学通りの景観に対する利益は，本件建築条例及び建築基準法によって保護された法律上の利益に該当すると解するのが相当である。他方，本件高さ制限地区以外の者についての景観に対する利益は，本件建築条例及び建築基準法68条の2が目的とする大学通りの景観を維持，保全するという公益目的の反射的利益にすぎず，建築基準法によって保護された法律上の利益には該当しないと解される。」

(4) 行政訴訟・東京高裁奥山判決（平成14年6月7日）

本件判決は，本件建物は，建築基準法3条2項のいう「現に建築……の工事中の建築物」に該当するのであるから，本件建築条例に係る改正条例の適用を受けず，したがって，本件建築条例の規定する高さ20mの制限に適合しない建物ではあるが，建築基準法に違反する建物ではないとし，そして，本件建物は建築基準法に違反する建物ではないから，建築指導事務所長が本件建物について建築基準法9条に基づく是正命令を発令すべきことが一義的に明白であるとはいえないとし，結論として，本件不作為違法確認請求及び本件義務付け請求に係る訴えは，一義的明白性の要件を満たしておらず，不適法であると判示し，景観については，判断していない。

(5) 民事事件・東京地裁宮岡判決（平成14年12月18日）

「……（略）……都市景観による付加価値は，自然の山並みや海岸線等といったものともとそこに存在する自然的景観を享受したり，あるいは寺社仏閣のようなもっぱら所有者の負担のもとに維持されている歴史的建造物による利益を

他人が享受するのとは異なり，特定の地域内の地権者らが，地権者相互の十分な理解と結束及び自己犠牲を伴う長期間の継続的な努力によって自ら作り出し，自ら享受するところにその特殊性がある。そして，このような都市景観による付加価値を維持するためには，当該地域内の地権者全員が前記の基準を遵守する必要があり，仮に，地権者らのうち1人でもその基準を逸脱した建築物を建築して自己の利益を追求する土地利用に走ったならば，それまで統一的に構成されてきた当該景観は直ちに破壊され，他の全ての地権者らの前記の付加価値が奪われかねないという関係にあるから，当該地域内の地権者らに対して，同様の負担を求めることができなくてはならない。以上のような地域地権者の自己犠牲によってもたらされた都市景観の由来と特殊性に鑑みると，いわゆる抽象的な環境権や景観権といったものが直ちに法律上の権利として認められないとしても，前記のように，特定の地域内において，当該地域内の地権者らによる土地利用の自己規制の継続により，相当の期間，ある特定の人工的な景観が保持され，社会通念上もその特定の景観が良好なものと認められ，地権者らは，その土地所有権から派生するものとして，形成された良好な景観を自ら維持する義務を負うとともにその維持を相互に求める利益（以下「景観利益」という。）を有するに至ったと解すべきであり，この景観利益は法的保護に値し，これを侵害する行為は，一定の場合には不法行為に該当すると解するべきである。」

(6) **東京高裁大藤判決**（平成16年10月27日）

「良好な景観は，我が国の国土や地域の豊かな生活環境等を形成し，国民及び地域住民全体に対して多大の恩恵を与える共通の資産であり，それが現在及び将来にわたって整備，保全されるべきことはいうまでもないところであって，この良好な景観は適切な行政施策によって十分に保護されなければならない。しかし，翻って個々の国民又は個々の地域住民が，独自に私法上の個別具体的な権利・利益としてこのような良好な景観を享受するものと解することはできない。」「景観は，当該地域の自然，歴史，文化，人々の生活等と密接な関係があり，景観の良否についての判断は，個々人によって異なる優れて主観的で多様性のあるものであり，これを裁判所が判断することは必ずしも適当とは思われない。」「良好な景観を享受する利益は，その景観を良好なものとして観望する全ての人々がその感興に応じて共に感得し得るものであり，これを特定

の個人が享受する利益として理解すべきものではないというべきである。これは，海岸や山等の純粋な自然景観であっても，また人の手の加わった景観であっても変わりはない。良好な景観の近隣に土地を所有していても，景観との関わりはそれぞれの生活状況によることであり，また，その景観をどの程度価値あるものと判断するかは，個々人の関心の程度や感性によって左右されるものであって，土地の所有権の有無やその属性とは本来的に関わりのないことであり，これをその人個人についての固有の人格的利益として承認することもできない。……良好な景観とされるものは存在するが，景観についての個々人の評価は，上述したとおり極めて多様であり，かつ，主観的であることを免れない性質のものである。一定の価値・利益の要求が，不法行為制度における法律上の保護に値するものとして承認され，あるいは新しい権利として承認されるためには，その要求が，主体，内容及び範囲において明確性，具体性があり，第三者にも予測，判定することが可能なものでなければならないと解されるが，当裁判所としては，1審原告らが依拠する意見書・学説を参酌しても，景観に関し，個々人について，このような法律上の保護に値する権利・利益の生成の契機を見出すことができないのである。」

(7) **行政訴訟・最高裁決定**（平成17年6月23日）

(4)の上告審である。

本件上告を棄却する・本件を上告審として受理しないということであり，他に具体的判示はない。

(8) **行政訴訟・東京高裁根本判決**（平成17年12月19日）

「良好な景観は，国土や地域の豊かな生活環境等を形成し，国民及び地域住民全体に多大な恩恵を与える共通の資産であり，それが現在及び将来にわたって整備・保全されるべきことは望ましいことは当然であり，良好な景観，適切な行政施策によって十分に保護されなければならない。しかしながら，現行法上，個人について良好な景観を享受する権利を認めた法令は見あたらず，平成16年6月11日に成立し，同月18日に公布された景観法においても同様である。景観は，対象としては客観的なものであっても，これを観望・評価する主体は限定されておらず，その視点も広がりがある。また，対象である景観自体が時間的，歴史的に変化する要因を内在しており，将来を予測しての保持可能性は

必ずしも保証できるものではない。良好な景観を享受する権利は，その景観を良好なものとして観望・評価するすべての人がその感興に応じて共に感得し得るものであり，これを特定の個人が享受する利益として理解すべきものではなく，個人の人格的利益として承認することはできないというべきである。」

(9) 民事訴訟・最高裁判決（平成18年3月30日）

(6)の大藤判決の上告審である。

「都市の景観は，良好な風景として，人々の歴史的又は文化的環境を形作り，静かな生活環境等を構成する場合には，客観的価値を有するものというべきである。被上告人明和地所が本件建物の建築に着手した平成12年1月5日の時点において，国立市の景観条例と同様に，都市の良好な景観を形成し，保全すること目的とする条例を制定していた地方公共団体は少なくない状況にあり，東京都も，東京都景観条例を既に制定し，景観作りに関する必要な事項として，都の責務，都民の責務，事業者の責務，知事が行うべき責務などを定めていた。また，平成16年6月18日に公布された景観法は，『良好な景観，美しく風格のある国土の形成と潤いのある豊かな生活環境の創造に不可欠なものであることにかんがみ，国民共通の資産として，現在及び将来の国民がその恵沢を享受できるよう，その整備及び保全が図られなければならない。』と規定した上，国，地方公共団体，事業者及び住民の有する責務，景観行政団体がとり得る行政上の施策並びに市町村が定めることができる景観地区に関する都市計画，その内容としての建築物の形態意匠の制限，市長村長の違反建築物に対する措置，地区計画等の区域内における建築物等の形態意匠の条例による制限等を規定しているが，これも，良好な景観が有する価値を保護することを目的とするものである。そうすると，良好な景観に近接する地域内に居住し，その恵沢を日常的に享受している者は，良好な景観が有する客観的な価値の侵害に対して密接な利害関係を有するものというべきであり，これらの者が有する良好な景観の恵沢を享受する利益（景観利益）は，法律上，保護に値するものと解するのが相当である。もっとも，この景観利益の内容は，景観の性質，態様等によって異なり得るものであるし，社会の変化に伴って変化する可能性のあるものでもあるところ，現時点においては，私法上の権利といい得るような明確な実体を有するものとは認められず，景観利益を超えて，『景観権』という権利性を有す

るものを認めることはできない。……（略）……原審の確定した前記事実関係によれば，大学通り周辺においては，教育施設を中心とした閑静な住宅地を目指して地域の整備が行われたとの歴史的経緯があり，環境や景観の保護に対する当該地域住民の意識も高く，文教都市にふさわしく美しい都市景観を守り，育て，作ることを目的とする行政活動も行われてきたこと，現に大学通りに沿って一橋大学以南の距離約750ｍの範囲では，大学通りの南端に位置する本件建物を除き，街路樹と周囲の建物とが高さにおいて連続性を有し，調和がとれた景観を呈していることが認められる。そうすると，大学通り周辺の景観は，良好な風景として，人々の歴史的又は文化的環境を形作り，豊かな生活環境を構成するものであって，少なくともこの景観に近接する地域内の居住者は，上記景観の恵沢を日常的に享受しており，上記景観について景観利益を有するものというべきである。」と景観利益を認め，「大学通り周辺においては，教育施設を中心とした閑静な住宅地を目指して地域の整備が行われたとの歴史的経緯があり，環境や景観の保護に対する当該地域住民の意識も高く，文教都市にふさわしく美しい都市景観を守り，育て，作ることを目的とする行政活動も行われてきたこと，現に大学通りに沿って一橋大学以南の距離約750ｍの範囲では，大学通りの南端に位置する本件建物を除き，街路樹と周囲の建物とが高さにおいて連続性を有し，調和がとれた景観を呈していることが認められる。そうすると，大学通り周辺の環境は，良好な景観として，人々の歴史的又は文化的環境を形作り，豊かな生活環境を構成するものであって，少なくともこの景観に近接する地域内の居住者は，上記景観の恵沢を日常的に享受しており，上記景観について景観利益を有するものというべきである。」とし，国立の大学通りについても保護すべき景観とした。

(10) **行政訴訟・最高裁決定**（平成20年3月11日）
(8)の上告審である。
本件上告を棄却する・本件を上告審として受理しないということであり，他に具体的判示はない。
当事者が上告等をせず，補助参加人が上告等をしている状況，俗にいえば，当事者がいいと言っているのであるから，周囲の者があれこれいう必要はないのではないかという状況からは，最高裁の結論はやむを得なかったと思われる。

Ⅶ　景観利益の認められる都市景観

　最高裁判決によれば、「都市の景観は、良好な風景として、人々の歴史的又は文化的環境を形作り、豊かな生活環境を構成する場合には、客観的価値を有するものというべきである。」と判示し、そしてあっさりと景観利益を認めることは、非常にわかりやすい。

　景観というものに価値を認め保護していくかどうかは、日本全体の問題であるが、具体的にどのような景観を保護していくのかは、まちづくりの問題として、個々の地方自治体とその住民の問題であろうと思われる。保護されるべき景観であるためには、客観的に価値のあることが必要であろうが、都市の景観においては、地域住民の合意と、良好な景観を作出し保持していく不断の努力が求められるところである。歴史的景観であればともかく、人工的な都市の景観において「歴史的環境」「文化的環境」「豊かな生活環境」ということが、どの程度にまで至ることが必要かは、難しいところがある。

Ⅷ　最高裁判決の意義

(1)　最高裁判決における景観利益

　最高裁判決の意義は、景観利益を認めたことに尽きる。

　最高裁判決では、「良好な景観に近接する地域内に居住し、その恵沢を日常的に享受している者は、良好な景観が有する客観的な価値の侵害に対して密接な利害関係を有するものというべきであり、これらの者が有する良好な景観の恵沢を享受する利益（景観利益）は、法律上、保護に値するものと解するのが相当である。」とし、景観利益を認めた。

　景観については、従来、日照や眺望と異なり、個別的利益とは言い難いとの立場が有力であった。比較的類似する眺望との関係でみれば、眺望は、原告の所有地からの眺望であって、個別的利益があることが確定しているのに対し、景観は、原告の所有地等からのものとは限らず、個別的利益があるといってよいか不明確であると考えられてきた。これに対し、本判決は、「景観利益の内

容は，景観の性質，態様等によって異なりうるものであるし，社会の変化に伴って変化する可能性のあるものでもあるところ，現時点においては，私法上の権利といい得るような明確な実体を有するものとは認められず」としながらも，不法行為上の法的利益はあるとした。公害により障害を受けない健康利益，日照・眺望のような利益については個人に帰属するが，景観のような利益の侵害は通常は個人に帰属するものではないとして，景観について個別の利益を認めない立場は，民法709条の「権利・利益侵害」の判断においては採用されなかった。

(2) 景観利益の根拠

景観の恵沢を享受する利益については，その権利性や法的保護利益性を認める立場としては，次のような考え方がある。
① 環境権を根拠とするもの
② 自由権ないし「拡張された人格権」を根拠とするもの
③ 土地所有権から派生した利益であるとするもの
④ 景観の特殊性に鑑み，人格権にも土地所有権にも還元され得ない生活環境利益の一種であるとするもの
⑤ 地域的ルールを根拠とするもの

最高裁は，「豊かな生活環境を構成する場合には」とあることからは，前記の④の立場に近いのであろうか。

IX 景観利益の享有主体

(1) 景観と個別的利益

景観というものは，果たして誰のものなのであろうか。良好な環境を享受する住民は多数いるし，各々が他の住民と同様のものを享受するのであって，排他的なものではない。景観を，比較的類似する眺望と比較すると，眺望は受け身的なもので原告の所有地からの眺望であって，個別的利益があることが確定しているのに対し，景観は，能動的なもので原告の所有地からのものとは限られず，個別的利益があるといってよいか不明確であると考えられてきた。しかしながら，現実に訴訟を提起するためには，地域住民全体の利益と考えること

はできず，個別具体的な権利・利益の侵害が必要であり，景観も，個別的な権利・利益であると構成せざるをえない。最高裁判決は，景観について，個別的な利益としての「景観利益」を認めた。

(2) 景観利益の享有主体

景観利益の享有主体については，さまざまな考え方があるが，国立マンション訴訟の判決においても，一様ではない。

(a) 民事訴訟・最高裁判決

「良好な景観に近接する地域内に居住し，その恵沢を日常的に享受している者」と判示する。景観利益を非常に広く認めており，評価のできるところであるが，「景観に近接する地域内に居住し」とは何かについては明確でないところがある。大学通りの景観を保持していくだけでも，国立市や国立市民の協力が必要と思われるが，単に国立市内に居住しているというだけでは，景観利益は認められないということである。

では国立の大学通りからどの程度の範囲に居住している者であることが必要なのであろうか。国立市に通勤し，あるいは通学し，大学通りの景観を享受してきた者らには，景観利益は認められない。さらに，「日常的に享受してきた」というからには，ある程度の時間的な享受が必要ということになる。どの程度の期間，享受してきたかについても明確ではない。

(b) 行政訴訟・東京地裁市村判決

行政訴訟・東京地裁市村判決では，「原告適格の問題」として，景観についての権利者は「地区計画内の地権者」とする。

(c) 民事訴訟・東京地裁宮岡判決

民事訴訟・東京地裁宮岡判決では，「景観利益を有するのは，大学通りの両側20ｍの範囲内に土地を所有する者」とする。

X 景観利益損害の回復

(1) 民事訴訟・最高裁判決

(a) 最高裁の判示は次のとおりである。

「本件におけるように建物の建築が第三者に対する関係において景観利益の

違法な侵害となるかどうかは，被侵害利益である景観利益の性質と内容，当該景観の所在地の地域環境，侵害行為の態様，程度，侵害の経過等を総合的に考察して判断すべきである。そして，景観利益は，これが侵害された場合に被侵害者の生活妨害や健康被害を生じさせるという性質のものではないこと，景観利益の保護は，一方において当該地域における土地・建物の財産権に制限を加えることとなり，その範囲・内容等をめぐって周辺の住民相互間や財産権者との間で意見の対立が生ずることも予想されるのであるから，景観利益の保護とこれに伴う財産権等の規制は，第一次的には，民主的手続により定められた行政法規や当該地域の条例等によってなされることが予定されているものということができることなどからすれば，ある行為が景観利益に対する違法な侵害に当たるといえるためには，少なくとも，その侵害行為が刑罰法規や行政法規の規制に違反するものであったり，公序良俗違反や権利の濫用に該当するものであるなど，侵害行為の態様や程度の面において社会的に容認された行為としての相当性を欠くことが求められると解するのが相当である。これを本件についてみると，原審の確定した事実関係によれば……」と判示する。

(b) 最高裁判決で認められたのは，「景観利益」であって，「景観権」ではない。この場合に，差止めが認められるかどうかについては，次のように争いがあるが，差止めまでは，認められないとする考え方が強い。

(イ) 私法上の権利であれば，差止めが認められるが，「法律上の利益」であれば，そうではないとの考え方（権利説）。最高裁判決が，「法律上保護される利益」について判示している点はすべて慰謝料や弁護士費用の問題とする。

(ロ) 侵害行為の態様や，侵害された利益等を総合的に考慮し，場合によっては不法行為に基づく差止めが認められるとする。

権利説に立脚するとすれば，失われた景観の回復はできないこととなる。住民らが求めていることは，差止めであり，慰謝料や弁護士費用ではない。「環境」や「景観」といったものが，地域住民の共有に属するものであるならば，個々人についての，損害や損害回復を認めにくいということにもなろうが，個々人についての「景観利益」を認めたのであれば，差止めを認めることも可能なはずである。さらに今回の最高裁判決で，景観利益が認められたが，景観破壊行為を違法な侵害というためには，現実的に極めて困難である。最高裁判

旨からは，景観を破壊するような行為，例えば，高層マンションのような場合は，建築確認を得ているのが通常であるから，刑罰法規や行政法規に違反する等のことは考えにくく，マンション建築行為を景観破壊行為と捉えて，排除することは事実上困難である。これでは景観利益を認めたといっても，実際に景観を保護していくことは難しく，画に描いた餅でしかない。

(2) 民事訴訟・東京地裁宮岡判決

宮岡判決は，次のように判示している。

「不法行為による被害の救済は，金銭賠償の方法により行われるのが原則である。しかしながら，原告Yら3名は本件建物のうち20メートルを超える部分の撤去を求めているところ，前記のとおり，本件景観は同原告らを含む関係地権者が地域住民や行政と連携しつつ長年にわたる努力の結果創り上げたものであり，その形成及び維持について複数の地権者らによる十分な理解と結束及びそれに基づく継続的な努力が要求されるという景観利益の特殊性と，本件建物による景観利益破壊の程度を総合考慮すると，本件建物のうち，少なくとも，大学通りに面した本件棟について高さ20メートルを超える部分を撤去しない限り，同原告らを含む関係地権者らがこれまで形成し維持してきた景観利益に対して受忍限度を超える侵害が継続することになり，金銭賠償の方法によりその侵害を救済することはできないというべきである。なお，本件棟の一部分は道路境界線から20メートルの範囲外に位置しているが，建物の構造上は一体であり，本件棟が全体として原告Yらの景観利益を侵害していると評価すべきであるから，撤去の範囲についても本件棟を一体として考えるべきである。」と判示し，本件マンションの一部撤去を認めている。また慰謝料については，「原告Yら3名については，前記景観利益の侵害という被害が認められるから，本件建物が完成し，景観侵害が現実化した後である検査済証の交付された日以降，本件棟の一部が撤去されるまでの間，景観利益の侵害によって同原告らが精神的苦痛を受けるものと認めることができ，その慰謝料としては，1カ月各1万円の請求の範囲でこれを認めるのが相当である。」と判示し，さらに弁護士費用（900万円）の請求を認めている。

(3) 景観利益の回復，すなわち撤去について

できあがった建築物を撤去することは，莫大な費用がかかり，社会・経済的

にもマイナスである。もっとも，できあがった建築物を取り壊すことの経済的不利益と，失われた景観がある程度回復することの利益があり，この利益は算定しにくい。しかしながら，そのマイナスを重視すべきではない。この点についても，宮岡判決は明快である。

「……本件建物のうち20メートルを超える部分を撤去するとなると，少なくとも約53億円の損失を被ることが認められる。しかしながら，これらの損害は，結局，被告明和地所が本件土地上に高層建築物を建てることにより本件景観を侵害することを十分に認識しながら，あえて建築を強行したことによって発生したものであり，そもそもの経営判断に誤りがあったというべきである。また，被告が，多額な投資をしてより高層で巨大な建築物を作り，それゆえ景観を大きく破壊しながら，逆に撤去するとした場合に算定される被告の損害の大きさをもって原告らの請求を妨げる事情とするのは不合理である。」と判示する。

建築というものは，これまで多少の違反が存しても，「作った者勝ち」ということで，できあがった建築物を壊すのは社会経済的に損失ということで，取壊しはほとんど認められない。現代の社会は，基本的には，経済原理で動いている。しかしながら，経済原理だけでは処理することができないものがある。それが，「正義」というものであろう。

XI 企業のコンプライアンスについて

企業のコンプライアンスについては，宮岡判決と大藤判決が対照的であるのでそれぞれの判決をみてみたい。景観と営業の自由のそれぞれの価値をどう考えるか，コンプライアンスをどう考えるかにより，結論が異なる。不法行為の成立に関連する問題である。

(1) 宮岡判決

「このように大学通りの景観を守ろうとする行政や住民らを敵視する姿勢をとり続ける一方で，本件土地に高層建築物を建てることによりそれまで保持されてきた本件景観が破壊されることを十分認識しながら，自らは，本件景観の美しさを最大限にアピールし，本件景観を前面に押し出したパンフレットを用

いるなどしてマンションを販売したことは，いかなる私企業といえども，その社会的使命を忘れて自己の利益の追求のみに走る行為であるとの非難を免れないといわざるを得ない。」

(2) **大藤判決**

「国立市及び住民側は，あくまで大学通りの景観を守る立場から，本件建物の高さを20メートル以下に抑制することに腐心する余り一切妥協せず，本件土地が第2種中高層住居専用地域にあることを前提として買い受けた1審被告明和地所の立場を配慮する柔軟な姿勢を全く示さなかったものである。こうした状況のもとで，1審被告明和地所が採った対応は，高額で取得した本件土地を企業として最大限有効活用し経済的利益を得ようとしたものであって，企業の経済的活動としてはやむを得ない側面があったといわざるを得ない。……(略)……私企業が合法的に営利を追求するのは企業倫理として当然のことであり，大学通りそのものも，遡れば，その基本的な骨格はつとに箱根土地株式会社の営利事業として構想されていたものであった。1審原告らも，もとよりこのような企業活動を全面的に否定するものではないと解される。本件建物の建築の過程において，本件地区計画の決定及び本件建築条例の制定がされず，国立市及び本件建物の建築に反対する住民らが，高さ20メートル制限のみに拘泥しないで，1審被告明和地所と粘り強い協議，交渉を重ねていれば，高さの問題に限らず，本件建物の全体の仕様について，住民側の要望を踏まえた1審被告明和地所の対応が期待できたのではないかとも考えられる。」と判示している。

■

第5章── 解　説

国立マンション事件最高裁判決について
── 原告適格判断への影響

Comment ／ 越　智　敏　裕

Ⅰ　はじめに

　本件最高裁判決に限らず，国立マンション紛争を巡る一連の訴訟が行政法ないし行政訴訟実務に与えた理論的影響は大きい。本件については，公私協働の観点も含め，民法学及び行政法学から関心が寄せられ，相当数の論考が公表されてきた[1]。本書では，原告弁護団の中核メンバーとして一連の訴訟を担当された河東宗文弁護士による最終総括ともいうべき報告がされたが，これに筆者が追加すべき点は見当たらない。そこでここでは，民事事件の判決である本判決が行政訴訟実務に及ぼす影響，具体的には，原告適格の判断に及ぼす理論的影響について若干の検討をすることとしたい。

[1]　本判決につき，例えば大塚直・ジュリ1323号70頁，畠山武道・自治実務セミナー45巻10号50頁，吉田克己・ジュリ臨時増刊1332号83頁。本紛争に関する主要な評釈，考察として，角松生史・地方自治判例百選（第3版）80頁，吉田克己・判タ1120号67～73頁，金子正史・法令解説資料総覧254号114頁，淡路剛久・ジュリ1240号68～78頁，大塚直・ＮＢＬ799号4頁，富井利安・法時77巻2号1頁，福井秀夫・月刊自治フォーラム543号14頁，阿部泰隆「景観権は私法的（司法的）に形成されるか（上）」自治研究81巻2号14頁・「同（下）」同81巻3号3頁，吉村良一「景観保護と不法行為法─国立景観訴訟最高裁判決の検討を中心に」立命館法学310号455頁など多数ある。本判決も含めた総合的な考察として，大塚直「環境訴訟と差止の法理─差止に関する環境共同利用権説・集団利益訴訟論・環境秩序説をめぐって」『民法学における法と政策《平井宜雄先生古稀記念》』701頁

(有斐閣，2007年）などがある。

Ⅱ　原告適格判断への影響

(1)　本判決以前の状況

　これまで本件のような都市部における民間開発紛争において原告適格を基礎づけうるとされた権利利益は主として日照権や人格権であった。例えば最判平14・1・22民集56巻1号46頁は日照権侵害のおそれ等を根拠に，最判平9・1・28民集51巻1号250頁はがけ崩れによる生命・身体への危険を根拠にそれぞれ原告適格を認めた。先進的な判例[2]を除いて，景観利益については，法令の規定がそれを個別的に保護する趣旨を含むかどうかという問題を検討する以前に，それは反射的利益にすぎず公益に吸収されるという理解が有力であったように思われる[3]。

　平成16年の行政事件訴訟法（以下「行訴法」という）改正により9条2項が新設され，原告適格は拡大された。小田急事件大法廷判決（最判平17・12・7民集59巻10号2645頁）は，もんじゅ以来の個別的利益性を求める判断枠組みそれ自体を変更しなかった。しかし同判決は，従前の判例（最判平11・11・25判時1698号66頁）を変更し，従来は個別的に保護される利益にあたらないとしていた利益侵害のおそれを理由に原告適格を認めたのであるから，筆者は，同判決が関係法令の規定や手続規定をも考慮することで，個別的利益の認定の仕方を緩和したものと捉えている。ただし同判決は，「騒音，振動等による健康又は生活環境に係る著しい被害を直接的に受けるおそれのある者」の原告適格を認めたものであり，景観利益がこの判決の射程に入り原告適格が肯定されるとは直ちにいい難いかも知れない。

*2　東京地判平13・12・4判時1791号3頁。
*3　例えば横浜地判平17・11・30判例自治277号31頁。なお，民事訴訟であるが，東京高判平13・6・7判時1758号46頁，東京高判平15・2・27LEX／DB28081438参照。

(2)　本判決による理論的影響

　しかし，この後に出された本判決は，一定の場合に，良好な景観の恵沢を享

受する利益が法的保護を受けるとし，その侵害が不法行為となりうると判断したものである。

　この点，民事上法的保護を受けうる利益であることが原告適格を基礎づける「法律上の利益」であることの必要不可欠の条件ではない*4。しかし，民事上法的保護を受けうる利益であることは，景観利益が公益に吸収されえない個別的利益となりうることを意味する。

　本判決以前には，いかに良好な景観が存在しても，法的に保護されるべき個々人の個別的利益たりえないとして原告適格を否定する議論がありえた。しかし，本判決は，それまで景観利益の法的保護性を否定してきた原判決*5を含む下級審判例の考え方を変更し，都市景観を念頭において，優れた景観があればそこに近接する地域に居住し，その恩沢を日常的に享受する者が法的保護に値する景観利益を有すると認めたものである。本判決が民事差止めまでは容認しない趣旨であるかどうかはともかくとして*6，少なくとも損害賠償請求を容認するものである以上，景観利益が公益に吸収される反射的利益にすぎず，個々人の個別的利益たりえないという主張はもはや成り立たないように思われる。

　すなわち今後は，本判決に依拠して原告適格を基礎づける利益として景観利益を主張することが可能であると考えられる。すでに改正前において，本事件の行政訴訟第1審判決*7は，景観利益を「法律上の利益」と認めて原告適格を肯定していたし，改正後の公有水面埋立免許の仮の差止めの申立てに対する鞆の浦事件決定*8も，本判決に依拠して原告適格を肯定している。

　したがって，景観利益について原告適格を判断するにあたり問題となるのは，①当該景観が良好な景観といえるのか，②法令の規定が景観利益を個別的利益として保護する趣旨を含むか，という2点であり，利益の個別性それ自体はもはや問題とならないというべきである*9。

　　*4　例えば，大阪地判平18・10・26判タ1226号82頁は，近隣住民である原告らが，大阪府公安委員会がぱちんこ店を営業する会社に対し風営法及び大阪府風俗営業等の規制及び業務の適正化等に関する法律施行条例に違反して営業所拡張を2度にわたって承認した等と主張して，上記承認処分の各取消し等を求めた事案で，風営法施行令6条等によってその個別的な利益を保護される者は，住宅

集合地域に居住する住民のうち，営業所の周辺に居住する住民に限られると解すべきであり，特定施設周辺地域との均衡からすれば，少なくとも営業所からの距離がおおむね100m以内であることが必要であるとした。営業所から100m以内に居住する住民にとって，民事上の営業差止め等の請求は必ずしも容易ではないが，原告適格は承認されることになる。

* 5　東京高判平16・10・27判時1877号40頁。
* 6　筆者は，財産権との対等な衡量を否定したにすぎず，通常の受忍限度論よりも高いハードルではあるが，差止めを否定する趣旨ではないと考えている。
* 7　東京地判・前掲 * 2 。
* 8　広島地決平20・2・29LEX／DB25400363。大久保規子「本件解説」法セ643号119頁，北村喜宣「本件評釈」速報判例解説ＴＫＣローライブラリー環境法No.4も本判決を好意的に評価している。
* 9　景観利益を根拠とする原告適格を認めなかった例として京都地判平19・11・7LEX／DB28140193があるが，法令の規定が個々人の個別的利益としての景観利益を保護する趣旨を含まないことを理由としている。

(3) 「良好」な景観の判断

この点，「良好」な景観がどのようにして判断されるのかについては，その判断基準は明らかではないが，社会通念や行政規制を踏まえて判断するほかないであろう*10。

また，良好な景観は，その性質上，厳密な意味で明確な地理的範囲を画することが困難な場合も少なくないと思われる。本判決が景観利益の帰属主体として「良好な景観に近接する地域」というやや幅を持たせた表現を用いているのも，この点に配慮したものと考えられる。したがって，「良好な景観」の地理的範囲を明確に画することができないことを理由として，景観利益の法的保護性を認めないという判断は本末転倒といえる。「良好な景観」は幾つかの要素から構成されているはずであり，コアとなる部分も想定しうるから，当該景観についての社会的評価や行政規制により，おおよその範囲を特定することは十分に可能であり，また，それで足りるというべきである。

なお，本判決以前に景観法が制定・施行されているが，本判決は，紛争解決・予防の方法として，第一次的に景観法等による利益調整をすべきとしたにとどまり，景観法ないし条例による保護を受けない限り景観利益が認められな

いと判断したわけでないことは，（景観法等による保護を受けないことによる実際上の救済可能性はともかくとして）明らかであろう。したがって，景観法や条例による景観保護規制があればもちろんであるが，それがないとしても景観利益の法的保護性が否定されるわけではない。

さらに，本判決は，都市景観を念頭においているから，人が長年月かけて作り上げてきた歴史的・文化的景観についても景観利益の成立を認めることができるであろう[*11]。「良好な景観」に自然的景観も含まれるのか否かについて本判決は述べていないが，人の手により保護された結果として破壊されず，あるいは形成・維持されてきた自然的景観について，積極的にそれを排除する必要はないように思われる。

* 10 判決文は公表されていないが，新聞報道によると，著名漫画家の赤と白に塗られた建物の建築差止めが求められた民事仮処分が却下された東京地決平17・10・12判例集未登載は，当該建築物周辺の吉祥寺の景観が法的に保護されるべき「良好な景観」であることを否定した。
* 11 歴史的景観が問題となった事案として，本判決前のものであり，理論構成も異なるが，名古屋市の白壁地区に関する名古屋地決平15・3・31判タ1119号278頁があり，同決定は景観利益の法的保護性を承認している。

(4) 景観利益の帰属主体

また，本判決によると「良好な景観に近接する地域内に居住し，その恵沢を日常的に享受している者」が景観利益の帰属主体であるとされるが，この基準もまた必ずしも明確ではない。本判決以前には，景観利益の法的保護性を承認しようとする立場から，当該景観の形成と保全に関する従前の経緯やいわゆる互換的利害関係[*12]が主張されてきたところである[*13]。しかし本判決はこれを採用せず，景観利益を認める基準を単純化し，単に，上記の居住（日常的享受）要件を充たせば，景観利益を認めることとしたのである。

この考え方は，民事上の利益としての「強さ」という観点からは問題もないではないが，原告適格の判断基準としては明快であるという利点を有している。そして，「良好な景観に近接する地域内に居住」していれば，通常は「その恵沢を日常的に享受している」はずであるから，原告は，当該景観が「良好な景観」であること及びそれに「近接する地域内に居住」していることさえ主張立

証できれば，原告は景観利益を有すると考えてよく，それ以上に景観と原告の結びつきは要求されないであろう。

*12　山本隆司『行政上の主観法と法関係』（有斐閣，2000年）306頁以下。
*13　東京地判・前掲＊2はこの考え方を採用した。

(5)　景観の一体性と景観利益の侵害について

　良好な景観の恵沢を享受する利益は，単に視覚によってのみ把握されるべきではないと思われる。本判決以前には，景観利益の法的保護性を承認するための理論構成として，すでに一定の権利性が承認されている眺望権の集合として景観利益を捉える立場があったが*14，景観利益の帰属主体が日常的に移動する範囲で眺望しうる部分は当然として，日常的に眺望しえない部分についても景観利益の保護が認められるべきであろう。もし，原告が日常的に眺望しうる部分についてのみ景観利益が保護されるとすれば，当該原告が日常的に眺望しえない部分の景観破壊が容認されることになる。例えば原告Aの日常的活動範囲からは，高木や建築物の存在等によりたまたま眺望し得ない良好な景観が部分的に存在したとしても，その部分だけの破壊が許容されるわけではないであろう。

　良好な景観は部分的に存在するのではなく，全体として1つの良好な景観が形成されているのであり，その一部でも毀損されるならば，景観利益は侵害されるものと理解すべきである。眺望と享受とは同一ではないのであり，日常的には眺望しえない部分であっても，例えばすぐれた景観の裏側の景観が完全に破壊されていれば，いわば「興醒め」であってそれでは景観の恵沢を享受しえないというべきであるから，日常的には眺望しえない部分であっても景観利益の内容として含まれる場合があると考えられる。良好な景観は，その一部でも毀損されることで急激に変化しその価値を失う脆弱な価値であり，この点は本判決の活用に当たり留意すべきである。

　さらにいえば「良好な景観の恵沢を享受する」とは視覚のみに限定する趣旨でないというべきであろう。今後の議論の進展を待つ必要があるが，例えば，良好な景観に近接する道路からの騒音や大気汚染による被害を受けるならば，良好な景観の恵沢というアメニティを享受しうるかどうか疑問がある。

*14　淡路・前掲＊1の72〜73頁参照。

(6) 法令が景観利益を個別的に保護する趣旨を含むか否かについて

たとえ良好な景観が存在し，近接居住者が個別的な景観利益を民事上有していたとしても，原告適格に関する現在の判例の判断枠組みを前提とする限り，法令の規定が景観利益を個別的に保護する趣旨を含むといえなければ，原告適格は認められない。

しかし，景観利益が近時初めて最高裁判決により承認された法的利益であることもあり，わが国の法律中，景観利益を個々人の個別的利益として保護する規定は，少なくとも明示的な形では，景観法を含めて存在しないように思われる（少なくとも「所有権」や「漁業権」などと異なり「景観利益」という言葉は法律中に登場しない）。

しかし，景観が保護されれば直ちに景観利益が保護されるのであるから，景観利益の保護とはすなわち景観それ自体の保護なのであり，景観保護を離れて景観利益の保護はありえない。景観が毀損されれば直ちに景観利益が侵害されるから，単なる基本理念でなく，制度運用の中で具体化される景観を保護する（あるいは保護に資する）趣旨の規定は，原則として景観利益を個別的に保護する趣旨を含むというべきである。例えば私有財産の保護はそれを保護する趣旨の規定があれば，その規定は通常，財産権等の個別的利益を保護する趣旨を含むと理解されるが，上述のように景観利益の個別性ないし法的保護性が本判決により承認された以上，法令の規定の趣旨についても私有財産の場合と同様に理解しうると考えられる。

したがって，当該規定が景観利益を個別的に保護する趣旨を含むかどうかは，（現在の判断枠組みを前提とする限り）取消訴訟の対象となる処分及び個別法によりもちろん異なりうるけれども，民事上景観利益を認定できる場合には，処分の根拠規定及び関係法令の規定を踏まえ，景観を保護する趣旨の規定があれば，それだけで景観利益を個別的に保護する趣旨が含まれるというべきである。日照権や財産権に比べると，景観＝景観利益の保護は，補償規定も存在せず，行政規制や手続規定の面でやや具体性を欠くが，それは広く薄く帰属する景観利益の性質からはむしろ当然であり，そのことが原告適格を否定する理由とはならない。景観利益の法的保護性を認めながら，それを侵害するおそれのある処分について，景観利益の帰属主体が原告適格を持ち得ないという結論は奇妙で

ある。その意味で，前掲東京地判及び前掲広島地決の判断は正当である*15。

> *15 ただし，国立マンション紛争では景観利益を高さ制限に収斂させやすい事案であったという点で，鞆の浦事件とは異なる。その意味で広島地決・前掲*8は，改正行訴法のもとでさらに先進的な判断を示したものとして注目される。

Ⅲ 終わりに

　以上述べたように，本判決が原告適格判断に影響を及ぼす潜在的可能性は大きい。さらに，例えば執行停止，差止訴訟や義務付け訴訟における「重大な損害」要件や仮の差止め・義務付けの申立てにおける「償うことのできない損害」要件などにおいても，景観利益を主張していくことが考えられる。また，民間開発だけでなく，鞆の浦事件のように，公共事業紛争においても本判決が認めた景観利益が問題となりうる。ようやくわが国も，本判決を契機として，これまで無視されてきたに等しい景観利益への配慮が，行政過程において法的に求められる時代に入ったといえよう。

　景観利益は本来，時代や空間を超えて広く薄く帰属するものである（原告の提訴目的は損害賠償ではなく景観保全にある）から，景観利益を主張する訴訟は一種の公益擁護訴訟であるといえる。アメリカでは1972年の最高裁判決が審美的利益の毀損を理由として原告適格を承認し，現代環境訴訟の扉が大きく開かれた。筆者は，国立マンション訴訟原告団・弁護団が勝ち取った本判決が，わが国の現代環境訴訟の可能性を拓いた判決であったと，後の時代に評価されることを期待している。

第 6 章

保育所廃止条例仮の差止事件

第6章──報　告

神戸市立枝吉保育所廃止処分仮の差止申立事件

Report ／ 石田　真美＝内海　陽子

Ⅰ　はじめに

　「仮の差止めの制度」は，平成16年の行政事件訴訟法改正で設けられた制度である。この制度は，行政機関によって申立人にとって不利益な処分がいったんなされてしまうと，その処分を事後的に停止させる執行停止の制度では，申立人の生活や事業活動等に回復し難い損害が生じる場合があることから，このような回復し難い損害の発生を避けるために設けられた仮の処分である。
　平成16年の行政事件訴訟法改正は，平成17年4月1日から施行された。
　平成19年2月27日，神戸地方裁判所は，「本案の第一審判決言渡しまで，神戸市立児童福祉施設等に関する条例（神戸市昭和33年条例第1号）の一部を改正する条例の制定をもってする神戸市立枝吉保育所を平成19年3月31日限りで廃止する旨の処分をしてはならない。」との決定を出した。この差止決定は，おそらく最初になされた仮の差止決定であろうということで，日弁連の行政訴訟実務研究会の斉藤弁護士から石田に連絡があり，同研究会において弁護団の中から石田・内海が発表することとなった。
　弁護団が本件事件を受任するか否かの検討を始めたのは，平成18年8月頃であった。本件事件の弁護団長髙橋敬弁護士が，行政訴訟を数多く手がけている弁護士，社会運動に詳しい弁護士，子どもの権利に精通している弁護士等に声をかけ，同年9月半ば弁護団が結成され，同年10月から本格的な訴訟準備を開始した。

内海はこれまでも行政相手の裁判は多かったものの，この事件を含め数件しか行政訴訟を手がけたことはなかったが，子どもに関する事件に取り組んできたこと，また子どもを保育所に通わせる母親であることから，弁護団に参加し，本件訴訟に関わることとなった。

　石田は，取消訴訟の経験が何件かある程度であったが，弁護団長髙橋から事務局長を拝命し本件事件にかかわることとなった。

　前述したとおり，仮の差止制度自体が，平成16年の行政事件訴訟法の改正によって設けられた制度であること，改正法の施行が平成17年4月1日であることから，「仮の差止申立て」は，弁護団全員が未経験であった。

　横浜市や大東市において，公立保育所の廃止に関連する訴訟が先行していたことから，上記2弁護団の協力を得ながら，手探りで訴訟をすすめていったのが実情である。本訴の提起とともに仮の差止申立てを行ったが，弁護団も，仮の差止決定が出るとは正直思っていなかった。思いがけず仮の差止決定を受けることができたという印象である。弁護団会議の中では，仮の差止決定を得るための要件について議論を尽くしたが，最後は，「子どもたちの保育環境を変えたくない，枝吉保育所を廃止させたくない。」という保護者の熱い思いを如何に裁判所に伝えるかに終始した。

　今回仮の差止決定を受けることができたのは，結局，子どもたちに被害が生じてはならないとの保護者らの強い思いが裁判所に届いたこと及び神戸市の公立保育所廃止・民間移管の進め方があまりに硬直的で，しかも子どもの利益をまったく考えないものであったことに尽きるのではないかと考える。

　弁護団は，石田，内海，髙橋敬弁護士，永井光弘弁護士，増田正幸弁護士，吉田維一弁護士（五十音順），の6名である。

Ⅱ　提訴に至るまでの事実経緯

(1)　公立保育所廃止・民間移管の問題

　現在，全国各地において，公立保育所が廃止され，民営化がなされている。

　公立保育所の廃止には共通する大きな目的がある。経費の削減である。保育所に対する国や都道府県の補助金が廃止となり，一般財源化されたため，地方

自治体は，保育事業に対する経費削減を加速させている。

公立保育所は，民間保育所に比べて地方自治体の負担する費用が高い。この費用の違いは人件費の違いである。

公立保育所における保育士の平均勤続年数が20年を超えるのに対し，民間保育所の保育士のそれはわずか4～5年で，平均年齢も若い。

民間保育所では，入所する子どもの年齢と人数により措置費が決められるので，おのずと保育士の人件費に上限があり，民間保育所の運営上，保育士が勤め続け，昇給するには限界がある。民間保育所がその運営を維持するには，人件費を削減せざるを得ないのである。それが公立保育所・民間保育所の保育士の勤続年数の違いに現れている。

民間保育所の保育士は，公立保育所と比べて厳しい労働条件の中で，精一杯の保育を行っているが，公立保育士と比べてその身分は不安定であり，十分な保障がない。

短い勤続年数では，0歳から5歳まですべての年齢の児童を担当する経験を積むことができず，経験不足の民間保育士が多いことは否めない。また，多くの保育士は未婚で子育ての経験もなく，保育士としての経験も浅いため子育てに悩む保護者らに対する相談，アドバイスが困難であることが多い。

さらに，民間保育所の脆弱な財政基盤では，公立保育所と比べて，組織された研修を行うことも難しい。

公立保育所を民間移管することは，コスト削減を求めるものであり，それはすなわち，保育の質の低下につながることとなる。

また，民間移管で保育士が一斉に入れ替わり，保育環境が大きく変化することは，子どもたちに大きな影響を与える。

幼少期の子どもたちにとって日中長時間を過ごす保育所は第2の家とも呼ぶべき場所であり，保護者代わりの特定の保育士たちと，時間をかけて信頼関係を構築し，安心できる環境のもと，心身ともに発達をとげていく。しかしながら，全幅の信頼を置いていた保育士が一斉にいなくなることは，子どもたちにとって大きなストレスとなり，また発達に多大な影響を与えると考えられる。子どもたちは大人との信頼関係を断ち切られ，長く心に傷を負うこととなる。ことに障害を有する子どもの中には環境の変化への対応が難しい子どももおり，

発達の停滞や後退の危険もある。

　さらに，保育士が一斉に入れ替わることで，保育現場に混乱が生じ，子どもたちに怪我や事故がおこることも考えられる。

　保護者たちにしてみれば，自分たちが気に入って選び，子どもたちを通わせていた保育所の運営主体，保育士らが突然変わることとなる。これは，保護者たちの保育所選択権を侵害すると考えられる。

　これらの弊害から，公立保育所の民間移管は，入所する児童にとって何のメリットもないと考えられており，その違法性が全国で争われている。

(2) 神戸市における公立保育所廃止・民間移管

　神戸市は，神戸空港建設など開発事業について強行する一方，財政が危機的状況にあるとして，社会福祉や教育への経費の支出について厳しく見直しを図っている。

　神戸市は平成14年2月に「財政再生緊急宣言」を行って，経費の削減を宣言している。同年11月には「神戸市行財政改革懇談会報告書」において「保育所などの福祉施設」について「民営化について検討する必要がある。」とされている。平成15年10月には「神戸市事務事業外部評価報告書」において「抜本的な見直しを検討すべき事業（時代適合性有効性が不適格またはやや不適格）」として職員の永年勤続表彰や，消防音楽隊，各種レクリエーション施設と同列に公立保育所が挙げられた。平成15年12月には「神戸市行政経営方針」において，「公共施設のあり方や都市基盤整備の進め方の見直しなど，真に必要な行政サービスへの選択と集中を行い，神戸市基本計画の目標年次である平成22年度を目処に，本市行財政の硬直的構造を改革する。」とし，そのなかで「民営化民間委託など積極的に民間活力の導入を行う。特に公の施設については地方自治法の趣旨を十分に踏まえ運営体制の見直しを実施する。」とされた。

　ただ平成17年2月，神戸市次世代育成支援対策推進行動計画「神戸っ子すこやかプラン21－全ての子どもたちのすこやかな成長のために」において「待機児童の解消について民間活力を積極的活用」という項目が唐突に挿入されてはいるが，公立保育所を廃止して民間移管を推進する等という計画方針などは一切示されていなかった。

　ところが，平成17年3月に神戸市議会定例会で，神戸市長が「今後公立保

育所の一定数について，民間の社会福祉法人への移管に取り組んでいく」と答弁したことから，突然公立保育所の廃止・民間移管が進められることとなった。

平成17年4月には，神戸市は「神戸っ子すこやかプラン21」のために，平成18年から同22年までに20か所程度の保育所の運営主体を神戸市から社会福祉法人に移管するとの計画をたて，また平成18年4月に廃止・民間移管する予定の公立保育所3ヵ所（鈴蘭台北町保育所，本山北町保育所，中原保育所）を発表した。

平成18年3月29日には，上記3ヵ所の公立保育所を廃止する条例が可決された。同月31日には公立保育所が廃止され，同年4月1日から民間の社会福祉法人に移管された。

(3) 神戸市立枝吉保育所の廃止・民間移管

平成17年12月15日には，平成19年4月に廃止・民間移管する予定の公立保育所3ヵ所（枝吉保育所，大同保育所，千鳥が丘保育所）が発表された。

平成17年12月20日には，神戸市より枝吉保育所保護者らに説明資料が配付された。

その後，平成17年12月27日の第1回保護者説明会を皮切りに，平成19年3月までに6回の保護者説明会が行われた。

説明会において，神戸市の担当者はなぜ枝吉保育所を廃止するのかの選定理由や経緯は明らかにせず，①目的は神戸市の負担を減らすこと，公立保育所1ヵ所の廃止・民間移管で年間5000万円が削減できるとされること，②運営委託ではなく公立保育所の廃止による民間移管であること，③事務引継ぎから新旧職員による共同保育で6ヵ月をかけること，共同保育自体は3ヵ月であること，④平成18年6月に向けて民間公募を行うこと，⑤職員が全員変わるデメリットはあること，⑥保護者のほとんどが反対しているのは聞いていること，などの説明をしている。

また，神戸市は保護者らに対し，「民間移管しても公立保育所と何も変わりません。」と説明していた。しかし，前年度の例から，実際に民間移管が行われた後には，従前の公立保育所からは変わらざるを得ないことが，明らかになった。

保護者らは，枝吉保育所の廃止の撤回を求め，粘り強く計画見直しの要請を

したが，神戸市は一顧だにせず，民間移管の手続を進めた。また神戸市は，保護者説明会において保護者の意見を聴くとしながらも，単に聞きおくに過ぎず，いたずらに回数を重ねるだけであった。

　平成18年6月に神戸市は枝吉保育所他2ヵ所の公立保育所の移管先法人の公募スケジュールを発表し，平成18年9月には移管先法人が選定される予定であった。

　しかしながら，枝吉保育所では，応募した3法人のうち，2法人が辞退し，1法人が不適格となったため，神戸市は再度の公募を行うこととなった。最終的に移管先法人が選定されたのは，平成18年11月のことであり，この時点で，神戸市の予定するスケジュールから2ヵ月遅れていた。

　しかし神戸市は，枝吉保育所を平成19年4月に民間移管することについて計画を一切変更しようとはしなかった。

　保護者らは，枝吉保育所廃止・民間移管について絶対反対の立場を貫いてはいたが，どうしてもそれが防げないのであれば，子どもたちに与える影響を少しでも小さくしたいと考え，せめて1年間の共同保育を行ってほしいと要求していた。しかしながら，神戸市はこれをも拒否し，3ヵ月のみ共同保育を行う予定を譲ろうとはしなかった。

　既定方針を一切変更しようとしない神戸市のかたくなな対応は，保護者たちの強い反発を招いた。

　保護者たちは枝吉保育所の廃止を止めるためには，もはや裁判しか残されていないと考えはじめた。

　保護者たちは，全国で行われている公立保育所民間移管の実態や，各地の訴訟について勉強を重ねており，訴訟を提起しても実際に民間移管を止めることは難しいかもしれないということは十分に理解していた。

　しかし，保護者がいくら行政と交渉を行っても，議会に陳情，請願しても，神戸市の規定方針は一切変わらない。

　「裁判以外に取り得る手段はない。」保護者たちは，それぞれ「どうして訴訟をしたいのか」について思いのたけを書いた書面を準備し，弁護士との面談を行った。相談を受けた弁護士たちも，難しい訴訟となることはわかっていたが，保護者たちの強い思いを受け止め，弁護団が結成された。

Ⅲ 提　　訴

(1) 提訴時期の検討

　公立保育所は，地方自治体の条例によって設置されており，廃止される場合にも，条例の改正（制定）により処分がなされる。

　神戸市の場合は，神戸市が設置する児童福祉施設を掲げる条例（神戸市立児童福祉施設等に関する条例）の別表に公立保育所名が記載されており，条例改正により，この別表から廃止される公立保育所名が削除される。これ以外には，公立保育所廃止については何らの処分は行われない。他都市においても，同様に条例の改正により，公立保育所の廃止処分がなされているようである。

　そして，他都市においては，通常公立保育所の廃止の少なくとも数か月前には公立保育所を廃止する条例が可決され，その時点で条例制定による廃止処分がすでになされている。

　したがって，条例制定後に裁判を行う場合，条例制定による公立保育所廃止処分の取消訴訟を行うこととなる。

　神戸市枝吉保育所の提訴以前から，全国の保護者や子どもたちが自治体の公立保育所廃止処分を止めるべく，公立保育所設置自治体に対して裁判を行っているが，概ね取消訴訟を行っている。また，本訴の審理中に実際に公立保育所が廃止されないように，あわせて仮の処分として執行停止を申立てしている。

　例えば，横浜市立保育所廃止処分取消請求事件（横浜地判平18・5・22）においては請求の趣旨は「被告が横浜市保育所条例の一部を改正する条例（平成15年横浜市条例第62号）の制定をもってした横浜市立丸山台保育園，同鶴ヶ峰保育園，同岸根保育園及び同柿木台保育園を廃止する旨の処分を取り消す。」となっている。条例自体は，当該公立保育所が廃止される前年の12月に成立しており，附則において翌年4月1日から施行するものとされている。

　しかし，神戸市においては，平成18年3月31日に廃止される公立保育所について条例が制定されたのは，廃止のわずか数日前のことだった。平成19年4月に予定される枝吉保育所の廃止の際にも，同様の日程で条例が制定される可能性が高い。条例制定後に提訴したのでは，提訴の数日後に公立保育所が廃

止され，運営主体が社会福祉法人となってしまう。それから裁判所で審理するのでは間に合わない。

そこで，枝吉保育所保護者や子どもたちは，条例制定前に提訴することを余儀なくされたのである。

(2) 訴訟物をどうするのか

条例制定前の提訴ということとなると，公立保育所の廃止処分がまだなされていないので，本訴としては差止請求を行うこととなる。

それでは，差止めの対象とする処分をどうするか。

前記したが，公立保育所の廃止処分は，条例の改正をもって行われる。それ以外には何らの処分もなされない。

したがって，差止めすべき処分としては「条例の制定をもってする公立保育所廃止処分」となる。

取消訴訟の場合には，条例が成立しているのでその特定は容易であるが，差止訴訟の場合，条例制定前なので条例として特定することができない。

最終的に，差止めを求める処分を「神戸市立児童福祉施設等に関する条例の一部を改正する条例の制定をもってする神戸市立枝吉保育所を平成19年3月31日限り廃止する旨の処分」として，廃止処分を特定することとした。この時点では，保育所名と廃止処分の日で特定するしかなかったからである。

また後になされる仮の差止決定も，平成19年3月31日限りの廃止処分では子どもたちに償いがたい被害が生じるという理由でなされた。

したがって結果的には，仮の差止めを申立てするのであれば，これ以外の申立ての趣旨の立て方はできなかったと考えている。

しかし，神戸地裁の仮の差止決定は，廃止日を特定した決定であったために，決定後，神戸市に条例の差替えを許すこととなってしまった。

なお，この法律構成については，日弁連の行政訴訟実務研究会において本事例を発表した際に，他の法律構成（当事者訴訟，保育所利用権の確認訴訟，地位の確認訴訟）での提訴の可能性があったのではないか，とのご指摘を受け，大変参考になるとともに今後さらなる検討の必要性を感じた。

(3) 仮の差止請求の要件の厳しさ

条例制定前に差止訴訟をする場合，仮の処分として申立てするのは，仮の差

止請求となる。

　差止本訴だけでは，審理中にほぼ間違いなく公立保育所が廃止されてしまうので，公立保育所廃止を止めるためには仮の差止申立てが必要であった。

　この点，平成18年5月の横浜地裁判決では，民間移管の違法性を認めながら，民間移管からすでに2年が経過していたため，事情判決となり処分の取消しが認められなかった。

　問題は仮の差止申立ての要件の厳しさである。

　仮の差止申立ての要件は，①償うことのできない損害を避けるため，②緊急の必要があり，③本案について理由があるとみえるとき，④公共の福祉に重大な影響を及ぼすおそれがないことである。

　これに対し，取消訴訟の場合に行われる仮の処分である執行停止の要件は，①重大な損害を避けるため，②緊急の必要があるとき，③公共の福祉に重大な影響を及ぼさないこと，④本案について理由がないとみえないときである。

　本件の場合，神戸市議会での条例制定が前年よりも早く廃止前年の12月に行われるかもしれないとの情報があったため，その場合は，少しでも要件のゆるやかな取消訴訟と執行停止の申立てに切り替えられるように準備を進めていた。しかし，やはり提訴前の条例制定はなく，予定どおり，差止請求本訴と仮の差止申立てを行うことになった。

Ⅳ　仮の差止申立時の戦略

(1)　原告数180名を超える提訴

　平成18年12月13日，枝吉保育所の保護者，子どもたちが，神戸市に対し，条例による公立保育所廃止処分の差止訴訟，仮の差止申立てを提訴した。枝吉保育所に入所する世帯はおよそ100世帯であったが，このうち80世帯以上が訴訟に参加し，提訴時点の原告数（保護者原告，子ども原告をあわせる）は183名となった（後に数人が取り下げ，原告数が若干減少）。

　総世帯数の8割を超える世帯が，裁判に参加したことは，何よりも，子どもを入所させるほとんどの保護者たちが今回の枝吉保育所の廃止に反対していることを裁判所に示す一番の力となった。そして，その後も訴訟を進める原動力

となったのである。
(2) 処分性の問題
　差止めを求める処分は条例制定という立法行為なのか。提訴前にも弁護団内で議論していたことだが，申立て直後，弁護団が裁判所と最初に面談を行った際にも，裁判官から問いかけがあった。
　一般的には，条例制定・改廃のような抽象的な規範の定立行為は取消訴訟の対象となる「行政庁の処分」にあたらないとされるが，それが直接の法的効果を有する場合には処分性が認められる。
　一連の保育所廃止裁判においては，保育所廃止は保護者の保育所を選択する権利（又は利益）及び児童の特定の保育所で保育の実施を受ける利益を侵害することを認め，そのような法的効果が生じることを根拠にして保育所廃止は行政処分にあたるとしている。
　例えば，前述の横浜地裁判決は，「児童及び保護者の特定の保育所で保育の実施を受ける利益は，いずれも法律上保護された利益であり，本件改正条例の制定は，このような利益を他に行政庁による具体的な処分によることなく必然的に侵害するものである。……これらのことからすると，本件改正条例の制定は，行政事件訴訟法3条2項所定の「処分」に該当するものと解するのが相当である。」と判示する。
　また，国とは異なり，各地方自治体の条例制定は議会だけでなく，地方自治体の長もできるのであって，条例制定はあくまで地方自治体の権能である。したがって，条例の差止請求は，「地方議会の立法権の侵害」とはいえない。
　弁護団としては，「条例制定による公立保育所廃止処分」自体が差止めを求める行政処分であると考え，学者意見書を証拠として提出した。
(3) 要件との関係
(a) 償うことができない損害を避けるため
　民間移管により生ずる損害としては，①保育の質の低下，②子どもたちと保育士との愛着関係・信頼関係の喪失，③ことに障害を有する児童における発達の停滞，後退，④保護者たちの保育所選択権の侵害，⑤不十分な引継共同保育における混乱や事故等がある。
　この損害を立証する疎明資料をどうするかについてであるが，保護者原告た

ちにしてみても，未だ民間移管は行われていないので，果たして実際にどのような状況となり，どのような損害が生じるのかが具体的には実感できない。

そこで，枝吉保育所の前年にも神戸市の3保育所において民間移管がなされていたので，すでに民営化された保育所の保護者に対するアンケート実施及び聞き取り調査を行い予想しうる損害を疎明することとした。ことに1つの保育所では，保護者らの反対が強く，公立保育所が廃止される平成18年4月まで共同保育に入れずにいたため，混乱が大きかった。各保育所で，実際に子どもたちの怪我の増加，保育所から1人で外に出てしまう，夜泣き，赤ちゃん返り，情緒不安定といった損害が出ていた。また，園外保育が減る，おむつの世話ができない保育士がいる，怪我の報告が保護者になされない等，保育水準の低下がみられた。さらに枝吉保育所の原告が，前年度の廃止保育所での共同保育を見学に行ったところ，共同保育は3か月と予定されているが，実際には前職の関係などでほとんど参加できていない保育士がおり，移管直前になっても担任する子どもの名前すら覚えていない例がみられた。

また，大阪や横浜の他の裁判の弁護団からの協力により，他都市の拙速な民間移管によって生じた損害を拾ったところ，子どもたちが保育所に行きたがらない，保育所の話をしない，体調不良，夜泣き，大泣き，赤ちゃん返り，保育士の言うことを聞かない等，同様の被害が出ていた。さらに裁判にはなっていない他都市の民間移管により生じた損害を調査し，損害の疎明資料とした。

さらに，保育所選択権については，平成9年の児童福祉法の改正により，「措置から契約へ」，すなわち，従前の市町村の措置による保育所入所から，保護者が保育所を選択し市町村は可能な限り利用契約の申込みに応じるとの制度が確保されていた。この契約の内容として保護者には保育所の選択権が認められたことを主張し，行政による法解説の本を疎明資料とした。

「償うことのできない」損害については，いったん公立保育所廃止・民間移管がなされると回復は困難であること，子どもたちにとっては保育所は第2の家ともいうべき存在であり，その発達上，大人とは比較にならないほどかけがえのない時間を奪われてしまうこと，すなわち取り返しがつかないということを主張した。

(b) 公共の福祉に重大な影響を及ぼすおそれがないこと

神戸市は，公立保育所廃止・民間移管の理由として，神戸市の財政面の問題をあげていた。

これに対しては，神戸市会議員の協力も得て，公立保育所の廃止がそれほどの財政上の効果をもたらすわけではないこと（公立保育所保育士は公務員であり，公立保育所が廃止されたとして，即人員削減につながるわけではない）を主張した。

また，神戸市は，公立保育所廃止で浮いた費用を，他の子育て支援事業へまわすとしていたが，具体的にいくらが他の子育て支援事業へ使われたかは明らかではなく，公立保育所廃止がなければ他の子育て支援事業が停滞するわけではないことを市議会の議事録から明らかにした。

V 仮の差止申立て後の弁護戦略

(1) 何より当事者の声を裁判所に

弁護団としては，何よりも当事者の生の声を直接裁判所に聞いてもらい，裁判所に「損害」を理解してもらいたい，と考えていた。

弁護団は，裁判所が当然審尋を行い，当事者の声を聞く機会を設けるだろうと考えていた。申立て後，裁判所から「正式な審尋は行わない。しかし書面のやりとりは1回，2回と制限するつもりはない。」と連絡があった際には，正直驚いた。

ただ裁判所も「正式な審尋は行わないが，この種の事件ですので，申立人代理人が求めるのであれば，とりあえず1回は口頭で説明する機会を検討しましょう。」とのことだったので，裁判所に面談の機会を設けてもらい保護者である申立人ら6名が直接，裁判所（裁判長，左陪席）に対し，それぞれの思いを訴えた。裁判所はほとんど口を挟まず，ただ無表情に申立人らの話を聞くのみであったことから，保護者たちは「まったく裁判官の表情が変わらなかった。裁判官って感情があるんですか。」と不安を隠せない様子だった。

しかし，保護者らのこの真摯な訴えが，裁判官の心に響き，結果を導いたことには間違いがない。

(2) 申立て後の神戸市の民間移管へ向けた動き

提訴後も，神戸市は，平成19年3月31日に枝吉保育所を廃止，共同保育は

3ヵ月との既定路線に沿って着々と公立保育所廃止・民間移管の手続を進めていた。

むしろ，公立枝吉保育所保育士らや，引受先法人への対応は一層厳しくなった。

平成19年1月，公立枝吉保育所保育士らは，保護者たちと協議を行った上で，「共同保育には1年間が必要である」との意見を固め，神戸市行政（子育て支援部）にもその旨伝えていた。しかしながら，行政は神戸市の施策に反するものであるとして，公立保育士らの意見を受け付けず，保育士らに3ヵ月の共同保育計画案を作成するように指示をした。公立保育士らは，保護者の意見に反する計画案は作ることができないと作成を拒否し，現場保育士ではない神戸市行政が共同保育スケジュール案を作成せざるを得なかった。

また，引受先法人も，季節の行事を引き継ぎ，子どもたちと保護者の保育士に対する信頼を引き継ぐためには1年間の共同保育が必要であると，意見を出していた。神戸市は神戸市の方針に従わないのは公募条件違反であると，引受先法人を呼び出して告げた。

平成19年2月16日には，予定どおり，神戸市長より神戸市議会に枝吉保育所を含む3保育所の平成19年3月31日限りの廃止条例案が議案上程され，委員会審議に付されることとなった。

(3) 結果的に共同保育の不十分性が争点の中心に

仮の差止めについて，双方から何度も意見書が提出されたが，次第に争点は，共同保育の不十分性が中心となっていった。

例えば，神戸市が設定する共同保育3ヵ月は期間として十分なのか，保護者・現場の公立保育士・引受先法人は1年の共同保育期間が必要と主張している状況下でたった3ヵ月で平穏な共同保育ができるのか，また神戸市の作成する共同保育スケジュールの内容は具体的かつ十分な内容といえるのか，共同保育について保護者，神戸市，引受先法人，公立保育所保育士らによる協議が行われていないままに共同保育に入って混乱が起きないのか，神戸市が保護者らに対し十分な説明を尽くしているとはいえないことは問題がないのかといった点が争点となった。

それまでに行われていた裁判において，保護者が勝訴した裁判には，大阪高

裁の大東市公立保育所廃止に関する控訴審判決と，横浜地裁の横浜市公立保育所廃止に関する一審判決があったが，いずれも共同保育の不十分性が重要な争点となっていたことが影響している。

しかし，枝吉保育所の保護者たちは，共同保育の善し悪しではなく，あくまで公立保育所廃止・民間移管自体の違法性を明らかにしたいとの思いで，裁判に臨んでいた。仮に公立保育所廃止が止められないなら，1年の共同保育が必要であるとの交渉を行ってはいたが，それは次善の策である。

裁判上の争点は，保護者たちの気持ちから，微妙に乖離することとなった。

Ⅵ 仮の差止決定

(1) 仮の差止決定

平成19年2月27日，神戸地方裁判所は「相手方は，……申立人らに対し，本案（省略）の第一審判決言渡しまで，神戸市立児童福祉施設等に関する条例（省略）の一部を改正する条例の制定をもってする神戸市立枝吉保育所を平成19年3月31日限り廃止する旨の処分をしてはならない。」との仮の差止決定を行った。

同日この決定書を受け取った弁護団は，差止決定が出されたことに大変驚いた。また決定の理由を読んで，本件の審理中である平成19年2月13日，裁判所が神戸市に対し，共同保育の期間を長期にすること，共同保育のスケジュールについても最低裁判所が提案する内容を伴ったものに変更するよう要請する旨の和解の打診を行っていたこと，この裁判所からの提案に対し，神戸市は，共同保育期間は3ヵ月で妥当であるとしてそれを拒絶していたことを初めて知った。なお裁判所が相手方に対して要請した内容は，2月26日から3月末日までの共同保育の方法は，相手方の今後の予定の説明を受けてから別途考察するとし，3月19日から起算し最低6ヵ月の共同保育を行うこと，各クラス最低1名（合計7名）が週5日，最初の3ヵ月は1日8時間程度共同保育に参加すること，次の2ヵ月は1日5時間，最後の1ヵ月は1日3時間と徐々に時間を減らしていくというもので，神戸市の案に比べると，共同保育における混乱や子どもたちの怪我等の事故を避けるため，格段に手厚い内容であった。

(2) 決定の内容について

神戸地裁は，本件決定を出すにあたり，仮の差止めの訴えにかかる行訴法37条の5第2項，同3項に規定された要件である，

① その差止めの訴えに係る処分又は裁決がなされることにより生ずる償うことのできない損害を避けるため緊急の必要があるか
② 本案について理由があるとみえるか
③ 公共の福祉に重大な影響を及ぼすおそれがあるか

に関する各要件を詳細に検討をした。

以下，上記3要件に関する裁判所の決定内容の重要な部分を引用した上で，若干の説明を行う。

(a) 「償うことのできない損害を避けるための緊急の必要性の有無」に関する裁判所の判断について

この点について裁判所は以下のとおり判断した。

「『償うことのできない損害』とは，差止訴訟の要件である『一定の処分又は裁決がされることにより重大な損害を生ずるおそれがある場合』（37条の4第1項）よりも損害の回復の困難の程度が著しい場合をいうものであると解すべきであり，金銭賠償が不可能な損害が発生する場合のほか，社会通念に照らして金銭賠償のみによることが著しく不相当と認められるような場合を指すものと解される。」

「償うことのできない損害の有無を判断するに当たっては，本件条例の改正に伴って相手方が措置することを予定している民間移管の内容や円滑な移管のためにとられる予定の引継ぎや共同保育等のスケジュール等諸般の事情を前提とした上で，市立保育所としての本件保育所の廃止が保育児童やその保護者らに与える影響について勘案すべきである。」

仮の差止めの申立てが，差止訴訟における仮の救済制度としてもうけられているという制度趣旨からしても，仮の差止訴訟にかかる要件が，差止訴訟よりも厳しくなることは当然といえる。

それゆえ，「償うことができない損害」に関する裁判所の判断は妥当であるといえる。

この要件に関する，裁判所の認定部分を以下に抜粋する。

「市立保育所としての本件保育所が廃止されたとしても，希望すれば，本件保育所と同じ場所で同じ施設を用いて設置される児童福祉法及び相手方の基準によって要求される水準を一応満たした私立の保育所としての本件保育所において，引き続き保育を受けることが可能であるとはいえる。しかしながら，市立保育所の廃止と民間移管に伴い相当程度の保育環境の変化が生じることもまた不可避であり，これが保育児童に対して大きな影響を与えるであろうことも容易に想像の付くことである。」
　「共同保育の期間中に新しい保育士と従前の保育士とが共同で保育を行うことを通じて，本件法人の保育士との間でもスムーズに保育児童との間の信頼関係が構築されていくことが予定されているのであれば，十分な引継ぎがなされているものとして，民間移管によって児童に多大な悪影響が生じ，これを仮に差し止めるべき償うことができない損害が生じるとまではいえないものというべきであるが，本件においては上記3のとおり，共同保育について，相手方は，当初，移管前に3ヶ月間の共同保育を行い円滑な引継ぎを実現するためのスケジュールを公表していたところ，移管先法人の第1回目の選考が失敗に終わったことを理由に，平成19年2月11日に至って，同年1月に予定されていた共同保育の開始時期を同年2月26日まで遅らせ，同月16日，詳細な保育内容を示して同月26日から3ヶ月間の共同保育を行うことを重ねて明らかにしておきながら，わずか1週間後の同月23日には，同月26日の共同保育開始は不可能であるとして同年3月26日まで開始時期を遅らせた新たなスケジュールを提示するに至っているものである。
　そして，本件条例では，平成19年3月31日に市立保育所としての本件保育所を廃止して同年4月1日に民間移管することとしており，この予定を貫く限り，本件保育所に本件法人の保育士の多くを招いて引継ぎのために移管前に行うものはわずか5日間だけという極めて短いものとなっており，(その当否は措くとしても) そもそも相手方の従前の計画においてもこれが3ヶ月ないしは1ヶ月以上であったことも併せると，5日間といった短期間での引継ぎが可能であるとは到底考えられない。」
　「約90名又はそれに近い人数の児童を一挙に引き継ぐ本件法人が，わずか5日程度の共同保育及びその他の書面等による引継ぎにより，個々の児童の個性

等を把握し，その生命，身体の安全等に危険が及ぶことのない体制を確立できるとはおよそ考えられない。鈴蘭台北町保育所の保護者の前記意見にあるとおり，移管後，保育を補助する本件保育所の保育士は，立場上，現在と同じように児童と接することができないであろうから，共同保育が実施されるからといって前記危険が回避できるとは考えられない。本件法人が児童及び保護者に対して担うべき責務に照らすと，本件法人における前記の安全確保体制の確立が民間移管後であっても差し支えないとの見解には左袒できない。すなわち，<u>本件においては，単に共同保育の期間が3ヶ月間で十分か否かを論ずるのみでは足りないというべきところ，現時点においては，相手方にはこの視点が欠落しているといわざるを得ないのである</u>。また，本件保育所の民間移管を保育所の新規設立と同視して引継ぎを重視しない見解も，既に安定した保育環境にある多数の児童を引き継ぐ本件法人と新規設立保育所の相違を正しく認識しないものと言わざるを得ず，取り得ない。」

「共同保育の内容についてみても，平成19年2月11日の時点においてすら人員や時間等の詳細が定まっておらず具体性に欠けるものであり，当裁判所からの釈明後に，保育士の人数や共同保育の時間帯などがある程度具体的になりはしたものの，同月23日には共同保育の計画内容を大幅に修正するなど，間近に共同保育の実施を控えているにもかかわらず，相手方の共同保育計画自体が具体性に欠けており，どの程度の実のある共同保育を実施しようとしているのかについて相手方自身の内部で確固とした決意や計画があるかすらも疑わしく感じられる。」「このように関係者の多くが反対する中，わずか5日間だけの移管前共同保育による本件保育所の民間移管を強行すれば，これに伴って多大な混乱が起きる蓋然性は極めて高いものといわざるを得ない。付言するに，相手方は，平成19年2月23日に移管前の共同保育の期間を5日間とする前記計画を提示する理由として，本件法人から，共同保育に入る前に，保護者に対する本件法人の紹介と，相手方・本件保育所保護者会・本件法人の三者による移管に関する協議の場を設定してもらいたい旨の申出があったことを挙げる。しかし，記録による限り，相手方が，同年3月26日からの3か月間の共同保育開始につき，本件保育所保護者会の了解を得た形跡は全くなく，本件法人の承諾を得たことも確認できない。……この点で，事前の共同保育期間を5日間と

する相手方の最新の共同保育計画さえ，実現の可能性がどの程度あるか疑わしい。」

「本件保育所の民間移管に伴い前記のとおり申立人ら児童の生命・身体等に重大な危険が生ずるばかりか，保護者及び児童の保育所選択に関する法的利益も侵害される。」

「本件においては，上述したように相手方から本件法人への円滑な引継ぎのために行われる共同保育の計画の期間，内容及び実行可能性等について計画自体において問題があることは明らかであり，前記のような極めて不十分で実質的にみれば無きに等しい性急な共同保育を経ただけで市立保育所としての本件保育所を廃止しこれを民間移管することは，申立人らの保育所選択に関する法的利益を侵害するものであり，社会通念に照らして金銭賠償によることが著しく不相当と認められるものというべきである。」（以上，下線はすべて筆者による）

裁判所は，「市立保育所の廃止と民間移管に伴い相当程度の保育環境の変化が生じることもまた不可避であり，これが保育児童に対し大きな影響を与えるであろうことも容易に想像の付くことである。」と指摘して，児童らが，従前と同じ場所において，同じ保育施設を利用して設置され，かつ保育基準も従前の市立保育所と変わらない民間保育所において保育を受けることができるとしても，市立保育所が廃止され民間移管されると，保育環境に相当程度の変化が生じること，そしてこの保育環境の変化が児童に対し大きな影響を与えるという申立人らの主張に理解を示した。また，申立人らが主張した移管するにしても，児童らに対する影響を最低限にするために十分な引継期間を設けて欲しいという主張にも理解を示してくれ，「共同保育期間中に新しい（民間）の保育士と従前（公立）の保育士とが共同で保育を行うことを通じて，本件法人の保育士との間でスムーズに保育児童との間の信頼関係が構築されるように十分な引継ぎを行う必要性」を認めたのである。

もっとも，申立人の保護者らの思いとしては，民間移管そのものに反対ではあったのであるが，この点に関して，裁判所は，公立保育所廃止・民間移管自体は可能であるとの前提に立ち，共同保育によって引継ぎがきちんとなされるならば，民間移管によって償うことのできない損害は生じないとの見解に立っている。裁判所が民間移管は可能との判断をしている点については，大阪高裁

の大東市公立保育所廃止に関する控訴審判決，横浜地裁の横浜市公立保育所廃止に関する一審判決からして，弁護団の予測の範囲内であった。

本件において，裁判所が「償うことのできない損害を避けるため緊急の必要性がある」との判断に至った理由は，相手方が提示した共同保育計画の無計画性，内容の乏しさ，共同保育を行う意義に関する相手方の無理解等に依拠しているといえる。裁判所は，個々の児童の個性等を把握し，その生命，身体の安全等に危険が及ぶことのない体制の確立は移管前に行うべきとの視点に立っているが，この点は，平成18年4月1日に民間移管された保育所において申立人らがアンケートを行った際，「移管後に行われた共同保育の際，公立保育士が民間保育士に遠慮し，主体的な保育を行えなかった」実情が浮かび上がっていた点を考慮してくれた結果である。裁判所が，「共同保育の期間が3ヵ月間で十分か否かを論ずるのみでは足りないというべきところ，現時点においては，相手方にはこの視点が欠落しているといわざるを得ないのである。」と指摘した点は，相手方の是が非でも平成19年3月31日廃止・民間移管という計画のごり押し，時期を問わず引継共同保育を3ヵ月間行えば何ら問題ないといった相手方の保育の現場を顧みない姿勢を断罪するものであった。

さらに裁判所は，相手方が提示した共同保育計画の内容に対しても，「平成19年2月11日の時点においてすら人員や時間等の詳細が定まっておらず具体性に欠けるものであり」と厳しい批判を向けているだけでなく，相手方が同年同月26日に共同保育を開始するとしていたにもかかわらず，その直前の同月23日になって相手方が同年3月26日から共同保育を開始するとして共同保育計画を大幅に変更した点を捕まえて，「どの程度の実のある共同保育を実施しようとしているのかについて相手方自身の内部で確固とした決意や計画があるかすらも疑わしく感じられる」と切り捨てている。

相手方が示した共同保育の内容が具体性に欠けていたことから，裁判所は本件の審理の中で，相手方に対し求釈明を行い，さらには和解勧試の前段階として，相手方に対し，平成19年2月26日から同年3月末日までを移管のための引継共同保育に関する相手方の概略について再度説明を求めた上で裁判所の案を別途検討する意思があること，移管後のフォロー体制としての共同保育を平成19年3月19日から起算して最低6ヵ月として，共同保育にあたる保育士の

人数等を具体的に示して最低限行うべき共同保育計画案を示したのである。裁判所は，相手方が何ら具体的な内容を提示してこないことに業を煮やして具体的な共同保育計画案を示したのではないかと考えられる。

　平成17年12月頃から本件保育所の廃止を検討してきた相手方が，その計画に従えば廃止直前であるはずの平成19年2月半ばに至っても何ら具体的な共同保育計画を裁判所に対し示せなかった点が，裁判所に，「どの程度の実のある共同保育を実施しようとしているのかについて相手方自身の内部で確固とした決意や計画があるかすらも疑わしく感じられる」と指摘させたのであるといえる。

　さらに裁判所は，相手方の共同保育案に対し，保護者・本件法人・本件保育所の保育士らが反対意見を表明している実情を重視し，「関係者の多くが反対する中，わずか5日間だけの移管前共同保育による本件保育所の民間移管を強行すれば，これに伴って多大な混乱が起きる蓋然性は極めて高いもの」と的確な判断をした。

　裁判所は，保護者・児童らに保育所を選択し得るという地位（入所後，当該保育所において，一定期間にわたる継続的な保育の実施を受ける地位を含む）が法的利益として保障されていることを認めた上で，「実質的にみれば無きに等しい性急な共同保育を経ただけで市立保育所としての本件保育所を廃止し，民間移管することは，申立人らの保育所選択に関する利益を侵害するものであり，社会通念に照らして金銭賠償のみによることが著しく不相当と認められるものというべき」と結論づけている。

　すなわち，神戸市が主張する平成19年3月31日廃止，同年4月1日に民間移管するという予定を貫いた場合，移管前に行われる引継ぎはわずか5日間という極めて短期間になることから引継ぎが可能であるとは到底考えられないこと，神戸市が主張する共同保育の内容が具体性に欠け実のある共同保育がなされるか否かが疑わしいこと，保護者・本件法人・本件保育所の保育士等の関係者の多くが反対していることから，民間移管を強行すれば多大な混乱が起きる蓋然性は極めて高いと予想されること，民間移管に伴い前記のとおり申立人ら児童の生命・身体等に重大な危険が生じるだけでなく保護者及び児童の保育所選択に関する法的利益も侵害されることなどから，本件では，「償うことので

きない損害を避けるため緊急の必要がある」と裁判所が判断したのである。
　(b)　本案について理由があるとみえるか否かについて
　この点について，裁判所は以下のように判断している。
　「特定の保育所に在籍する児童及びその保護者に対して保育所選択権が認められるとしても，市町村が，その設置している当該保育所を廃止すること自体が全く許されないわけではないというべきであり，廃止についての判断は，保育所を取り巻く諸事情を総合的に考慮した上での当該市町村の政策的な裁量判断にゆだねられているものと解される。」
　「もとより，保育所廃止に係る判断は無制約に許容されるわけではなく，当該施設が保育所であるという施設の性質や入所中の児童や保護者の前記利益が尊重されるべきことを踏まえた上で，その廃止の目的，必要性，これによって利用者の被る不利益の内容，性質，程度等の諸事情を総合的に考慮した合理的なものでなければならないことは当然である。そして，本件においては，市立保育所としての本件保育所の廃止による保育所選択権の侵害を保育児童やその保護者らに受忍させるには，児童及び保護者の損害及び不利益をできる限り少なくするため十分な措置を講ずることが必要となるというべきである。」
　裁判所は，保育所の廃止自体は，保育所を設置している市町村がその政策的な判断に基づき行えることを認めながらも，無制約に保育所の廃止が認められるわけではないとして，行政側の裁量権を尊重しながら，行政の裁量に対し一定限度の歯止めをかけようとした。そしてその際の判断基準としては，廃止の目的，必要性，これによって利用者の被る不利益の内容，性質，程度等に関する総合考慮によって判断するとした。この判断枠組みとしては，判断するものの価値判断によって結果が分かれうるという問題点を含んでいるが，本件の判断について，裁判所は，相手方が十分な措置を講じているかいなかを検討するために，本件条例に伴って相手方が措置することを予定している民間移管の内容や円滑な移管のためにとられる予定の引継ぎや共同保育等のスケジュール等を検討している。この点について裁判所は以下のとおり判断した。
　「市立保育所の廃止により財政状況を立て直す必要性があること自体は一応認められるものの，上記4のとおり，相手方から本件法人への円滑な引継ぎのために行われる共同保育の計画の期間，内容及び実行可能性等については計画

自体において問題があり，前記のような極めて不十分で実質的にみれば無きに等しい性急な共同保育を経ただけで市立保育所としての本件保育所を廃止しこれを民間移管することは，申立人らの保育所選択権を，相手方に与えられた裁量権を逸脱又は濫用して侵害するものといわざるを得ず，本案について理由があるとみえる場合に当たるものというべきである。」

　裁判所は，相手方が主張した本件保育所を廃止する必要性は認めたものの（裁判所は保育所廃止の目的が正当であるか否かについては判断していない），申立人らの不利益を最小限に食い止めるための措置を実質的には相手方が何ら講じていない点を捉えて，相手方には裁量権の逸脱又は濫用があることを認定し，それゆえ，本案について理由があるとみえると判断したのである。相手方は，自らが立てた市立保育所廃止民間移管計画を計画どおり進めることにのみ囚われ，廃止を計画している保育所に現に在籍している児童らやその保護者らが，相手方が立てた計画に従い保育所を廃止した場合にどのような影響を被るのか，保育現場がどうなるのかといった現場に対する視点が欠落していた。それだけでなく，共同保育の開始時期についても，相手方は二転三転し，共同保育の内容についても，実現可能なプランを準備できていなかった。相手方の本件の審理の中での対応からすると，裁判所が，「前記のような極めて不十分で実質的にみれば無きに等しい性急な共同保育」と指摘した点は当然の結果であったといえる。相手方の「共同保育」と名のつくプランを策定して形式的にこれを実施さえすれば市立保育所を廃止できるという姿勢を裁判所が見逃さなかったのである。

(c)　公共の福祉に重大な影響を及ぼすおそれの有無について

　この点について相手方は，「本件申立が認められれば，相手方の次世代育成支援対策推進行動計画である「神戸っ子すこやかプラン21」の着実な推進に支障をきたし，子どもたちへの施策に影響がでるため，公共の福祉に重大な影響を及ぼす」旨主張したが，裁判所は，「本件保育所の一つの廃止を仮に差し止めても，相手方の次世代育成支援対策推進行動計画全体に重大な影響が出るとまではいえない」と指摘した。

　相手方は，本件保育所の廃止を差し止めると，相手方の財政計画や職員の配置計画に支障を来す等縷々主張していたが，本件保育所を廃止しても，本件保

育所に勤務していた保育士は転勤するだけであり，本件保育所を廃止することによって得られる相手方の財政削減効果は，ほとんどないに等しかった。裁判所がこの点を汲み，公共の福祉に重大な影響を及ぼすとはいえないと判断した点は，評価できる。

　(d)　申立人の利益について

　本件では，申立人の中に相手方が本件保育所の廃止・民間移管を予定していた平成19年3月31日より前に本件保育所を卒所する児童及びその保護者らも加わっていたが，裁判所はこれらの申立人らの訴えの利益は認めなかった。

　この点に関し裁判所は以下のとおり判断している。

　「平成19年3月31日までに保育期間が終了する児童及びその保護者については，本件条例の制定を仮に差し止めても市立保育園としての本件保育所で同年4月1日以降，保育の実施を受ける法的利益があるとは認められず，単に償うことのできない損害がないのみならず，そもそも申立ての利益がないものといわざるを得ない。」

　しかしながら，平成19年3月31日までに保育期間が終了する児童及びその保護者も，移管前に行われる引継共同保育等により保育現場が混乱する中で保育を受ける当事者である点からすれば，訴えの利益は認められてしかるべきであると考えられる。

　実際に，本件保育所においては，平成19年3月26日から引継共同保育が始まった（本件法人の保育士が実際に子どもたちと接する共同保育を開始したのは同年4月6日からであった）。例年であれば3月31日に卒所する児童らは，3月半ばに行われる卒所式の後，午睡時間をなくし小学校の生活リズムに慣らすための保育を受けていたのであるが，平成19年3月には，保育士らが引継ぎのための会議に多く手を取られることになり，そのため，同年3月31日に卒所する児童の午睡を例年どおりなくすことができなかった。そのため，児童の中には，小学校の生活リズムにうまく適合できずに，体調を崩した者もいた。

　これに対し，平成18年4月以降に本件保育所に入所した児童及びその保護者については，平成19年4月からの民間移管を承知の上で本件保育所に入所したのであるから，これらの者の本件申立ては信義則に反するとの相手方の主張に対しては，「保護者らは，移管されるにしても，移管後に児童の生命・身

体に危険が及ぶことなどないよう万全の措置を経て移管されると信じていたことは推測に難くなく、その信頼が大きく揺らいでいる以上」として平成18年4月以降の入所の申立人児童及びその保護者である申立人らの本件申立てを認めた。

平成18年4月入所児童及びその保護者らも、平成19年4月に民間移管されることを認識した上で、児童を本件保育所に入所させているとしても、フリーハンドで本件保育所の廃止を認めていたわけではなく、児童らの生命・身体・精神に影響がでることを避けるために必要な引継ぎが当然行われると信頼していたはずである。裁判所がこの点を認めたのは当然といえ、相手方神戸市の「平成18年度4月入所児童及びその保護者らは、移管を承知した上で入所しているのであるから、引継ぎが行われようが行われまいが、移管に文句を言うな」という発想自体の見識不足を端的に表している。

Ⅶ 仮の差止決定後の動き

(1) 神戸市の条例差替

本件仮の差止決定の翌日である平成19年2月28日、神戸市長は、同年3月31日限りで本件保育所を廃止するために上程していた神戸市立児童福祉施設設置等に関する条例(神戸市昭和33年条例第1号、以下「本件設置条例」という)の改正条例案の撤回を申し出た。

翌3月1日、相手方は、「廃止日を規則で制定する」という本件設置条例の第2次改正案を、3月の神戸市議会本議会であらためて上程することを予定し、予算特別委員会において事前審議を行った。

この第2次改正案においては廃止日が明示されておらず、規則でもってして廃止日を4月1日とすることも可能であった。それ故、この神戸市の行為は、司法判断をないがしろにする行為である。また、通常の条例制定手続と比較しても極めて変則的で問題のある手続であったといえる。

さらに、この条例制定過程は、神戸市の立法機関であるはずの市議会が、立法機関として行政に対する十分なチェック機能を果たしていないことを端的に示すものであった。

平成19年3月5日，相手方神戸市は本件仮の差止決定に対して即時抗告を申し立てた。

(2) 第2次仮の差止申立て

保護者らは，「裁判所が枝吉保育所を廃止してはいけないと決定したのに。」と，相手方神戸市の条例差替に納得がいかなかった。そのため，平成19年3月9日，神戸地方裁判所に対し，再度仮の差止め（第2次仮の差止申立て）を申し立てた。

相手方神戸市は，保護者の第2次仮の差止申立て直後の3月12日，「6月30日に枝吉保育所を廃止する予定である」とマスコミ発表し，神戸市長から裁判所に対してもその旨が記載された書面が提出された。

再び，意見書の応酬がなされた。申立人側は，第1次仮の差止決定後の相手方神戸市の裁判所の決定をないがしろにするような対応，その後の保護者との交渉経緯，共同保育案に対する問題点の指摘とそれについての保育士，保護者，学者からの意見書，引受先法人の意見書，前年度の公立保育所廃止・民間移管の際，引継共同保育を行った保育士の意見書等を提出して，立証を行った。

(3) 裁判所からの和解案提示

平成19年3月16日，裁判所から双方当事者に対して，和解案作成の依頼がなされた。

裁判所からは，申立人代理人らに対し，「枝吉保育所廃止の時期が3か月ずれたことで，償うことができない損害や緊急性の要件から，今回の仮の差止申立では，前回と同じ結論が出せない可能性が高い。しかしそれでは，共同保育における混乱で，子どもたちに大きな被害が生じる可能性があるのではないかと懸念している。それを避けるために裁判という形での解決が難しいのであれば，和解のテーブルをもうけることで被害を回避できないだろうか。」と告げられた。

保護者たちは，子どもたちを保育現場の混乱に巻き込みたくないという思いと枝吉保育所を廃止したくないという思いの狭間で，心が揺れていた。

和解の協議のテーブルにつかなければ，このまま事前に何の協議もないまま神戸市は共同保育に突入する。保護者の意向はまったく考慮されず，何の意味もない共同保育が3ヵ月間実施されてしまう。それでは子どもたちに損害が生

じる可能性が高い。そのかわり条例制定後，執行停止で争う可能性も含め，公立保育所廃止・民間移管の是非について，今後も裁判で争うことができる。

　和解をすれば，これから裁判で公立保育所廃止の是非を争うことはできなくなる。しかし保護者が望む1年という期間よりも短期間に限られるかもしれないが，十分に協議をした上で，共同保育を行うことができ，共同保育の混乱による子どもたちの被害が抑えられるかもしれない。

　どちらの選択が子どもたちにとってプラスなのか。

　平成19年3月19日，裁判所から双方当事者の意向を勘案した和解案の提示がなされた。

　内容は，「7月31日に神戸市立枝吉保育所を廃止し，8月1日から社会福祉法人に移管する。共同保育の期間については，4月1日から10月31日までの7か月間とする。共同保育終了時点で，神戸市は法人，保育士，保護者の意見を踏まえ共同保育期間の延長の要否を検討する。延長しない場合は，少なくとも平成20年3月末まで神戸市職員らの定期的な巡回を実施する。共同保育計画の大綱は，神戸市及び本件法人が協議して決定し，できる限り保護者の意見を反映させる。大綱決定後，神戸市法人，保育士，保護者による協議会を開催，共同保育の具体的内容及び改善事項等について協議する。以後も適宜同様の協議会を開催する。」との内容であった。

　子どもの安全を重視した裁判所の和解案が示されたことに保護者らは深く感謝した。

　しかし，裁判所からの和解案提示翌日の3月20日に行われた神戸市議会本会議を傍聴した保護者らは，神戸市助役の答弁が，終始3ヵ月の共同保育にこだわるもので保護者らとの協議を行い保護者の納得も得て行うという姿勢は見られないことを痛感した。なお，この日，新条例案は可決され，廃止条例が制定された。

　保護者らは，保護者の気持ちに一切歩み寄りを見せようとしない神戸市の姿勢が変わらない限り，たとえ協議を行う旨の和解をしても，神戸市が真摯に協議に応ずるとは思えない，それでは子どもたちにとってよりよい共同保育をいくら求めても，行われることはないだろうと判断し，裁判所提示の和解案を受諾しないことを決めた。

保護者らは3月22日に裁判所に上申書を提出した。上申書には,「私たちは,神戸市が今後おこなう公立保育所廃止・民間移管の14か所の保育所の子どもたちと保護者に2度とこのような思いをさせたくありません。我が子に「あなたたちのことを思って,おとうさん・おかあさんたちは最後まで頑張ったよ。」と言いたいと思いました。以上の様な状況から,公立保育所廃止・民間移管の是非を,子どもの権利の立場から司法の場で判断していただきたいとの思いにいたりました。歴史の希望である子どもたちのために,よろしくお願いいたします。」と記載されている。
　3月23日,第2次仮の差止申立てが却下された。

(4) 第1次,第2次仮の差止申立てで分かれた結論

　第1次と第2次の仮の差止申立事件は,同一の裁判体でありながら,判断が分かれる結果となった。
　その最も大きな理由は,やはり,廃止処分の時期が3ヵ月伸びたことである。裁判所から和解案作成の指示の際,事前に示唆されたとおり,なにより「緊急性」の要件に欠けることであった。
　第2次決定では,以下のとおり判示されている。
　「本案事件を本件条例の制定及び施行による本件保育所の廃止処分の取消訴訟に訴えを変更した上で,これに伴い同処分の執行の停止を申し立てれば,その肯否はともかくして,少なくとも時間的には足りるのであり,あらかじめ仮の差止を申し立てる必要まではないことは明らかであって,償う事のできない損害を避けるための『緊急の必要性』があるとは認められない。」「移管前の共同保育の期間中に新しい保育士と従前の保育士とが共同で保育を行うことを通じて,本件法人の保育士との間でもスムーズに保育児童との間の信頼関係が構築されていくことが予定されているのであれば,十分な引継ぎがなされているものとして,民間移管によって児童に多大な悪影響が生じ,これを差し止めるべき償うことのできない損害が生じるとまではいえない。」「移管そのもの,または3か月の共同保育期間につき多くの保護者が反対している現状にあることも軽視できないが,本件保育所廃止予定の時期まで約3か月間の猶予があることからすれば,それまでに保護者の理解を得られる可能性があり,少なくとも理解を得るべく相手方が最善を尽くす余地があるのであるから,本件保育所

の廃止により大きな混乱が生ずることが必至であるとはいえない。」「したがって，3か月間という期間が共同保育の期間として十分かどうかはともかく，本件共同保育案に基づいて共同保育がなされた上で民間移管がなされるなら，少なくとも，本件保育所の市立保育所としての廃止により児童の生命，身体等に危険が及ぶなどの事態は回避できると考え得るから，申立人らに『償うことのできない損害』が生ずるということはできないものといわざるを得ない。」

(5) その後の流れ

3月27日，神戸市が申し立てた第1次仮の差止決定に対する即時抗告審では，神戸市が「平成19年3月31日に枝吉保育所を廃止する」との旧条例を撤回したことを理由に，「原決定取消」の抗告決定がなされた。

3月23日には，神戸市は新条例を公布し，3月28日には，神戸市長が条例施行日を7月1日とする規則を制定した。

神戸市は，3月26日から共同保育を強行しようとした。しかし，共同保育開始前日に子どもたちの個人情報を法人へ引き継ぐための保護者の同意書がとれていないなど，共同保育に必要となる事前準備が不十分であることが露呈したこと，なにより保護者と神戸市との間，公立保育士と法人保育士との間で共同保育計画についてまったく協議がなされていないことなどから，保護者らと神戸市との間で意見が折り合わず，法人保育士が子どもたちを実際に保育する共同保育に入ることはできなかった。結局準備は不十分なまま4月6日から見切り発車のような状態で法人保育士が保育現場にて子どもたちを実際に保育し始めた。

共同保育においては，神戸市と保護者との協議，公立保育士と法人保育士との間の事前の打ち合わせが不十分だったために，公立保育士と法人保育士との間で意思疎通がうまくいかず，意見の食い違いが生じ，協議によりそれを修正することもかなわなかった。共同保育の現場が混乱し，子どもの大きな怪我，アレルギー除去を行っている子どもたちの誤飲・誤食，子どもが保育所から1人で園外へ出てしまう事故が発生した。

保護者たちは，差止訴訟から取消訴訟に訴えを変更し，6月に執行停止申立てをした。裁判所からは，再度共同保育を延長する方向で和解の打診がなされた。しかし，すでに共同保育で保育の現場は混乱しており，神戸市と保護者た

ちの言い分は平行線をたどっていたため，保護者たちは和解を受諾できず，執行停止は却下された。

　6月30日，公立枝吉保育所は廃止され，7月から社会福祉法人に民間移管された。民間移管後も，混乱は続いていたが，保護者や引受先法人からの希望があったにもかかわらず共同保育の延長はなされなかった。7月以降数名の公立保育士を保育所に残すフォロー保育が行われたが，その期間，人数，人選についても保護者や引受先法人の意見は一切受け入れられなかった。民間移管後，子どもたちの間で登所しぶりや，かみつきが頻発し，後には吃音から退所を余儀なくされた子どももいた。保育所から慣れ親しんだ保育士が突然いなくなってしまったことで心に傷を残した子どもたちが残された。移管直後には，気持ちを表に出さなかった子どもたちの中にも，ずっと時間が過ぎてから，「○○先生も，△△先生も，所長先生も，ロッキンパピー（園庭にある固定遊具）も，み〜んな消えてしまって俺寂しいわ……」とぽつりと悲しみを言葉に出す子どももいた。

　保護者たちも，不毛な長時間の保護者説明会をはじめ，この民間移管の手続で神経をすり減らし，心身ともに疲労困憊の状態となった。

　子どもを保育所に入所させた時から，保護者らは公立保育士に対し子育ての悩みを何でも相談し，保育士との間に強い信頼関係を結んできたが，公立保育所廃止・民間移管の過程の中で，徐々に信頼関係が崩れてしまった。公立保育士も，保護者の心情を理解しながらも，最終的には，保護者との関係がぎくしゃくしてしまった。公立保育士らは，皆疲れ切った状態で保育所を去り，引受先法人の保育士の中にも民間移管のこの1年で疲弊してしまい，保育に対する自信を失って退職する者が出た。

　引受先法人の保育士たちは子どもや保護者との信頼関係を構築するべく並大抵ではない努力を重ねてきたが，どれだけ頑張っても，どれだけ寄り添っても，公立保育所廃止・民間移管で保護者と子どもたちが被害を受けることは避けられないと痛感した。

　実際に共同保育を行うことで，また民間移管を経験することで，保護者たちはやはり共同保育の善し悪しの問題だけでなく，民間移管それ自体に問題があることを再認識するに至った。

保護者らは，本訴の取消訴訟に国賠請求を追加し，裁判闘争を続けてきたが，平成20年12月16日，原告ら敗訴の第１審判決がなされた（神戸地裁）。保護者や子どもたちは判決を不服とし控訴した。これ以上悲しむ子どもたちを増やさないため，これから控訴審にて，枝吉保育所保護者と子どもたちの闘いが続けられる予定である。

■

第6章── 解　説

公立保育所廃止処分仮差止決定の意義

Report ／ 辻 本 雄 一

I　はじめに

　本件は，神戸市が神戸市立枝吉保育所を平成19年3月31日をもって廃止した上で民間の社会福祉法人に運営を委託しようとしていたところ，同保育所の児童及び園児たちが子供たちの保育環境を守りたい一心で条例制定の差止訴訟とともに仮差止めを求めた事案である。神戸地方裁判所は，平成19年2月27日に保護者らの申立てを認め，仮差止決定を出した。平成16年行政事件訴訟法改正で新しく仮の差止めが設けられた（行訴37条の5）が，本件は，仮の差止認容決定第1号事案である。

　事件についての詳細は，本件を担当された石田真美弁護士と内海陽子弁護士による詳細な報告があるのでそちらに譲ることとし，以下では，公立保育所廃止処分においてこれまで問題とされてきた行政事件訴訟法上の問題点（処分性）を検討した上で，新設後現在までに仮の差止制度で問題となってきた点について若干検討をしていくこととする。

II　公立保育所廃止処分をめぐる裁判状況

　本件のような公立保育所廃止処分について，扱われた裁判例としては，次のようなものが存在する。

　① 大阪地判平成16年5月12日（裁判所ホームページ）

② 大阪地判平成17年1月18日（裁判所ホームページ）
③ 大阪高判平成18年1月20日（判例自治283号35頁，①の控訴審）
④ 大阪高判平成18年4月20日（判例自治282号55頁，②の控訴審）
⑤ 横浜地判平成18年5月22日（判タ1262号137頁）
⑥ 横浜地決平成19年3月9日（判例自治297号58頁）

①・③は，高石市が公立保育所を廃止する内容の条例制定をしたことに対して，主位的に廃止処分の取消しを求め，予備的訴訟として廃止条例の無効確認と無名抗告訴訟として廃止準備行為及び保育所の保育実施解除の禁止と本件保育所での保育の義務付けを求めた事案である。①・③では，財政目的が正当で当該保育所で保育を受けられないにせよ同規模の保育所で保育を受けることができるので裁量権の濫用逸脱とはいえないとするとともに手続的にも正当であるとして，原告の主張を認めなかった。

②・④は，大東市における公立保育所を廃止する条例を制定したことに対し，主位的に廃止処分の取消しを求め，予備的訴訟として廃止条例の無効確認と無名抗告訴訟として廃止準備行為及び保育所の保育実施解除の禁止と本件保育所での保育の義務付けを求めたほか国家賠償請求訴訟を提起したものである。②判決は裁量の範囲内であるとして，原告らの主張を認めず，請求棄却又は訴え却下をしたが，その控訴審（④）では，保育所廃止・民営化の過程で説明や引継ぎなどが不十分であったとして契約に伴う信義則上の義務違反があるとして損害賠償の一部を認めた。

⑤は，横浜市が行った公立保育所の廃止処分に対して，条例制定行為の取消しと国家賠償を求めたものである。判決では，廃止自体は，正当化する根拠が不十分で違法であるとしながら廃止から2年以上経過しているので行訴法31条1項の事情判決を用いて，取消しについては請求を棄却し，国家賠償については一部の損害について認めた。

⑥は，川崎市における公立保育所の廃止処分について，取消訴訟とともに申し立てられた執行停止申立ての事案である。同決定では，数年前から廃止について公表されていたことや廃止（及び民営化）に向けての準備や引継ぎが十分になされているとして，行訴法25条2項の重大な損害はないとして却下決定をしたものである。

これらの裁判例で明らかなことは，公立保育所の廃止条例制定については，処分性を認めた上で廃止の判断に際しては，市に政策的な裁量判断が認められるが，目的・必要性・利用者の被る不利益の内容・性質・程度などの諸事情を総合考慮するということである。①ないし⑥の事例や本件の公立保育所廃止は，いずれも市の財政再建が廃止処分の目的とされている。本件については後述するが，裁判例を見ると，説明や期間的猶予や引継ぎなど保育所利用者（児童）に対する手当てが十分になされている場合には，廃止は裁量の範囲内であるとし（①②③④⑥），不十分なものについては，違法であると認定している（⑤）。

Ⅲ　公立保育所廃止処分の処分性

　公立保育所の廃止処分は，改正条例の制定という形で行われる。保育所設置条例に当該保育園が記載されているところ，その記載を削除することで廃止するものである。

　条例制定については，通常は一般的抽象的な規範の定立という立法作用の性質を有しており，原則として個人の具体的権利義務に直接の影響を及ぼすものではなく，処分性は認められないとされる。ただし，他に行政庁の具体的な処分を経ることなく，当該条例自体でその適用を受ける特定の個人の具体的な権利義務に直接の影響を及ぼすような例外的な場合にのみ当該条例の制定行為自体に処分性を認める*1。

　公立保育所廃止を内容とする条例制定については，①ないし⑤の裁判例では，いずれも処分性を認めている。その根拠とするところは，公立保育所においては，児童（保護者）との間で保育所利用契約が存在し，その利用契約によって，児童（保護者）には，当該保育所で利用期間内（就学まで）は保育を受ける（受けさせる）権利が認められる。廃止条例制定は，他に行政庁の具体的な処分を経ずに児童（保護者）らの当該保育所での保育を受ける（受けさせる）権利を直接に侵害するものといえ，処分性を認めたのである。

　処分性については，類似の公立小学校の廃止処分については，児童（保護者）には，通学可能な範囲での小学校において普通教育を受ける（受けさせる）法的利益はあるが，特定の小学校で教育を受ける（受けさせる）権利までは有し

ていないとして処分性を認めなかった*2。

　公立保育所の廃止処分と公立小学校の廃校処分において，同じ条例制定という形を取りながら前者については処分性を認めながら，後者については処分性を認められなかったのは前述の各裁判例でも明らかなように公立保育所の利用については，当該保育所との間での利用契約が存在するために「特定の」保育所での保育を受ける権利（法的利益）までが認められるためといえよう*3。

　本件では，仮差止決定をするだけの「償うことができない損害」を認め，仮差止めを認容し，保育所の廃止条例制定の処分性については特に検討を加えていないが，前述の公立保育所をめぐる裁判例におけるのと同様の理論から処分性は当然認められることを前提としているといえる。

   * 1　塩野『行政法Ⅱ』100頁，『条解行政事件訴訟法』36頁。
   * 2　廃校条例に関する事件としては，千代田区永田町小学校に関する最判平14・4・25（判例自治229号52頁）と足利市立西小学校に関する宇都宮地判平17・8・10（裁判所ホームページ）を参照。
   * 3　斎藤浩『行政訴訟の実務と理論』27頁。

Ⅳ　仮差止制度の状況と本決定の意義

(1)　裁判例での動向

　本件決定は，平成16年行政事件訴訟法改正で新設された仮差止め（行訴37条の5）の認容第1号事件である。仮差止めは，改正法施行後，平成20年9月までに認容されたものは本件を含め，まだ2件しかない。他の認容例は，生活の本拠でない建物所在地を住民基本台帳に記録されているものがした住民票消削処分に対する大阪高決平成19年3月1日（裁判所ホームページ）である。

　平成20年9月までに出された仮差止めに関する事案を分析すると，前述の2件を除く却下事例では，前提となる本案訴訟たる差止めの訴えが不適法であるために却下されているほか，仮差止め特有の要件である「償うことのできない損害を避けるため緊急必要」の要件か，「本案について理由があるとみえるとき」の要件が認められないとして却下されている*4。

　仮差止めを検討していくに際しては，差止めの訴えの要件は別として，固有

の要件として上記2要件を検討する必要があることがわかる。

＊4　この2要件以外の要件で却下された例としては，仮の差止対象たる処分が特定されていないことや処分性が認められないことを理由にして却下された水戸地決平18・8・11（判タ1224号233頁）や処分性が認められないとして却下された宇都宮地決平19・6・1（裁判所ホームページ）がある。また，差止めの訴え（行訴37条の4）で要求する「一定の処分又は裁決がされることにより重大な損害が生ずるおそれ」の要件が問題とされた例としては，大阪地決平18・12・12（裁判所ホームページ），大阪地決平19・11・1（裁判所ホームページ）がある。これらの事案は，出入国管理及び難民認定法に基づく退去強制令書の発付処分に対して求めたものであるが，退去強制令書発付処分後に取消訴訟を提起の上，執行停止を受けることで避けることができるもので差止訴訟に必要な損害すらないとして却下されている。

(2) 償うことのできない損害を避けるため緊急の必要

(a) 裁判例での理解

「償うことのできない損害を避けるため緊急の必要」の要件については，差止めの訴え（行訴37条の4）における「重大な損害」よりも損害の回復の困難の程度が比較的著しい場合をいうとされ，金銭賠償が不可能なものや個々の事案で社会通念に照らして金銭賠償のみによることが著しく不相当と認められる場合をいうとされる＊5。

裁判例でも本要件については，差止訴訟の要件である「一定の処分又は裁決がされることにより重大な損害を生ずるおそれがある場合」よりも損害の回復が困難の程度が著しい場合をいうものと解すべきであり，「ひとたび違法な処分がされてしまえば，当該私人の法律上保護された利益が侵害され，その侵害を回復するに後の金銭賠償によることが不可能であるか，これによることが著しく不相当と認められることが必要であり，損害を回復するために金銭賠償によることが不相当でない場合や，処分が後に取消判決によって取り消され，又は執行停止の効力により処分の効力，処分の続行又は処分の継続が停止されることによって損害が回復されるような場合には，上記緊急性は認められない」（大阪地決平18・8・10判タ1224号236頁）とし，他の裁判例でも同様の解釈が示されている（東京地決平17・12・20裁判所ホームページ，大阪地決平18・12・12判タ1236号140頁，東京地決平19・2・13裁判所ホームページ）。却下例の事案で問題とされた損害

は，パチンコ店の営業許可による診療所周辺の環境の変化（大阪地決平18・8・10判タ1224号236頁），法人税の更正処分を受けようと企業の新聞報道等による信用の失墜や納税資金（東京地決平17・12・20裁判所ホームページ），出入国管理及び難民認定法の収容部分の執行による生活基盤の喪失（大阪地決平18・12・12判タ1236号140頁），保険医登録の取消しによる医療法人の経営や医師としての業務（東京地決平19・2・13裁判所ホームページ）であった。これらの裁判例でわかるように，生活資金・経営といった財産的側面を持つものについては，取消訴訟と執行停止や金銭賠償で対応できるとし，新聞報道や取消処分の公表によって生じるであろう信用・名誉などについては，そもそも処分によって直接生じるものではないとして否定したのである。

対して，仮差止めの認容例である大阪高決平成19年3月1日（裁判所ホームページ）では，生活の本拠ではない建物の所在地を住民基本台帳に記載されている者が，住民票消削処分に対して仮の差止めを求めたことに対して，消削処分によって侵害される選挙権は，行使制限が許されない国民の重要な権利であり，行使できなければ意味がなく，侵害後に争っても権利行使の実質を回復できないとして損害を認めている（原審である大阪地決平19・2・20（裁判所ホームページ）をそのまま採用した*6）。選挙権については，行使できないと意味がないものだから本件の損害にあたるとしたのである。

　　*5　小林久起『行政事件訴訟法』290頁。
　　*6　原審の大阪地裁では，本要件については認めた上で「本案について理由があるとみえるとき」の要件がないとして，却下した。後述(3)(a)参照。

(b) 本件での認定

本件では，どう判断されたか。裁判所は，規範として金銭回復が不可能な場合や社会通念に照らして金銭賠償のみによることが著しく不相当という上記(a)におけるのと同様の基準を示した上で，市によって措置を予定している民間移管の内容や円滑な引継ぎのために取られる引継ぎや共同保育などのスケジュールなどの諸般の事情を前提として，市立保育所としての本件保育所の廃止が児童やその保護者らに与える影響を勘案すべきとしている。そして，保育環境に相当程度の変化があり児童らに対しても大きな影響を与えるにもかかわらず，わずか5日間という短期間の共同保育で引継ぎをしようとしたことや共同保育

案が十分に練られておらず，しかも保護者らだけでなく移管先からも反対を受けている中での廃止・移管は，保育児童の生命・身体などに重大な危険が生じ，保護者や児童らの保育所選択に関する法的利益が侵害され，社会通念に照らして金銭賠償では著しく不相当であると判断した。本件決定では，児童の発育といった側面についての侵害は，認めたといえる。

　児童の発育の側面について行訴法37条の5の損害を認める傾向にあることは，同じ「償うことのできない損害を避けるため緊急の必要」という要件を用いる仮の義務付けに関して，二分脊椎等の障害を負う幼児の町立保育園への就園に関する徳島地決平成17年6月7日（判例自治270号48頁），喉に障害のある児童の公立普通保育園の就園に関する東京地決平成18年1月25日（判タ1218号95頁）や病弱者を養護学校に就学させることに関する大阪地決平成19年8月10日（裁判所ホームページ）がある。いずれの事案においても肯定している。

　これらの各裁判例を見るに，裁判所は，児童の発育に関わるような場面での侵害に対しては，金銭賠償では困難ないし不相当と認め，仮の差止め（義務付け）を認める傾向だということが明らかとなる。

　ただし，児童の発育に関わるというだけで直ちに認めるということではない。前述Ⅱであげた横浜地決平成19年3月9日（判例自治297号58頁）では，公立保育所の廃止処分に対する執行停止について，仮差止めにおける「償うことのできない損害」よりも緩和されたといえる「重大な損害を避けるため緊急の必要」がないとして却下決定をした。これは，引継期間が6ヵ月もあり，委託法人にも十分な引継ぎの実績がある上，毎日巡回させるなどの十分な手当てがされていることから重大な損害を否定しているのである。本件との関係で見ると，児童の発育に関わるから公立保育所の廃止は，損害があると判断しないようである。むしろ，児童の発育に関わる面で重要ではあるが，直ちに損害があるというのではなく，児童や保護者らに十分な手当てがされない場合に損害を認めたものと評価すべきである[*7]。

　　＊7　山田健吾・速報判例解説（法セ増刊）2号32頁。

(c) 問題点

　裁判例を通じて，金銭賠償の基準が示された。本件は，選挙権に関する大阪高裁のケースとともに児童の発育に関わる場合に手続的な手当てが欠ける場合

に行訴法37条の5の損害を認める点が示された点で大きな意義がある。

しかし、本要件を見る限り、他の裁判例で明らかなように処分の公表や新聞報道によって、侵害が予想される企業の信用や名誉といった分野についていまだ本条の損害が肯定されていないままである。処分によって直接生じない損害であることを理由に否定されているが、このような利益侵害が予想される場合に認めないのだとするとせっかく新設した仮の救済制度が充実したものでなくなるおそれがある。生活や営業の基盤に重大な支障が生じて、事後的にこれを完全に回復することが難しい場合や仮の救済がなされないことによってその時点で極めて甚大な被害が生じるような場合には広く積極的に「償うことのできない損害」として認容されるべきである*8。

　　*8　福井秀夫ほか編『新行政事件訴訟法―逐条解説とQ&A―』387頁（福井秀夫執筆）。

(3) 本案について理由があるとみえるとき

(a) 裁判例での理解

「本案について理由があるとみえるとき」の要件については、仮の救済制度であっても本案判決と同等の地位が仮の救済手続によって実現されるため、本案について勝訴する見込みが必要だから要求されたものであるとする。執行停止が「本案について理由がないとみえるときは、することができない」（行訴25条4項）と異なり、「本案について理由があるとみえるときは……することができる」と積極要件とされているのは、本制度が行政庁による処分がまだされていない段階で処分をしてはならないと裁判所が命じる制度であるため、それだけ厳格でなければならないのである。

どのような場合に認められるかについては、本案訴訟である差止めの訴えに関して主張する事実が、法律上差止めの判決をする理由となる事情に該当すると一応認められ、かつその主張する事実が、法律上、差止めの判決をする理由となる事情に該当すると一応認められ、かつ、その主張する事実が一応認められることと理解されている*9。

裁判例では、名古屋地決平成18年9月25日（裁判所ホームページ）、大阪地決平成19年2月20日（裁判所ホームページ）、大阪高決平成19年3月1日（裁判所ホームページ）である。名古屋地裁の事案は、特定商取引法に違反する電話勧誘

販売をしていた会社に対して，業務停止命令を発することについて裁量権の濫用逸脱があるとはいえないとした。大阪地裁及び大阪高裁の事案は，生活の本拠ではない建物所在地を住民基本台帳に記録されているものがする住民票消削処分の仮差止めについて，地裁は，生活の本拠と認められないことを前提として，住所地と解する余地がないとした上で，同処分のような是正措置を講じないままに選挙を施行すると選挙無効の原因となりうることや生活の本拠を立証させることで選挙権行使の道を図る道がなくないことから裁量権の濫用逸脱に当たらないとしたが，高裁では建物所在地を住民基本台帳上の住所と見ることができるとしたことで認容したものである。

＊9　小林久起『行政事件訴訟法』292頁。

(b)　本案での認定

本件では，公立保育所廃止による保育所選択権の侵害を保育児童やその保護者らに受忍させるには，児童及び保護者の損害及び不利益をできる限り少なくするため十分な措置を講じることが必要とした上で，本件では，共同保育計画の期間・内容及び実行可能性等については計画自体に問題があり，わずか5日間だけの極めて不十分な実質的にみればなきに等しい性急な共同保育を経ただけで廃止して民間移管することは，裁量権の濫用逸脱といえ，児童保護者らの保育所選択権を侵害すると判断した。

IIで取り上げた公立保育所廃止事例と対比すると，違法宣言をした横浜地裁（⑤）では，保護者らの反対を受けた中で信頼関係の回復に努めたとはいえない上，引継ぎ・共同保育期間を3ヵ月で行うような廃止民営化は裁量権の濫用逸脱に該当すると判断しており，債務不履行という形で違法とした大阪高裁（④）も保護者らに十分な説明や意見聴取のない上，3ヵ月間の十分といえない引継ぎでは信義則上の義務違反があると認定した。これらの裁判例と対比してみても保護者らとの信頼関係の構築ができているか，十分な引継共同保育がなされているかといった手当面の有無で裁量権の濫用逸脱の有無を判断しているのである。

(c)　問題点

本要件については，あくまで仮の救済制度でありながら本案判決と同様の地位を確保するという意味から本案審理を必要とするが，一応の本案審理の程度

でよいとしている。しかし，まだ裁判例が十分になく，実際にどれだけの本案審理をすればよいかの基準を示すまでにはいたっていない。今後の課題であり，裁判例の積み重ねが必要である。

V　その後の経過と今後への展望

(1)　本件抗告審，第2次仮差止め

本件は，神戸市が抗告し，抗告審である大阪高決平成19年3月27日（裁判所ホームページ）では，本件決定を取り消し，申立て却下をした。しかし，却下決定が出されたのは，本件決定後に神戸市が議会に上程していた条例改正案を撤回し，代わる別の改正条例案を上程したためである。差止めを求めていた対象が不存在となるために却下決定となっただけであり，本件決定で判断されたことを否定する趣旨ではない。むしろ，本件決定を支持したとみるべきである。

また，石田・内海両弁護士の報告にもあるが，神戸市の出した別の条例案に対しても保護者らは同様に仮差止めを求めたが，平成19年3月23日に却下決定が出されている。これは，本件の場合の引継共同保育期間が5日間であったのに対して，3ヵ月間としたことが大きい。保護者らの理解を得るための期間があることや共同保育案がそのとおりになされれば，児童への生命身体の危険は回避できるために「償うことのできない損害」は生じないと判断したのである[10]。結果としては，本件とは逆の結論になっているが，やはり保護者らや児童への移行に伴う手当てが十分にされうるかどうかの基準で判断していることは本件と同様である。

(2)　ま と め

本件決定は，仮の差止めが認められる場合を裁判所が示したものであり，重要な意義がある。しかし，本件においては，仮の差止めが想定していた救済されるべき事案の一部が救済されたに過ぎない。「償うことのできない損害」について，児童の発育に関わる権利侵害でしかも十分な手当てがされていない場合に肯定しただけである。

本制度で救済されるべき事案は，本件の場合のほか，Ⅳ(2)(c)で述べた名誉や信用の侵害がありうる場合や財産権的な損害の場合にもある。「償うことので

きない損害」という表現が用いられたことで非常に救済範囲の狭い制度となりかねないところであるが，今後さまざまな分野で救済されることで解釈として広げられていくことを期待したい。

* 10　決定前である平成19年3月20日に条例制定がされており，取消訴訟と執行停止によることができることも否定の一因といえる。

第7章

原爆症認定請求諸事件

第7章── 報　　告

原爆症認定集団訴訟について

Report ／ 秋 元 理 匡

Ⅰ　原爆症認定問題を語る前に

　原爆症認定制度とは，原爆被爆者が原子爆弾被爆者の援護に関する法律（被爆者援護法）10条・11条に規定されているもので，被爆者の負傷・疾病が原子爆弾の放射線に起因し，現に医療を要する状態にあると厚生労働大臣が認定することをいい，認定疾病に対する医療の給付（医療費の全額国庫負担）等を受ける前提となっている。原爆症認定訴訟は，被爆者による原爆症認定申請が却下された場合，国（行訴法改正前は処分庁たる厚生労働大臣）を被告として，却下処分の取消しを求める訴訟である（被爆者健康手帳の不交付処分の取消しとは異なる）。

　本稿は各地で展開されている原爆症認定訴訟について，2008年8月現在の状況を報告するものであるが，まずは，原爆被害を概観することから始めたい。

⑴　原爆投下

　十五年戦争末期の1945年8月6月午前8時15分，広島で人類史上初めて原子爆弾が実戦使用された。広島原爆はウラン爆弾であり，「リトルボーイ」と呼ばれ，ＴＮＴ火薬に換算して約15キロトン分の威力があるといわれる。爆発高度は約580ｍと推定されている。

　次いで，同月9日午前11時2分，長崎で2発目の原爆が投下された。長崎原爆はプルトニウム爆弾であり，「ファットマン」と呼ばれ，ＴＮＴ火薬に換算して約22キロトン分の威力があるといわれる（もっとも，次に述べるように，原爆の威力は，熱風・爆風の他放射線によるものであって，ＴＮＴ火薬への換算はあまり

意味がないかもしれない)。爆発高度は約500ｍと推定されている。
　原爆による被害についていまだ定説はないが，爆心地から約２km以内の木造家屋は全壊し，街は火の海となった。この惨状については多くの資料があるが，今なお全体像が解明されたとはいえない。そのような中での数字ではあるが，1945年末までに広島で約14万人，長崎で約７万人が死亡したといわれている。

(2)　「キノコ雲」の下で何が起こっていたか

(a)　核分裂

　原爆によるエネルギーの約35％は熱線，約50％は爆風，約15％が放射線となり，約15％の放射線のうち，約５％が初期放射線，約10％が残留放射線となったといわれている。
　原爆容器の中のウランやプルトニウムが核分裂を始めると，その連鎖反応によって，夥しい数の中性子が生成される。すなわち，中性子が原子核にぶつかると原子核は分裂し，新たな中性子が放出される。新たに放出された中性子は別の原子核を分裂させる。この核分裂が起こる度に，膨大なエネルギーと放射線が放出されるのである。これにより地上に中性子線とガンマ線が降り注いだ。講学上，原爆爆発から１分以内に放射される放射線は「初期放射線」と呼ばれる。
　さらに，核分裂によって放出された中性子が，原爆容器，大気や地表，地上の建築物を構成する原子核にあたり，これらに吸収されると，その原子核は放射性の原子核になる。これを誘導放射化というが，誘導放射化した原子核は不安定になり，さらに放射線を放出する。

(b)　火球の膨脹と放射性降下物

　原爆が炸裂すると，火球が急速に膨脹し，密度が小さくなるので火球は上昇する（この火球の中には夥しい量の放射性物質がある）。火球が上昇すると，火球の下は一時的に真空状態になるので，これを補填するために火球の下に向かう空気の流れができる。こうして，火球はさらに周辺の核分裂生成物や誘導放射化した物質を取り込んでいく。
　さらに，地上では大火災が起こったため，火災による上昇気流も発生した。これにより，火球が更に上昇していくとともに，地上の誘導放射化された物質も巻き上げられるように上昇していった。

火球に含まれていた放射性物質は，上昇して温度が下がると，放射性微粒子や「黒いすす」となった。これら放射性微粒子や「黒いすす」が上空で水蒸気を吸着すると水滴ができる。それでできたのが「キノコ雲」である。キノコ雲からも放射線が放出され地上に降り注いだ。

　さらに，キノコ雲が崩れ，また，大きくなった水滴は「黒い雨」となって地上に降ってきた。

　この他，もちろん，当初の核分裂生成物も地上に降りてくる。

　これら，地上に降り注いだ放射性微粒子，「黒いすす」，「黒い雨」は「放射性降下物」と呼ばれる。前述の誘導放射化された物質から放出される放射線（「誘導放射線」といわれることがある）と放射性降下物から放出される放射線をあわせて，「残留放射線」という。

　(c)　原爆は人々に何をもたらしたか

　原爆の熱線は，人々と街を灼き，あるいは消滅させた。原爆の爆風は，人々を吹き飛ばし，その身体と住まいを破壊した。人々は逃げまどい，家族や友人を捜し求め，しかし，誰が誰ともつかぬ姿になって，親子も分からなくなったこともあるという。家族も地域も社会もすべてが破壊された。

　それだけではない。放射線が人々の身体を蝕んだ。急性期には，脱毛，下痢，下血，歯茎出血，発熱，嘔吐，不定愁訴，紫斑等の症状が現れた。これら急性症状が収まっても，白血病，白内障，がん，造血機能障害等の後遺症（後障害）が出てきた。被爆者の中には，辛うじて熱線や爆風を免れても，一定の初期放射線に被曝する場所にいたり，放射性降下物に曝露したり，後で市街地に入って残留放射線に被曝したりして，放射線に被曝しているものも少なくない。このような場合には，外傷はないのだが，次々と身体に異常が生じるのである。家族や知り合いがまるで魔法にかけられたように亡くなっていく様を見て，被爆者は常に死の不安とともに生きていくこととなった。

　その死の不安は今でも続いている。否，放射線影響研究所（後述(d)）の研究者によると，これからさらに被爆者のがんによる死亡はピークを迎えるとさえ予測されている。戦闘行為としては明らかに不必要な苦痛をもたらす非人道的な兵器。これが原爆である。

　(d)　占領政策の中で

他方，1945年9月6日，マンハッタン計画（米軍で進められた原爆開発計画の暗号名）の副責任者の地位にあったファーレル准将は，「広島・長崎では，死ぬべき者は死んでしまい，9月上旬現在において，原爆放射線のために苦しんでいる者は皆無だ」という内容の声明を発表した。また，GHQは，原爆に関する報道を禁止した。

このため，原爆被害は隠蔽・放置されたのである。

1947年には，米国学士院が米国原子力委員会の資金によって原爆傷害調査委員会（ABCC）が設立され，1950年の国勢調査の際の被爆者調査によって得られた資料を基に，被爆者の疫学調査が始められた。ABCCは，1975年に日米共同出資の財団法人放射線影響研究所（放影研，RERF）に改組され，現在に至っている。ABCCは研究機関であって治療機関ではなかった。ある日米軍が民家に来ては子どもを連れ去り，成長過程を調べるため女児の体毛まで測定したという話が残っている。被爆者はモルモットにされたのである。

被爆者に対する援護立法は，被爆12年の1957年の原爆医療法の制定を待たなければならなかった。1954年のビキニ環礁水爆実験を契機として原水爆禁止運動が展開され，1955年に第1回原水爆禁止世界大会が行われ，翌1956年に日本原水爆被害者団体協議会（日本被団協）が結成され，社会の目がようやく被爆者に向けられてのことだった。それまでの間に，国から手をさしのべられることなく亡くなった被爆者が何人いたことだろう。

また，このような政策がとられ，原爆被害に関する正しい知識が社会に普及しなかったために，被爆者は就職・結婚といった人生の大切な場面で悉く差別にあったのである。

Ⅱ　被爆者をめぐる裁判例

原爆症認定に入る前に，もう1つ，このような原爆に対し，原爆症認定訴訟以前に司法がどのように向き合っていたかを示すものを若干紹介する。

(1) 下田原爆裁判（東京地判昭38・12・7下民集14巻12号2435頁）

本件は，1955年（原子爆弾被害者の医療等に関する法律〔原爆医療法〕制定前），5人の被爆者が国を被告として，米国の原爆投下は国際法違反であり，サンフ

ランシスコ条約19条(a)で「日本国民の請求権」が放棄されたことの責任を追及すべく提起した訴訟である。

　これに対し東京地裁は,「原子爆弾の破壊力は巨大であるが,それが当時において果たして軍事上適切な効果のあるものかどうか,またその必要があつたかどうかは疑わしいし,広島,長崎両市に対する原子爆弾の投下により,多数の市民の生命が失われ,生き残つた者でも,放射線の影響により18年後の現在においてすら,生命をおびやかされている者のあることは,まことに悲しむべき現実である。この意味において,原子爆弾のもたらす苦痛は,毒,毒ガス以上のものといつても過言ではなく,このような残虐な爆弾を投下した行為は,不必要な苦痛を与えてはならないという戦争法の基本原則に反しているということができよう。」として国際法違反を認めた。ただし,被爆者には国際法上も国内法上も賠償請求権は認められないとした。

　しかし,東京地裁は次のように結んでいる。「人類の歴史始まつて以来の大規模,かつ強力な破壊力をもつ原子爆弾の投下によつて損害を被つた国民に対して,心から同情の念を抱かない者はないであろう。戦争を全く廃止するか少なくとも最小限に制限し,それによる惨禍を最小限にとどめることは,人類共通の希望であり,そのためにわれわれ人類は日夜努力を重ねているのである。／けれども,不幸にして戦争が発生した場合には,いずれの国もなるべく被害を少くし,その国民を保護する必要があることはいうまでもない。このように考えてくれば,戦争災害に対しては当然に結果責任に基く国家補償の問題が生ずるであろう。現に本件に関係するものとしては『原子爆弾被害者の医療等に関する法律』があるが,この程度のものでは,とうてい原子爆弾による被害者に対する救済,救援にならないことは,明らかである。国家は自らの権限と自らの責任において開始した戦争により,国民の多くの人々を死に導き,傷害を負わせ,不安な生活に追い込んだのである。しかもその被害の甚大なことは,とうてい一般災害の比ではない。被告がこれに鑑み,十分な救済策をとるべきことは,多言を要しないであろう。／しかしながら,それはもはや裁判所の職責ではなくて,立法府である国会及び行政府である内閣において果たされなければならない職責である。しかも,そういう手続によつてこそ,訴訟当事者だけではなく,原爆被害者全般に対する救済策を講ずることができるのであつ

て，そこに立法及び立法に基づく行政の存在理由がある。終戦後十数年を経て，高度の経済成長を遂げたわが国において，国家財政上これが不可能であるとはとうてい考えられない。われわれは本訴訟をみるにつけ，政治の貧困を嘆かずにはおられないのである。」

やや長い引用となったが，原爆被爆者の訴えに心を動かされた裁判官が不戦の誓いを確認し，戦争による被害の補償責任を判示した格調高い判決である。このような目で原爆被害をみつめることは，その後の裁判例にもみられる。

(2) 孫振斗訴訟（最判昭53・3・30民集32巻2号435頁）

本件は，韓国籍の被爆者が，被爆者健康手帳の交付を求めたところ，日本国内に居住要件を満たさないとして却下されたことに対し，取消しを求めた事案である。

最高裁は，「原爆医療法は，被爆者の健康面に着目して公費により必要な医療の給付をすることを中心とするものであって，その点からみると，いわゆる社会保障法としての他の公的医療給付立法と同様の性格をもつものである」としつつ，「しかしながら，被爆者のみを対象として特に右立法がされた所以を理解するについては，原子爆弾の被爆による健康上の障害がかつて例を見ない特異かつ深刻なものであることと並んで，かかる障害が遡れば戦争という国の行為によってもたらされたものであり，しかも被爆者の多くが今なお生活上一般の戦争被害者よりも不安定な状態に置かれていることを見逃すことはできない。原爆医療法は，このような特殊の戦争被害について戦争遂行主体であった国が自らの責任により救済を図るという一面を有するものであり，その点では実質的に国家補償的配慮が制度の根底にあることは，これを否定することができない。」として，原告の請求を認容した一審判決（福岡地判昭49・3・30民集32巻2号459頁）と控訴審判決（福岡高判昭50・7・17民集32巻2号471頁）を支持した。

いってみれば，原爆医療法は，法技術的に社会保障法的な立法をしているが，その内実としては国家補償的配慮を内実としていると判示したことになる。ここで，社会保障法的配慮とは区別された国家補償的配慮の存在を認められた意義は大きい。国が戦争を開始し遂行した以上，国は戦争被害を補償しなければならないとの論理が導かれる（ただし，原爆被害の特殊性が指摘されていることにも留意する必要がある）。社会保障法的配慮につきまとう行政裁量は排除されるの

である（もっとも，社会保障法的配慮とて，無制限の自由裁量を意味しないことに注意が必要である）。

(3) 国際司法裁判所の勧告的意見 (1996年7月8日)

1992年以降，ＮＧＯよって核兵器の違法性に関する勧告的意見を国際司法裁判所（ＩＣＪ）に求める「世界法廷運動」が展開された。そして，国連総会は，1994年12月15日の決議49175Kにおいて，ＩＣＪに対して勧告的意見を要請した。

ここで，ＩＣＪは，全員一致で，国連憲章2条4項に違反し，かつ，51条の要件に合致しないような，核兵器を用いた武力による威嚇及び武力の行使は違法であるとし，厳格かつ実効的な国際的管理の下に，全面的な核軍縮に至る交渉を誠実に遂行し，完了させる義務が存在するとした。

ただし，国家の存亡が危機に瀕しているような，自衛の極限的状況において，核兵器の使用・威嚇が合法であるか違法であるかについて，裁判所は最終的な結論を出すことができないともされている（賛否各7。所長の決定投票によって採択された）。

この勧告的意見からいえることは，少なくとも，核兵器の使用は原則に違法であることと（積極的に合法性を認めたとは読めまい），核軍縮義務が確認されたことである。

後述のように，原爆症認定訴訟を通じて原爆被害の実相を明らかにし，核兵器廃絶に繋げようとするとき，原爆投下が国際法違反とされたことの意義は大きい。

Ⅲ　原爆症認定問題とは

(1) 原爆症認定制度

原爆症認定制度は，1957年に制定された原爆医療法に規定されていたものであり，現行被爆者援護法に引き継がれている。

つまり，被爆者が厚生労働大臣による原爆症認定を受ける要件は，①原子爆弾の放射線に起因して負傷し，又は疾病にかかっていること（起因性）と，②現に医療を要する状態にあること（要医療性）の2つである。

> **【被爆者援護法】**
> 第10条1項　厚生労働大臣は，原子爆弾の傷害作用に起因して負傷し，又は疾病にかかり，現に医療を要する状態にある被爆者に対し，必要な医療の給付を行う。ただし，当該負傷又は疾病が原子爆弾の放射能に起因するものでないときは，その者の治癒能力が原子爆弾の放射能の影響を受けているため現に医療を要する状態にある場合に限る。
> 第11条　前条第1項に規定する医療の給付を受けようとする者は，あらかじめ，当該負傷又は疾病が原子爆弾の傷害作用に起因する旨の厚生労働大臣の認定を受けなければならない。
> 2　厚生労働大臣は，前項の認定を行うに当たっては，審議会等（国家行政組織法（昭和23年法律第120号）第8条に規定する機関をいう。）で政令で定めるものの意見を聴かなければならない。ただし，当該負傷又は疾病が原子爆弾の傷害作用に起因すること又は起因しないことが明らかであるときは，この限りでない。

(2) 被爆者にとっての原爆症認定制度

被爆者援護施策としては，健康管理手当や一般疾病医療費の支給等があるが，これらはみな都道府県知事（広島，長崎は両市長）が行うものであり，国の事業ではない。被爆者援護施策の1つである認定疾病に対する医療給付（医療費の全額国庫負担）と医療特別手当（2008年度は月額13万7430円）の受給の前提となる原爆症認定のみが，唯一，国の機関である厚生労働大臣によるものである。

つまり，被爆者にとって，原爆症認定は，自身の健康被害が原爆によるものであることを国が認める唯一の制度としての意味をもつのである。

(3) 原爆症認定の実際

では，原爆被害を国が認めると位置づけられる原爆症認定の実際はどのようなものであったか。

原爆症認定制度が始まった1957年は，1484件の申請中1436件が認定された（認定率97％）。以後1961年までの申請に対する認定率は90％を超えている。その後は9割は下回るが，1967年までは原爆症認定申請の70％以上が認定されている（1967年は申請88件，認定67件，認定率83％）。

そして，1975年以降は毎年認定率が30～40％内外となり，1986年以降は毎

年認定されている被爆者が2000人前後で推移している。

2008年3月31日現在，被爆者健康手帳をもっている24万3692人のうち，原爆症認定を受けているのは2184人（被爆者健康手帳取得者の0.9%）に過ぎない。

(4) 原爆被害受忍政策

このような国の政策の背後には，戦争被害受忍政策がある。1980年12月11日に原爆被爆者対策基本問題懇談会（基本懇）が発表した「原爆被爆者対策の基本理念及び基本的在り方について」は次のようにいう。

「およそ戦争という国の存亡をかけての非常事態のもとにおいては，国民がその生命・身体・財産等について，その戦争によって何らかの犠牲を余儀なくされたとしても，それは，国をあげての戦争による『一般の犠牲』として，全ての国民が等しく受忍しなければならない。」

これは，1920年の不戦条約以来日本国憲法9条に至るまでの戦争違法化の歴史を無視するものであるが，そのような発想が，基本的に原爆被爆者にも及ぼされる。基本懇は次のようにもいう。

「原爆被爆者に対する対策は，結局は，国民の租税負担によって賄われることになるのであるが，殆どすべての国民が何らかの戦争被害を受け，戦争の惨禍に苦しめられてきたという実情のもとにおいては，原爆被爆者の受けた放射線による健康被害が特殊のものであり，『特別の犠牲』というべきものであるからといつて，他の戦争被害者に対する対策に比して著しい不均衡が生ずるようであつては，その対策は，容易に国民的合意を得がたく，かつまた，それは社会的公正を確保するゆえんでもない。この意味において，原爆被爆者対策も，国民的合意を得ることのできる公正妥当な範囲にとどまらなければならないであろう。」

国が「公正」などというときは要注意だ。戦争被害者同士を競争させ，低い方に合わせようとする姿勢が如実に表れている。前述のとおりの厳しい原爆症認定行政の背後には，このような原爆被害受忍政策があることは疑うべくもない。

(5) 原爆症認定制度と被爆者運動の切り結び

被爆者は，自分たちのような存在を二度とつくってはならない，核兵器は廃絶されなければならないと強く願っている。

そのような被爆者にとって，上記のような原爆症認定の「実績」は，原爆被害の過小評価でしかない。原爆被害が過小評価されるとき，原爆のもつ非人道性が矮小化され，再び核兵器が使われるのではないかとの不安に結びつくとき，原爆症認定制度は核兵器廃絶という被爆者の悲願と運動論上の切り結びを示す。

原爆症認定訴訟を起こす被爆者の運動論は次の3点に整理される。

① 原爆被害の実相を法廷闘争を通じて明らかにする。原爆被害の過小評価を許さない。

② 狭隘な原爆症認定にみられる被爆者「援護」行政の抜本的転換を図る。原爆症認定を被爆の実相に合わせたものにすることはその一里塚である。

③ 核兵器の廃絶。原爆被害を明らかにして核兵器の非人道性を暴露し，二度と核を使わない世界をつくっていく。

Ⅳ 原爆症認定訴訟（集団訴訟以前）と「原爆症認定に関する審査の方針」

原爆症認定訴訟は，当初，1945年当時の被爆状況等を立証する困難を克服するべく，証明負担の枠組みが争われた。下級審では「相当程度の蓋然性」で足りるとの判断もみられたが，最高裁によって「高度の蓋然性」が要求されるとされた（結論において被爆者を救済している）。これに対して，厚生労働省が「高度の蓋然性」概念を誤用して「原爆症認定に関する審査の方針」を策定したために，問題が混迷することになった。

(1) 原爆被害の立証上のポイント（科学的未解明性）

(a) 被爆実態を突きつける訴訟活動

原爆症認定訴訟では，放射線防護学や放射線生物学，放射線医学，疫学等々さまざまな科学的知見を動員する。しかし，これらの最新の知見をもってしても，原爆被害はとうてい解明しきれるものではない。どこまで広がっているのか分からないのが原爆被害である。法律実務家としては「科学的にはこうである」と明確に主張立証したい欲求に駆られ，それが適わない事案は「筋が悪い」となりがちであるが，原爆被害はそうではない。

これは，厚生労働省の従前の認定行政のあり方とも関わる。従前，厚生労働省は，1986年被曝線量推定体系（Dosimetry System 1986, DS86）によって被爆者

の被曝線量を推定していた。初期放射線が中心であり，爆心地から概ね2km以上離れた地点では放射線の影響はないとされた。誘導放射線も原爆投下後3日程度でゼロになるとされ，放射性降下物も，広島の己斐・高須地域，長崎の西山・木場地域（一部）以外には認めないとするものである。これら以外の地域においても，被爆の影響と考えられる健康影響は現れているのだが，厚生労働省は否定する。

科学は事実を矛盾なく説明することを追究しなければならない。事実が理論に合わないからといって，事実から目を背けるのは科学的態度とはいえない。それを原爆症認定申請却下処分＝被爆者の健康破壊の放置に繋げるのは，ギリシア神話にいうプロクルーステースの寝台と同様に残酷なことなのである。

では，原告側はどのようにして被爆の実相を立証したのか。原爆投下直後に広島や長崎に入った日米合同調査団や東京帝国大学等の調査チームの報告（1953年に日本学術会議が出版した『原子爆弾災害調査報告集』に収められている），厚生省の調査報告，広島の於保源作医師の調査報告，その他の多数の調査報告書によって，爆心地から2km以遠の地域で被爆した人たちや原爆投下後3日以上経過してから市街地に入った（入市した）人たちにも，被爆の影響と思われる症状があることを立証した。ＤＳ86によっては説明することのできない事実を積み上げていったのである（ＤＳ86は核兵器開発のための線量推定体系であるから，瞬間的な殺傷能力しか関心がなく，そのため残留放射能等の評価が甘いのではないかという考え方もある）。

その他，原告側は，証明負担を軽減する根拠として，核兵器使用の国際法違反，証明妨害（プレス・コード）を指摘していた。

(b) 科学的未解明性を前提とする通知

原爆医療法が施行された直後の1958年8月13日，厚生省公衆衛生局長通知「原子爆弾後障害症治療指針について」（衛発第726号）は，まさに原爆被害が科学的に解明しきれていないことを前提としていた。次のようにいっている。

「1　原子爆弾後障害症の特徴

　　原子爆弾後障害症を医学的にみると，原子爆弾投下時にこうむつた熱線又は爆風等による外傷の治癒異常と投下時における直接照射の放射能及び核爆発の結果生じた放射性物質に由来する放射能による影響との二

者に大別することができる。

　すなわち，前者は原子爆弾熱傷の瘢痕異常で代表されるものであつて，一般熱傷の場合とはその治療経過その他に相違が認められ，また，爆風による直接的又は間接的外傷にしてもその治癒の様相に一般の外傷と多少の相違の認められる者が少くない。

　後者は造血機能障害，内分泌機能障害，白内障によって代表されるもので，被爆後10年以上を経た今日でもいまだに発病者をみている状態である。これらの後障害に関しては，従来幾多の臨床的及び病理学的その他の研究が重ねられた結果，その成因についても次第に明瞭となり，治療面でも改善が加えられつつあるが，今日未だ決して十分とはいい難い。従つて原子爆弾後障害症の範囲及びその適正な医療については，今後の研究を待つべきものが少くないと考えられる。

2　治療上の一般的注意

(1) 原子爆弾被爆者に関しては，いかなる疾患又は症候についても一応被爆との関係を考え，その経過及び予防について特別の考慮が払われなければならず，原子爆弾後障害症が直接間接に核爆発による放射能に関連するものである以上，被爆者の受けた放射能特にγ線及び中性子の量によつてその影響の異なることは当然想像されるが，被爆者の受けた放射能線量を正確に算出することはもとより困難である。この点については被爆者個々の発症素因を考慮する必要もあり，また当初の被爆状況等を推測して状況を判断しなければならない。」

　この通知の起案には，被爆直後から被爆者の病変を調べていた都築正男医師が関与していると考えられるが，原爆放射線の人体影響は未だ解明されたものとはいえず，被爆者の身体には何が起きても不思議ではないことを率直に述べている。

　厚生省自らこのようなことを述べていた事実は，以下に紹介する各裁判例でも重視されている。

(2) **長崎原爆松谷訴訟**（福岡高判平9・11・7判時984号103頁）

　本件は，長崎で爆心地から2.45km離れた地点で被爆した松谷英子さんが，爆風でとんできた屋根瓦が頭部に当たり，頭蓋骨陥没骨折等の傷害を受け，頭

髪が抜け，傷口が化膿したのに対し，約2年半かけて治療をしたが，脳に大きな空洞ができて右半身麻痺等の症状が残ったという事案である。ＤＳ86に従えば，原爆放射線による影響は否定される場所での被爆であった。

長崎地判平5・5・26判時1465号66頁は原告の請求を認容し，被告が控訴した。福岡高裁は，「原子爆弾による被害の甚大性，原爆後障害症の特殊性，旧原爆医療法の目的，性格等を考慮し，認定の要件の証明の程度については，起因性の点についていえば，同法7条1項本文の放射能と現疾病との間の因果関係につき，また，同法7条1項ただし書の放射能と治癒能力との間の因果関係につき，それぞれ物理的，医学的観点から高度の蓋然性の程度にまで証明されていなくても，被爆者の被爆時の状況，その後の病歴，現症状を参酌し，現傷病が原子爆弾の傷害作用に起因する旨の相当程度の蓋然性の証明があれば足りると解すべきである。」と判示し，控訴を棄却した。

(3) 京都原爆小西訴訟（京都地判平10・12・11判時1708号71頁）

本件は，広島で爆心地から1.8km離れた地点で被爆した小西建男さんが，白血球減少症と肝機能障害となった事案である。

京都地裁は，「原爆投下による被爆自体，被爆による被害等の特殊性（一回性），国家補償的配慮を根底とする原爆医療法の性格，立法当時における医学等の水準及びこれについての国（内閣・厚生省）の認識等にかんがみると，原爆医療法8条1項の「当該負傷又は疾病が原子爆弾の傷害作用に起因する旨の認定」を受けようとする被爆者は，被爆した事実を明らかにする事実説明書等，被爆時受傷から申請時に至る間の発傷病の推移を明らかにする諸検査結果，診断結果資料の他，申請当時公刊された学術研究書等，一般人が利用可能な医学，科学，物理学等の科学関係資料や医師らの鑑定的意見書等によって，申請者の負傷又は罹患した疾病は原爆の放射線を原因とする可能性が原爆の放射線以外のものを原因とする可能性より相対的に高いことを証明すれば足り」るとして，小西さんの白血球減少症と肝機能障害が原爆放射線に起因していると認定した。

なお，京都地裁は，原告の国家賠償請求も認容している。

(4) 最判平12・7・18判時1724号29頁（(2)の上告審）

(2)の長崎原爆松谷訴訟に関する福岡高裁判決に対し，厚生労働省は，同判決には民訴247条（改正前の同法185条）の解釈適用を誤った違法があるとして，上

告した。

　これに対し，最高裁は，「行政処分の要件として因果関係の存在が必要とされる場合に，その拒否処分の取消訴訟において被処分者がすべき因果関係の立証の程度は，特別の定めがない限り，通常の民事訴訟における場合と異なるものではない。そして，訴訟上の因果関係の立証は，一点の疑義も許されない自然科学的証明ではないが，経験則に照らして全証拠を総合検討し，特定の事実が特定の結果発生を招来した関係を是認し得る**高度の蓋然性**を証明することであり，その判定は，通常人が疑いを差し挟まない程度に真実性の確信を持ち得るものであることを必要と解すべきである」として，いわゆるルンバールショック事件判決（最判昭50・10・24民集29巻9号1417頁）と同様の判断を示した。

　しかしながら，「ＤＳ86もなお未解明な部分を含む推定値であり，現在も見直しが続けられていることも原審の適法に確定するところであり，ＤＳ86としきい値理論とを機械的に適用することによっては前記三1㈢の事実を必ずしも十分に説明することができないと思われる。例えば，放射線による急性症状の一つの典型である脱毛について，ＤＳ86としきい値理論を機械的に適用する限りでは発生するはずのない地域で発生した脱毛の大半を栄養状態又は心因的なもの等放射線以外の原因によるものと断ずることには，ちゅうちょを覚えざるを得ない。このことを考慮しつつ，前記三1の事実関係，なかんずく物理的打撃のみでは説明しきれないほどの被上告人の脳損傷の拡大の事実や被上告人に生じた脱毛の事実などを基に考えると，直接的には原子爆弾の爆風によって飛来したかわらの打撃により生じたものではあるが，原子爆弾の放射線を相当程度浴びたために重篤化し，又は右放射線により治癒能力が低下したために重篤化した結果，現に医療を要する状態にある，すなわち放射線起因性があるとの認定を導くことも可能であって，それが経験則上許されないとまで断ずることはできない。」として，原審の結論を維持している。

　この最高裁判決後に出された大阪高判平12・11・7判時1739号45頁（⑶の控訴審）も，「高度の蓋然性」のテーゼを出しながら，小西さんの白血球減少症が原爆放射線に起因するとの判断を示した。厚生労働省は上告を断念している。

　なお，最高裁判決の理解をめぐって，優越的蓋然性説が唱えられるなどして（伊藤眞「証明，証明度および証明責任」法学教室254号33頁，同「訟明度をめぐる諸問

題——手続的正義と実体的真実の調和を求めて」判タ1098号4頁等），民事訴訟における証明度の理解についての議論が盛んになった。

(5) 「原爆症認定に関する審査の方針」

2000年に，長崎原爆松谷訴訟と京都原爆小西訴訟が相次いで確定したことを受け，全国の被爆者とその支援者は，原爆症認定行政は抜本的に改革され，被爆の実相に即した認定基準が策定されるものと信じ，運動を展開したが，厚生労働省はそれを裏切った。2001年5月25日，裁判で勝利した松谷さんや小西さんも原爆症認定されないのではないかと思われる認定基準である「原爆症認定に関する審査の方針」（以下「審査の方針」という）を策定したのである。
「判断に当たっての基本的な考え方」の項には，次のように書かれている。

1) 申請にかかる負傷又は疾病（以下「疾病等」という。）における原爆放射線起因性の判断に当たっては，原因確率（疾病等の発生が，原爆放射線の影響を受けている蓋然性があると考えられる確率をいう。以下同じ。）及び閾値（一定の被曝線量以上の放射線を曝露しなければ，疾病等が発生しない値をいう。以下同じ。）を目安として，当該申請に係る疾病等の放射線起因性に係る「高度の蓋然性」の有無を判断する。
2) この判断にあっては，当該申請に係る疾病等に関する原因確率が，
   ① おおむね50パーセント以上である場合には，当該申請に係る疾病の発生に関して原爆放射線による一定の健康影響の可能性があることを推定
   ② おおむね10パーセント未満である場合には，当該可能性が低いものと推定する。
3) ただし，当該判断に当たっては，これらを機械的に適用して判断するものではなく，当該申請者の既往歴，環境因子，生活歴等も総合的に勘案した上で，判断を行うものとする。
4) また，原因確率等が設けられていない疾病等に係る審査に当たっては，当該疾病等には，原爆放射線起因性に係る肯定的な科学的知見が立証されていないことに留意しつつ，当該申請者に係る被曝線量，既往歴，環境因子，生活歴等を総合的に勘案して，個別にその起因性を判断するものとする。

ここでは，「原因確率」という概念が導入されている。「審査の方針」には，

がんの部位毎と申請者の性別毎に15の別表（固形がんに副甲状腺機能亢進症を含む）を載せており，被曝線量と被爆時年齢毎に「原因確率」がはじき出されている。このときの被曝線量は，ＤＳ86を用いているので，結局，距離と被爆時年齢と病名が分かれば原因確率がはじき出されるようになっている。

　従前の実務の状況をみるかぎり，原因確率10％が実際上の分水嶺で，10％以上なら認定，10％未満なら却下としているようである。

　例えば，男性の胃がん（別表２－１）の被爆時年齢10歳のところを見ると，

被曝線量（センチグレイ）		
120	150	180
9.0	11.0	13.6

とある。

　そして，試しに広島での初期放射線量を見ると（別表９），

爆心地からの距離（メートル）	初期放射線による被曝線量（センチグレイ）
1,200	173
1,250	139
1,300	113

とある。

　つまり，広島で10歳児に被爆した男性が胃がんになった場合，初期放射線で150センチグレイ前後の被曝をするような距離でなければならないので，爆心地から約1.2km以内でなければ認定されないことになる。これでは，「審査の方針」策定前よりも厳しくなっており，被爆者救済という観点からは後退していることになる。

　「目安」，「総合的に勘案」等といって，いかにも機械的に適用しているわけではないのだと言いたいようであるが，実際には１件あたりの審査時間は４分程度ということなので，これ以上の具体的事情を勘案する余裕はないものと思われる。

　厚生労働省は，訴訟で大敗を喫したにもかかわらず，これを個別事案での話に押し込め，あろうことか，制度を後退させたのである。これは，長崎原爆松谷訴訟最高裁判決が「高度の蓋然性」といったものを，科学的に厳密な立証を要求する趣旨と誤読して，原爆症認定申請をする被爆者がそのような科学的立

証に成功しない限り原爆症とは認めないというものである。

しかし，長崎原爆松谷訴訟最高裁判決を素直に読めば分かるように，同判決は，被爆実態を直視したところDS86では説明のつかないことがあったため，遠距離被爆でも放射線の影響を否定せず，当該被爆者の症状経過からして，原爆放射線被曝が右半身麻痺の結果を招来した関係を是認し得ればよいとしたものであって，科学的に厳密な立証がなければ「高度の蓋然性」があることにはならないなどととはいっていない。

ルンバールショック事件以来最高裁判決がいっている「高度の蓋然性」は，法的因果関係の指標であって，一点の疑義を許さないものではない。つまり，社会的行動の選択の問題として，民事的な損害賠償や行政的な原爆症認定をするにあたり通常人の判断に従えば合理的だろうといえる程度の蓋然性があればいいというのである。誤解を恐れずにいえば，「高度の蓋然性」という概念は「高度の」というところに力点があるのではなく「蓋然性」で足りるとすることが重要なのである。

V　原爆症認定集団訴訟と「新しい審査の方針」

(1) 集団訴訟の取組み

(a) 各地提訴

上記のような厚生労働省の暴挙に対し，全国の被爆者が怒った。もはや個別訴訟では埒が明かない。認定基準を抜本的に転換するためには，多くの被爆者を組織して取り組む必要がある。そこで，日本被団協の呼び掛けにより，全国の被爆者が集団申請運動を展開した。集団で原爆症認定申請を行い，却下された場合には十分な検討の上で却下処分の取消訴訟を提起するというものである。

当初，この呼び掛けに応じたのは，札幌・名古屋・長崎（2003年4月17日提訴），東京・千葉・近畿（同年5月27日提訴），広島・熊本・長崎（同年6月12日提訴）であった。「近畿」としたのは，京都・大阪・兵庫の3府県でまとめて大阪地裁に提起したものである。その後，宮城，静岡，神奈川，鹿児島，埼玉，香川，岡山，愛媛，高知が続いている。2008年8月までの間に一番多いときで15地裁・6高裁で23都道府県の被爆者306名が原告団に参加した。

このように全国各地で訴訟を提起することによって，各地域の被爆者団体，反核平和運動を進めている市民団体，労働組合等の力を結集して被爆者を支援する運動の核となることも考えられた。また，人権活動に理解のある各地の弁護士を被爆者運動に結集することもできた。

(b) 国家賠償請求

(イ) 責任原因　　この原爆症認定集団訴訟では，国家賠償も併せ請求している。責任原因としては，長崎原爆松谷訴訟最高裁判決後も厚生労働省が「審査の方針」を策定し，違法な原爆症認定行政を継続したというものであった。

(ロ) 管轄の問題　　国家賠償請求には，別の実践的意図もあった。その1つが管轄である。

実は，京都原爆小西訴訟では，被告が管轄を争った。同訴訟が提起された1988年当時の行訴法では処分庁である厚生労働大臣の所在地にある東京地裁の専属管轄となるということである。結局，東京地裁への移送決定が確定したが，後に小西さんは京都地裁に国家賠償請求訴訟を提起し（民484条により持参債務となるので，義務履行地として原告住所地での管轄が発生する），取消訴訟も併合された。

同時期に提起された長崎原爆松谷訴訟でも，被告は管轄を争ったが，裁判所が応訴を勧告し，結局，被告は長崎地裁で応訴した。

1999年，札幌地裁でも安井訴訟が提起された際には（後に集団訴訟が合流する），被告は特に管轄を争うことなく札幌地裁で応訴した。

だいたい，国の機関が処分庁となる抗告訴訟は東京でなければ起こせないということ自体がどうかしている。病気の被爆者，しかも東京から遠方に住んでいる者が，東京でなれば裁判を起こせないというのでは，事実上訴権を制限しているようなものだ。現行行訴法12条4項では特定管轄裁判所での提訴が認められているが（それでも原告は高裁所在地まで出向かなければならないので，不利益は小さくない），そのようになる前はこのような戦いの歴史があったのである。

集団訴訟に至った際，当初は被告の態度も不明であったため，原告側は，念のため国家賠償請求も行った。結局，被告は，管轄を争うことなく各地で応訴している。

(ハ) 訴訟承継の問題　　国家賠償請求のもう1つの意図は，訴訟承継を確実

に行うことであった。

それまでの原爆症認定訴訟では，訴訟係属中に原告が亡くなるという事態にはなっていなかったが，そのような事態が生じた場合の処理は未確定であった。朝日訴訟では，生活保護受給権が一身専属的であることを理由に，原告が亡くなると訴訟が終了してしまったことから（最大判昭42・5・24民集21巻5号1043頁），当初，原爆症認定でも同様のことになりはしないかという不安があった。損害賠償請求権は当然承継と解されているので，仮に却下処分取消訴訟を相続人が受継できなかったとしても，損害賠償請求訴訟は受継することができるということである。

ただ，原爆症認定の実務では，原爆症認定したものの認定申請後に申請者が亡くなった場合には，都道府県知事は遺族に医療特別手当を支払っているので，このような実務に従えば，原爆症認定訴訟の承継も可能であるように思われてはいた。

結局，東訴訟（後述）では，控訴審係属中に原告（被控訴人）が亡くなり，その配偶者が受継申立てをしたが，被告は特に承継を争わなかったので，承継人（配偶者）は問題なく受継手続を行うことができた。

なお，原爆症認定集団訴訟では，当初から被爆者の遺族が提訴するというケースも散見される。

(c) 被爆の実相の立証方法

原爆症認定訴訟では，集団訴訟にいたっても，訴訟の重要なテーマは，科学的に未解明な被爆の実相を明らかにすることである。集団で訴訟を行っているため，個々の原告の陳述書と法廷供述の集積されたが，それらは，そのまま被爆の実相を明らかにする貴重な資料となった。

そこでは，Ⅳ(1)で述べたような調査報告，被爆者の証言の他，放射線防護学，理論物理学，気象学者，疫学者，医師の意見書・証言を活用した。各地で訴訟を展開していることから，証人尋問を各地で割り振り，その他の裁判所では証人尋問調書を書証として提出することで立証の厚みをもたせつつ審理を迅速に進めるよう努めている。現在まで意見書を提出したり証言したりしている主な専門家等は下記のとおりである（敬称略・順不同）。

〈原告側〉

- 肥田舜太郎（被爆医師）
- 岩佐幹三（日本被団協事務局次長）
- 田中熙巳（日本被団協事務局長）
- 濱谷正晴（一橋大学教授／社会学）
- 澤田昭二（名古屋大学名誉教授／理論物理学）
- 安齋育郎（立命館大学平和ミュージアム館長／放射線防護学）
- 野口邦和（日本大学歯学部専任講師／放射線防護学）
- 矢ヶ崎克馬（琉球大学理学部教授／理論物理学）
- 市川定夫（埼玉大学農学部名誉教授／放射線生物学）
- 増田善信（元気象研究所／気象学）
- 聞間元（医師）を筆頭とする医師団
- 齋藤紀（福島生協病院名誉院長／医師）
- 福地保馬（北海道大学名誉教授／公衆衛生学）

〈被告側〉
- 小佐古敏荘（東大原子力研究総合センター／放射線防護学）
- 児玉和紀（放射線影響研究所主任研究員／疫学）
- 吉川友章（東京理科大学教授／気象学）
- 草間朋子（大分看護科学大学長／放射線防護学）
- 明石真言（放射線医学総合研究所緊急被ばく医療研究センター）

　これら専門家の力をお借りして，「審査の方針」においても依然として活用されているＤＳ86を徹底的に批判し，ＤＳ86では特に遠距離被爆の推定が過小になっていることや，残留放射能・内部被曝（放射性物質を体内に取り込んで体内にある放射線源から放射線に被曝することを内部被曝という）の影響は無視し得ないことを明らかにした。

　集団訴訟にいたって重大な争点になったのは，この残留放射能と内部被曝の問題であった。ＤＳ86やそれを前提とする「審査の方針」ではほとんど考慮されておらず，しかし，原爆投下後に市内に入って被爆した人たち（入市被爆者）は少なくなく，また，放射性降下物や誘導放射化された物質を体内に取り込むと，放射線が外から透過する外部被曝とは異なり，飛程の短いアルファ線やベータ線がそのわずかな距離でエネルギーを放出しきるため局所的には重大

な影響を及ぼす。このような複雑な過程は、初期放射線を中心に評価するDS86では捕捉しきれないものである。

そして、対する被告側証人に対しては、経歴や業績を調べ上げ、意見書等を精査して、いずれも全国の弁護団の知恵を集めて集団的に対応した。

さらに、熊本訴訟では、被爆者と非被爆者とで、年齢や性別等でマッチングをした上で、戦後の健康状態を比較するという調査を行った。その結果、糖尿病のような病気であっても、被爆者が非被爆者よりも強いということが分かった。このような地道な調査は、(2)(g)の勝訴判決に繋がっている。

(d) 個別立証

原爆症認定訴訟は、あくまでも個別の却下処分の取消訴訟の集合体なので、どうしても個別原告の疾病の原爆放射線起因性の立証は必要である。

何よりも重要なのは、個々の原告の陳述書で、被爆状況、被爆前後の健康状態、急性期の症状の有無・内容、その後の病気の有無・発症経過、生活状況をできるだけ詳しく明らかにすることである。このとき、急性症状があることは被爆の影響を受けていることの重要な間接事実ではあるが、症状の出方には個人差があるので、急性症状がない場合であってもそれだけでは被爆の影響を受けたことにはならない。その意味で、急性症状の評価については、被爆者に有利に片面的に扱うことを要する。

そして、被爆者が罹患する病気は、がん、白血病、白内障、肝機能障害、心筋梗塞、脳梗塞、子宮筋腫等々と、被爆していない人でもかかりうる非特異性疾患である。そうした疾病と放射線との関係を明らかにするのには、疫学の知見を活用することが必要である。

放影研の疫学調査は、1950年以降続けられているものであって、それだけを見ると、世界でも類を見ないほどの規模の疫学調査ではある。しかし、1945年～1950年という、最も被爆者が亡くなったと思われる大切な時期に放影研は被爆者を調査していないという大きな問題がある。その他にも、DS86による線量推定を前提にしているために、そもそも残留放射能や内部被曝が軽視されているので、その結果得られた疫学データも信頼性に問題が出てくる。

そのような被爆者に不利なバイアスのかかった放影研のデータにおいてでさえ、多くの疾病と原爆放射線との関係を確認されている。

こうした医学立証にあたっては，全国で被爆者医療に携わってきた医師が医師団を結成し，「原爆症認定集団訴訟に関する医師団意見書」を作成した。放影研のデータの問題点，1958年通達に見られるような被爆者の病態の正しい捉え方を提示し，一定の病気（白内障，心疾患，脳卒中，肺疾患，肝機能障害，消化器疾患，晩発性の白血球減少症や重症貧血などの造血機能障害，甲状腺機能低下症等）と原爆放射線との間には関係があるとした。

そのような医師団意見書を前提に，原告本人の陳述書や原告尋問の結果を活用して，医師に各原告個別の意見書を準備していただき，必要に応じて意見書を作成した医師を証人として尋問した。

(2) 「審査の方針」の問題点を指摘する判決の連弾

このようにして，集団訴訟においても，原告は被告を圧倒することに力を注いだ。

(a) 東訴訟（東京高判平17・3・29判例集未登載）による最高裁判決の実質化

東訴訟とは，長崎で爆心地から1.3kmの地点で被爆した東数男さんが肝機能障害にかかった事案で，厚生労働省は，東さんの肝機能障害はC型肝炎ウイルスが原因であって原爆放射線に起因したものではないと主張していた。

これは，集団訴訟が起こされる前から進められていた訴訟であるが，集団訴訟が始められてから判決が出たものであり，内容的には，長崎原爆松谷訴訟最高裁判決の内容を実質化し，その後の集団訴訟の判決に大きな影響を及ぼしているので，ここで取り上げる。

東京高裁は，原爆放射線起因性の判断枠組みについての次のように判示した。「放射線の人体に与える影響の詳細が科学的に解明されているとはいい難い段階にあり，原子爆弾被爆者の被曝線量の評価も推定により行うほかないのであって，このように，放射線起因性の検討，判断の基礎となる科学的知見や経験則は，いまだ限られたものにとどまっている状況にある。そして，前記のとおり，そもそも疾病の発症過程には多くの要因が複合的に関連し，特定の要因による発症の機序の立証にはおのずから困難が伴うものである上，原爆放射線による後障害の個々の症例は，放射線に特異な症状を呈しているわけではなく，一般に見られる症状と全く同様の症状を呈するものである。こうした状況においては，病理学，臨床医学，放射線学等の観点から個別的因果関係の有無を判

断することには一定の限界があるというべきであり，その点に関する立証を厳密に要求することは不可能を強いることにもなりかねない。

　このような状況においては，前述のように，原爆放射線の被曝と疾病の発生につき，医学的，病理学的機序についての証明の有無を直接検討するのではなく，放射線被曝による人体への影響に関する統計的，疫学的な知見を踏まえつつ，被控訴人の被爆状況，被爆後の行動やその後の生活状況，被控訴人の具体的症状や発症に至る経緯，健康診断や検診の結果等の間接的な諸事情を全体的，総合的に考慮した上で，原爆放射線被曝の事実が上記疾病の発生を招来した関係を是認しうる高度の蓋然性が認められるか否かを検討することが相当である。」

　東訴訟東京高裁判決は，原爆放射線の人体影響が科学的に解明されていないことを直視した上で，そもそも病気の発症は一対一対応するものではないという常識的な経験則を梃子に，被爆者の症状の非特異性も的確に捉え，種々の判断要素を具体的に掲げたことに意義がある。これにより，長崎原爆松谷訴訟最高裁判決は「高度の蓋然性」の内実を構成する下位規範を獲得し，他の具体的事案に適用可能なルールとなったのである。

　そして，この枠組みは，(b)以降で示すように，集団訴訟の各地裁判決でも生かされている。

　(b)　大阪地判平18・5・12判時1944号3頁

　原爆症認定集団訴訟の判決第一弾となった大阪地裁判決の重要箇所を抜き書きすると，次のようになる。

　・「ＤＳ86及びＤＳ02の原爆放射線の線量評価システムは，現存する最も合理的で優れたシステムであるということができるものの，シミュレーション計算を主体として構築されたシステムにより広島原爆及び長崎原爆の爆発による初期放射線の放出等の現象を近似的に再現することを基本的性格とするものであって，その適用についてはそれ自体に内在する限界が存する」「少なくとも爆心地からの距離が1300メートルないし1500メートルより以遠で被爆した者に係る初期放射線の算定において，ＤＳ86またはＤＳ02の計算値をそのまま機械的に適用することは少なくとも慎重であるべきであり，これらの計算値が過小評価となっている可能性を斟酌すべきものということができる。」

- 「残留放射線による被曝線量及び放射性降下物による被曝線量の算定において審査の方針の定める別表10その他の基準を機械的に適用し，審査の方針の定める特定の地域における滞在または長期間にわたる居住の事実が認められない場合直ちに原爆放射線による被曝の事実がないとすることには，少なくとも慎重であるべきである」。

- 「内部被曝の機序については，いまだ必ずしも科学的に解明，実証されておらず，これに関する科学的知見が確立しているとはいい難い状況にあるものの，呼吸，飲食等を通じて体内に取り込まれた放射性核種が生体内における濃縮等を通じて身体の特定の部位に対し継続的な被曝を引き起こすとする内部被曝の機序に関するこのような知見には少なくとも相応の科学的根拠が存在する。」

- 「原因確率の適用については，……，原因確率（括弧内省略）自体が，あくまでも，疫学調査，すなわち，統計観察，統計分析等によって全体的，集団的に把握されたものであって，当該個人に発生した当該疾病が放射線に起因するものである高度の蓋然性の有無を判断するにあたっての一つの考慮要素以上の意味を有しない。」

「当該被爆者の被爆前の生活状況，健康状態，被爆状況，被爆後の行動経過，活動内容，生活環境，被爆直後に発生した症状の有無，内容，態様，程度，被爆後の生活状況，健康状態等，当該疾病の発症経過，当該疾病の病態，当該疾病以外に被爆者に発生した疾病の有無，内容，病態などといった個々の考慮要素（間接事実）を全体的，総合的に考慮」する。

このようにして，大阪地裁では，9名の原告全員が勝訴した。DS86を「現存する最も合理的で優れたシステム」といっているのは，その後に「その適用についてはそれ自体に内在する限界が存する」としていることからすれば，厚生労働省向けのリップサービスと理解すべきだろう。原因確率は「一つの考慮要素以上の意味を有しない」，すなわち，お払い箱に入ったということである。

(c) 広島地判平18・8・4判夕1270号62頁

次いで41名の原告全員を原爆症と認めた広島地裁判決の重要部分は以下のとおりである。

「DS86は一定の合理性を有する初期放射線量（直曝線量）を算出する目的で策定された線量推定方式ということができ，DS86による初期放射線量の推定それ自体が，根拠を欠く不合理なものということはできない。しかし，DS86によって比較的正確に算出できるのはあくまでも初期放射線量の限度であるから，審査の方針により算出された初期放射線の被曝線量を一応の最低限での参考値として把握し，直曝以外の方法による被曝，すなわち残留放射線による外部被曝及び内部被曝の影響については，別途慎重に検討しなければならない。

そして，原因確率は一応の合理性を有するものである（ただし，作成当時の知見を前提とするものであって，現在の知見からすると不十分な点も多い。）が，原因確率には，残留放射線による外部被曝及び内部被曝を十分に検討していないといった様々な限界や弱点があるのであるから，原因確率は一応の単なる目安として扱い，個々の原告毎に原因確率の理論的な限界や有効性を慎重に検討した上で，個々の原告の個別事情を認定し原爆放射線起因性の有無を個別に判断していかなければならない。

したがって，原告ら各人の起因性の判断にあたっては，決して審査の方針を機械的に適用すべきではなく，あくまでこれを放射線起因性の1つの傾向を示す，過去の一時点における一応の参考資料として評価するのにとどめて，その他の統計学的，疫学的知見に加えて，臨床的，医学的知見も踏まえつつ，各原告ごとの被爆状況，被爆後の行動・急性症状などやその後の生活状況，被控訴人の具体的症状や発症に至る経緯，健康診断や検診の結果等の全証拠を全体的，総合的に考慮」する。

この広島地裁にとって，DS86による線量推定は「一応の最低限での参考値」，原因確率は「一応の最低限での参考値」でしかなく，実質的には判断要素とする価値はないといっているに等しい。

そして，具体的な判断要素は東訴訟東京高裁に従っている。同判決がその後の集団訴訟に大きな影響を及ぼしたという所以である。

広島地裁判決で特筆すべきは，このような総論を述べた後，各原告についての判断をするにあたり，【がんを申請疾病とするものについて】，【がん以外を申請疾病とするものについて】と分類し，前者について部位毎に，後者についてはさらに白内障，肝機能障害等とそれぞれ分類していることである。ここで

は，距離で判断しようということではない。被爆態様は行動経路やそのときどこにいたかで変わるので，距離による層化は被爆実態にそぐわないのである。こうした判断手法に，広島地裁の，個々の被爆者に起きた健康破壊＝疾病毎に判断しようという姿勢が現れている。

(d) 名古屋地判平19・1・31（判例集未登載）

集団訴訟3つめの判決である名古屋地裁判決の重要部分は次のような思考を辿る。

(i) 「被爆者援護法は，被爆者を被爆態様ごとに直接被爆者，入市被爆者，救護被爆者及び胎児被爆者に分類し，①……健康管理（同法7条）及び一般疾病医療費（同法18条），②……保険手当（同法28条），③……原爆小頭症手当，健康管理手当（同法26条，27条），④……医療給付（同法10条1項）など，被爆者の健康被害に程度・状況に応じた各援護策を設け，その給付すべき要件を設定していること，これらのうち，とりわけ原爆症認定を要する医療給付にあっては，放射線起因性及び要医療性が要件とされ，かかる放射線起因性については，健康管理手当や介護手当のように放射線被曝との間の因果関係の認定程度を軽減する規程も定められておらず，また，その判断に当たっては，被告厚生労働大臣が専門家による意見を聴取するものとされていること（同法11条2項），被爆者援護法のこれらの構成及び規定内容によれば，同法は，放射線起因性の有無についての現時点における科学的，医学的な専門的知見を総合して，被爆者に生じた負傷又は疾病，あるいはその者の治療能力への影響が，放射線の傷害作用に起因するものであることが，高度の蓋然性をもって証明されることを要求していると解すべきであって，その判断基準として，ＤＳ86に基づいて算定された初期放射線の被曝線量と，大規模な疫学的な解析結果に基づいて作成された原因確率論を採用することは，不合理であるとはいえない。」としながら，

(ii) 「原爆投下後に実施された調査によっては放射性降下物や誘導放射能を十分に把握できず，それらによる被爆の影響を考慮すべきことを推認させる調査結果や知見等には十分な根拠があり，また，疫学調査における各種の誤差要因の存在も否定できないところである。そして，放射性降下物や誘導放射能による被爆の影響や程度については，原爆投下後の個々の被爆者の被曝態様，

被爆後の行動のほか，原爆症認定申請に至るまでの病歴等から推認せざるを得ないものであるところ，審査の方針が採用する原因確率論のみを形式的に適用して被爆者らの負傷及び疾病の放射線起因性の有無を判断したのでは，その因果関係の判断が実態を反映せず，誤った結果を招来する危険性があるといわなければならない。

　したがって，各被爆者の負傷又は疾病の放射線起因性の有無を判断するに際しては，上述したように原因確率論には種々の誤差要因が内在していることを踏まえた上で，審査の方針が定める原因確率を斟酌すると共に，個々の被爆者ごとの被爆時の状況や被爆後の行動，被爆前後の健康状態，被爆後の急性症状や疾病の発症状況，その他の推移等の個別・具体的な事情を考慮して判断をする必要があるというべきである。」
として，結局，原告4名のうち2名は原爆症と認め，2名の請求は棄却した。

　上記(i)の判断内容は他の裁判所の判断と比べ，DS86や原因確率論に好意的である点で突出している。Ⅳ(4)で述べたとおり，最高裁のいう「高度の蓋然性」概念には科学的な厳密性は要求されないはずである。被爆者問題に即して，被爆者援護法11条2項が専門家の意見聴取を規定していたとしても，そもそも放射線の人体影響は科学的に十分解明されているわけではないことは，再三裁判例で確認されているとおりであり，同条項の規定があるからといって，「現時点における科学的，医学的な専門的知見を総合して，……高度の蓋然性をもって証明されることを要求していると解すべき」ことにはならないのではなかろうか。

　現時点では後に(3)(e)で述べるように，原因確率論も放棄されているのであって，名古屋地裁判決のような判断枠組みは維持されるべきではないと考える。

　(e)　仙台地判平19・3・20（判例集未登載）
　これに対し，仙台地裁判決の判断は次のようである。
　（i）　被爆線量推定について　「個々の被爆者に対する被曝線量を推定するに際しては，初期放射線の推定方式として相当の科学的合理性を有し，残留放射線による被曝線量の推定においても一定の合理性を有する審査の方針による評価を一要素として考慮すべきではあるが，これのみを機械的に適用して判断すべきではなく，上記評価を踏まえつつ，塵埃の中に含まれていた放射性同

位元素が体表に付着したり体内に摂取されたりする可能性のある行動をとったかどうか等の当該被爆者の具体的な被爆状況及び被爆直後の行動，被爆直後に当該被爆者に現れた身体症状の有無とその態様等をも総合的に検討すべきものと解するのが相当である。」

(ii) 原因確率論について 「原爆放射線による被曝の態様としては，初期放射線による被曝のみならず，残留放射線による外部被曝及び内部被曝の影響を無視することはできないというべきであるから，原因確率の適用によって放射線起因性の判断を行うに際しては，かかる被曝の影響を考慮する必要がある。

また，原因確率は，あくまで初期放射線による被曝線量のみに着目した特定の疾病に対する寄与リスクの推定方法に過ぎない。人体において疾病が生じる機序は，現在においてもなお未解明な点を多く含むものであり，また，特定の疾病が発症する場合，その原因としては多種多様なものが考えられる。そして，疾病が発症する原因は単一とは限らず，複数の原因が相互に影響しあっている可能性も否定できない。原因確率によって推定される寄与リスクの数値は，当該疾病の発生原因が放射線による被曝である可能性の程度を示したものであるが，リスク推定値が低いからといって，放射線被曝による影響がないということはできない。低値であっても有意なリスクが認められる限り，当該疾病が放射線による被曝によって生じた可能性を否定することはできないのであるから，放射線起因性の判断に際しては，原因確率を機械的に適用することによって，真実原爆放射線の被曝によって申請にかかる疾病が生じた者について，放射線起因性を否定する結果を生じさせることは可能な限り避けなければならない。」

「審査の方針には，被曝線量の推定については，残留放射線による外部被曝及び内部被曝の影響を過小評価している疑いを否定できないこと，原因確率については，あくまで初期放射線による被曝が特定の疾病の原因となった可能性の程度を表したものであって，残留放射線による外部被曝及び内部被曝の影響は別途考慮する必要があること等の誤差を生じさせる要因を内包しているから，審査の方針に基づいて放射線起因性の判断を行うに際しては，これによる被曝線量の推定値及び原因確率を1つの要素として考慮しつつも，これを機械的に適用することなく，個々の被爆者の具体的な被爆状況，被爆後の行動，被爆直

後に現れた身体症状の有無とその態様，被爆後の生活状況，病歴，申請に係る疾病の症状や発症に至る経緯，治療の内容及び治療後の状況等を総合的に考慮」する。

仙台地裁判決は，ＤＳ86では残留放射能や内部被曝を適切に評価できないことを直視するとともに，東訴訟東京高裁判決と同様に病気を理解しているほか，疫学データを被爆者に有利に片面的に評価することに特徴がある。被爆者援護法が被爆者救済を目指したものであることからすれば，素直な解釈をしていると評価できる。

(f) 東京地判平19・3・22（判例集未登載）

仙台地裁判決の2日後に出された東京地裁判決の総論部分は，

「ＤＳ86によって被曝線量が少ないと評価された者や，原因確率が低いと判断された被爆者について，これらの形式的な適用のみによって放射線起因性を否定してしまうのは相当ではないのであって，他の観点から，これらの推定値の妥当性を検証する必要があるものというべきである。具体的には，当該被爆者の被爆状況，被爆後の行動，急性症状の有無・態様・程度等を慎重に検討した上で，ＤＳ86による推定値を上回る被曝を受けた可能性がないのかどうかを判断し，更に，当該被爆者のその後の生活状況，病歴（健康診断や検診の結果等を含む。），放射線起因性の有無が問題とされている疾病の具体的な状況やその発生に至る経緯などから，放射線の関与がなければ通常は考えられないような症状の推移がないのかどうかを判断し，これらを総合的に考慮した上で，合理的な通常人の立場において，当該疾病は，放射線に起因するものであると判断しうる程度の心証に達した場合には，放射線起因性を肯定すべきである。」

とまとめ，30人の原告のうち21人を原爆症と認め，9人の請求を棄却した。

東京地裁判決は，総論においては穏当な構成をしているかのようであるが，各論においては，特に急性症状や原告の供述の些細な食い違いをあげつらい，放射線影響を否定している。60年前の事実を，戦後の隠蔽・放置政策を経た中で語らなければならないことに対する配慮や，急性症状の出方には個人差があり急性症状がなかったからといって原爆放射線の影響がないとはいえないこと（(1)(d)）からすれば，東京地裁のような頑なな事実認定枠組みは変更されるべきであろう。

(g) 熊本地判平19・7・30（判例集未登載）

　集団訴訟の実に7つめの判決になる熊本地裁判決は，①初期放射線の推定については爆心地から1300m以遠では実際よりも低くなっている可能性があること，②誘導放射線についても「審査の方針」に定められているよりも相応の外部被曝を受ける可能性を考慮する必要があり，特に放射性降下物による外部被曝を受けた可能性を考慮する必要があることを念頭において，まず，原爆放射線の判断枠組みについて，以下のように述べる。

「審査の方針において原因確率（寄与リスク）が設定されている疾病（悪性腫瘍全般及び副甲状腺機能亢進症）の放射線起因性の判断に当たっては，一般的に当該疾病が原爆放射線被曝との間に統計的に有意な関係があると認められていることを踏まえつつ，審査の方針に従って算定された原因確率（寄与リスク）を決定的な意味を有するものとして用いるのではなく，……飽くまでも1つの考慮要素とするにとどめて，当該申請者の被爆状況，被爆後の行動，被爆直後に生じた症状の有無，発症時期，内容及び程度，被爆前及び被爆後の生活状況及び健康状態，当該申請疾病等の発症経過及び病態並びに当該申請疾病以外に生じた疾病の有無及び内容などを全体的，総合的に考慮した上で，原爆放射線被曝の事実が申請疾病等の発生又は治癒能力の低下を招来した関係を是認しうる高度の蓋然性が認められるか否かを経験則に照らして検討すべきである。

　また，審査の方針において原因確率（寄与リスク）が設定されていない疾病等の放射線起因性の判断に当たっても，審査の方針がその策定当時の疫学的，医学的知見に基づくものであることに鑑み，当該疾病と放射線被曝との関係に関する最新の疫学的，医学的知見を踏まえつつ，当該申請者の被爆状況（括弧内省略），被爆後の行動，被爆直後に生じた症状の有無，発症時期，内容及び程度，被爆前及び被爆後の生活状況及び健康状態，当該申請疾病等の発症経過及び病態並びに当該申請疾病以外に生じた疾病の有無及び内容などを全体的，総合的に考慮した上で，原爆放射線被曝の事実が申請疾病等の発生又は治癒能力の低下を招来した関係を是認しうる高度の蓋然性が認められるか否かを経験則に照らして検討すべきである。」

　さらに，各論にわたることであるが，ある原告（亡くなったため遺族が承継した）について，急性症状に関する具体的事実が故人からの伝聞による箇所があ

り，被告から「客観性に欠ける証拠のみによって認定することは許されない」と主張がされている問題があったが，この点について熊本地裁は「原爆投下直後の広島及び長崎の状況，被爆者の被爆直後の状況，当時の社会情勢及び被爆からの時間の経過等に鑑みれば，上記各症状の存在等を裏付ける客観的な証拠がないことには相当の理由がある。」として，被告の主張を採用しなかった。

総じて，熊本地裁判決は，その時点までにおける判決の集大成ともいえるもので，被爆態様が多様であって「審査の方針」はそれを十分カバーできていないこと，具体的な事実認定においても被爆者のおかれた状況に理解を示し柔軟な対応を示したことで，高く評価できる。その上で，熊本訴訟では原告弁護団や支援者らが独自の調査も行い，変形性膝関節症や糖尿病といった疾病についても被爆者は非被爆者よりもかかりやすいことを示した。それは判決理由にこそ明示されていないが，裁判所のハートを摑んだことは十分に推測されるところである。

(3) 「新しい審査の方針」まで

(a) 被告の争い方の変化

このように，2006年5月以降，原爆症認定訴訟で国は負け続けている。

これに対して，国は，大阪地裁判決と広島地裁判決以降，原告らのカルテの送付嘱託や提出命令を申し立てるようになった。大阪高裁では鑑定申請までした。

原告側は，カルテ等の取り寄せ・検討には時間がかかるが高齢の被爆者の問題の審理の長期化は避けるべきこと，カルテ等を検討しても役立たないことを主張したが，大阪高裁を除く裁判所では採用・発令がなされた（大阪高裁では，調査嘱託によった）。

被告は，これで，原告らの疾病が原爆放射線以外の原因（他原因）であることを立証しようとしたのであろうが，今のところ有効な反論反証はできていない。被爆者の苦しみの訴えは真実の叫びであり，多くの場合，カルテは原告側の追加立証にさえなった。

さらに，被告は，原告のようなものについてまで原爆症認定が認められるとすれば，「被爆者援護施策全体で年間約1500億円の支出をしているが，健康管理手当の受給者約23万人全員に対して医療特別手当を支給せざるを得なくな

り，その場合には，国民全体のがん対策関連予算が年間400億円程度にすぎない中で，被爆者援護施設予算として被爆者援護施策のためにさらに年間3000億円近い歳出が必要になる」などという試算を繰り出した。

　もとより原爆症認定処分は裁量処分ではなく，原爆放射線起因性と要医療性さえ認められればそれに対応する支出は義務的なものである。それにもかかわらずこのような主張をするのは，III(4)で述べたような受忍政策を背景にして，裁判所を恫喝するものである。

　しかし，裁判所はそのような恫喝に屈することなく，厚生労働省の「審査の方針」を批判し続けた。

(b) 安倍晋三元内閣総理大臣の指示

　このような司法の流れを受けて，2007年8月5日，安倍晋三内閣総理大臣（当時）は，広島県内の被爆者団体と面会した際，柳澤伯夫厚生労働大臣（当時）に，原爆症認定基準の見直しを支持した。

(c) 「原爆症認定の在り方に関する検討会」

　安倍元総理大臣の上記の発言には「専門家の意見をきいて」という一言があったために，厚生労働省は，放射線防護学や放射線生物学等の専門家を集めて，2007年9月28日，「原爆症認定の在り方に関する検討会」を発足させた。

　同年12月17日，同検討会による報告がなされたが，それは，ＤＳ86をその後に策定されたＤＳ02に替え，原因確率概念を維持するなど，従前の「審査の方針」に若干の手直しを施す程度のものにすぎなかった。

(d) 与党プロジェクトチーム

　これに対し，2007年12月19日，与党（自由民主党と公明党）の原爆被爆者対策に関するプロジェクトチームは，がん等一定の疾病について，①爆心地から約3.5km以内で被爆した者，②爆心地から半径約2km以内に100時間以内に入市した者，③それ以降でも1週間程度滞留した者であれば，積極的かつ迅速に認定を行うとする提言をまとめた。

　ここでは原因確率論は放棄することが前提となっている。

(e) 「新しい審査の方針」

　上記提言を受け，厚生労働省は，「新しい審査のイメージ」を経て，2008年3月17日，「新しい審査の方針」を策定した。

それは、「原因確率を改め」ることを前提として、次のような内容となっている。

1　積極的に認定する範囲
　①　被爆地点が爆心地より約3.5km以内である者
　②　原爆投下より約100時間以内に爆心地から約2km以内に入市した者
　③　原爆投下より約100時間経過後から、原爆投下より約2週間以内の期間に、爆心地から約2km以内の地点に1週間程度以上滞在した者については、格段に反対すべき事由がない限り、当該申請疾病と被爆した放射線との関係を積極的に認定するものとする。
　①　悪性腫瘍（固形がんなど）
　②　白血病
　③　副甲状腺機能亢進症
　④　放射線白内障（加齢性白内障を除く）
　⑤　放射線起因性が認められる心筋梗塞
　　この場合、認定の判断に当たっては、積極的に認定を行うため、申請者から可能な限り客観的な資料を求めることにするが、客観的な資料が無い場合にも、申請書の記載内容の整合性やこれまでの認定例を参考にしつつ判断する。
2　1に該当する場合以外の申請について
　1に該当する場合以外の申請についても、申請者に係る被曝線量、既往歴、生活歴等を総合的に勘案して、個別にその起因性を総合的に判断するものとする。

この基準によると、集団訴訟で打破することを目指していた原因確率は事実上なくなり、がんについてはかなり広範に原爆症認定されることになる。

ただし、1の積極的認定の範囲内に、多くの裁判例で認められている肝機能障害や甲状腺機能低下症が含まれていないほか、既に放影研の報告で加齢性の白内障（典型的な放射線白内障は後嚢下が混濁するが、加齢性白内障では皮質が混濁する）についても被爆者に増加傾向が認められていることに反する。

その後の原爆症認定訴訟は、勢い、この「新しい審査の方針」を克服する内容の判断をとれるかどうかが問題となった。

(4) 「新しい審査の方針」以後の動き

(a) 却下処分の自庁取消し・認定処分

ともかくも原爆症認定基準が変わったので，厚生労働省は，集団訴訟の原告については，改めて積極認定にあたるかどうかを検討し，あたる場合にはもともとの却下処分を取り消し（判決によらないものなので自庁取消し又は職権取消しという），認定処分をするようになった。

本来ならば，このようなことは訴訟全体の解決枠組みができてから，その枠組みに従って進めるべきことであるが，厚生労働省はそのような仁義を切ることなく自ら敗走を始めたのである。その上，訴訟上は「被爆者の救済を可及的に行うという新しい政策判断が加えられたものである以上，従来の審査の方針に基づく審査の結果と新しい審査の方針に基づく審査の結果が異なることとなったとしても科学的知見に基づいた従来の審査が直ちに誤りであったことにはならない。」と支離滅裂な主張をした上，訴え却下を求めるに至っている。

自庁取消しないし職権取消しは，処分庁自らが原処分の違法性又は不当性を認識したときに合法性の原理からこれを取り消すものであるし，羈束処分である原爆症認定は政策判断によって狭くしたり広くしたりすることは許されない。

これに対し，原告団は，訴訟解決の道筋がつくまでは，訴えを取り下げることなく団結を守り抜く意思統一をしている。

(b) 仙台高判平20・5・28（判夕1283号74頁）（(2)(e)の控訴審）

仙台高裁では，①膀胱がんの原告と②胃がん切除後障害原告の2名で争っていたが，厚生労働省は，「新しい審査の方針」の策定に伴い，前者については放射線起因性を争わない方針に改め，後者については申請疾病の原疾患である胃がんについては放射線起因性を争わないものの胃切除後障害については放射線起因性と要医療性を争う方針に改めた。

これに対し，仙台高裁は，いずれも放射線起因性を認めた上で，両名について要医療性を肯定した。このことは，「新しい審査の方針」では，要医療性については2001年策定の「原爆症認定に関する審査の方針」の内容を改めてはいないことから，要医療性に限っても「新しい審査の方針」の改定を迫るものと理解されるべきである。

そして，仙台高裁は，1審原告らの国家賠償請求の項で，従来の裁判例と同

様，ＤＳ86による被曝線量推定や原因確率の機械的適用による原爆症認定の在り方を批判しているが，それにとどまらず，「放射線起因性，要医療性が証拠上明らかに認められるにもかかわらず，個別具体的な検討をしないまま，争う姿勢に終始したことは，被爆者援護法の制定の経緯及び前文に示された救済の精神に照らすと，いささか柔軟な対応に欠けていたことは否定できない。」と厚生労働省の訴訟対応を非難した。

(c) 大阪高判平20・5・30（判時2011号8頁）（(2)(a)の控訴審）

大阪高裁は，(2)(a)判決に対する厚生労働大臣の控訴を棄却した。

その内容は，従来の裁判例と同様，ＤＳ86・ＤＳ02による被曝線量推定や原因確率の機械的適用を排斥し，被爆者の疾病の非特異性，科学的未解明性を前提に，被爆者援護法の精神からして「いたずらに不可能を強いるような立証を求めることは法の趣旨に適合するものではないといえなくはない。」として，被爆者に殊更に科学的立証を求める厚生労働省の姿勢を批判している。

その上で，「放射線起因性の判断にあたっては，原爆放射線被曝の事実が疾病等の発生又は進行に影響を与えた関係（専ら又は主として放射線が起因している場合の他，体質や被爆時の体調などの要因やストレス等の他要因が影響している可能性が否定できない場合においても，他要因が主たる原因と認められない場合を含む。）を立証の対象とするのが相当であり，その立証方法は，疾病等が発症するに至った医学的，病理学的機序を直接証明することことを求めるものではなく，被爆状況，急性症状の有無や経過，被爆後の行動やその後の生活状況，疾病等の具体的状況や発症に至る経緯，健康診断や検診の結果，治療状況等を全体的，総合的に把握し，これらの事実と，放射線被曝による人体への影響に関する統計学的，疫学的知見等を考慮した上で，原爆放射線被曝の事実が疾病等の発症又は進行に影響を与えた関係が合理的に是認できる場合には，放射線起因性について，高度の蓋然性をもって立証されたと評価すべきである。」として，東訴訟判決以来集団訴訟の各地裁判決を通じて実質化されてきた判断枠組を，立証対象と立証方法に区別して，より精緻なものとした。

そして，括弧内の部分では，一見他要因が観念できたとしても直ちに原爆放射線の影響を否定できるのではなく，当該他要因が主たる原因といえなければ原爆放射線の影響を否定できないといっている。被爆の影響が科学的に解明し

きれておらず，現に被爆者にはさまざまな健康被害が起きていることを直視した上で，被爆者援護法の精神を十分に考慮した判断であると評価できる。

大阪高裁は，こうした判断枠組みを前提にして，各論においても詳細な検討を加えて，9人の1審原告全員を原爆症と認めた。その中には，「新しい審査の方針」では積極的認定の範囲に入っていない，甲状腺機能障害，椎骨脳底動脈循環不全，貧血といった疾病に罹患している被爆者も含まれており，これも，「新しい審査の方針」に変更を求めるものと評価することが可能である。

(d) 長崎地判平20・6・23（判例集未登載）

上に掲げた両判決は，「新しい審査の方針」策定直後の高裁判決であり，厚生労働省に痛打を浴びせたといえる。

さらに，長崎地裁は，従前の各判決と同様に，DS86が残留放射能や内部被曝を十分考慮に入れておらず，かえって，DS86では説明のつかない実態があることを指摘した上で，「被爆者の疾病の放射線起因性の有無に関しては，DS86により推定されている初期放射線施療や放影研の調査結果も考慮しながら，被爆地点及び被爆状況，被爆後の被爆者の行動，放射線急性症状と類似する症状の有無や程度，既往歴，近辺にいた家族の状況，生活歴，当該認定申請疾病の内容や発症の経過等を総合的に考慮した上，当該疾病の発症，増悪，治癒の遷延に放射線が関与してか否かを判断すべきであり，この場合，当該疾病の発症，増悪，治癒の遷延が放射線以外の原因に基づくことが明らかな場合でも，放射線もその発症や促進に影響を与えていることが合理的に推認できる場合には，放射線起因性を肯定すべきであり，当該疾病の発症，増悪，治癒の遷延に放射線が関与していることに否定的な知見がある場合でも，その疾病を含む上位グループの疾病について放射線の関与を肯定する知見がある場合には，前記の問題点をも考慮して，当該疾病と同様に判断できる場合には，放射線起因性を肯定すべきものと解される。」とした。

これは，大阪高裁が示したことを別の表現を用いて再度判示していると評価できる。そういう意味では，被告が放射線だけが原因でなければならないかのような主張をしても，裁判所に受け入れられる可能性は極めて低くなったといえる。

そして，長崎地裁では，慢性肝炎や肝障害について熾烈に争われていたが，

裁判所は，肝炎等の全原告を原爆症と認めた。さらに，ガラス摘出後遺症，両変形性膝関節炎・足関節炎，狭心症といった「新しい審査の方針」でいわゆる積極認定の対象となっていない疾病についても幅広く放射線起因性を認めたものであり，これも「新しい審査の方針」に改定を迫るものと理解できる。

(e) 大阪地判平20・7・18（判例集未登載）

これは，近畿集団訴訟の第2陣に対する判決である。これもまた，今までの裁判例と同様，DS86や原因確率論の限界を指摘した上で，総合的な判断を求める内容になっている。

本件では，救護活動をした被爆者の肝炎が原爆症となるかどうか争われていた。これについては，「原告○は，大村海軍病院に滞在している間に，多数の被爆者との身体的接触を通じ，誘導放射化したその人体や，人体に付着した放射性降下物及び誘導放射化したちりやほこり等により人体に有意な線量の内部被曝又は外部被曝をしたとしても，不自然，不合理ではない客観的状況に置かれていたということができる上，原告○が当時発症した下痢については急性放射線症状として説明することも不可能ではなく，被爆者を看護する体験の前後で原告○の健康状態に質的な変化があったとみることもできなくはないことをもあわせ考えると，原告○は大村海軍病院において被爆者の看護活動に従事中，人体に有意な線量の原爆放射線に被曝した可能性を証拠上否定することはできない。」として，救護活動による被爆の影響を認める判断をした（ただし，肝機能障害の病理そのものが不明確であるとされ原爆症認定はされていない）。

これは，今までの原爆症認定行政では光があたっていなかった救護被爆者への救済の道を開くものである。

VI 原爆症認定問題の解決に向けて

このように，原爆症認定をめぐる訴訟では，大筋のところで，被爆者の苦しみに寄り添い，国の被曝線量推定や原因確率概念を用いた認定基準は，司法によって否定され続けている。裁判所をしてそうさせるのは何かというと，やはり被害の実態ではないかと思う。1945年当時から医師たちが懸命に調査をし，急性症状に苦しむ被爆者たちを記録した。その後も60年以上にわたって被爆

者は苦しみ続けている。苦悶のうちに死に続けている。

　水俣病問題のように，国は，厳しい司法判断を受けても，認定基準をなかなか変えなかった。が，ようやく「新しい審査の方針」を勝ちとることができた。個別救済を旨とする司法作用だが，集団で取り組むことが行政の方針を突き動かす力となる好例となろう。

　それでもまだ救済として不十分であり，原告側はその実態を突きつけ続けている。裁判所も積極認定の範囲外の原告も認定している。せめて，肝機能障害と甲状腺機能障害を積極認定に入れなくては。そして，総合認定における広範な救済への道筋をつけなくては。被爆者は安心できない。

　そして，行政の「公正」「中立」を装わせる「専門家」の審査会が官僚の「隠れ蓑」となってはいないか。被爆実態を直視する行政にしていかなければならない。もう被爆者には何年も裁判をやっている時間はないのだ。遅れた救済は救済の否定ともいう。

　司法は司法，行政は行政，ということでは人権を守っていけない。法の解釈適用の最終権限をもつ司法に非難されたとき，行政は従うという，当たり前の法文化を根づかせていかなければならない。

　2008年8月，原爆症認定集団訴訟は道半ばである。

［補足］
　本稿を脱稿後，2008年9月22日に札幌地裁が未認定原告4名全員を，同年10月14日に千葉地裁が未認定原告2名全員を，それぞれ原爆症と認める判決を出した（千葉訴訟は当職が原告弁護団事務局長を務める。いずれも控訴）。

　同年11月19日には，河村建夫内閣官房長官が「東京高裁が一括解決のタイムリミット」との発言をしている。

第7章── 解　説

健康被害認定に関する訴訟

Report ／ 長 倉 智 弘

Ⅰ　原爆による被害

　戦争や公害は，人の営みが原因となって生じ，不特定多数の人々に被害を与える。天災ではなく人災である以上，被害を受けた人々を救済するのは社会の当然の義務である。

　もっとも，公害による被害は一定の地域の人々に限定されることが多いのに対し，戦争による被害は広範な範囲に及び，近代の総力戦においては一国のすべての人々が被害者になるといっても過言ではない。このことから，戦争による被害を救済していては切りがないという発想が生まれる。1980年12月11日に原爆被爆者対策基本問題懇談会が発表した「原爆被爆者対策の基本理念及び基本的在り方について」において「戦争によって何らかの犠牲を余儀なくされたとしても，それは，国をあげての戦争による『一般の犠牲』として，全ての国民が等しく受忍しなければならない」と述べられているのも，こうした発想からである。

　しかしながら，通常兵器による被害はさておき，いわゆるＡＢＣ兵器（核兵器・生物兵器・化学兵器）による被害については格別の配慮が必要であろう。近代戦において登場したこれらの兵器は，被害者に一生癒されることのない苦しみを与えるものだからである。この点は，「原子爆弾被爆者に対する援護に関する法律」（被爆者援護法）の前文に，「原子爆弾の投下の結果として生じた放射能に起因する健康被害が他の戦争被害とは異なる特殊の被害である」とあると

おりである。

　唯一の被爆国である我が国では，原爆に被爆して原爆症になった人々に対する救済が長年の課題となってきた。ちなみに，2007年2月に日弁連行政訴訟センターが行った韓国のソウル行政法院における聞き取り調査では，韓国には「枯葉剤後遺症患者登録拒否処分取消事件」という行政訴訟があるとのことであった。軍隊をベトナム戦争に派遣した韓国では，そこで使われた化学兵器である枯葉剤による被害が問題となっていると思われる。

Ⅱ　被爆者と原爆症認定

　被爆者援護法は，まず「被爆者」という概念を定めて，次の4つの類型があるとしている（同法1条）。

① 　原爆投下の際，当時の広島市若しくは長崎市の区域内又は政令で定めるこれらに隣接する区域内に在った者（1号被爆者（直接被爆者））

② 　原爆投下から2週間以内に救護活動，医療活動，親族捜し等のために広島市内若しくは長崎市内の政令で定める区域内に立ち入った者（2号被爆者（入市被爆者））

③ 　前記①と②以外で，原爆投下の際又はその後において，身体に原子爆弾の放射能の影響を受けるような事情の下にあった者（3号被爆者）

④ 　前記①ないし③に該当する者の胎児であった者（4号被爆者（胎児被爆者））

これらの類型に該当する者は，その居住地の都道府県知事に申請して，同都道府県知事から被爆者健康手帳の交付を受けることができ（同法2条），こうして被爆者援護法に規定する一定の要件を満たす者として，被爆者健康手帳の交付を受けた者を「被爆者」といっている。したがって，「被爆者」と認められるには，一定の形式的な要件を満たせばよいということになる。

　ところが，この被爆者が医療特別手当の受給の前提となる（同法24条）原爆症認定を受けるには，①原子爆弾の傷害作用に起因して負傷し又は疾病にかかったこと（起因性），②現に医療を要する状態にあること（要医療性）の2点を，厚生労働大臣に認定してもらわなければならない（同法10条・11条）。つまり，

因果関係について実質的な審査を受けなければならないのである。

　この点は，公害による被害についての「公害健康被害の補償等に関する法律」において，大気汚染による慢性気管支炎や気管支ぜん息等の非特異性疾患に関する第一種地域について，指定地域に一定期間以上居住ないし通勤し，指定疾病にかかっていることが認められれば都道府県知事が認定するという，因果関係に関する制度的割切りがなされているのと対称的である。もっとも，この第一種地域は現在ではすべて解除されている。

Ⅲ　原爆症認定処分に裁量の余地はあるか

　被爆者に対する援護は，国が起こした戦争による被害に対する補償であり，国家補償の一つであって，社会保障ではない。社会保障ならば一定の政策的裁量があり得るが，国家補償である原爆症認定処分に裁量の余地はない。羈束処分であって，起因性と要医療性が認められる限り，厚生労働大臣は原爆症を認定しなければならない。

　したがって，多額の予算が必要であることを理由に，原爆症認定処分を狭めることはできない。

Ⅳ　因果関係の立証の程度

　「報告」においても引用されている長崎原爆松谷訴訟の控訴審判決（福岡高判平9・11・7判時984号103頁）は，「高度の蓋然性の程度にまで証明されていなくても，………相当程度の蓋然性の証明があれば足りると解すべきである」としている。

　公害訴訟においても，公害被害者の救済を図るために，原告として事実的因果関係の証明責任を負っている公害被害者の立証の負担を軽減しようとする試みがなされて来た。その一つが「蓋然性説」と呼ばれるものである。すなわち，公害の場合には，原告は因果関係の存在について，かなりの程度の蓋然性（一応の確からしさ）を証明すれば十分であり，これに対して被告が因果関係のないことを証明しなければ，その存在を認定し得るという学説である。前記の裁

判例もこの説に立っていると評価することができよう。

　しかし，この「蓋然性説」に対しては，なぜ公害訴訟の場合に限って立証の程度を引き下げるのかという点についての理論的根拠が明らかでないという批判がある。確かに，一住民である公害被害者が，自己の疾病につき被告である企業が発生させた汚染が原因であることを立証することは極めて困難であるのに対し，被告である企業は自己の発生させた汚染に関する十分な情報を有しており，多数の研究者や技術者を擁し，資力も十分であるから，証拠の収集も容易であるというのが一般的である。しかしながら，こうした事情があるからといって，直ちに立証の程度がかなりの程度の蓋然性でよいとするには論理の飛躍があると思われる。

　こうしたことから，公害訴訟における裁判例は，原告である公害被害者も一般論としては「高度の蓋然性」を証明しなければならないとしつつ，さまざまな手法を用いて公害被害者の救済を図っている。

　この点は，前記のような裁判例もあるものの，原爆症認定訴訟においても同様のようである。

V　原爆症と水俣病

　「報告」においては，「被爆者が罹患する病気は，がん，白血病，白内障，肝機能障害，心筋梗塞，脳梗塞，子宮筋腫等々と，被爆していない人でもかかりうる非特異性疾患である。」と述べられている。「原爆症」という種類の病気があるわけではなく，被爆者が原子爆弾の傷害作用に起因して病気にかかれば，その病気が原子爆弾の傷害作用に起因する病気として「原爆症」になるのである。

　この点は水俣病も同様である。水俣病は，当初，メチル水銀中毒の特異的症状，すなわちいわゆるハンター・ラッセル症候群といわれる，手足のしびれ感と痛み，言語障害，運動失調，難聴，求心性視野狭窄という症状が組み合わさって生じる特異性疾患とされた。そして，こうした症状が組み合わさって生じていることが水俣病の認定基準とされたため，ごく少数の重症患者しか水俣病として認定されなかった。

その後，1971年に当時の環境庁は認定基準を事務次官通知という形で初めて公表した。これは，四肢末端のしびれ感の他，求心性視野狭窄，運動失調（言語障害，歩行障害を含む），難聴，知覚障害のいずれかの症状があり，その症状の発現又は経過に関して有機水銀に汚染された魚介類を食べた影響が認められる場合には，他の原因がある場合でも水俣病とするものであった。

　しかし，この基準は1977年に廃止され，新たな認定基準が出された。これは，水俣病の症状として，感覚障害，運動失調，平衡機能障害，求心性視野狭窄，歩行障害，構音障害，聴力障害などをあげ，これらの症状は水俣病だけに見られる症状ではないから，水俣病であることを判断するには，高度の学識と豊富な経験に基づき，総合的に検討する必要があるというものである。これが昭和52年判断条件といわれるものであり，現行の認定基準である。

　この認定基準の下で，水俣病認定申請に対する却下決定が増加し，各地の裁判所に水俣病認定申請却下処分の取消しを求める集団訴訟が提起された。そして，多くの裁判所において，昭和52年判断条件はあまりにも狭すぎるという趣旨の判決が相次いだ。

　そもそも，水俣病には，メチル水銀中毒の特異的症状を示す重症のものから，非特異性疾患の症状を示す軽症のものまで，さまざまな病像がある。誤解を恐れずにいえば，水俣病も原爆症と同様に，「水俣病」という種類の病気があるわけではなく，住民が摂取したメチル水銀の中毒作用に起因して病気にかかれば，その病気がメチル水銀の中毒作用に起因する病気として「水俣病」になるのである。

　しかしながら，行政は司法の厳しい批判を受けながらも，昭和52年判断条件に固執している。法の解釈適用の最終権限を持つ司法に非難されても，行政はそれに従おうとしないという点は，原爆症認定集団訴訟の場合とまったく同じである。

Ⅵ　原爆症認定集団訴訟の新しい判決

　秋元理匡弁護士が「報告」を脱稿された後である2008年10月14日に，千葉地方裁判所において原爆症認定集団訴訟につき，新しい判決が出された。これ

は，千葉県の被爆者4名が原爆症認定却下処分の取消しを求めていた千葉1次訴訟についてのものである。

判決は，肝硬変を発症した69歳の女性と心筋梗塞や脳梗塞を発症した70歳の女性の2名について，新たに原爆症と認めた。2008年3月17日に厚生労働省が策定した「新しい審査の方針」では，放射線起因性が認められる心筋梗塞は，積極的認定の対象疾病とされているが，肝硬変や脳梗塞は対象外である。このような対象外の疾病についても，原爆症であると裁判所によって認められたことは，「新しい審査の方針」もまた不十分であることを司法が指摘したものとして，大きな意義を持っている。

なお，残りの2名については，「新しい審査の方針」において積極的認定の対象疾病とされているガンを発症したものであったため，既に行政が原爆症と認定していたことから，訴えの利益が消滅したとして却下された。

新聞報道によると，全国17地裁に起こされた一連の集団訴訟で，国は12連敗とのことで，2008年5月以降，各地の地裁・高裁は新基準の対象外の原告も相次いで認定しており，政府内には基準見直しの機運が強まりそうだとも報じられている。

秋元理匡弁護士は，「報告」の末尾において「原爆症認定集団訴訟は道半ばである」と述べておられるが，また一歩着実に前進したといえよう。

■

第 8 章

新幹線新駅用起債差止事件

第8章── 報　　告

無駄な公共事業を財源（起債）で断つ
──初の起債差止判決

Report ／ 吉　原　　　稔

╭─ Ⅰ　「財源」「兵糧」を断った初判例 ─╮

　最高裁第二小法廷（中川了滋裁判長）は，平成19年10月19日，栗東市が行った，新幹線栗東新駅の駅舎建設工事の仮線工事のための財源として，43億円の地方債の借入れを禁止した大阪高裁判決の上告を棄却した。これは，地方財政法5条違反として，地方債の発行を禁止した初判例である。この判決は，無駄な公共事業に，「財源」の面から引導を渡し，「兵糧」を断った初判例である。

╭─ Ⅱ　事案の概要 ─╮

(1)　「誓願駅」とは

　新幹線栗東新駅は，ＪＲ東海が建設するが，地元の地方公共団体（県と7市）が請願して作る請願駅であるとして，建設費用はすべて地方公共団体が負担するものとされている。新駅は，「のぞみ」中心のダイヤを可能にするための待避留置線としても活用する，ＪＲ東海が営業戦略として必要な駅であるので，私企業であるＪＲ東海が，自分の金で建設すべきものである。

(2)　高くつく工事費

　新駅の建設費は，駅舎建設の部分だけで，240億円とされているが，その内101億3900万円（その内訳は，仮線83億円，変電所移設費9億9300万円，中間施設8億

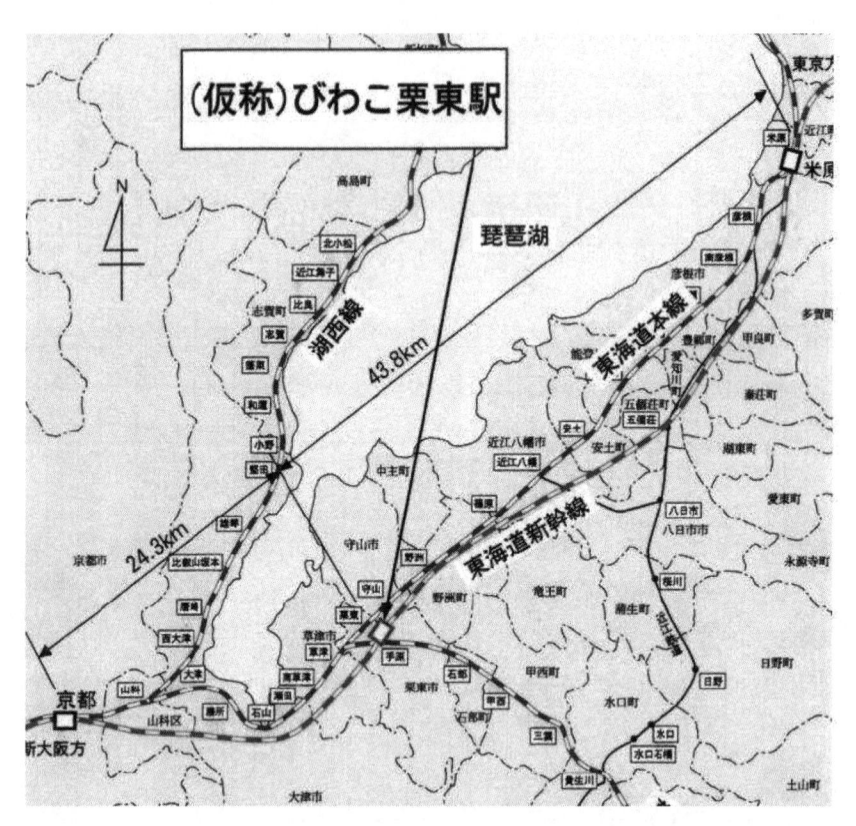

324　第8章　新幹線新駅用起債差止事件

4000万円）は，盛り土部分に，駅舎を建設するのに工事用の仮線が必要であることから，1950ｍ（時速300km運転でも減速しないで走行できる距離）の仮線をつくる工事費等である。新幹線の新駅を作るには，新幹線の車両を運行させている状態で，建設工事をする必要があるところ，新駅の建設地が，コンクリート高架であれば，運行したままでその下で建設工事ができるが，本件の予定地は，コンクリート高架ではなく，盛り土方式で作られている。そこで，新幹線を運行したままその下の盛り土を掘削して駅舎を作ることが安全上できないので，あらかじめ，現在の本線にそって，1950ｍの長さの2本の仮線を作り，工事中は，この仮線上下2本に新幹線を時速300kmで走行させ，旧の軌道部分を廃止して，その部分で，駅舎の建設工事をし，完成すれば，仮線の2本は，その中央ホーム部分は600ｍを残し，北西側の1本は，下り一番線（ひかり，こだま

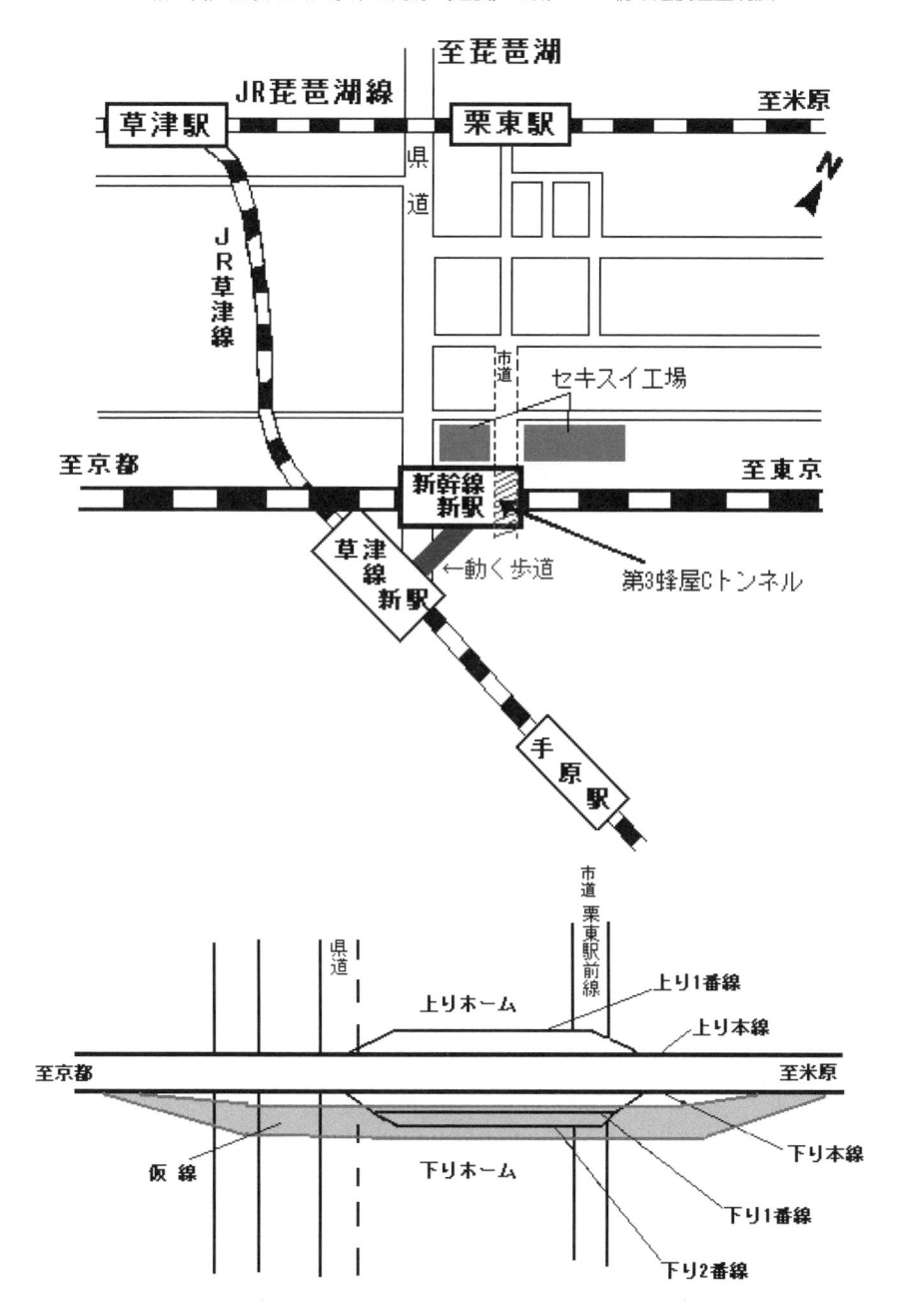

報　告／無駄な公共事業を財源（起債）で断つ——初の起債差止判決

の停車線）として活用し，南東側の1本は，下り二番線（留置線で，異常時の待避線）として使用し，その余は撤去するものである。

このように，盛り土であることからくる工事の特殊性と，その故に工事費が高額になることから，この工事費の全部を周辺市に均等に負担させると負担が大きくなるので，その特殊要因である仮線の工事費（101億3900万円）は，全体の工事費から切り離して，滋賀県と栗東市の負担として（各2分の1の負担），残りを，滋賀県と，栗東市と，関係市（草津市，守山市，野洲市，湖南市，甲賀市，大津市）が負担することとした。本件の起債は，栗東新駅の建設のための仮線工事費のうち，その約2分の1である栗東市の負担分の財源にあてるものである。

(3) 小さく生んで大きく育てる

新幹線栗東新駅は，駅舎建築費が仮線工事を含めて240億円，周辺開発（道路，区画整理等）416億円，合計656億円，うち国の負担137億円，県の負担161億円，栗東市の負担317億円，他自治体の負担29億円，地元の寄付10億円とされている。このほか，栗東市は，駅前区画整理事業を計画していた。

もちろん，これは当初の極めて控えめな見積もりであり，「小さく生んで，大きく育てる」の公共事業の例として，これが3倍くらいになることは必然である。最近私が原告代理人であった大阪高裁で計画取消判決がされた，滋賀県愛知川源流の永源寺第2ダムの例でも，まだ着工しないのに，平成6年の計画時の事業費476億円が10年後の平成16年には1100億円と3倍に見積もられていた。

Ⅲ　当事者の主張と争点

(1) 起債とは

普通地方公共団体は，地方自治法230条により，地方債を起こすことができる。

地方財政法5条は，地方債を発行し，その財源に充てることができる事業（適債事業という）を資本的な役割を果たすもの，後年度にわたって住民負担の均衡を図るためのものを中心に5つのものに限定した。同法5条5号の公共施設の建設費は，その経費が団体の財政規模に比して大きく，そのすべてをその

年度の租税収入に頼ることは，住民に対して著しい負担を課す結果となるので，その負担を後年度にわたって繰り延べるとともに，その施設の建設は，単にその年度限りで負担されてしまうものではなく，後年度にわたって効用を及ぼし，その地域の経済発展を促進する意味があるので，ひとつの資本投下であると考えられることから，適債事業とされている。

(2) 適債事業とは

地方財政法5条の適債事業該当性について，地方財政法5条但書5号は，

「第5条　地方公共団体の歳出は，地方債以外の歳入をもって，その財源としなければならない。ただし，次に掲げる場合においては，地方債をもってその財源とすることができる。……（中略）……

五　学校その他の文教施設，保育所その他の厚生施設，消防施設，道路，河川，港湾その他の土木施設等の公共施設又は公用施設の建設事業費（公共団体又は国若しくは地方公共団体が出資している法人で政令で定めるものが設置する公共施設の建設事業に係る負担又は助成に要する経費を含む。）及び公共用若しくは公用に供する土地又はその代替地としてあらかじめ取得する土地の購入費（当該土地に関する所有権以外の権利を取得するために要する経費を含む。）の財源とする場合」

と規定し，地方財政法施行令は，

「（法第5条第5号の政令で定める法人）

第1条　地方財政法第5条第5号に規定する国又は地方公共団体が出資している法人で政令で定めるものは，国，地方公共団体又は国若しくは地方公共団体の全額出資に係る法人が資本金，基本金その他これらに準ずるもの（以下この条において「資本金等」という。）の2分の1以上を出資し，かつ，国又は地方公共団体が資本金等の3分の1以上を出資している法人とする。」

と規定している。

本件新幹線栗東新駅は，JR東海（東海旅客鉄道株式会社）が施行する鉄道建設工事である。JR東海と結んだ協定書第3条には，「工事は東海旅客鉄道株式会社が施行する。」とあることから，仮線工事の建設費に栗東市が起債をするということは，JR東海の施行する工事に栗東市がその建設工事費を負担し，

又は助成することになり，その負担，助成に要する経費のために起債をすることになる。ＪＲ東海は100％の完全民営会社であって，国や地方公共団体は株主でも出資者でもなく，株主は民間会社及び個人株主で構成されているから，ＪＲ東海は施行令のいう「国又は地方公共団体が資本金，基本金その他これらに準ずるものの２分の１以上を出資し，かつ，国又は地方公共団体が資本金等の２分の１以上を出資している法人」ではないので，ＪＲ東海は施行令の法人に該当しない。したがって，ＪＲ東海の設置する公共施設の建設事業に係る負担又は助成に要する経費のために起債することは適債事業に該当しない。その意味では，仮線工事だけでなく，駅全体の建設工事を起債を財源として行うことは適債事業ではなく，違法である。要するに，「いくら公共事業であっても，民間のする事業については，借金をしてまで寄付をするな」ということである。

　もちろん，仮線は，法５条５号の，栗東市の公共施設ではない。仮線は，ＪＲ東海が行う建設物の建築に必要なものであり，工事が終われば撤去され，栗東市の公共施設として残るものでもないから，その工事費の財源に充てるために起債をすることは，認められない。

　杉村章三郎『財政法』(法律学会集)307頁は，「地方債をもって財源とし得べき場合は，以上のような収益を生ずべき事業，または恒久的な施設の建設等に限られるのであって，一般経常費の不足のためにこれを起こすことは許されない」と述べている。仮線工事は，工事が終われば大部分が取り壊されるもので，栗東市又は東海旅客鉄道株式会社の資産として恒久的な施設として残るものではないから，この点からも仮線工事費のために起債をすることは地方財政法５条に該当しない。

(3) 借金してまで寄付をするな

　新幹線新駅は，建設工事はＪＲ東海が行い，それによって駅舎はＪＲ東海の資産となるから，その経費は本来ＪＲ東海が負担すべきものであるのに，これを「請願駅」という名目で全額を県・市が負担するものであるから，実質的には県・市のＪＲ東海への寄付である。国鉄分割民営化による旅客鉄道株式会社への寄付金等の支出について，自治省財政局長通達はこれを厳しく制限している（昭和62年３月３日自治導第17号）。

　上記通達は，「かつては地方財政再建促進特別措置法により，日本国有鉄道

に対して自治体が寄付をして駅舎を建設することは原則として禁止されてきた（国鉄品川区新駅設置費用公金支出事件。東京地判昭55・6・10判時968号18頁）。ところが，昭和30年法律第195号地方財政再建促進特別措置法の一部が改正され，再建法24条2項により寄付金等の支出の制限される法人等から日本国有鉄道が除かれることになった。

　国鉄分割民営化により，発足した旅客鉄道株式会社は同項の寄付金等の支出制限の対象法人とならないが，従来の経緯，衆参両院の付帯決議（各旅客鉄道株式会社は地方公共団体に対し，地方財政再建特別措置法24条2項の趣旨を超えるような負担を求めないこと）等にかんがみ，従前の日本国有鉄道に対する寄付金等が，原則として禁止されていることの趣旨は新会社に対する寄付金の支出に対しても継続されるべきものである。したがって，新会社に対する寄付金等の取扱いについては，当分の間，従前の日本国有鉄道に対する寄付金等の支出制限の制度に準じた運用を行うこととするので，新会社に対し，寄付金等を支出する場合は，再建法24条2項の趣旨を逸脱することのないように留意されたい。」とした。

　さらに，総務省自治財政局長通達（平成13年8月10日総財務第152号）は，「2．JR東日本等が旅客鉄道株式会社に関する法律の適用対象から除外され，いわゆる完全民営化されることとなった。したがって，JR東日本等に対する地方公共団体の寄付金等の支出については，昭和62年通知の対象から除外することとするが，安易に寄付金等を支出することがないよう，従前の取り扱いを参考にしながら，適切に対処していただきたい。」と念押ししている。

　これは地方公共団体からの，JR東海への（起債でない）一般財源からの寄付金等の支出についてさえ，これくらいの厳格な取扱いがなされているのである。

　本件は一般財源でなく地方財政法5条により，より厳しい制限をかけられた特別財源である起債による寄付金等の支出であるから，その法的適合性についてはより厳しい制約が課せられるのである。

(4) 起債に至る手続と流れ

① 栗東市が，新幹線新駅建設のための起債（43億4900万円）をすることを議決し，県もこれを許可した。

② 新駅の駅舎工事は240億円，そのうち101億3900万円は「仮線工事」である。この仮線が必要なため，駅の建設は，通常の駅の工事の倍の費用がかかる。
③ 仮線工事費は2分の1を県，2分の1を栗東市が負担する。
④ 実際，各自治体の首長は，新駅の建設費の負担金を「現ナマで一般財源からお金を用意しなければならない」ことに頭を抱えていた。04年の大津市長選挙で，新幹線新駅への大津市負担に反対する市長が誕生した。これまでは大津市を含む周辺6市・栗東市・滋賀県が240億円の3分の1ずつを負担することになっていた。大津市は当時20億円を負担するといわれていたが，大津市が建設促進協議会から脱退するや，大津以外の周辺市からも負担を減らして欲しいとの大合唱が始まった。その結果，滋賀県の当初負担額80億円が116億円に，栗東市も同80億円が101億円に膨張した。

　財政計画が狂った栗東市が考え出したのは，禁じ手である起債に頼ることであった。栗東市は，新駅と一緒に栗東市の事業である都市計画道路を拡幅することにかこつけて，「新駅設置のための仮線工事は，栗東市が自分の道路を作るために必要な工事であるから公共事業であり，適債事業だ。」とこじつけたのである。

　すなわち，栗東市は，起債は地方財政法5条5号の公共施設のための起債であるが，その公共施設とは，駅の建設工事ではなく，幅員8ｍの都市計画街路（市道栗東駅前線。ＪＲ栗東駅と新駅を結ぶ道路）を30ｍに拡幅する必要がある。

　現在の新幹線が市道と交差する部分にある，「第3蜂屋Ｃ」のトンネルは，幅が，底の部分で，4.5ｍ，天井部分で8ｍであるが，これを30ｍに拡張するためには，8ｍの部分以外は，盛り土であるので，盛り土の部分を掘削しなければならないが，そのためには，線路が数cmでも沈下すると事故になるので，必ず仮線の建設が必要になる。仮線は，新駅の建設に必要だが，道路の拡幅にも，必要なのだから，この仮線工事は，市道という公共施設の建設のためであり，そのための起債であるから，地方財政法5条5号に該当する起債であり適債事業であると主張した。

(5)　すぐ露見する「こじつけ」

　しかし，

(a)　現在の幅員8mの市道があり，その天井部分はコンクリート高架であるから，これをそのまま市道として使用するのであれば，盛り土部分の工事は必要はない。幅員8mを幅員30mに拡幅する場合に，盛り土部分の工事が必要になるのであれば，新幹線新駅の建設工事では，新駅完成後の軌道の部分は，本線はもちろん，仮線が下り一番線や下り二番線になる部分を含めて，「第3蜂屋トンネル」の東端までの軌道部分が，コンクリート高架に作り変えられるのであるから，これと交差する市道が，軌道のコンクリート高架の下をくぐる部分を，駅舎建設工事の際に，そのついでに，道路幅30mの幅の空間を確保した軌道のコンクリート工事をしておけばよいのであって，「将来道路を30mに拡幅する」だけのために仮線を建設することは不必要である。

　(b)　新駅の建設には仮線が必ず必要であるが，道路建設は，仮線を作らなくても，建設できる。この道路のために，別に6億円の予算が見込まれている。この道路を8mから30mに幅員を拡張するには，新駅の北側にある積水ハウスと積水化学が，所有ないし賃借している土地の買収が必要であるが，そのためには，この部分に工場の重要な生産ラインがあって，工場の配置変更のための多額の経費が必要であることから，この部分の買収は当面不可能であるとされているので，駅舎建設完成時（完成予定は2011年）には，現在の8mのままで道路を供用し，びわこ線栗東駅と新駅を結ぶシャトルバスの運行は，途中に退避線を設けて運行することとせざるを得ないとされている。また，駅の北西側に存在する積水ハウス，積水化学の工場部分の区画整理事業は，当面は行われず，将来の市町合併後の都市計画で検討するものとされている。

　このように，現在ある「第3蜂屋C」のトンネルの幅員8mがそのまま利用できるのであるから，現在のトンネルそのものは，盛り土でなく，高架方式であるから，道路建設のためには仮線は必要がない。

　(c)　栗東市の予算は，栗東市民の福祉便益のために，支出されるべきであるところ，本件の新駅の建設は，無駄な公共事業の典型である。新駅は，その位置はJR東海道線の既存駅に併設されるものでなく，草津駅と草津線の手原駅の中間に作られる予定の在来線新駅からも400m，東海道線栗東駅からも1.5kmはなれている。草津，栗東の市民でさえ，わざわざ新駅に行くよりも，東海道線の草津，栗東駅から，新快速で20分で京都へ行ったほうがはるかに便利

である。この新駅には，1時間に，「ひかり」が1本，「こだま」が1本しか止まらないから，遠いところからへとへとになって新駅にたどり着いても，30分待たないと「ひかり」，「こだま」に乗れず，乗ってもすぐに京都駅について，そこから「のぞみ」に乗り換えることになる。上りの列車に乗っても米原駅で「のぞみ」に乗り換える。そんなことをするくらいなら，在来線新快速で京都へ出て，1時間に9本もある，京都駅発着の列車に乗り換えるほうが，よっぽど便利である。ダイヤ改正ごとに「のぞみ」が増えて，新幹線はほとんど「のぞみ」だらけになっている。新駅は，乗客が乗る駅よりも「のぞみ」の追い越しのための待避駅になる。そのような新駅に，駅舎建設に，246億円（うち地元負担240億円），関連費用（駅前の土地区画整理，街路整備，駐車場の建設，動く歩道の建設など）を含めて650億円と試算されている。このように，市民にとって役に立たない無駄な公共事業に公金を支出するのは，地方自治法2条14号の「地方公共団体は，その事務を処理するに当たっては，住民の福祉の増進に努めるとともに，最小の経費で最大の効果を挙げるようにしなければならない」との規定，及び，地方財政法4条の「地方公共団体の経費は，その目的を達成するための必要かつ最小の限度を超えてこれを支出してはならない」との規定，同法8条「地方公共団体の財産は，常に良好の状態において，これを管理し，その所有の目的に応じて最も効率的に，これを運用しなければならない」との規定に違反する。本件起債は，これらの法条に違反して違法である。

　(d) 新駅は，リピーターが来ない駅である。

　そもそも，公共事業は，リピーターがこなければ成り立たない。それは，ディズニーランドでも，博物館でも，道路でも，駅でも同じである。

　大津の人が，東京へ行くのに新駅から乗ろうとすれば，JRびわこ線に乗り，草津駅で草津線に乗り換え，草津と手原の間にできる在来線（草津線）の新駅で降り，そこから「動く歩道」で新幹線新駅につく。「たどりつき　振り返り見れば　山川を　越えてはこえて　きつるものかな（河上肇）」の心境でやっと着いたと思ったとたんに，10秒違いで1時間に2本の「ひかり」，「こだま」が発車して，また30分待たねばならないとなると，「もう金輪際，新駅は使わない，やっぱり京都駅に行ったほうがよかった」となるからである。新駅は，アクセスも，乗り継ぎも，本数も，不便な，「あっても便利でなく，なくても不便で

ない」駅である。ただ，新駅に到達するのに，時刻表とにらめっこし，計算機をはじいて，計算能力の向上に役立つのみである。また，よく公共事業は地元の人は賛成し，遠い人が反対するというパターンが多いが，この件に関しては，地元も遠い人も反対するということでは同じである。むしろ，全県的に取り組まれた住民投票運動や栗東市で数度にわたって行われた署名運動でも，地元の栗東市民がもっとも強く反対をしており，周辺の守山，草津，野洲，近江八幡，甲賀の人たちも反対が多かった。それは，例えば，野洲，守山の人でもＪＲ栗東駅でおりて，新幹線に乗り換えるよりも，京都へ新快速で行ったほうがはるかに便利だからであり，甲賀市，湖南市の人も草津線の新駅で降りて，「動く歩道」に乗って栗東新駅に行くよりも，草津線で草津駅へ行き，新快速で京都へ行ったほうがはるかに便利だからである。

(e) また，1時間に1本くる「ひかり」と「こだま」では，乗ったら最後，悲劇である。

よく，京都から東京に行く際，たまたま，京都駅のホームに乗る予定の「のぞみ」が来る前に「ひかり」が来たので，「どうせ東京駅に行くのにたいした時間の違いはないだろう」，と考えて「ひかり」に乗ったら，途中で3，4本の「のぞみ」に追い越されて，3時間くらいかかって東京駅にたどりつくことがある。今や「ひかり」は「こだま」並みなのである。ちなみに，「のぞみ」は京都・東京間は2時間10分，「ひかり」は2時間45分，「こだま」は3時間45分である。

今や「ひかり」の乗車率が少ないので，ひかりの往復運賃で京都から東京へ行き，1泊2日で高級ホテルにただでとまれるパック旅行があるくらいである。

1日の利用予測は7480人である。これには，甲賀市から1084人，湖南市から686人，大津市から1606人，その他4464人が利用すると予測している。このうち特に大津市在住者が，ＪＲ琵琶湖線や湖西線の新快速を利用すれば京都駅へ20分くらいでいけるのに，わざわざ京都とは逆の草津へ行き，ＪＲ栗東駅で降りて，新駅に行くとか，草津線に乗り，草津線の新駅で降りて，動く歩道（36億円でつくるという）にのって新駅に行く人があるなどとは想像だにできない。守山，野洲，近江八幡在住者でも，新快速に乗って京都又は米原へ行った

ほうがはるかに便利である。それなのに，7480人もの予測はありえない。

　現に，一大観光地で会議や旅行，宿泊が集中する新幹線熱海駅ですら1日5000人，掛川駅（静岡）で4230人，新倉敷駅（岡山）6900人である。名古屋駅から快速で22分の距離にある三河安城駅にいたっては，年々乗客が減り続けている。人口は13.8万人が16.9万人と増えているのに，1日あたり6900人の乗客を見込んでいたが，1988（昭和63）年には新幹線三河安城駅で2749人だった。現在も乗客のみで約3000人と変わらず，ピーク時よりむしろ減っている。ここも，1時間に2本の「こだま」しかないために，三河一帯の人はほとんど名鉄やJRで名古屋に行って，名古屋駅から乗っているのである。この意味からも，新駅1日7480人は過大予測である。

　新駅の建設費は，全国一高い。栗東は240億円，三河安城駅（愛知）は137億円（昭和63年当時），掛川駅（静岡）は105億円であった。他の駅に比べて，2倍近く高くつくのは，いうまでもなく，工事費の半分を占める仮線工事があるからである。これに対し，この工事費を県と栗東市及び周辺市が負担するが（例：甲賀市2.5億円，湖南市3億円），県・市民にとっては県と市の二重負担になる。

　今回の新駅反対の住民投票運動とその一環としての本訴の成功は，滋賀県と栗東市を財政破綻から救う救世主となったのである。

Ⅳ　無駄な公共事業の「打出の小槌」

　公共事業の財源はほとんど起債でまかなわれる。地方債の借金による公共事業の建設費は，地方交付税の基準財政需要額に算入され，その分，地方交付税が国から増額して支払われる（地方財政法5条の3第4項）。この「地方交付税措置」があるから，「地方債は，政府が借金の尻拭いをしてくれる，返さなくてよい借金だ」と，私の県議時代に県は耳にたこができるほど説明をした。それをきいて，「国が借金を払ってくれるのなら，借りなかったら損だ」と納得して（?），公共事業には必ず伴う起債に賛成していた。そのために，「地方債」と「地方交付税措置」は，無駄な公共事業の「打出の小槌」，「贅沢三昧の生みの親」であったのである。その結果，地方債残高は，全国で280兆円（平成

18年度末見込み）にもなった。地方分権一括法で，起債の許可権が国から県に変わったが，無駄な公共事業の「打出の小槌」としての性格は変わっていない。県の同意がなくても，首長は専決で発行でき，後で議会に報告すればよいので，起債が自由化されて違法な地方債の濫発の危険がより大きくなった。

この判決が出た2週間後に建設工事は中止が確定した。この判決は，無駄な公共事業の中止の「最後の一撃」であった。

また，駅建設を前提とする土地区画整理事業も中止となった。

V　裁判の争点

裁判の争点は，次のとおりである。
① 道路建設と仮線工事の一体性，不可分性，同時施行が必要か。
② 道路建設のために仮線工事が必要不可欠か。
③ 道路拡幅に仮線以外の代替工法を検討したか。
④ 仮に道路のために仮線が必要としても，6億円の工事（道路工事）のために50億円を使うのは地方自治法2条，地方財政法4条（最小の費用で最大の効果をあげるべき原則）に反しないか。
⑤ 道路建設のための起債であるというのは，地方財政法5条の法意を潜脱する脱法行為ではないか。

VI　大津地裁判決の概要

大津地裁判決（平成18年9月25日，稲葉重子裁判長。判タ1228号164頁）は，以下のように判示した。

「第4　当裁判所の判断
1　本件起債は，法5条に反し違法か。
(1) 法5条は，地方債の発行目的を制限するものであるが，その趣旨は，地方債は，その会計年度においては，交付公債を除き予算上の財源として歳入に計上されるが，翌年度以降その償還のための支出を義務付けられるものであるから，単に単年度の収支の均衡を図ることに意を

取られて歳出の財源を安易に地方債に求めるというような財政運営は，長期的な観点からみて適当でなく，地方公共団体の歳出は地方債以外の収入を持って賄うことを原則としたことにある。

　もっとも，地方債が持つ本来の機能を活用することによって，財政の健全性をそこなうことなくその運営に弾力を持たせるとともに地方債の発行が地域経済の基盤をかん養して将来にわたって住民の福祉に寄与し，結果的に住民の担税力を高めることとなれば，むしろ望ましいといえるし，また，財政規模の一般的に小さい地方公共団体においては，緊急やむをえない建設事業や，年度当初においては予測できない災害の復旧事業のように臨時的かつ多額の経費を限られた計上財源で賄うことができず，その財源を地方債に求めることとなる場合も考えられる。そこで，上記趣旨により，地方債の発行を，同条1号ないし5号の5つの場合に限定している。

　そして，同条5号は，適債事業として，道路その他の土木施設等の公共施設の建設事業を定めているが，その趣旨は，その施設の建設事業のために要する経費が団体の財政規模に比して大きく，この全てをその年度の租税収入に頼ることは，住民に対して著しい負担を課する結果となるので，その負担を後年度に繰り延べる必要があるとともに，これらの施設の建設は，単にその年度限りで負担されてしまうものではなく，後年度にわたって効用を及ぼし，その地域の経済開発を促進する意味もあるので1つの資本投下であるとも考えられることにある。

(2)　上記法5条及び同条5号の趣旨からすれば，起債の対象となる同条5号の道路の建設事業費とは，当該道路の建設工事そのものの費用のみではなく，当該道路建設工事とは別途の工事であっても，当該道路建設工事をするに当たって必要な工事の費用も含まれると解すべきであるが，当該別途の工事が当該道路建設工事をするのに必要かどうかについては，地方債の発行目的を制限することによって地方公共団体の財政運営の健全化を図ろうとする同条の趣旨から，当該道路工事の工法等からみて，当該別途の工事をすることが必要不可欠かどうか，また，その工法による工事を行うことが，経済的合理性，安全性，土

木技術上の観点，その他諸事情を考慮して合理性を有するかどうかで判断するのが相当と解される。

　被告は，地方公共団体がいかなる公共工事を実施するか，その財源としていかなる財源を充てるかは，地方公共団体の長の広範な裁量に委ねられていると主張する。しかし，いかなる工事を実施するかとか地方債以外のどの財源をもって充てるかの判断については裁量権があるとしても，財源として地方債を当てることができるかの点の判断については，法5条の趣旨からすれば，被告の主張するような裁量権はないというべきである。

　被告は，財源を地方債で賄うか否かにかかわらず，いずれにせよ栗東市の負担となる仮線工事費用のうちの本件道路拡幅工事にかかる工事費に属する部分については，財源手当として地方債を発行することは地方債の趣旨に合致すると主張する。しかし，仮に，地方債を発行できないと，栗東市はその充てる財源を確保することが困難となる事情があるとしても，それらの事情を考慮することは，先行して債務負担行為をしてしまえば，財源に余裕のない地方自治体について起債行為を広く許すことにつながり，被告の主張は，法5条の趣旨に反する解釈といわざるを得ない。

(3) 以上の法5条の趣旨を踏まえて，以下，本件の仮線工事（うち1670m分）が，本件道路拡幅工事に必要か否か検討する。

　ア　証拠（甲6，9，31）及び弁論の全趣旨によれば，以下の事実が認められる。

　　(ｱ)　過去，新幹線線路と交差する形で道路建設がなされた場合，新幹線線路を跨ぐ形で高架橋（跨道橋）を建設するか，地下に潜る形で地下道を建設した事例は複数あるが，他に，本件のような仮線工法が採用された事例はない。

　　(ｲ)　平成17年9月栗東市議会定例会において，交通政策部長は，本件道路拡幅工事を新駅建設と同時に施工する必要性に関する質問に対し，『道路事業を駅舎開業後にすれば新たに仮線が必要となり，開業している駅の機能も制約を受け，新たな費用が発生し，

賢明な選択ではない』として，本件道路拡幅工事を単独でする場合であっても，仮線工法により施工することを前提としている。
(ｳ) 過去，新富士駅，三河安城駅など新幹線の新駅が建設された場合で，在来の線路を使用した活線工法の場合，建設事業費は46億円から137億円程度であり，仮線工法の場合の約半額となっている。

イ 前記前提事実及び上記認定事実によれば，過去に，新幹線線路と交差する形で道路建設がなされた場合，新幹線線路を跨ぐ形の高架橋（跨道橋）又は地下に潜る形の地下道の建設によって施工した例が複数あり，本件でこれらの工法を採ることができない事情は認められないから，本件においても，仮線工法のほかに，高架橋（跨道橋）又は地下道の建設により施工するという複数の工法が考えられる。

本件において，仮線工事自体は，本件道路拡幅工事そのものではない別途の工事であるが，新駅の駅舎建設工事のために仮線建設が必要不可欠であって，そのため仮線工法を採用することが決定済みであるという事実は，仮線を，駅舎建設工事と道路拡幅工事の双方に活用することができるから，道路拡幅工事をするに際し仮線工法を採用する有力な一事情となりうる。

しかし，過去，仮線工法により道路建設がされた場合は一事例もないこと，仮線工事費は，被告が本件道路拡幅工事に必要と主張する部分に限っても86億9900万円（本件協定に基づき，栗東市の負担はその2分の1）と，本来の目的である道路の工事費に比してあまりに巨額であり，幅員4.5メートルの道路を30メートルに拡幅するだけのために1670メートルに及び仮線を建設しなければならない仮線工法は，他の工法と比較して経済的合理性を欠くものといわざるを得ない。

また，仮線工事は駅舎建設のためには必ず必要なものであるが，本件道路拡幅工事は駅舎建設の機会を利用して，周辺開発のために栗東駅前線事業として行なわれるもの（乙1）で，同時に行なう必

然性もない。

　これらの点から，仮線工事は本件道路拡幅工事と一体不可分，必要不可欠ということはできない。

　なお，駅舎建設のための工事と同時に道路拡幅工事を行なうことにより，栗東駅前線を新幹線線路と跨線化又は地下道化することなく拡幅をすることができ，道路をそのように拡幅することは新駅周辺の道路整備事業として望ましいとも考えられ，そのために被告の主張する仮線工事による工法を採用して通常よりも高額と思われる費用（ただし，栗東市が単独で同工法による工事を行なう場合の2分の1である43億4900万円）を負担することも，長期的な地域開発整備の観点からは，合理的な選択とみられる余地もある。しかし，法5条の趣旨からすれば，当該工事が適債事業として同条5号の『道路』建設事業に該当するか否かの判断に当たり，地域開発整備の観点を考慮することは困難である。

　以上のとおりであって，栗東市が，上記のような仮線工事の費用を『道路』建設事業のための起債として負担することは，地方債を限定的に許容した法5条の趣旨に違反するといわなければならない。仮線工事の費用は，その2分の1であっても，法5条5号の道路建設事業費には含まれないことには変わりがあるとはいえないので，本件起債は違法である。

　また，被告は，本件協定又は本件要綱により，栗東市は，43億4900万円の費用分が本件道路拡幅工事と一体である工事の部分のものであると主張しており，本件において，原告が差止めを求めている起債行為はそれに対応するものであるから，それより少ない費用の起債であれば，違法とはいえないかについては，判断するまでもない。

ウ　被告は，本件道路拡幅工事を，新駅建設と同時に施工するにせよ単独で施工するにせよ，必ず仮線工法を採用することだけを前提としており，他の工法を採用することの経済的合理性や技術的可能性について全く主張，立証しておらず，これまでそのような視点から

の検討をしたとは認められない。当初から，新駅建設のためには仮線工法によることが決定されており，栗東市は，新駅建設については積立金以外は起債による財源調達を予定していたところ，平成17年6月の定例会になってはじめて，仮線工事の財源について，本件道路拡幅工事のための仮線でもあるから適債性が明らかとなったとして，仮線工事費用を地方債で賄うことを説明した（甲9）。被告は，本件訴訟において，その財源を地方債によって充てるか否かをとわず，いずれにせよ栗東市は仮線工事費用（滋賀県が負担する部分を除く。）を負担するのであるから，本件道路拡幅工事に係る工事費に属する部分について，その財源手当てとして地方債を発行することは地方債の趣旨に合致すると主張している。

　以上の栗東市及び被告の対応を見れば，栗東市は，本件基本協定書や関係首長会議等での合意により，財源の手当てはともかくとして栗東市が負担すべきものと決まった部分の仮線工事費について，仮線工事だけを独立してみれば，法5条の適債事業にあたるとはいえず財源の確保が困難であるので，適債事業であることについては一応争いが生じない道路拡幅工事と一体の工事であると説明して起債し，財源を確保しようとしたものといわざるを得ない。

　しかし，本件道路拡幅工事と仮線工事を不可分一体であるとして道路工事の事業費に含める説明はいかにも無理があることは前記のとおりである。

2　以上によれば，原告らの請求のうち，すでに平成18年5月25日に借入れ済みの分で本件起債に該当する部分（第2の2(7)ウ）は，これを差し止める利益は認められないから，却下することとする。これを除く部分については，今後本件起債行為が，相当の確実さを持って予測され（第2の2(7)エ），かつ，本件起債は違法であるから，地方自治法242条の2第1項1号に基づき，これを差し止めることとする。」

Ⅶ 大阪高裁判決の概要

　大阪高裁判決（平成19年3月1日，若林諒裁判長。判タ1236号190頁，判時1987号3頁）は，以下のとおり判示した。
「第3　当裁判所の判断
　　1
　　(1)　新幹線新駅駅舎建設及び本件道路拡幅工事についての経緯
　　　ア　昭和63年に促進協（東海道新幹線〔仮称〕びわこ栗東駅設置促進協議会）が設立され，栗東市内の5地点を新幹線新駅の候補地として調査を行ない，平成8年6月の関係首長会議において，軌道との接続の優位性と主要幹線道路との連絡等を理由に1地点に絞り込み，同年8月の促進協総会において設置を要望する位置を決定した。
　　　　　栗東町建設部新幹線新駅設置対策課は，平成10年9月3日，「『栗東駅前延伸線』道路計画について」と題する書面で，同道路と新幹線との立体交差につき，道路桁下8.8mを確保するとしているが，本件道路の拡幅について触れていない（乙21）。
　　　イ　栗東市は，平成13年度に，ＪＲ東海コンサルタンツ株式会社へ業務委託し，同社は，新駅設置予定場所（同市下鈎地先外）での2面5線案での新駅配線の検討として，仮線工法・活線工法の比較等を行い，活線工法では，道路の掘り下げが必要になること，同路面が周辺地盤より低くなり沿道利用・配水等の問題があること，線路直下や線路近接施工が主体で盛土や軌道に与える影響が大きいこと，施工期間中の大規模な計測管理・軌道整備が必要となること，線路直下施工に伴い列車徐行が必要となること等の問題があるとして，仮線工法（線路切換方式）が適切との結論に至り，平成14年3月，その旨の報告書をまとめた（乙22）。なお，新駅建設において活線工法が安全上技術上不可能とまで結論付けたものではないし，本件道路拡幅工事との関係については何ら触れられていない。
　　　　　そして，新駅駅舎設置工事の施工者であるＪＲ東海において，現

本線の区画整理事業対象地側に総延長1950ｍの仮線を設け，工事期間中は暫定的に仮線を使って新幹線を運行し，新駅駅舎の完成後は，仮線の一部を計画線（下り2番線）として活用し，残りは撤去するとの仮線工法が施工方法として採用されることとなった。

　平成14年4月の関係首長会議において協定の締結等が決議され，同月25日，滋賀県，栗東市，促進協及びＪＲ東海との間で，新駅設置に関する本件基本協定書及び本件覚書が各締結された（甲14）。

　本件基本協定書1条において，新駅の設置位置は栗東市とされ，5条1項において，工事は仮線工法によりＪＲ東海が施工することとされ，同2項本文において，工事費は滋賀県，栗東市，同市を除く促進協の構成各市町が負担するものとされ，6条において，工事竣工後の鉄道施設はＪＲ東海が所有するものとされ，9条において，栗東市が基盤整備に責任を持つとされ，本件覚書4条2項において，（仮称）都市計画道路栗東駅前線，区画整理については，栗東市の責任により早期整備，完了に努めるとされた。

　そして，本件覚書2条1項において，工事内容については，東海道新幹線の運行に影響を及ぼさないものとするとされ，工事の詳細は滋賀県，栗東市及びＪＲ東海で別途協議するものとされた。

ウ　栗東市は，都市計画法所定の規定に従い，平成14年7月29日，新幹線新駅の設置及びその周辺土地区画整理事業に伴う交通需要に対応するためとして，滋賀県に都市計画道路変更の協議申出書を提出し，栗東駅前線と新幹線との立体交差につき，延長約1980メートル，地表式，2車線，道路幅員30メートルに変更する旨の協議を申し出，滋賀県の同意を得て，平成14年8月30日，その旨告示し，当該都市計画の図書を公衆の縦覧に供した（甲34，乙1～6）。

エ　栗東市は，平成14年10月28日，ＪＲ東海関西支社長に対し，本件道路と新幹線の交差に必要となる新幹線架道橋の施工につき，『都市計画道路栗東駅前線架道橋一般図（3径間案）』との表題の架道橋の仕様を記載した図面（判決別紙1）を添付した，新駅工事との同時施工の協議を申し入れ，同支社長は，平成15年12月1日，

同意する旨回答した（乙15,16）。

オ　平成16年7月21日付栗東市交通政策部新駅設置対策課作成の同市議会全員協議会資料（甲33）は，新駅駅舎タイプ比較として，活線工法による地平駅舎，活線工法による橋上駅舎，仮線工法による高架下駅舎を比較し，仮線を建設することに伴うコスト高になるが，駅への自動車アクセスとして本件道路（栗東駅前線）を地平で抜けるなど，施工面，アクセス面，駅利用面にわたり高架下駅舎がもっとも適切と結論付けるなどしたところ，仮線工法の財源については特に触れられていない。

カ　平成17年3月14日の関係主要会議において，JR東海の概略設計に基づく概算事業費240億円を基に栗東駅前線の跨道橋構造物事業費6億0700万円を除外した233億9300万円を負担調整のベースとして，滋賀県が当該調整ベースの2分の1を負担し，新駅設置予定地が盛土であり，仮線建設が必要であることから工事費が高額になるとの特殊要因があるため，この要因にかかる事業費を滋賀県と栗東市が2分の1ずつ負担し，それ以外の基本的な駅舎工事費を滋賀県が2分の1，栗東市が3分の1，関係5市と大津市とが22億0900万円を負担すると合意されたが，本件道路拡幅工事費については上記6億0700万円以外に触れるところがない（乙14）。

　　上記費用の負担については，以下のとおり，同年6月24日に栗東市議会の議決を経た。

　(ｱ)　駅舎等工事費　　　　　132億3500万円
　　　　負担割合
　　　　　滋賀県　　　　　　66億1800万円（1/2）
　　　　　栗東市　　　　　　34億0800万円（1/3）
　　　　　寄付　　　　　　　10億円
　　　　　関係5市及び大津市　22億0900万円
　(ｲ)　仮線工事費（特殊要因）　101億5800万円
　　　　内訳
　　　　　仮線　　　　　　　83億1900万円

　　　　変電所　　　　　　　　9億9300万円
　　　　中間セクション　　　　8億4600万円
　　　負担割合
　　　　滋賀県　　　　　　　　50億7900万円（1/2）
　　　　栗東市　　　　　　　　50億7900万円（1/2）
　(ｳ)　栗東駅前線（本件道路）跨道橋構造物事業費　6億0700万円
　　　負担割合
　　　　栗東市　　　　　　　　6億0700万円

キ　平成17年9月13日の栗東市議会定例会において，同市交通政策部長は，同年6月より前の市議会で仮線工事を起債の対象とすると説明しなかった理由に関する質問に対し，『当初から積立金以外は起債での財源調達を予定していたところ，その具体化を県と検討する中で，道路建設のための仮線でもあることが明らかになり，同年6月の市議会で長期財政計画に計上して説明した』と，本件道路拡幅工事を新駅建設と同時に施工する必要性に関する質問に対し，『駅舎建設のための仮線の実施時期に本件道路を同時施工すれば，道路事業は実質約6億円である。しかし，道路事業を駅舎開業後にすれば新たに仮線が必要となり，開業している駅の機能も制約を受け，新たな費用が発生し，賢明な判断ではないと判断する』と，道路工事に必要な仮線の区分の根拠に関する質問に対し，『仮に道路単独で施工する場合の仮線は1670ｍと想定できるし，駅舎建設のための仮線は1950ｍと想定できる。区分した根拠は，それぞれの工事のみを想定した場合の必要な仮線延長である』旨答弁した（甲9）。

ク　平成17年12月25日，滋賀県，栗東市，促進協及びＪＲ東海は，新駅工事実施の協定書を締結した（甲5）。
　　　協定書2条1項において，工事の位置・設計内容は別添図（判決別紙2）のとおりとされ，同2項において，新駅の開業時期は平成24年度を目処とされた。上記別添図には，新駅のホームの有効長は410ｍと記載されているが，本件道路拡幅工事については明示的に

触れるところがない。
ケ　栗東市は，本件道路と新幹線が交差する本件トンネル部分は，トンネル内部の空間をのぞいて盛土構造となっているから，新幹線を時速270㎞で運行したまま本件道路拡幅工事を施工するには，現在の土木技術では盛土のまま工事をすることができず，ＪＲ東海の了解が得られないので仮線工法を採用するところ，新駅建設工事のために予定されている仮線1950ｍの内，後に新駅のホームとなる直線部分280ｍを除いた1670ｍの部分が本件道路の拡幅工事のために必要な仮線であると想定し，前記カ(イ)の仮線工事費101億5800万円の内，道路及び鉄道の計画が重複する仮線部分の工事費であるとする86億9900万円（101億5800万円×1670ｍ÷1950ｍ）について，本件協定に基づく２分の１相当額である43億4900万円が，法５条５号が定める道路の建設事業費に当たるとし，43億4900万円及び栗東駅前線事業費6億0700万円（前記カ(ウ)・本件道路の個道橋構造物の事業費）の合計49億5600万円を，地方債の起債で賄うこととし（43億4900万円の分が本件起債である。），本件起債の一部を含む１億円について，平成18年３月31日，滋賀県に対し，以下のとおり平成17年度起債許可申請をし，同日付で許可を得た。

　　地方債計画事業区分　　地域再生事業
　　起債許可申請事業名　　新幹線新駅周辺都市計画道路等整備事業
　　起債許可申請額　　　　１億2790万円
　　地方債予算限度額　　　１億2790万円
　　地方債予算事業名
　　・同対象限度額　東海道新幹線新駅設置工事促進事業　１億円

(2)　本件道路

　本件道路は，現在，本件トンネル（第３蜂屋Ｃトンネル）で新幹線線路下を通っており，トンネル部分の道路幅員は4.5ｍ，トンネル天井部分のコンクリート構造物全体の幅は８ｍであり，本件トンネルの北西側に積水グループの工場施設等があり，財源との関係で早急に本件道路拡幅工事のための用地買収ができる見通しではない（甲13，乙11）。

現状の幅員でもシャトルバスのすれ違い運行は可能である（甲7）。

(3) 本件協定，本件要綱

　本件協定（道路と鉄道との交差に関する運輸省・建設省協定，乙9），本件要綱（道路と鉄道との交差に関する協議等に係る要綱，乙10）は，道路の新設若しくは改築又は鉄道の新設若しくは改良に関する工事により新たに道路と鉄道との交差を設置する場合においては，当該工事の計画者が交差に要する工事費の全額を負担すること，道路の新設又は改築及び鉄道の新設又は改良の計画が確定しており，当該計画が同時に実施される場合において当該計画に係る交差の設計が重複するときは，その重複する部分にかかる工事については，道路側及び鉄道側はそれぞれこれに要する費用の2分の1を負担すると定める。

(4) 仮線工法の事例

　ア　東海道・山陽新幹線新駅駅舎（請願駅）が建設された事例として，昭和63年から平成11年にかけて開業した新富士駅，掛川駅，三河安城駅，新尾道駅，厚狭駅，東広島駅があるところ，いずれも現状の線路を活用する活線工法で施工されており，駅舎建設費は，約46億円から約137億円であり，本件のほぼ半額までである。開業にあたり線路と交差する形で道路建設がなされた事例として，三河安城駅，新尾道駅があるところ，いずれも活線工法で施工されており，仮線工法により立体交差工事が行なわれた事例はない。なお，三河安城駅については，一時新幹線の時速70kmに徐行して道路工事が施工されたものであり，新尾道駅については，道路工事は既に交差していた国道の橋梁拡幅であり，新幹線運行に影響なく施工されたものである（甲31，乙18）。

　また，平成15年開業した東海道新幹線品川駅駅舎建設工事では，道路との交差工事は行なわれていないが，仮線工法で施工された（乙19）。

　イ　ＪＲ在来線や私鉄では，鉄道と道路との立体交差・高架化事業において仮線工法が採用された事例がある（乙20・事例1～5）。

　事例1は，ＪＲ神戸線と交差する都市計画道路建石線の拡幅工事

であり，車両速度時速約130kmに対し，約550mの仮線を延長して施工中である。

　事例2は，JR京都線と交差する都市計画道路久世北茶屋線の立体交差工事であり，約450mの仮線を延長して施工中である。

　事例3は，JR山陰本線と交差する都市計画道路梅津太秦線の立体交差工事であり，高架化区間約1400mにつき仮線を延長して施工中である。

　事例4は，近鉄京都線と交差する幹線道路の立体交差工事であり，高架化区間と思われる約1977mにつき仮線を延長して施工された。

　事例5は，JR関西線・桜井線と交差するJR奈良駅周辺の関連街路の立体交差・拡幅工事であり，高架化区間の全区間（関西線約2180m，桜井線約1310m）につき仮線を延長して施工中である。

　なお，事例1，2，5では地方債が起債されたが，起債による調達財源が仮線工事に充てられたか否か，充てられたとして仮線工事の内容・程度がいかなるものか，それが適法なものかは明らかでない。

2　争点1――本件起債が法5条に反し違法か否か

(1)　前記一の認定事実を基に，新幹線仮線工事（1950mのうち1670m部分）が，法5条5号所定の道路の建設事業費に該当するか，以下検討する。

　平成8年8月の促進協総会において新幹線新駅の候補地位置を決定した後の平成10年の段階では本件道路と新幹線との立体交差につき，道路桁下8.8mを確保するとしている程度で，道路拡幅は問題とされていない。そして，平成14年3月，栗東市から業務委託されたJR東海コンサルタンツ株式会社が仮線工法・活線工法の比較等を行い，仮線工法（線路切換方式）が適切との結論に至り，JR東海において採用されることとなったが，仮線工法と本件道路拡幅工事との関係については何ら触れられていない。そして，これに基づき，平成14年4月の関係首長会議において協定の締結等が決議され，同月25日，滋賀県，栗東市，促進協及びJR東海との間で，新駅設置に関する本件基本協定書及び本件覚書が各締結されたが，（仮称）都市計画道路

栗東駅前線，区画整理については，栗東市の責任により早期整備，完了に努めるとされたほか，本件道路拡幅につき，協定や覚書上，何の言及もない。栗東市は，平成14年8月30日，新幹線新駅の設置及びその周辺土地区画整理事業に伴う交通需要に対応するためとして，都市計画道路を変更し，栗東駅前線と新幹線との立体交差につき，延長約1980m，地表式，2車線，道路幅員30mとする旨告示し，平成14年10月28日，ＪＲ東海関西支社長に対し，本件道路と新幹線の交差に必要となる新幹線架道橋の施工につき新駅工事との同時施工の協議を申し入れ，平成15年12月1日，同意する旨の回答を得たが，上記交差部分の概要を示す図面（判決別紙1）は，本件道路拡幅工事の具体的内容を明らかにするものでない。その後，平成17年3月14日の関係首長会議において，概算事業費240億円を基に栗東駅前線の跨道橋構造物事業費6億0700万円を除外した233億9300万円を負担調整のベースとして，滋賀県，栗東市，関係5市と大津市との費用負担が合意されたが，本件道路拡幅工事費については上記6億0700万円以外に触れるところがなく，平成17年9月13日の栗東市議会定例会において，同市交通政策部長が，初めて，『当初から積立金以外は起債での財源調達を予定していたところ，その具体化を県と検討する中で，道路建設のための仮線でもあることが明らかになり，同年6月の市議会で長期財政計画に計上して説明した』，また，『駅舎建設のための仮線の実施時期に本件道路を同時施工すれば，道路事業は実質約6億円である。しかし，道路事業を駅舎開業後にすれば新たに仮線が必要となり，開業している駅の機能も制約を受け，新たな費用が発生し，賢明な選択ではないと判断する』と説明し，道路工事に必要な仮線の区分の根拠は，『仮に道路単独で施工する場合の仮線は1670mと想定できるし，駅舎建設のための仮線は1950mと想定できる。区分した根拠は，それぞれの工事のみを想定した場合の必要な仮線延長である』旨答弁した。そして，平成17年12月25日，滋賀県，栗東市，促進協及びＪＲ東海が，新駅工事実施の協定書を締結した段階においても，工事の位置・設計内容を示す別添図（判決別紙2）には，新駅のホーム

の有効長は410ｍと記載されているが，本件道路拡幅工事については明示的に触れるところがない。

　上記経緯からすると，本件新幹線仮線工事は，新駅駅舎の建設工事についての調査会社への業務委託において仮線工法が適切と結論付けられ，ＪＲ東海において設置する仮線を総延長1950ｍと設定され，平成14年4月25日の本件基本協定書によって仮線工法の採用が決定されたのであって，栗東市は，平成10年度に都市計画予定道路につき新幹線との交差部も含めた道路形態を検討し道路桁下8.8ｍを確保するとしている程度で，本件基本協定書締結によって新駅設置とそのための仮線工法の採用が決定した後に本件道路についての都市計画道路変更決定をするまで，本件道路と新幹線の交差形態（地平，高架橋，地下道方式のいずれを採用するか），道路拡幅工事の工法（活線工法，仮線工法のいずれを採用するか）を，経済的合理性や技術的可能性の見地から検討したとは認められず，栗東市は，本件基本協定書締結や平成17年3月14日の関係首長会議での合意により，新駅建設のための仮線工事費の2分の1の負担が決定し，その財源確保の必要に迫られたところ，仮線工事だけを独立してみれば適債事業にあたるとは言えず財源確保が困難であるので，本件道路拡幅工事と同時・一体の工事であると説明して起債して財源を確保しようとして本件起債をしたものと推認するのが相当である。乙23ないし30号証は，原判決言渡し後の平成18年11月中に作成された意見書等である上，その内容を検討しても，上記推認を左右しない。

　そうすると，設置される仮線は，新駅建設工事のためのものであるといえ，仮線工事に伴い，本件道路拡幅工事を行なうこととなったというべきである。比喩的に表現すれば，本件道路拡幅工事が仮線工事の関連工事という態様であっても，その逆ではない。

　関係当事者がそのような認識であったことは，平成17年3月14日の関係首長会議において，ＪＲ東海の概略設計に基づく起算事業費240億円のうち栗東駅前線の跨道橋構造物事業費6億0700万円を明示的に除外した233億9300万円につき負担調整が行なわれたことによっ

ても裏付けられるし，なによりも，本件の仮線工事費が控訴人の主張する1670ｍ部分に限っても86億9900万（栗東市の負担はその2分の1）と本件道路拡幅工事の工事費として明示された上記6億0700万円に比して巨額であることや駅舎建設のためにＪＲ東海により予定された総延長1950ｍの仮線のうち直線部分を除いた1670ｍに及ぶ仮線工事が立体交差の際の道路拡幅工事をするために必要となるという理論が世人をよく納得させうるものでないことに表れている。

　　従って，仮線工事は，本件道路拡幅工事のためのものと認められないから，本件起債は法5条5号の道路の建設事業費の財源とする場合に該当せず，その全体が法5条に違反するというべきである。
(2)　この点，控訴人は，1670ｍの仮線工事が本件道路拡幅工事の関連工事として道路の建設事業費に当たるなどとして本件起債が法5条に反しないと主張するが，以下の通りいずれも採用できない。
　　ア　控訴人は，地方公共団体がいかなる公共工事を実施するか，その財源としていかなる財源を充てるかは，地方公共団体の長の広範な裁量に委ねられているから，政策選択・内容の判断が著しく合理性を欠き裁量権を逸脱したときに初めて違法性が生じると主張するが（原判決10頁(1)），いかなる仕様の道路を建設するか，いかなる財源を充てるかといった政策判断についてかかる広範な裁量権があるにしても，地方公共団体の歳出は地方債以外の収入をもって賄うことを原則とし，地方債が発行できる場合を1ないし5号に限定列挙した法5条の趣旨からすれば，その財源に地方債を充てること自体が可能か否かの判断については，上記法上に規定する範囲での裁量が認められるに過ぎず，かかる広範な裁量権があるとはいうことはできない。
　　イ　控訴人は，財源を地方債で賄うか否かにかかわらず栗東市の負担となる仮線工事費用があるから，そのうち本件道路拡幅工事に関する部分の財源手当てとして地方債を発行することは合理的な選択であり法5条に違反しないと主張するが（原判決10頁(2)），栗東市の負担となる仮線工事費用が本件道路拡幅工事に関するものといえない

ことは前記のとおりであり，前提を欠き，採用できない。

ウ　控訴人は，地方自治体が道路を建設する要件と手続は都市計画法等に定められており，道路が要件を満たし適法であるかは当該法令に照らして判断されるものであって，その違法を争うのは当該法令に定める不服申立手続によることを要するから，起債の対象となる道路の建設工事をするに当たって別途工事が必要かどうかについて，経済的合理性，安全性，土木技術上の合理性の有無につきした原判決の判断は，法5条の趣旨を超えた制約を強いるものであると主張するが（控訴人主張(1)ア），当裁判所の前記(1)の判断は，都市計画決定を受けた道路の仕様を問題とするものではなく，あくまでも起債の適法性に関する限りで，当該道路の建設事業費と認められるか否かを問題とするに過ぎないから，かかる主張はその前提を違え失当である。

エ　控訴人は，本件道路は，地平道路方式で都市計画決定がなされたところ，交差する新幹線線路が盛土構造で作られており，安全上盛土を掘削して幅員工事を行えないから，仮線工法は地平道路方式による工事に必要不可欠であり，かかる道路が都市計画法上適法である以上，起債の適法性の判断にあたって仮線工法の適否を改めて論ずるのは無益であって，地平道路方式より多額の費用を要する高架橋・地下道方式による道路建設費用を起債で賄おうとする場合は，地平道路方式をとることが技術的に不可能でない限り必要不可欠の要件を充たさないこととなりかねないなどと主張するが（控訴人主張(1)イ），前記(1)の判断は，仮線工法の適否を問題とするものではなく，あくまでも起債の適法性に関する限りで，当該道路の建設事業費と認められるか否かを問題とするに過ぎないから，かかる主張はその前提を違え失当である。

オ　控訴人は，判断基準につき合理性以上に必要性を要する根拠が明らかでないなどと主張するが（控訴人主張(1)ウ），上記エの説示のとおり，かかる主張はその前提を違え失当である。

カ　控訴人は，従前の新幹線新駅設置工事につき仮線工法で施工され

た事例がないが，本件道路拡幅工事には活線工法が妥当しないこと（控訴人の主張(2)），在来線と道路の立体交差工事に関し地方債を起債して仮線工法で施工された事例があること（同(3)）などから，本件の仮線工事の費用は法5条5号所定の道路建設事業費にあたると主張する。

　しかし，栗東市の負担となる仮線工事費用が本件道路拡幅工事に関するものといえないことは前記(1)のとおりであり，前提を欠き，採用できない。また，地方債を起債して仮線工法で立体交差工事を施工したとされる事例は，起債による調達財源が仮線工事に充てられたか否か，充てられたとして仮線工事の内容・程度がいかなるものか，それが適法なものかなどは明らかでなく，かかる事例をもって本件起債の適法性が裏付けられるものではないから，かかる主張はいずれも採用できない。

キ　控訴人は，本件道路につき，高架橋若しくは地下道方式を選択することは，本件道路が担うべき機能を減殺し不適切であるし，高架橋若しくは地下道方式が仮線工法を用いた地平道路方式を大幅に下回る工事費用で賄えるわけでもなく，各工法によった場合の費用・便益の比較でも地平道路方式は他の工法を下回るとは限らないと主張するが（控訴人の主張(4)），前記ウのとおり，前記(1)の判断は，道路の仕様を問題とするものではなく，あくまでも起債の適法性に関する限りで，当該道路の建設事業費と認められるか否かを問題とするに過ぎないから，かかる主張はその前提を違え失当である。

ク　控訴人は，本件道路が都市計画道路等整備事業において果たすべき機能からして，本件道路拡幅工事を新駅駅舎建設と同時に施工する必要があり，仮に別に施工すれば改めて仮線工事が必要となり施工に多大な困難と費用負担が生じ，本件協定・本件要綱により全額が道路施工側の負担となり経済的合理性を欠くし，栗東駅前線西側については，新駅開業にあわせてシャトルバスの運行に利用する道路整備を計画しており，本件道路拡幅工事を同時に施工する必要性があること（原判決11頁(3)1・4段落目，控訴人の主張(5)），栗東市は一

定の検討を経て仮線工事を選択したものであり，仮線工事と本件道路拡幅工事は一体不可分で必要不可欠であり，かかる工事費を道路建設事業費として起債の対象とすることは法5条5号の趣旨に反しないこと（控訴人の主張(5)・(8)）を主張する。

　しかしながら，同時に施工するか否かにかかわらず，起債の適法性に関する限り，当該道路の建設事業費と認められるか否かを問題とするに過ぎず，栗東市の負担となる仮線工事費用が本件道路拡幅工事に関するものといえないことは前記のとおりである。

　そして，仮線工法を適切と結論づけたJR東海コンサルタンツ株式会社の委託業務は，あくまでも新駅設置予定場所での2面5線案での新駅配線の検討としての仮線工法・活線工法の比較であって，本件道路拡幅工事の施工との関係を考慮した形跡がない上，設置する仮線の長さについても，これを1950mと設定したJR東海が本件道路拡幅工事の施工との関係を考慮した形跡もない。

　また，上記仮線工事は，上記のとおり新駅駅舎建設のためには適切な工法と結論付けられたものであるが，本件道路拡幅工事はあくまでも駅舎建設の機会を利用して周辺開発のために栗東駅前線事業として行われるものであり，本件トンネルの北西側にセキスイグループの工場施設等があり，財源との関係で早急に本件道路拡幅工事のための用地買収ができる見通しではないことや，現状の幅員でも新駅と在来線栗東駅間のシャトルバスのすれ違い運行が可能であることなどに照らしても，必ず同時に行わなければならないものとまでは認められない。そして，栗東市等とJR東海間の本件覚書2条1項において，新駅建設工事の詳細は別途協議するものとされ，実際に，本件道路と新幹線交差部の交差形態についても架道橋の仕様を記載した図面添付した協議を申し入れて同意を得るなどしたものであるから，要すればさらに協議した上で，架道橋の設置を含む新駅駅舎建設工事を施工するJR東海にかかる仕様の架道橋を設置させた後に本件道路拡幅工事を行えば足りるのであるから，全く同時期に両工事を施工したり，別に改めて仮線工事を行う必要があると

いえないものである。
　さらに、本件協定・本件要綱は、新たに道路と鉄道の交差を設置する場合に、同時に施工される場合で交差の設計が重複するときは、重複部分の工事費を道路側及び鉄道側がそれぞれ2分の1を負担すると定めるものの、本件については、交差部を含む仮線工事費は、本件基本協定書5条2項本文により滋賀県、栗東市、同市を除く促進協の構成各市町が負担するものとされ、鉄道側であるJR東海がこれを負担することは全く想定されていないのであるから、本件協定・本件要綱を理由とする同時施工の必要性の主張はそもそもその前提を欠く。
　したがって、仮線工事の本件道路拡幅工事との一体不可分、必要不可欠性等に基づく、控訴人の上記主張はいずれも採用できない。
ケ　控訴人は、法5条5号が道路建設事業を適債事業として定めた趣旨からすれば、地域開発整備の観点を考慮しないで、工事費用のみに着目して安価に建設できる道路でない限り適債事業とは認めないとするのはその趣旨と相容れないと主張する（控訴人の主張(7)）が、前記(1)の判断は、工事費用のみに着目したものでなく、当該道路の建設事業費と認められるか否かを問題とするものであるから、かかる主張はその前提を違えるし、法5条の趣旨からすれば、当該工事費が適債事業として同条5号の道路建設事業費に該当するか否かの判断に当たって、別途地域開発整備の観点を考慮するとすることは困難であるから、かかる主張は採用できない。
コ　控訴人は、本件協定・本件要綱により、栗東市は道路と鉄道の交差の重複部分に係る工事費用の2分の1を負担しなければならないことから、これに相当する43億4900万円が本件道路拡幅工事の工事費用に当たると主張するが（原判決11頁(4)）、上記のとおり、1670mの仮線工事が本件道路拡幅工事のための工事とは認められないから、本件起債が法5条に違反するとの上記結論を左右しない。
(3)　以上のとおり、本件記載は法5条に反し、違法であると認められる。
3　そして、既に平成18年5月25日に借入済みの部分（原判決が訴え却下し

た部分）を除く部分について，今後本件起債行為がなされることが相当の確実さを持って予測されるから（原判決第2・2(7)エ），地方自治法242条の2第1項1号に基づく本件差止請求はこれを認めることができる。」

VIII 地方分権の悪しき副産物

地方債の発行を適債事業ではなく，違法であるとした初判例が，なぜ今になって登場したのか。今までは，地方債の発行は，自治省（総務省）の「許可」が必要であったが，総務省（旧自治省）は，無駄であるか否かはともかくとして，適債事業でないものを「許可」はしなかったはずである。ところが，地方分権一括法で，許可が県の権限となったので，新駅をつくるのに，「一つ穴のむじな」である県が，栗東市に，「道路のための仮線だと説明すれば，適債事業になる」と知恵をつけて，「許可」をしたので，脱法行為としての起債が出現したのである。これは，「地方分権」の悪しき副産物である。

IX 県政改革の援護射撃

この事件は，地元栗東市で，大規模な署名運動を3回繰り返し，県全体の住民投票条例制定署名運動を行って，粘り強く闘ってきた住民運動と，それを基盤にして，「もったいない」をスローガンに，新駅中止，ダム見直し，廃棄物処分場中止の3大公約をして，平成18年7月に当選した嘉田由紀子知事の公約実現のための法的な援護射撃の第3弾である。

第1弾は，平成17年12月8日の永源寺第2ダム差止大阪高裁判決（平成19年10月11日最高裁判決で確定）であり，第2弾は，自由法曹団滋賀支部が提出した，最高裁判例を引用した，「前県政の約束には法的に拘束されない」，「工事を中止しても，ＪＲや地元への政策変更による損害賠償義務はない」との意見書で，知事を公約遂行のために勇気づけた。第3弾がこの判決である。

X 「聖域」であった地方債にメス

　この地裁，高裁判決は，「中止」に取り組む知事を勇気づけ，推進派に打撃を与え，マスコミに大きく取り上げられて，無駄な公共事業と闘う住民運動から多くの反響が寄せられた。「聖域」であった地方債に司法がメスを入れた，無駄な公共事業をやめさせる法的手段として役立つ判決と評価されている。

　また，この事件の応用として，ＪＲや民営鉄道の高架化に対する自治体の補助や，ＪＲ駅と都市計画街路である「自由通路（市道）」を併設する場合，自由通路の建設費の割合を９割と過大に評価して，それを起債でまかなうことの違法性が考えられる（東海道新幹線寒川町新駅・京都府ＪＲ亀岡駅改築の自由通路の例）。

　全国で，大企業の進出のための補助金として，数百億円の金が地方自治体によって補助されている。大企業への「札束バラマキ競争」である。税金は，大企業が県に払うものであるのに，今はあべこべに，県が大企業に税金をばら撒いている。三重県がシャープ亀山工場に払った130億円は，一般財源から出ているが，例えば大阪府が堺市に進出するシャープに150億円を補助するのに，起債を財源とすれば，地方財政法違反である。

XI 経済効果の水増し予測

　この訴訟と同時に，大津市に対して，公金支出差止訴訟を提起した。

　それは，大津市が新駅建設費用の分担金として20億円を促進協議会に支出することを約束していたが，大津市長選挙で，６人の候補の内５人が20億円を支出しないと公約し，その１人が当選した。

　ところが，当選したあとに，県の観光振興事業協力金という名目で，７年間に３億円を支出することを議決したので，これは市長の公約違反であり，新駅建設の負担金であるのに，支出目的を観光振興事業と偽って支出するのは，地方財政法３条１項に違反する無駄な公金支出であるとして，支出差止めを求めたものである。

この事件は、判決直前に市長が「支出しない」と言明したので取り下げた。
　その過程で、県が観光客入込み数を過大に積算していること、そのデータを利用して、新駅建設による観光客の利用による経済効果の水増しの根拠にしていることを発見した。
　琵琶湖総合開発が行われ、1兆9000億円の公費が琵琶湖周辺開発に投じられた。それにより、都市公園、湖岸緑地、自然保護公有地化が実施され、その結果、観光客入込み数が年間4650万人に増え、昭和54年の2558万人から平成18年の4650万人で一直線で伸びている。これがびわ総の最大の効果だと県は主張している。
　しかし、京都市4900万人、和歌山3000万人、奈良4000万人と比較して、4650万人という数字は「水増し」といえる。
　県警本部の発表では、平成19年の5月連休9日間で県内観光客80万人という。9日間で80万人だから、連休中の観光客は1日9万人になる。年がら年中連休であったとしても、1日9万人×365日＝3285万人しかないのに、4650万人は多すぎる。高速道路のサービスエリアの客を観光客にカウントしているという意見もある。
　これだけの観光客があるのなら、飯の浦の奥琵琶湖ドライブインが休止になり、幽霊屋敷になるはずがないし、スキー場の休止、びわこ汽船の減少、航路の廃止、京阪大津線の減少などは起こりえない。観光客入込み数の水増し予測の数値が新幹線栗東新駅の水増し予測に使われているのだから、「観光客入込み数」のデータなどどうでもよいと軽視せず、無駄な公共事業の裏づけに使われることを警戒し、チェックすべきである。最近、国土交通省は各県でバラバラな観光客数のデータの基準を全国統一化することにした。

XII　仮処分並みのスピード判決

　この訴訟は、平成18年1月に提起した。1審では、同年7月の知事選挙に間に合わせたいと、4回の弁論で証人調べもなく終結し、提訴から9ヵ月で1審判決が出た。知事選挙には間に合わなかったが、平成19年10月22日の栗東市長選挙には間に合った。高裁も1回結審で判決が出た。

提訴して1年8ヵ月で最高裁で結論が出た，仮処分並みのスピード判決である。

XIII 起債した金をJRからとりもどす訴訟

 栗東市が，1審判決前の平成18年5月にすでに5260万円を農協から借金をしてJR東海に工事費として寄付を支払っているので，それをJR東海から取り戻し，借入金を貸主である栗東市農協に返済することを求める住民訴訟を提起した。その理由は，地方自治法232条の3の支出負担行為が違法，無効だから，寄付も無効であり，返還せよというものである。
 また，JR東海が返さなければ，市長が自腹で損害賠償をせよと請求した。
 この事件は，平成20年7月に市長が「起債を違法とした最高裁判決を厳粛に受け止め，今後の行政執行に生かす」と表明して和解した。

XIV 滋賀から発進した無駄な公共事業の中止

 ここ数年で，滋賀における無駄な大型公共事業が相次いで中止となった。
 (a) 琵琶湖空港計画は，計画以来19年たって中止となった。
 琵琶湖空港計画は，昭和56年の武村知事の時代に登場し，平成12年に県が断念するまで，県政最大の無駄なビッグプロジェクトであった。
 私は，この計画は無駄であるとして，県会で毎議会必ず質問し，あらゆる角度からその無駄を追求してきた。
 空港建設には4本の超高圧送電線を地下埋設しなければならず，その技術的可能性と費用を確かめるため，大阪の古河電工を訪ね，技術者から詳細な，懇切丁寧な説明を聞いたりした。
 住民運動では，空港反対の全県的な直接請求署名運動の代表者となり，7万筆の署名を集めた。環境アセスメントが違法であるとして，公金支出差止訴訟をした。(敗訴)
 空港は，住民の反対と地権者が買い取りに応じなかったため中止となったが，もし空港ができていたら，東京便のない空港は，1本の飛行機も飛ばない巨大

なゲートボールにしか使えない惨憺たるものになっていたであろう。当時，空港を推進した県の幹部でも，「考えただけでもぞっとする」というくらいである。
　空港（3000億円予定）反対の運動は，県の財政破綻を救った救世主であった。
　(b)　平成17年12月8日：農水省施工の永源寺第2ダムは大阪高裁判決の直後に工事は完全に中止された。
　(c)　平成19年10月31日：東海道新幹線新駅建設中止
　(d)　この間，新駅反対の住民運動は，次のように取り組まれた。
　　　全　県　平成18年1月　　住民投票条例の制定を求める直接請求署名
　　　栗東市　平成16年2月　　新駅計画凍結を求める請願署名
　　　　　　　同16年11月　　住民投票条例の制定を求める直接請求署名
　　　　　　　同17年6月　　駅舎建設費の負担中止を求める署名
　　　選　挙　平成16年1月　　大津市長選挙（6人の候補者中5人が新駅への自治体負担に反対）で中止派が勝つ。
　　　　　　　同18年5月　　ＪＲ東海が着工を強行
　　　　　　　同18年7月　　嘉田知事誕生
　　　　　　　同19年4月　　県議選で推進勢力の中心であった自民党が29議席から16議席へ大敗北。
その結果，県議会も嘉田知事の中止を了承せざるを得なくなった。

XV　起債の違法になぜ気づいたか

　よく「起債の違法」になぜ気づいたのかときかれる。
　市会でも，県会でも，共産党議員が「仮線工事のための負担金を起債でまかなうことは違法だ」と追及していた。私が栗東市の担当者に聞くと，「この起債による仮線建設は，駅舎建設のためではあるが，同時に，都市計画道路のためだから適債事業だ」といったので，これで裁判に勝てると確信した。
　裁判では，私は「早く結審されたい」と裁判所をせっついてばかりいたが，それは，地方自治法の改悪で住民訴訟に仮処分が禁止されたことから，争点をしぼって証人調べをせず本案訴訟を仮処分並みに迅速化して，新幹線新駅を中止に追い込みたかったからである。

XVI　公共事業差止めで連戦連勝の１年

　また，私は，21年間つとめた県会議員を辞めたあとの９年間で，「豊郷小学校校舎保存，新校舎建設費支出差止問題」，「永源寺第２ダム計画取消」，「栗東新駅起債差止め」等数多くの行政訴訟で新判例を勝ち取ってきた。特に，平成19年は８月に豊郷小学校校舎建設費支出差止め，10月は，１週間の間に「永源寺第２ダム取消」と「新幹線起債差止め」の２件合計３件の最高裁勝利判決が出て連戦連勝の１年であった。弁護士冥利に尽きる感激を味わった。なぜそんなに事件に恵まれるかときかれる。それは，住民運動に参加し，自ら住民運動を起こしてその先頭に立ち，その中から事件を掘り起こしたのである。事件に恵まれるのは，ひとえに住民運動の産物である。「なんとしても運動を成功させたい」と思案する中から訴訟のアイデアと法的構成が生まれるものなのである。

都市計画道路　栗東駅前線架道橋一般図　S=1/200
（３径間案）

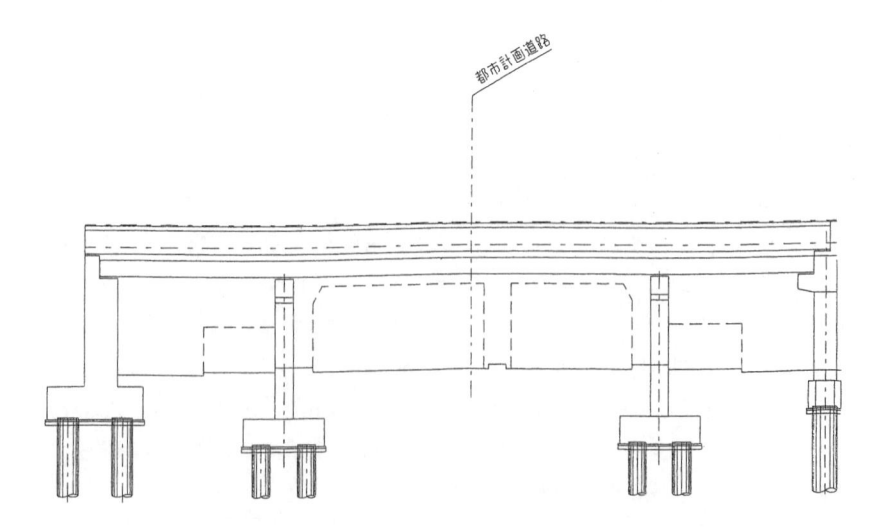

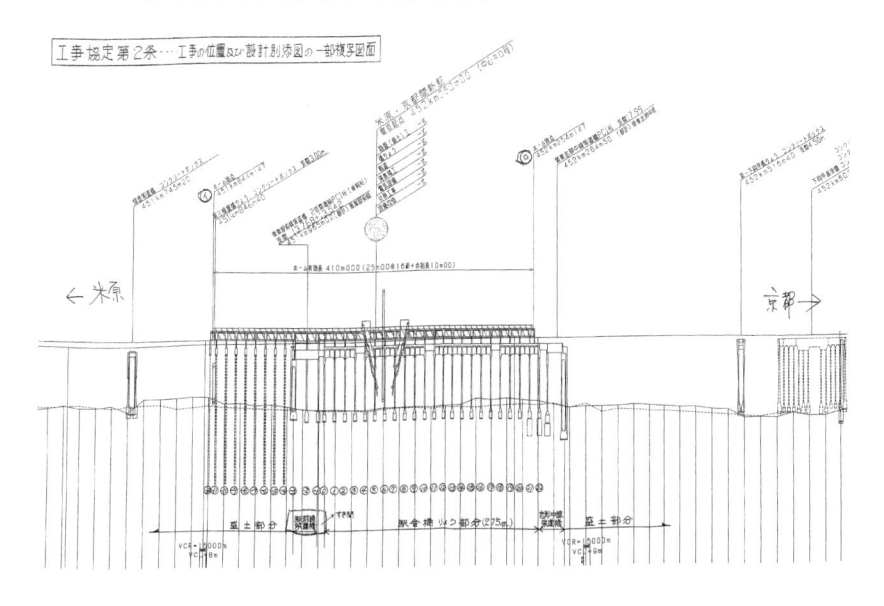

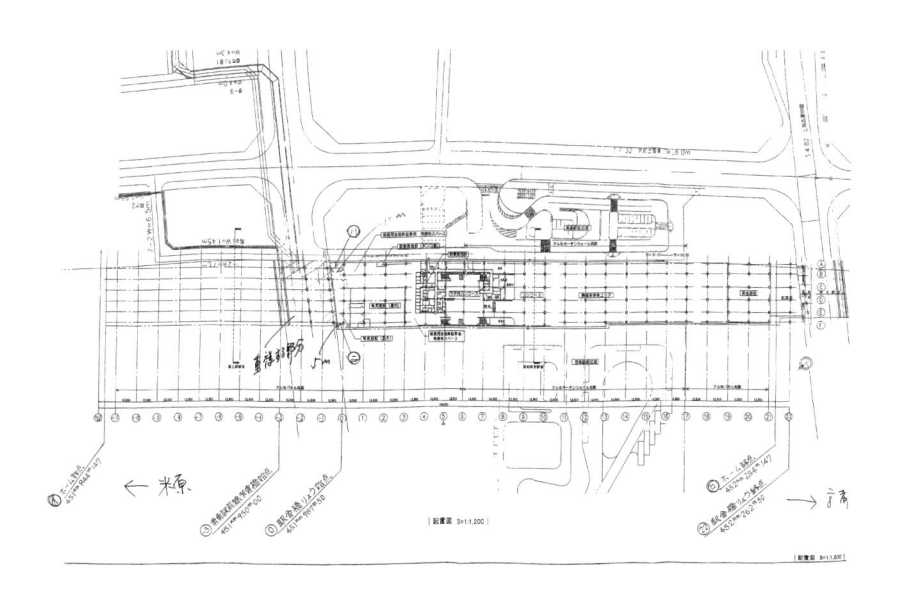

報告／無駄な公共事業を財源（起債）で断つ──初の起債差止判決

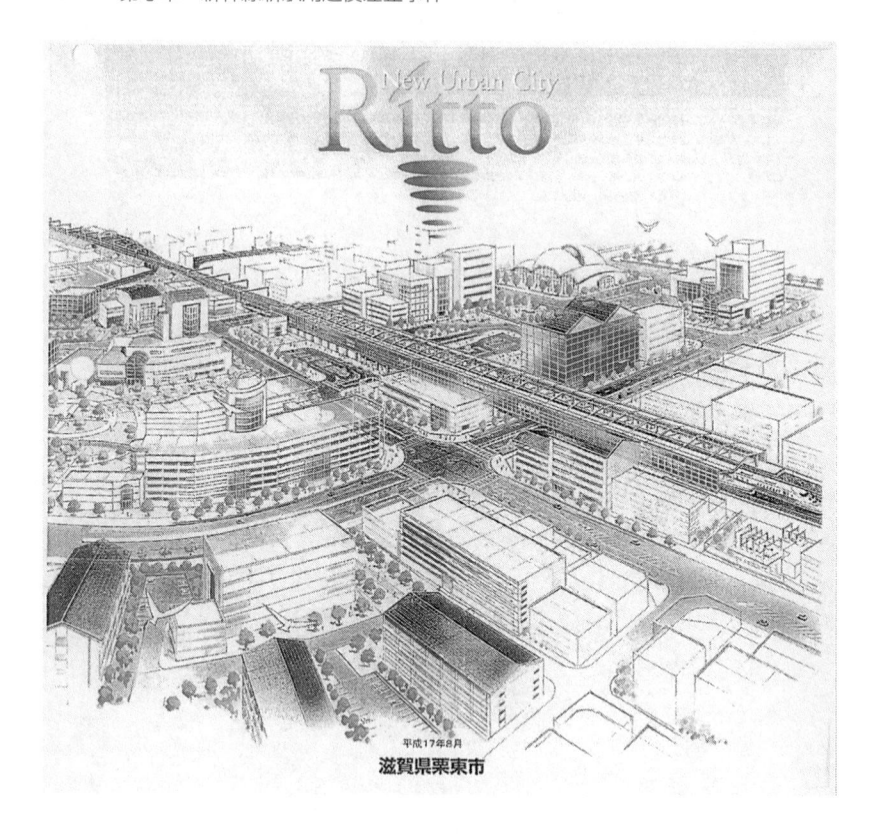

362　第8章　新幹線新駅用起債差止事件

第8章── 解　説

起債対象の解釈の法目的合理性

Report ／ 山　村　恒　年

Ⅰ　本高裁判決の意義

本高裁判決の意義は以下の各点にある。
(1)　地方債の制限の法解釈の限界
　本件起債の地方財政法5条の道路の建設事業費該当性について広範な裁量権の存在を否定し，同条に規定する範囲での裁量しかなく，本件事業の道路拡幅工事関連性を否定した。
(2)　本件仮線工法の合理性・必要不可欠性と起債要件該当性
　本件道路の拡幅工事計画の地平式工法の合理性，新幹線と交叉部分工事の仮線工事の費用便益分析からみた効率性の主張は，道路の建設事業費の合理性の道路法令に照らした問題にすぎず，起債の適法性の問題にあたらないとした。

Ⅱ　地方財政法における地方債の趣旨と限界

(1)　地方財政法の趣旨と公共工事財源の選択の裁量性
　同法1条は，「地方財政の健全性を確保し，地方自治の発達に資すること」を目的としている。同法4条1項は，「地方公共団体の経費は，その目的を達成するための必要最少限度を超えてこれを支出してはならない」としている。
　本件訴訟で栗東市長は，「地方公共団体がいかなる公共工事を実施するか，その財源としていかなる財源を充てるかは地方公共団体の広範な裁量に委ねら

れているから，政策判断の内容が著しく合理性を欠き，裁量権を逸脱したときに初めて違法となる」と主張した。　この点は，従前より公共事業計画における訴訟でも争点とされてきたところである。これについては，筆者が詳細に分析したことがあるので参考にされたい（山村恒年『行政法と合理的行政過程論』（慈学社，2006）299頁以下，360頁以下）。

(2) 地方債の制限

　地方公共団体が歳入の不足を補うために金銭を借り入れることによって負う債務が地方債である。それは借金であるから，健全財政の見地からはそれを財源とすることは抑制されるべきである。そこで地方財政法5条は，「地方公共団体の歳出は，地方債以外の歳入をもってその財源としなければならない。ただし，次に掲げる場合においては，地方債をもってその財源とすることができる。」とした。そしてその5号において，「……道路，河川，港湾その他の土木施設等の公共施設又は公用施設の建設事業費」を財源とする場合を例外として地方債を認めている。

　そこで問題となるのは，この道路事業建設のために不可欠一体として道路以外の事業（本件では鉄道仮線）の事業費を5号の財源に含めることができるかということである。

　5条5号にいう「公共施設又は公用施設の建設事業費の財源とする場合」を地財法の趣旨から解釈すると，5号の道路の建設事業費には，その建設工事費のほか，それのために必要不可欠な別途工事費も含まれることもあるが，本件での新幹線の仮線工事費も含まれるかについては，諸般の事情を分析して，地財法の目的に合理的に整合するかを分析評価して判断することが必要となる。本判決では，これらの事情が詳細に分析され評価された結果，仮線工事の起債対象性を否定したものである。

Ⅲ　地方財政法の法目的合理性分析の判断

(1) 仮線工事の道路工事関連性

(a) 起債決定のタイミングからみた関連性の経過

道路拡張設計計画経過からみたタイミングは次のとおりである。

- 平成10年　道路桁下8.8mの確保のみ。道路拡幅は問題とされていない。
- 平成14年　都市計画変更　延長1980m　幅員30m
- 平成15年　ＪＲと道路交叉合意
- 平成17年　新幹線工事費実施協定　仮線工事費中6億円余を起債で賄う決定
- 平成18年　平成17年度起債（1億円）許可申請し，許可された。

　上の平成17年の協定で，仮線工事費のうち，1670m分の市の2分の1負担が決定したため，その財源確保のため本件起債をしたものである。本判決は，仮線工事は新幹線駅新設工事の関連工事であるが，本件道路拡張工事のためのものではなく，起債は地方財政法5条5号違反とした。

　(b)　市が仮線工事を道路拡幅工事の関連工事として地方債発行することの裁量性

　控訴人市は，市の広範な裁量に委ねられていると主張した。したがって，政策判断の内容が著しく合理性を欠き，裁量権を逸脱したとき初めて違法となるとした。そして，地方債発行の選択の合理性と道路拡張の都市計画法適合性，仮線工事の必要不可欠性（新幹線活線のまま工事はできない），道路の地下式・高架式との費用効果分析からの地平道路方式の必要不可欠性から合理性があると主張した。

　(イ)　地方財政法5条5号該当判断の裁量性の審査範囲　これについては，地方財政法1条の目的や，4条の予算の執行規定を含めて5条5号を解釈するときは，裁量は認められないと解される。地財法の法目的合理性の範囲内でしか起債を財源とすることはできないのである。その合理性の有無については裁判所の審査に服することになる。裁判所はその場合，本判決にみられるように，仮線工事計画の経過や，その財源分担交渉及び道路計画過程等を総合して評価して5号該当性について全面審査することになるのである。

　(ロ)　本判決の合理性有無の判断　本判決は，市は，仮線工事費のうちの1670m分の2分の1を負担することにしたため，その財源の必要性に迫られ，仮線工事を独立して適債事業とすることはできないので，本件道路拡幅工事と同時・一体工事として説明して財源を確保しようとして起債したものと認定した。このことは，仮線工事のうちの下りホーム計画に沿う280m部分はＪＲ東

海の負担とし，残りの1670mの工事費の2分の1を起債の対象としているが，本件道路工事が仮線工事の関連工事という態様であってもその逆ではないと判示した。

判決が述べるように，「架道橋の設置を含む新駅駅舎建設工事を施工するJR東海にかかる仕様の架道橋を設置させた後に，本件道路拡幅工事を行えば足りるのであるから，全く同時期に両工事を施工させたり別に改めて架線工事を行う必要があるとはいえない」のである。

このことは，起債をしないで，新幹線と道路の交差工事をする代替案があるのに，それをしなかったことの不合理性を指摘するものである。代替案があるのに，それを検討しなかったり，あるいはその検討が不十分な場合は違法とされている（最判平8・3・4判時1564号3頁，東京高判昭48・7・13行集24巻6～7号53頁）。

(2) 費用効果分析（Cost Effect Analysis＝ＣＥＡ）からみた合理性
(a) 市側の主張（活線工法の費用効果分析）

市は，仮線工法の必要不可欠性について，次の代替案による合理性を主張した。

(イ) 活線工法　　仮線をつくらず，新幹線運行状況下でトンネルを施工する工法
- 高架方式費用　　　263億円
- 地平道路方式費用　216億円
- 地下道方式　　　　350億円

(ロ) 新駅へのアクセスのＣＥＡ
- 高架方式　費用54億円　便益0円（地下道方式も同じ）
- 地平方式　費用32億円　便益21億円

以上の点から5条5号の趣旨に反しないと主張した。

(b) 裁判所の判断

5条5号に該当するかどうかの判断は，道路の仕様を問題とするものではない。あくまで起債の適法性の関係で道路建設事業費かどうかの問題である。したがって，市の主張は前提を間違え失当であるとした。

市の起債決定過程からみると，仮線工法を先に決定したのはＪＲ東海側であ

る。その際，本件道路拡幅工事との関係は考慮されていない。本件道路拡幅工事は，駅舎開発の機会を利用する周辺開発のためである。法5条5号の趣旨からすると，別途地域開発整備の観点を考慮する主張は採用できないとした。

(3) 費用効果分析の問題点

(a) 仮線の所有権の帰属

本件起債の額は仮線工事費43億4900万円である。平成17年のＪＲ東海との協定によると，新駅舎の完成後は，仮線施設は本件協定書6条において，ＪＲ東海が所有するとされている。その施設は下り2番線の待避線として活用し，残りは撤去するとされている。そうすると道路拡張工事完成後は，43億円余かけた施設は市に残らず，ＪＲ東海に所有権が移転する。仮線施設の設置の効果はほとんどＪＲ東海に帰属する。他方，市は起債額を工事完成後永年にわたって返済していかなければならないことになる。

すなわち，市は，道路建設工法については費用便益分析をしているものの，完成後の費用効果分析はしていないのである。債務だけが残存し続ける道路建設は，地方財政法4条1項の「地方公共団体の経費は，その目的を達成するための必要且つ最少の限度を超えて，これを支出してはならない」の規定の趣旨に反することにもなろう。判例も費用効果分析の不備を理由に違法としているものがある（前出東京高判昭48・7・13，なお判例については山村・前掲376頁以下参照）。

(b) 周辺開発効果

市としては，周辺開発効果を主張している。しかし，この点も本判決は，本件トンネル北西側に工場施設等があり，財源との関係で用地買収の見通しがないこと，現状でもバスのすれ違いが可能なことから必ず同時に行う必要はないとしている。

さらに，道路拡張による周辺開発効果といっても，まったく未知未定のものである。その効果の金銭的評価の方法もない。

現在まで多くの地方公共団体が道路や用地買収，ビルの建設による開発効果を目指した投資をしてきた。しかし，そのほとんどが巨大赤字形成の原因となっている。淡い期待の気持ちは分かるが，合理的な費用効果分析を欠くまま計画を実施したことが原因といえよう。

IV　おわりに

　以上分析したように，本判決は，市の起債に際し，安易な検討の下になされた計画による起債決定判断の法目的不合理性を指摘したものといえる。最近の住民訴訟では，地方財政法4条1項の原則が問題となるケースが増えている。公共事業の財政計画に関して，本判決は重要な先例となるといえよう。

　特に法目的合理性の問題は，公共事業計画においては，代替案の検討や費用効果（便益）分析が合理的に検討されることが判例上問題となっている。ただ，法目的合理性の「法」が本件では地財法であるので，その法目的からみた合理性が問題となる。この点では地方財政法4条1項の「地方公共団体の経費は，その目的を達成するための必要且つ最少の限度をこえてこれを支出してはならない」という要件を考慮すべきである。市の本件道路拡張事業はこの点からも問題があったといえる。

■

第9章

中国残留孤児国賠事件

第9章── 報　　告

中国残留孤児訴訟について

Report ／ 斉　藤　　豊

I　はじめに

　2007年11月28日,「中国残留邦人等の帰国の促進及び永住帰国後の自立の支援に関する法律」の改正という形で中国残留邦人に対する従前の施策を抜本的に改める法改正がなされた。これは全国15の地方裁判所に集団で国家賠償請求訴訟を提起していた中国残留孤児の原告ら計2212名の原告団・弁護団と政府与党ＰＴとの合意に基づくものであり，この合意と立法化に伴いその時点で12の地裁，3つの高等裁判所に係属していた関連訴訟は順次取下げにより終結した。本稿は，この中国残留孤児が集団で提起した国家賠償請求訴訟の経過とその主張の内容，主要な判決とその後の帰趨に関して述べた小論である。
　集団訴訟としての中国残留孤児国家賠償請求訴訟は，2002年12月の東京地裁への40名の原告の提訴を皮切りに全国各地の裁判所に係属した。各地の原告団，弁護団は単一の団体を構成せず，それぞれ独立して訴訟活動，弁護活動を行ったが，同一の集団訴訟を遂行する目的を共有するものとして原告団，弁護団の全国連絡会を組織し，運動方針，訴訟運営や法律上の問題などについての共通理解と意思統一を図った。
　以下には，中国残留孤児問題とは何かをまず概観し（II），集団訴訟の中でどのような法律上の議論があったのかを解説し（III），これに対する主要な判決の内容を紹介した上で（IV），最後に，一連の判決に対する評価と政策形成訴訟としての成果等について触れることとする（V）。

筆者は関東弁護団（東京地裁提訴原告らの弁護団）の一員であり，文中の各判決の論評にわたる部分はいずれも個人的な見解に留まるもので，当該弁護団又は全国弁護団連絡会の見解を反映するものではないことをあらかじめお断りしておく*1。

* 1　この集団訴訟の提訴から支援策策定までの経過をまとめたものとして，米倉洋子「中国『残留孤児』訴訟の勝利的解決と支援法の課題―日本政府の棄民政策に抗して」軍縮問題資料2008年4月号56頁を参照。

Ⅱ　中国残留孤児はなぜ国を訴えたか

(1)　中国残留孤児発生の原因

　1932年に現在の中国東北部に「建国」された満州国は，日本が清朝の廃帝溥儀を皇帝に擁立して作り上げた傀儡国家であった。満州国の建国が，大陸進出の地歩を固めソ連の南下政策に対抗するために，満州事変（1931年）を契機に関東軍が謀略的に主導した日本の侵略行為であったことは，歴史的評価として定着しているといえる。

　満州への移民は，したがって，当初から国策として推進された。時の廣田弘毅内閣は，1936年に「七大重要国策要項」の1つとして満州農業移民を20ヵ年で100万戸（500万人）送出する計画を閣議決定し，満州への移民を重要国策の柱にすえた。移民といっても，南米等への移民と異なり，関東軍の軍事力を背景とした国策会社が中国農民の土地を取り上げたり，安く買い叩いたりして，日本人植民者に与えるというものであり，この満州移民の侵略的性質が敗戦時の開拓団民の運命に大きく影響するものとなった。

　満州国には国籍法がなく，日本からの移民は，基本的にすべて日本国籍を有する日本国民のまま満州国の「国民」となった。終戦時までに約32万人の開拓団民らが送出された満州移民には2つの性格があったといわれている。1つは，国内で足りなくなった耕作地を国外に求めるという明治以来の海外移民としての性格であり，もう1つは，中国東北部に日本人の拠点を築くことにより，関東軍の兵站を担わせるという軍事目的を補完する役目である。開拓団が配置された地域を見るとわかるが，満州国北辺のソ満国境近くに多くの開拓団部落

が配置されおり，これらは来るべき対ソ戦の際の兵站を担うべく計画されたものであった。

　1945年8月9日のソ連参戦によって，日本人開拓団が入植していた地域はにわかに戦場へと転化する。日本の敗戦必至となった情勢のもと，第2次大戦後の世界支配に遅れをとるまいとするソ連軍は，一気呵成にソ満国境から南下するが，そこにはソ連軍を迎え撃つはずの日本軍の存在はほとんどなかった。関東軍は開拓団民を欺いて早々と撤退をしていたのである。あとには日本の面積の約3倍という広大な原野の中に自らを守るすべもない老人や婦女子が取り残されるばかりであった。

　侵略国・敗戦国の国民として彼らを待ち受ける運命には過酷なものがあった。多くの開拓団民婦女子は，この逃避行の中で，ソ連軍の攻撃により，地元中国人の襲撃により，あるいは集団自決で自ら命を絶つなどして亡くなった。戦闘を免れた者も，収容施設で日本への帰国を待ちながら，栄養失調や発疹チフスなどの疫病により，敗戦の年の冬を越えることができず死ぬ者が多数に上った。中国残留孤児と呼ばれる人々は，このような敗戦前後の混乱の中で幼くして肉親と別れ，現地中国に取り残され，身元もわからないまま中国人である養父母に育てられた人々である。

　敗戦時には満州全体で少なくとも27万人の開拓団民がいたといわれており，内約8万人の婦女子が戦闘に巻き込まれたり，凍死・餓死などで命を落とし，約1万人の残留婦人と3000人ともいわれる残留孤児を生み出した。民間人の犠牲者に婦女子が多いのは，1945年6月に，関東軍が「根こそぎ動員」により17歳以上の男子を現地召集したため，開拓団には老人と婦女子しか残されなかったことによる。敗戦時13歳未満を「残留孤児」，13歳以上を「残留婦人」と呼んで区別することがあるが，いずれも援護行政上の用語であり，「残留男性」というカテゴリーがないのはこのためである。

　本稿で扱う集団訴訟の原告は，現在約2500人程度いるといわれている永住帰国した中国残留孤児である。彼らの多くは敗戦時0歳から13歳前後という年齢で，敗戦時に肉親と別れて当時の満州（中国東北部）に残されて現地の中国人養父母に養育されて中国人として育った日本人である。中国残留孤児の帰国者数がピークを迎えたのは，敗戦から40年以上たった1980年代後半であり，

(2) なぜ帰国が遅れてしまったのか

帰国者の多くは50代を過ぎてからようやく祖国への帰国を果たしている。

終戦後，中国大陸を含む外地（旧日本帝国の支配地域）からは続々と民間人の引揚げが行われたが，ソ連が管理支配していた満州地区からの引揚げは他地域よりも遅れ，また国共内戦という中国国内の騒乱もあり，多くの日本人が帰国の途を閉ざされたまま取り残された。それでも1950年代中頃までは，集団引揚げや個別の引揚げが続いていたが，残留孤児といわれる日本人の帰国が遅れたのは，彼らがまさに孤児であり，日本人の保護者を有しない弱者であったからにほかならない。

多くの孤児は，中国人の養父母に引き取られ，中国人として成育させられる中で，日本語を忘れ，日本人であることを否定され，日本に帰る機会を奪われた。たとえ，自分の祖国は日本であるという意識が幼な心にあったとしても，5歳や10歳の子が自らの意思と力で旧満州の地から国交のない日本まで引き揚げてくることは到底不可能であった。

このような残留孤児を含む多くの未帰還者が大陸に残っていることは，国内でも十分認識されており，未帰還者の留守家族のための支援の立法も行われ（昭和28年法律第161号「未帰還者留守家族等援護法」），彼らのための帰国促進の動きがないではなかった。しかし，1949年10月に中華人民共和国が成立し，わが国が1951年のサンフランシスコ平和条約による主権回復を果たした後も，日本が依然として中国との外交関係を築けないでいたため，孤児を含む残留邦人の帰還へ向けての動きは本格的なものとはならなかった。

1950年代に入って，大陸等に残る未帰還者の帰国支援の動きを事実上終わらせたのが，1959年の「未帰還者に関する特別措置法」（昭和34年法律第7号）による戦時死亡宣告制度の導入であった*[2]。大陸からの未帰還者の帰国援助は，戦後厚生省援護局の所管の下，旧軍人軍属に対する援護事業の一環として行われていたが，この戦時死亡宣告制度の導入は，未帰還者邦人の帰国推進事業の事実上の停止を意味した。それまで細々と続けられていた調査等も1959年以降はまったく行われなくなった。

1972年の日中共同声明による国交正常化は，それまで長い間閉ざされていた孤児らの帰国へ向けての転機となるはずであった。しかし，実際に厚生省が，

訪日調査の実施による残留孤児の肉親探し等の事業を本格的に始めたのは，国交回復からさらに9年を経た1981年からのことである。戦時死亡宣告制度導入から国交回復までの空白の13年間が，国交回復後の政府の孤児帰国へ向けての消極的な対応に影響を与えていたことは否定できない事実であった。日中国交回復のニュースを祖国への帰国の朗報として聞いた孤児の期待と日本政府の意識には大きなギャップがあったのである。このようにして，戦時死亡宣告制度導入から13年間，国交回復後の不作為の9年間，合計22年間という年月が無駄に過ぎることになる。

敗戦時5歳であった孤児は1959年には19歳になり，1972年には32歳になっていた。そして，訪日調査が始まった1981年には49歳と早や中年の域を迎える年代になっていた。残留孤児は，押しなべて非常に強い望郷の念を持って成長したが，日本政府から救済の手が差し延べられなかったという事情に加え，年齢を重ねるに従って，職業，結婚等による家族構成の変化，養父母の老齢化により，帰りたくてもすぐには帰れないという状況が生じ，これら個人的事情の存在も祖国への帰国をさらに遅らせる要因となった*3。

* 2　民法の失踪宣告制度の特別立法。厚生大臣にも申立権を与え，中国の地等で死んだと推定される未帰還者の死亡宣告を行う制度を定めた。この制度により残留孤児を含む1万3000人以上の残留邦人が死亡宣告をされ，戸籍抹消の扱いとなった。本件訴訟の原告の中にも，自分の知らないうちに戦時死亡宣告制度により戸籍が抹消されたという人が多くいる。

* 3　関東訴訟弁護団が，原告1052名を対象として行ったアンケートでは，残留時の平均年齢は4歳（0歳～6歳までの層が全体の73％），帰国時の平均年齢は，48.26歳であった。

(3) 高齢化した「孤児」の日本社会への適応不全と不十分な支援策

同じく中国残留邦人といっても，残留孤児と残留婦人との大きな違いは，日本語能力の有無である。中国残留の時点で既に成人に達していたか，成人に近かった年齢の残留婦人は母語として日本語を獲得していたが，幼少時に取り残された孤児は，中国人として成育させられていく中で中国語を母語とし，日本語の能力を失ってしまった。このため，ほとんどの残留孤児は帰国時点で日本語能力に著しく欠けており，日本で生活をしていくうえでまず祖国の言葉を学

ぶ必要があったのである。

　しかし，30代や40代前半で帰ることができた孤児はともかくとして，50歳を過ぎて帰ってきた人々は，中国での教育程度，職歴等を問わず皆日本語の習得に大変な苦労を強いられた。年齢的な問題に加え，日本語学習のための国の支援が極めて不十分であったせいもあり，老齢の孤児が新たな言語習得をすることには決定的な限界があったのである。このため，帰国して何年経っても，日常会話以上の日本語を喋ることができず，周囲の日本人社会とのコミュニケーションに困難を感じている孤児が大多数というのが現状である。

　言葉に次いで大変なのは，中国での経験を祖国ではほとんど生かせないことである。

　一般に言語の習得可能性は年齢に大きく左右されるが，それでも帰国後一定の期間をかけて言語習得を行うのと，生活に追われてじっくり勉強ができないままに社会に放り出されるのとでは格段の違いがあるはずである。中国残留孤児の多くは，帰国後十分な日本語教育を受ける機会もないまま，生活のために働かざるを得ないという状況に置かれたが，多くの孤児は，言葉の問題から中国で取得した技能，資格をそのまま日本で通用させることができず，貴重な経験や実績が日本での生活に活かされない結果となった。医師や教員の資格を有する者が，その資格を使うことができず，結局低賃金の単純労働で働かざるを得なかったという話は多く聞かれる。中国で特別な職業上の経験のない者は，日本ではさらに低レベルでの仕事に従事するしかほかに道はなく，この結果多くの孤児が，生きていくために不安定で劣悪な条件の下で働くことを余儀なくされた。

　言葉がうまく喋れず，職が不十分であれば，生活が厳しいのは当然である。また，定年まで働いても就労期間が短いため退職金も少なく，年金もわずかなものであり，老後の蓄えもないという人がほとんどである。この残留孤児の日本での生活の厳しさを端的に表しているのが，生活保護受給率の数字である。地域，年齢によって異なるが，概ね70％前後の高受給率を示している[*4]。一般国民の生保受給率が1％以下であることと比較すると，生活の困窮度に格段の違いがあることがわかる。

　本件訴訟を提起する前の厚労省の立場は，生活に困窮する孤児の救済は，一

般国民と同様生活保護制度によればよく，特別の手当てをする必要はないという立場だった。しかし，生活保護制度は，本来自立して生活できる人が，病気，失業等主として個人的要因によって一時的に困窮に陥った場合の最低限のセーフティネットである。中国残留孤児のように，集団的に観察して恒常的な社会的不適応を起こしている人々，しかもその原因が個人の努力の範囲をはるかに超えた外在的原因にある人々を救済することを目的とする制度ではない。また，生活保護の受給を受ける際に受ける福祉事務所からのさまざまな生活への干渉＊5は，日本人として祖国に帰還したという強い自負を持つ孤児の自尊心をしばしば強く傷つけるものであったことも確かである。

＊4　前述の関東訴訟原告のアンケートでは，2007年12月段階で63％が生保受給者である。

＊5　多くの生活保護受給者が述べている不満に，生活保護受給者は海外渡航をすると保護を止められてしまうため，養父母に会いに行くなど中国への一時帰国ができないという孤児特有の問題があった。

(4) 訴訟選択に至った経緯

国は，日中国交回復後20年以上を経た1994年になり「中国残留邦人等の円滑な帰国の促進及び永住帰国後の自立の支援に関する法律」（平成6年法律第30号，いわゆる「自立支援法」）を制定し，ここでようやく「今次の大戦に起因して生じた混乱等により，本邦に引き揚げることができず引き続き本邦以外の地域に居住することを余儀なくされた中国残留邦人等の置かれている事情にかんがみ，これらの者の円滑な帰国を促進するとともに，永住帰国した者の自立の支援を行うこと」を国の政策の目的とすることが公的に認知された（同法1条）。しかし，自立支援法の制定にもかかわらず，その後も残留孤児をとりまく状況に格段の変化はなく，孤児たちは迫り来る老後の生活に強い不安を覚えるようになった。このためボランティア団体（中国残留孤児問題全国協議会＝孤児全協）や，孤児の団体（扶桑同心会，養父母謝恩の会等）が，孤児の老後保障制度の立法化を求めて1999年頃から全国で署名活動や国会請願活動を始めたが，3年間かかって集めた11万筆の署名，2回の国会請願は，審議未了で成果を何ら得ることはできなかった。

2001年5月11日のハンセン病患者に関する熊本地裁判決と，これに続く司

法・政治面でのハンセン病患者の全面的な救済は，行政に絶望していた中国残留孤児らにとって大きな刺激となった。残された道は司法による救済しかないと考えた孤児らは弁護士探しをはじめることになり，その結果2001年暮れから在京の弁護士で弁護団作りがはじまり，2002年12月の東京地裁への第1陣40名の提訴となった。

請求の内容は，原告らの現在の苦境が国の無策に起因するものであるとして1人当たり3300万円の損害賠償を国に求めるというものである。東京地裁での提訴は，東京，横浜，埼玉，千葉を中心とする原告が提訴したもので，1000名を上回る対象者がいると考えられたが，訴訟の方針としては，まず40人のコア原告を選定して審理を先行させ，その成果を2次訴訟以降の訴訟に利用しようという方針だった。

第1次提訴は2002年12月20日に行われ，以下2次から5次までの提訴をし，関東地方での原告総数は最終的に1092名となった。東京地裁以外では，鹿児島，名古屋，広島，京都，徳島，高知，札幌，大阪，岡山，神戸，長野，福岡，仙台，山形（提訴日順）の各地裁への提訴が続き[6]，最終的には全国15地裁で同種の訴訟が全国展開されることになる（原告総数が2212名に上り，各地で原告団と弁護団を独自に結成したが，それぞれが全国連絡会をもったのは，前述のとおりである）[7]。

- [6] 提訴時期（複数にわたるものは第1次）と提訴時原告数は次のとおりである。鹿児島（2003年8月24名），名古屋（2003年9月210名），広島（2003年9月61名），京都（2003年9月109名），徳島（2003年10月4名），高知（2003年10月56名），札幌（2003年11月85名），大阪（2003年12月144名），岡山（2004年2月27名），神戸（2004年3月65名），長野（2004年4月79名），福岡（2004年12月137名），仙台（2005年5月85名），山形（2005年6月34名），提訴時原告総数2212名。
- [7] 中国残留邦人が国を訴えた主な訴訟としては，筆者が所属する弁護団が提訴した集団訴訟以前に2001年12月の残留婦人外3名が原告となって東京地裁に提訴した国賠訴訟があった（後述）。このほかに，2005年4月にさいたま地裁に提訴された13名の残留婦人の訴訟がある。

(5) 祖国を訴えた理由——3度にわたる棄民政策

約2500名いるといわれている残留孤児の中で2200人以上という圧倒的多数があえて訴訟の原告となり国を訴えたのはなぜか。遠い異国の地で何十年にも

わたり祖国の地を踏むこと，祖国からの救いが来るのを待ち続けていた彼らが，祖国の政府を裁判で訴える心情に至ったのは，残留孤児らが常に国の政策のために人生を翻弄され続けてきた人々だったことによる。

彼らの父母が故郷を離れ遠く満州の地に渡ったのは，国策による大陸進出の地歩を固める尖兵としての役割を果たすためであり，その役割のゆえに敗戦時の悲劇に巻き込まれ，その悲劇が敗戦前後で終わらず，その子弟である彼らが中国に取り残されるという目にあった。その後中国残留孤児らが長らく日本に帰国できなかったのも，彼ら自身や彼らの家族のせいというよりも，日本が中国との間で正常な関係を築けなかったというこれまた国策に翻弄された結果であった*8。ところが，日中国交回復後しばらく経ってようやく帰国を果たした彼らを待っていた運命は，既に中国人として人格形成をしてそのままでは日本の閉鎖的社会の中で適応できるはずのない彼らを放り出し，自助努力ができないのであれば生活保護を受ければよいだろうという行政の冷たい対応でしかなかった。

残留孤児は，自分たちは3度国に捨てられたとよく述べる。第1に，敗戦時に国に捨てられ，第2に，その後長年にわたり帰国の手が差し延べられなかったことにより国に捨てられ，そして第3に，帰国後も不完全な日本人であるとの烙印を押されて国に見捨てられた。いわば，自分たちは3度にわたる国の棄民政策の犠牲者であるという主張である。

各地の訴訟は，2005年7月6日の大阪地裁判決を皮切りに，全国8地裁で判決が出されたが，2006年1月30日の東京地裁での敗訴判決の直後から政治的解決の機運が盛り上がり，最終的には2007年11月に，自立支援法の改正という形で中国残留邦人に対する国の支援を抜本的に改めることができ，控訴審に係属していた事件と判決に至らなかった地裁の事件のすべてを取り下げて終了した*9。

次には判決の検討に移る前に，この問題の法的側面を，主として筆者の担当した関東弁護団（東京訴訟）の主張の展開に則して解説する。

*8 「残留孤児」,「残留婦人」という言葉は，あたかも自らの意思で中国に残留したかのようなニュアンスを含むとしてこの呼称を嫌う孤児も多い。また，老齢に達した彼らを孤児と呼ぶのも不自然であり，このため東京訴訟では，彼らを

「中国『残留孤児』」と表記した。
* 9 このほかに上記残留婦人の訴訟に関する事件について，1審の東京地裁判決が2006年2月15日に，控訴審の東京高裁判決が，2007年6月21日にそれぞれ出されている。

Ⅲ 主要な法律上の議論（先行行為に基づく作為義務の成立）

(1) 責任原因のとらえ方
(a) 帰国の遅れと帰国後の対応

 中国残留孤児に共通する素朴な思いは，彼らが孤児となったそもそものはじめから現在に至るまでの国の処遇に対して謝罪を求め，現在の苦境を救う何らかの措置を講じて欲しいというものである。彼らの共通のスローガンは，普通の日本人として生きたいというものであり，彼らの目標は，生活保護（ないしはそれと変わらない生活状態）からの脱却であった。訴訟提起の準備は，このような思いを法的請求としてどのように構成することができるのか，それはどのような種類の請求になるのか，また果たしてそもそも裁判上の請求になじむ問題であるかの検討から始まった。

 わが国の社会に不適応を起こした中国残留孤児の問題は，2つの異なる側面を有している。1つは彼らが孤児となり中国に残されてから日本に帰るまでの経緯をどう考えるかということであり，これは広い意味で戦争犠牲の被害者救済の問題であった。そして，この問題はさらに，①戦地と想定される地への国策移民の実施や，敗戦時の関東軍の無責任な対応等により中国に残留せざるを得なくなったこと自体の問題（戦争に直接関連する被害事実）と，②その後帰国を望む孤児らが長年にわたって祖国へ帰ることができなかったという2つの問題に分けられる。後者の中国に残留せざるを得なくなったという事実は戦後の問題であるが，先の大戦でさまざまな被害を被った国民一般の被害と大なり小なり共通する側面を持つ，いわゆる一般戦争被害と評価されるかが問題となる。

 もう1つの側面は，帰国した彼らの社会不適応の状態を個々人の自助努力の問題として放置しておいてよいかという問題である。この社会的不適応の問題は，中国残留孤児としてくくられる人々にわが国社会の中で人間として（日本

人として）の尊厳を全うしてもらうためにはどうしたらよいのか，憲法13条の幸福追求権，25条の生存権は，一般日本国民とは違う形でこれらの特殊な環境下にある人々に適用があるのかという問題でもある。このようにして，過去の被害，損害と現在の窮状の救済，そして将来の保障がいずれも検討の対象となると考えられた。

弁護団の方針は，これらすべての問題を司法の場で解決することは不可能であるが，中国残留孤児が置かれた状況の問題性（違法性）とその責任の所在を司法の場で明らかにすることにより，孤児に対する抜本的な政策転換・形成のきっかけとすることを最終的な目的として国家賠償請求訴訟を提起するということになった。

国賠請求の根拠は，残留孤児問題の種々の側面のうち，帰国が遅れた事実や，帰国後の状況に対する行政の対応の遅れによる窮状を，原告らの権利の侵害であるととらえて，その権利侵害を惹起した主たる責任を行政に求めるという構成であった。中国に置き去りにされたこと自体がすべての問題の出発点ではあるが，この問題をあえて損害賠償の対象とはしなかった。いうまでもなく，一般戦争損害受忍論や国家無答責，時効，除斥の壁といった法的障害を避けるためである[*10]。

> [*10] 「戦争中から戦後占領期にかけての国の存亡にかかわる非常事態にあっては，国民のすべてが，多かれ少なかれ，その生命・身体・財産の犠牲を堪え忍ぶべく余儀なくされていたのであって，これらの犠牲は，いずれも戦争犠牲または戦争損害として，国民ひとしく受忍しなければならなかったところであり，……一種の戦争損害として，これに対する補償は，憲法の全く予想しないところ」とする最高裁昭和43年11月27日大法廷判決（民集22巻12号2808頁）に代表される一連の判例の考えがある。本件でも，被告国は，原告らの請求は，結局敗戦時に中国に取り残されたという事実から生ずるその後の損害の賠償を求めるものであるから，判例法理で認められた一般戦争被害に該当するので憲法上の保障の対象外であるとする議論を一貫して展開した。

(b) 政策形成訴訟としての国賠訴訟の選択

このようにして，問題は，①帰国が遅れたことの責任と②帰国後の対応に対する責任の２つに集約され，それぞれの問題に応じた国の責任を問うべきであるということになった。取り残されたこと自体ではなく，帰国が遅れたことに

焦点をあてたのは、一般戦争被害論を避けるというだけでなく、実態としても、敗戦前後で被害が一応終了し、又は確定している他の戦争損害と敗戦後20年、30年と異国に取り残され、そこで異国人として生活を余儀なくされた孤児らの境遇には質的な差があると考えられたためである。また、帰国後の問題を帰国までに生じた問題とは別個の法律問題と観念したのは、帰国した中国残留孤児という、発生原因とその責任を共通にし、現在おかれている状況もほぼ同じ状態にある集団に対する行政の放置の結果を、単なる戦争損害の延長線上にあるものととらえるべきではない、すなわち、もっと行政の手厚い手当てがなされれば、この集団がこれほど悲惨な状況に陥ることはなかったであろうと考えられたからである。

東京地裁への第1弾の訴訟の構成は、このようにして、①国が原告ら中国残留孤児を早期に帰国させる措置をとらなかったこと（早期帰国実現義務違反）と、②帰国後の原告らが我が国社会に適応できるような適切な支援措置をとらなかったこと（自立支援義務違反）の2本建てで争うこととなったのである。東京地裁以外の訴訟では、中国残留孤児が帰国するにあたって入管行政法上その他の手続でさまざまな障壁を設けていたことを、帰国する権利の妨害であるとして積極的な加害行為があったと構成し、3本建てとするところもあったが、法律構成上の枠組みの問題であり違法の対象とする政策に違いはない。

なお、中国残留孤児と国とのかかわり方を考える場合、直ちに両者に権利義務の関係を想定するというのではなく、国のかかわり方に誤りがありその限度を超えている（権限の行使の仕方、あるいはその不行使が裁量の限度を逸脱している）という構成ももちろん可能であったが、当初の弁護団の議論は、より国の責任と違法性の程度が強いと思われる構成⇒いずれについても一定の行政の義務の存在を考え、その義務を尽くさなかったこと⇒不作為の違法を問うという主張構成を基本とすることとした。

(c) 早期帰国実現義務の内容と義務発生の時期

中国に残留している日本人孤児らをできる限り早く祖国に帰す国の義務＝早期帰国実現義務という言葉は、もちろん本件訴訟での造語である。海外で帰国を希望する邦人がいるとしても、一般的には国がそのような邦人の存在を探索して救助し、帰国を支援する法的な義務があるとは考えられないからである。

当該本人からの具体的な帰国要求があったとしても，主権の及ばない外国でわが国政府が行える行為は限られている。

しかし，中国残留孤児の場合，彼らの発生原因，おかれている立場，その年齢，日中間の歴史的関係等からすれば，国のみがその帰国を支援し実現する権能を有する立場にあったことは間違いなく，一定の場合にはそのような権能を行使することが国家としての国民に対する基本的義務に転化することもあるのではないかと考えられた。そして，そのような義務をとにかく，「早期帰国実現義務」を呼ぶことにしたのである。国内法・国際法秩序のどのような根拠からそのような義務が導き出されるのかというよりも，孤児らの話を聞いたときに，その原因を作った国が何もしないでよいはずがないというのがそもそもの発想であった。

問題は仮にそのような義務を想定するとしても，いつどの段階で，どのようなことを行う義務と主張すればよいのかということであった。中国残留孤児の引揚げは，1945年8月以降に発生し，1972年の日中国交回復を契機に1980年代後半をピークとして徐々に帰国が実現し現在にまで至っているという道を辿っているが，いうまでもなくこの間に日本と中国を取り巻く状況，わが国国内法の状況も大きく変化している。不作為が違法となると観念できるような義務をこのような状況の変化に応じて適切に想定できるのかという問題がまずあったのである。

時期の問題については，敗戦直後から義務があるという考え方から，1972年の日中国交回復以降でなければそのような義務を観念することができないという考え方までいろいろありえた。各地の訴訟でこの点に関する主張は異なるが，東京訴訟で重視したのは，前述の戦時死亡宣告制度の創設とその後の引揚援護行政の方針転換であった。戦時死亡宣告制度そのものは，その運用に批判があったものの，制度それ自体は，生死不明な在外邦人について死亡擬制を促進することにより身内の身分関係を安定させるという意味で一定の合理性がないわけではなかった。しかし，問題はこの制度の創設を機に行政（厚生省援護局）が中国に未だ何千人も残っているはずの残留孤児に対する引揚援護の措置をほとんどとらなくなったという事実であった。1959年から1972年の国交回復までの空白の13年間が，結果的には日中国交回復時にも残留孤児の存在を

過去の問題として忘れさせたものになったからである。そしてこの空白が，国交回復を機にいよいよ祖国に帰れると待ちわびていた中国残留孤児らの期待に反し，厚生省が訪日調査等により身元を確認し祖国に帰国するための事業に腰を上げるまでにさらに9年もの年月を要した遠因になったといえる。

(d) 帰国妨害

東京訴訟では，独立の主張としては論ぜず，早期帰国実現義務違反を根拠づける国の一連の施策の1つとして論じたが，他地裁の弁護団では，国が中国残留孤児の帰国を事実上妨害する方針を採っていたことに着目し，これを早期帰国実現義務とは別に，国による積極的な加害行為（作為）と構成する主張をするところもあった。後述の神戸地裁の判決では，この帰国妨害の事実が国の加害行為と認定されて損害賠償の対象となっている。

帰国妨害として主張される行政の行為にはさまざまなものがある。例えば国は，1952年から海外残留の日本人の個別引揚げに関し帰国旅費の一部負担制度を設けていたが，この帰国旅費制度は，身元が判明しない孤児は申請ができないだけでなく，身元が判明している孤児についても，留守家族のみが申請ができるという形になっており，帰国の意思があっても留守家族の協力が得られない身元判明孤児は利用ができなかった。

また，国は，日中国交回復後は中国残留邦人を入管行政法上，一貫して外国人として扱うという姿勢をとり，日本人である孤児らに対し長らく身元保証人を用意することを入国の条件として義務づけていた。このことは身元の判明していない孤児については絶対的な帰国のための障壁となり，身元判明孤児についても，留守家族が非協力的な場合は同様の効果を生むものとなった。

この不合理さから，1985年に至り，身元未判明者に限り国が身元保証人に代わる身元引受人の斡旋等を行うことを認められることとなり，これに伴い帰国旅費の国庫負担も利用できるようになった。しかし，留守家族の協力を得られない身元判明孤児の場合に帰国ができないという状況は変わらず，1989年に身元判明孤児に対する特別身元引受人の制度が導入された。

これらの制度の順次導入により，中国残留孤児の帰国は徐々に進められたが，それぞれの制度の運用にも問題があり，身元引受人と特別身元引受人の制度が統一されるには1994年の自立支援法の成立をまたなければならなかった。日

中国交回復から数えても，この間に長い時が流れ，孤児らの帰国の機会が制限され続けたという状況は根本的に改まらなかったのである*11。

> *11 このように帰国妨害の主張は，孤児が身元判明孤児か未判明かでも異なり，さらには個々人の事情が帰国遅延の事情に関係するものであった。このため，帰国妨害に関する損害賠償義務を認めた神戸地裁判決は，65名の原告全員の帰国に至る個々の事情について詳細な認定をしている。東京訴訟の場合，全体で1000名を超える原告団を擁していたこともあり，このような原告個々人にわたる主張の選択を躊躇されたという側面もあった。

(e) 自立支援義務の内容と義務発生の時期

1994年に制定された自立支援法は，法律の目的及びこれに基づく国の責務として，中国残留孤児の円滑な帰国を促進するとともに，「本邦に引き揚げることができず引き続き本邦以外の地域に居住することを余儀なくされた中国残留邦人等」の自立の支援を促進し，必要な施策を講ずる責務があると規定している（自立支援法1条・4条）。この法律が前提としているのは，いうまでもなく帰国が遅れた孤児らは，そのままでは日本の社会において自立して生活することが困難であり，これに対して国及び地方公共団体が積極的に関与をする必要があるという政治の意思の表明である。

自立支援法の制定を待つまでもなく，国には中国残留孤児の日本社会における自立を支援する何らかの施策を講ずべき必要性があるということは，彼らの現状を前提とすれば当然のことと考えられた。いつの時期に何をやるべきであったかという問題は，早期帰国実現義務の場合と同様，自立支援義務についてもあてはまったが，それ以上に問題となったのは，国はどの程度の施策を講ずれば義務を尽くしたことになるのか，その基準を設定することはできるのかということであった。

帰国の問題は，ある意味で帰国が実現するかしないかという一義的で明確な事実により，なおかつ個人の能力差，これまでの境遇の違い等を考慮することなく判断することが一応可能であるが，自立支援の問題は，どの程度の支援策をとれば国としての義務を尽くしたといえるのかの判断基準を明確に示すのになじまない問題ではないかと思われた。そもそも年齢も能力も中国での生育環境も千差万別であり，帰国の時期もまちまちである原告らを対象として，一定

の時期の一定内容の義務設定をし，その違反があったという構成をとることが可能かどうかもわからなかった。

しかし，ここでも孤児が置かれた状況の根本的原因とそれに対する行政の怠慢のひどさ（そもそも自立支援法が議員立法で成立した背景には1980年代における帰国孤児らに対する日本語教育や職業訓練等の自立支援策が極めて貧困であったことによる＊12）と孤児が受けている被害の内実を浮き彫りにするためには，行政の権限行使が不十分であり，その不十分さが限度を超えているというだけでは実態を表すことはできないと考えられた。

> ＊12 孤児らが日本社会に溶け込めない第1の理由はいうまでもなく，言葉の問題である。例えば，厚生省は帰国者の定着支援のための定着促進センターを日中国交回復後12年を経た1984年にようやく開設したが，ここでの日本語教育は帰国後わずか4ヵ月程度のものであり，孤児らは短期間の日本語学習と日本社会定着のための措置を受けただけで日本の社会へと放り投げられていた。定着促進センター（宿泊施設）での研修に続く2次センターとしての自立研修センターが全国15箇所に設けられたのは1988年であった。しかし，定着促進センターと自立研修センターでの研修を通じても，行政が責任を持って日本語学習等の支援を行うのは1年間に限られており，その後は日本社会で通用する日本語能力があるか否かにかかわらず孤児らは劣悪な条件での就労を余儀なくされた。就労の可能性のない者の多くはそのまま生活保護受給による生活に転落するという運命にあった。

(2) 義務の根拠としての「作為起因性の不作為構成」

(a) 実定法上の根拠を導き出すことの困難性

本来，法律上の根拠があって義務が発生し，その義務違反の事実があったかどうかという検討がされるべきであろうが，本件では，まず義務があるはずであるという結論を決めてから具体的な根拠規定を探索するという作業を行ったといったほうが正しいかもしれない。

残留孤児らの早期帰国実現や自立支援を果たす義務があるとするとその根拠規定は何か。かろうじて成文の根拠として指摘できるものは，前述の自立支援義務法にある帰国促進や自立支援の施策を講ずる責務に関する規定といったもので＊13，早期帰国実現義務や，自立支援法制定前の自立支援義務に関する明確な実定法はみあたらない。

訴状ではそれぞれの義務の発生根拠について，憲法，国際法等を含め根拠規定を示したが＊14，本件で特有の憲法論として幸福追求権に関する13条を援用したのは，義務違反の前提として，原告らには，「普通の日本人として人間らしく生きる権利」(中国残留孤児らがその特殊な境遇ゆえに有する一種の人格権であるという主張)があるという議論を展開し＊15，この権利を被侵害利益と考えたためである。その他，先行行為に基づく作為義務論，条理に基づく義務などの主張も行った。本件における法律論の実質的な焦点となった議論でもあり，この点については項をあらためる。

* 13 未帰還者留守家族等援護法29条が「国は，未帰還者の状況について調査究明をするとともに，その期間の促進に努めなければならない」とする規定を置いており，また未帰還者特別措置法により創設された戦時死亡宣告の制度は，国による未帰還者の調査究明を尽くすべき義務を前提としている(同法１条の目的規定)。
* 14 憲法上の根拠としては13条のほかに早期帰国実現義務に関しては憲法22条，25条１項，26条を，自立支援義務については25条１項，27条１項を主張した。
　　国際法に関する主張としては，早期帰国実現義務に関して国際人道法のうち「戦時における文民保護に関する1949年８月12日のジュネーブ条約(第４条約)」24条，26条及び同条約に対する第１追加議定書１条等の規定を援用し，その他一般の国際人権法として，世界人権宣言13条２項，25条〜27条の諸規定(早期帰国実現義務と自立支援義務)，国際人権Ｂ規約12条４項(早期帰国実現義務)，同Ａ規約11条，13条，15条，児童の権利に関する条約７条〜10条の諸規定(早期帰国実現義務と自立支援義務)等の関連規定が，憲法98条２項を通じて国内法に転化し，被告国の原告に対する具体的な義務を発生させると主張した。
* 15 原告の被侵害法益を憲法上の権利と関連して明示的に判断したのは，後述の神戸地裁判決のみで，同判決は，「(残留孤児の救済責任)は，……端的に，国民の生命，自由及び幸福追求に対する国民の権利は国政の上で最大限尊重しなければならないとする憲法13条の規定及び条理により当然に生ずる」とした。

(b) 先行行為による作為義務論と戦後補償裁判における先例的判断

先行行為による作為義務論とは，行政の不作為が違法となる一類型として判例・学説により認められている理論であり，行政の側に具体的な法令上の根拠規定がなくても，当該事件に先行する行為を自らが惹起する等の事情がある場

合は，行政の側にその行為による危険の発生を防止する義務が生ずるという議論である。その理論的根拠は，それが「自ら蒔いた種を刈り取る責任が公の側にあるという事案」[16]とか「自らの不始末の後始末をちゃんとつけていないことによる責任」であると表現されている[17]。新島砲弾事件に関する昭和55年10月23日東京高裁判決が典型例として挙げられるが[18]，行政の不作為の違法を問う場合の一類型として判例法上確立した理論といえる。

先行行為論はもとより戦争被害の救済に限られた理論ではないが，中国残留孤児の事件で法律構成を検討していたときに示唆を得たのは，本件に先立つ中国人を原告とするいくつかの戦後補償裁判でこの理論が採用されたことであった。それは強制連行被害（「劉連仁事件」）に関する東京地裁判決（平成13年7月12日判タ1067号119頁）と日本軍遺棄毒ガス弾・砲弾事件に関する2つの東京地裁判決（第2次＝平成15年5月15日訟月50巻11号3146頁，第1次＝平成15年9月29日判時1843号90頁）である[19]。この3つの事案に共通するのは，国の加害行為（劉連仁事件では，中国から日本への強制連行と強制労働，遺棄毒ガス弾・砲弾事件では，敗戦時の旧日本軍による兵器の遺棄行為）が戦前ないし敗戦前後に行われたものの，国がその後何らの措置もとらなかったため（不作為），戦後になって被害（前者の場合は，10年以上にわたって北海道の山中で着の身着のままの逃亡生活を強いられたこと，後者の場合は，遺棄された毒ガスや砲弾を知らずに掘り出したことによる被害）が生じたことであり，本件とは戦前の原因，戦後の不作為，戦後の危険発生という共通項があった。

これらの事例でも，被害の発生を食い止める作為義務を根拠づける実定法はなく，いずれも条理に根拠を求められると解されている[20]。被害発生の原因となった先行行為を行い，そこから生ずる被害を防止することができる立場の者は，条理上被害の発生を防止する作為義務を負うと考えられるのである。

劉連仁事件では，作為義務の成立は，強制連行・労働の目的消滅と降伏文書の受諾によって条理上当然に作為義務が生ずるとされ，別に被害発生の予見可能性と不作為と被害との相当因果関係を検討して，原告の請求を全面的に認容した。第2次遺棄毒ガス弾・砲弾事件判決は，作為義務の成立要件について，公務員等による重大な法益侵害に向けられた危険性のある行為が行われ（違法な先行行為の存在），その法益侵害の危険が現存し，かつ差し迫っている状況に

あり（危険性及び切迫性の存在），当該公務員がその法益侵害の危険と切迫とを認識することができ（予見可能性の存在），かつ一定の作為により結果発生を回避できる場合である（結果回避可能性）と説いたが，結果的に日中国交回復後も1999年まで中国政府の意向により中国国内での兵器回収ができなかった等の事情から結果回避可能性を否定した。これに対し，第1次事件は，危険の存在，予見可能性，結果回避可能性の3要件のみを問題とし，国には中国に遺棄された毒ガス・砲弾等の除去をすべき作為義務があったのにこれを怠ったと認定し，請求を認容した。

* 16 宇賀克也『国家補償法』（有斐閣）170頁。
* 17 遠藤博也『国家補償法上巻』（現代法律学全集61，青林書院）427頁。
* 18 日本軍が海中に投棄した砲弾が海岸に漂着したものを，中学生が火中に入れて爆発させたという事例。1審の東京地裁昭和49年12月18日判決（判時766号76頁），控訴審の東京高裁昭和55年10月23日判決（判時968号54頁）とも国の責任を認めたが，高裁判決は「本件砲弾がもともと国（旧軍）の装備にかかるものであり，その海中投棄にも旧軍将校らが関与しているのであるから，国としては，本件事故当時前浜海岸近くの海域にかなりの数量の砲弾類が所在することを認識し，そして，かかる場所にある砲弾類が天候・海流等の影響により遠からぬ前浜海岸に打ち上げられ得ることがあることも当然に予見し，少なくとも予見すべき」であったとした。
* 19 本書の第1巻の南典男「中国毒ガス訴訟事件判決に関する国賠訴訟の問題点」『最新行政関係事件実務研究』所収は，当該弁護団からの報告である。人見剛「戦後補償裁判中の不作為国家賠償訴訟における作為義務（結果回避義務）について」法時76巻1号44頁は，この論点について詳しい評論をしている。
* 20 人見・前掲論文47頁。

(c) 先行行為のあてはめと義務内容特定の困難性

戦後補償に関する以上の事例と比較をすると，戦前及び敗戦直後の軍の行為（先行行為）により中国に取り残された原告らが，祖国に帰れないことにより損害を被っていること，その損害（危険の発生）を除去しうる者は国以外にはなく，国こそその責めを負うものであり，しかもそのような危険の発生を予見しえたこと（予見可能性），そして，一定の時期以降はこれを除去する可能性もあった（結果回避可能性）という諸点で，先行行為に基づく作為義務論は，まず早

期帰国実現義務の発生を根拠づける理論として妥当するのではないかと考えられた[21]。

しかし、先例との比較で本件に先行行為論を適用できるか否かについては、なお、解決すべき問題点がいくつかあった。

第1に、危険を発生させる先行行為をどの範囲（どの時期）で捉えるかという点である。終期（これについてもいろいろな考え方が可能であり、敗戦時＝残留時と見るのがもっとも妥当と思われるが、不作為による作為義務の発生時期＝例えば前述の戦時死亡宣告制度導入時までずらすことも可能と考えた）はともかくとして、始期をどこに求めるかという問題である。歴史的経緯から見れば、満州の地に侵略し、ソ連との緊張関係の高い潜在的な戦地に国策により自国民を移民させた行為そのものが中国残留孤児発生の原因ともいえ、ここから先行行為が始まるといってもよさそうである。しかし、そこまで広げることは個々的な権利義務の救済を目的とする司法判断になじむというよりも、歴史評価の問題に解消されるおそれが強いと考えられた。このため、原告らが焦点をあてたのは、やはり敗戦直前直後における旧軍（関東軍）の具体的行動とそれにより原告らが中国の地に残留せざるを得なかったという関係であった（といっても、原告ら個々の事情を詳細に再現することは原告らの当時の年齢を考えると不可能に近いことであるので、多かれ少なかれ、文献資料に基づく歴史的事実を事実論の基礎とすることは避けられなかった）。

結果的に、一部の判決を除き、この点に関する原告らの主張は、裁判所にも支持された。また、多くの判決は敗戦時の軍の行為といった限定された事実だけでなく、満州移民政策の歴史的評価を前提とするものとなった。

第2に除去すべき危険が先例のように身体・生命に対する危害という直接的な損害ではなく、「祖国に帰れないことによる人格被害」といったやや抽象的な損害を対象とすることが可能かどうかという問題である。祖国に帰りたい気持ちとそれが実現できない失望をどのように法的評価の対象とするかは、難しい問題であるかもしれない。言葉も通じない国になぜ帰ってきたのか、という質問は孤児らがよく聞かれる質問であるし、実際、筆者自身もそうまでして祖国に帰る必要があるのかとの思いをもったことはあった。

しかし、同じく孤児といっても国内で空襲その他の被害により戦災孤児とな

った者と中国残留孤児の境遇には格段の差があったことは事実であり，彼らが中国社会の中で，自らにまったく責任はないのに，侵略国日本の国民として，いわば侵略者の責任を陰に陽に背負って人生を送らざるを得なかった環境にあったこと，彼我の圧倒的な経済的格差，肉親に会いたい，祖国を見たいと思っても不可能であった時期を何十年も強いられたという思い，これらすべてを総合した強い思いが彼らの帰国の原動力となったのであり，損害の実質となったことは，孤児ら個々人の事情聴取を通じて明らかになった。

　神戸地裁判決を除くすべての判決は，原告らの主張するような固有の権利があることは否定したが，不法行為法上保護に値する利益が存在するという限度でこの問題を認めた。しかし，損害・被害が原告らの基本的人権を侵害したと認識するかどうかは，結論の判断に影響を与えるものとなったようである。

　第3に，原告らの望郷の念の侵害を作為義務発生を根拠づける危険と観念できるとしても，そのような「危険」を回避できる可能性が果たして存在したのかという点が問題となると考えられた。結果的には，本件に対する裁判所の判断は，後に分析するとおり，8件出た裁判例では，唯一の勝訴判決である神戸地裁の判断も含め，いずれもこの点で回避可能性がないとする判断となった。次項でこの点について詳しく述べることとする。

> ＊21　行政の権限不行使が国賠法上の違法となるかが争われる事例の典型例としては，薬害，公害等の訴訟で採用されるいわゆる規制権限不行使型の事例がある。本件でもこのパターンで用いられる裁量収縮論の採用も検討した。しかし，これらの事案は権限を行使する行政と権限の被規制者，そして権限行使による受益者（国民）からなる三面構成であるのに対して，本件事例は被規制者のない二面関係における不作為事案であり，原告らの損害の原因となる危険を国自らが作り出したと評価される意味で，積極的な加害行為を国が行った事案（作為責任）に近いと考えられた。

(d)　残留孤児を帰国させることはできたのか（外交関係の壁）

　作為義務論を展開する上で，もっとも困難と思われたハードルが，結果回避可能性の有無の点である。仮に，原告が主張するような義務が一応認められるとしても，果たして日本政府が主権の及ばない外国にいる残留孤児らに対して，いつどのような段階で何ができたかという問題である。いうまでもなく，外交

関係がある国との間でも，他国の主権の支配下にある土地，人に対して当該国以外の政府が及ぼせる権能・権限には限界がある。

　外国にいる自国民の保護と国家主権の問題は，国際公法の領域で外交保護権の行使の問題として論じられるが，外交保護権の行使は国家主権の行使の一態様ではあるけれど，当該個人に対する国家の何らかの義務を根拠づけるものではない。そもそも，わが国は，1951年まで連合軍の占領下にあり対外的な国家主権を制約された下にあったし（それ以前に交渉の相手国である中国の主権を掌握する政府が1949年の中華人民共和国の成立まで必ずしも明らかではなかったという問題もある），その後は1972年の日中国交回復まで，中国残留孤児らが暮らしている地を支配する政府と正式な外交関係すらなかったのである*22。

　しかしながら，原告らは，戦後の混乱下でも，また国交がなかった期間でも，その状況ごとでやれることに違いはあるとしても，中国残留孤児の帰国を促す手だては必ずあったのであり，このような状況に応じた手だてを尽くす義務が早期帰国実現義務の内容となると主張した。

　そのように考えられた根拠はいくつかあるが，第1に，帰国直後から1950年代後半までは，現実に大陸からの引揚者がさまざまな形で帰国を果たしていたという事実がある。占領下にあること，国交がないことが，すなわち帰国が不可能であるということではないわけである。1945年5月から1948年8月までに105万人に及ぶ大陸からの大量引揚げが行われている（第1次集団帰国）。国共内戦の激化後に途切れた引揚げは，中華人民共和国建国後の1953年3月から1958年7月までの間，合計21次にわたり，中国政府の協力も得た上で行われ，合計3万2506人の帰国が実現した。正式な国交がないにもかかわらず，民間団体の協力も得て行われた引揚げは，その後の日本政府の対中国封じ込め政策などにより，その途を閉ざされることとなった。

　第2に，現在の北朝鮮（朝鮮人民民主主義共和国）との関係でもそうであるが，国交がないことが，すなわち国と国との間に一切の交流がないことを意味するのではなく，中国との間でも国交回復のかなり以前から民間交流や政府主導の貿易関係が培われてきており，直接的な政府交渉もまったく不可能ということはなかったという事実がある（これも北朝鮮の例でわかるとおり，拉致被害者を帰せという交渉は，正式な国交がなくても可能である）。日本政府は，後期集団引揚げ終

了後，池田勇人内閣の時代に一時中国との関係改善に努めたが，基本的には冷戦構造に組み込まれ日米安保条約の下に中国敵視政策を強め，その結果として中国残留邦人の存在を無視した。しかし，この間も民間の交易関係は途絶えることなく続き，中国とのパイプが完全に途切れることはなかったのである。

第3に，一般に異国の地で孤児になったというと，その所在や出生情報を確認することに困難が伴うことが予想されるが，孤児らの多くは，日本人であるということを当地の行政に掌握されている場合がほとんどで[23]，中国政府の協力が得られれば，残留孤児の所在を確認することは十分可能であったと考えられた。

- [22] 先行行為論を採用した前述の3つの事例の中で唯一請求を棄却した遺棄毒ガス弾・砲弾（第2次）事件は，請求を認めなかった理由として結果回避可能性の欠如を上げているが，国交の有無，主権の及ばない地での調査や除去作業の限界などを具体的理由の1つとしている。
- [23] 中国共産党が管理する中華人民共和国全人民の個人資料である「档案」には，出身階級をはじめとする個人情報が詳しく記録され，人事档案は単位の共産党人事部，若しくは地方共産党支部の人事局や労働局が厳重に管理しているといわれている。孤児の中には共産党への入党や党内での出世を日本人であるということにより阻まれた経験を持つ者は多い。

(e) 自立支援義務違反と先行行為論

先行行為論は，帰国をさせる義務の根拠となっただけではなく，自立支援義務を実質的に根拠づける法理としても主張された。帰国した中国残留孤児が日本の環境に適応できないのは，彼ら自身の問題に起因するのではなく，彼らを社会適応可能性があるうちに祖国へ帰国させることができなかったという先行する行為自体にあるともいえる。このため訴状では，早期帰国実現義務違反の行為自体が，自立支援義務の発生を根拠づけるというやや技術的，技巧的な主張を展開した。二重の義務を設定したわけである。

このような考え方に対しては，そのような社会的不適応の結果は，義務違反が重畳的に行われたからというよりも，中国で残留孤児になったという事実，あるいは残留孤児として中国に長い間留まらざるを得なかったという事実の帰結としての被害そのものであり，別個に義務違反を観念することはできないの

ではないかという疑問もあるかもしれない。国の主張はまさにそれであり，原告の主張する義務違反論は損害論でしかないと反論した。

　自立支援義務の主張に関しての困難は，先にも述べたとおり，仮に義務が生ずるとしても，何をどのレベルまですればよいのかという問題があり，この点は最後まで十分詰めきれないままに終わった感は否めない。例えば，日本語学習ひとつをとってみても，日本語を完全に使えるまでに教育支援を行わなければならないのか，そうでないとしたらどの程度の日本語力がつけば，行政として原告らのような境遇にある国民に対する義務を尽くしたといえるのか，裁判所からの釈明に対しても最後まで必ずしも明確にならなかったというのが正直なところである。

　しかし，自立支援については，そもそも1994年に自立支援法が制定された経緯が，それまでの国の残留孤児に対する自立支援が貧弱であり，何もしないに等しいものであったという実態があったこと，実際の孤児の状況が，日本語力にせよ，住居にせよ，職業にせよ，一般の日本人（この水準をどこに置くかがまた問題ではあったが，少なくとも生活保護レベルの生活水準よりは高くあるべきだと考えた）と比べ，集団として，格段に劣ったものがあることは，各種の調査，聞き取りから明らかであり，仮に何らかの支援策があったとしても，結果として失敗であることは厚労省も否定のできない事実であったはずである。

(3) 損害論の工夫

(a) 被害の本質は何か

　違法原因の理由としての危険の存在の中心は，中国での（中国人としての）生育・生活を余儀されたことを損害と観念することである。前述のとおり，このような考え方は必ずしもストレートに理解されにくい側面を有するかもしれない。幼児が孤児になったこと自体は，文字通りその幼児の生命身体にも重大な影響を及ぼす損害と考えやすいが，その後中国で養父母を得て，周りの中国人とそれほど異ならない環境で成長し，中国社会で自立することができたとしたら，それを損害や権利侵害を招来する「危険」とまでいえるのかという問題である。

　原告らはこの問題に対して，中国残留孤児は「普通の日本人として生きる権利」を侵害され続けてきた日本人だという主張として構成した[24]。原告らは，日本人として生れた以上，普通の日本人として成長し，祖国日本で暮らす権利

を基本的人権として有しているはずであるが，その基本的人権（人として本来のあり方で成長し，生活を全うするという意味で，憲法13条の幸福追求権に裏づけられる人格権）を侵害されたという構成である。

「普通の日本人」であることを求める権利というのは，人としての普遍的価値を満たすための最低限の保障という意味での基本的人権の概念からは若干異論があるかもしれない。権利としての特定性が十分であるかという批判も甘んじて受けよう。原告らが，ここでいう「普通の日本人」とは，日本国籍を有する者というよりもより民族的なアイデンティティの要素の強いものであると同時に，何をもって普通というかははなはだ漠としていることは否めないからである。しかし，民族，祖国という概念や存在がこの世にある限り，そして，いかなる社会においても家族という構成が社会の最小構成単位である限り，自己の意思に反し，その家族から切り離され，家族の属する社会から切り離され，本来所属しない集団の下で，その集団の一員として育つこと，そしてその結果，本来属する社会で当然に身に着ける属性を失ってしまうことは，人間性の根本に関わる問題であり，人の基本的人権を奪うことになるのではないか。この考えと，孤児らの素朴な感情（終戦時に帰国すれば，たとえ戦災孤児であったとしても，「日本人」として成長し，「日本語」を自由に話し，「日本社会」の一員になれたはずだという強い思い）が合体したのが，「普通の『日本人』として生きる権利」という概念であった。

*24 東京訴訟の場合。各地の弁護団によって呼び方は異なり，「祖国日本の地において，日本人らしく生きる権利」（大阪訴訟），「日本人として人間らしく生きる権利」（名古屋訴訟）などとも表したが，要するに，終戦直後に日本に帰国を果たし，生育・成長できれば得られたであろう人格の取得を内容とする包括的な権利をいう。これに対して福岡訴訟のように，被侵害権利の憲法上の根拠を，教育を受ける権利，職業選択の自由，居住移転の自由，生存権，参政権等の各権利を具体的に侵害されたという主張をした弁護団もあった。

(b) 何が被害か

原告らが，「普通の日本人として生きる」ことができなかったことを被害・損害として訴えた背景には，中国残留孤児が単なる戦争犠牲者という立場だけではなく，同時に，加害国国民として，幼少時に被害国に置き去りにされ，養

父母の国と祖国との間の強い政治的緊張関係の下で成長をせざるを得なかったという特殊歴史的な背景があった。「小日本鬼子」(Shao Ripen Kuitzu)という言葉は，残留孤児に投げつけられたもっとも一般的な侮蔑的呼称であるが，とりわけ国交回復前の中国において，しかも1940年代の国共内戦，1950年代の大躍進政策の時代，1960年代以降の文化大革命という中国国内自体が大きな政治的激動の時代を経ていたときに，侵略者日本人の遺児としての原告らが常に迫害・攻撃の対象となったことは想像するに難くない。それがまったく彼ら自身の責任によるものではなく，彼らが日常的に侵略者日本人としての出自を意識しながら成長・生活をしたことも，中国残留孤児の特殊性を裏づけるものである。

もとより，孤児らの境遇は人によって異なり，初等教育もろく受けさせてもらえず，字すら満足に書けない人から[25]，少数ではあるが高等教育を受けて中国社会でも比較的高い地位にまで登りつめた人もいる。しかし，おおむね各人に共通しているのは，子どもの頃は周囲から日本人として白い目で見られたということであり（このため転地・転校を余儀なくされたという話が多い），就学，就職面で日本人ということで差別を受けた，中国社会での体制的ステータスである共産党への入党が許されなかった，文化大革命の際に迫害を受けたという話は皆に共通する経験である。侵略者の子を育ててくれた養父母については，多くの人が深い感謝の念をあらわすが，中には，労働力目的や人身売買目的で孤児を引き取った養父母もいたようである。

いずれも程度の差こそあれ，このような残留孤児の経験は，日本人の子として生れた彼らが，日本社会で成長・生活をしていたら決して味わうことのなかった苦難である。中国社会で成功した孤児の場合も，そうなるためには同様の境遇にある中国人とは比較にならないような努力を必要とされたという意味で，彼らが「普通の日本人」あるいは「普通の中国人」ともまったく異なった経験をしてきた人々であることは間違いない。

残留孤児は，中国社会の中では，侵略者日本のもっとも身近な国民として常に意識されていたのであり，いわば針の筵に座っているかのような状態で中国社会の中で生き延びてきた。多くの残留孤児が語っていることは，中国では日本人といわれて馬鹿にされ，日本に帰ってきてからは中国人といって馬鹿にされるという不満であった。

*25 訴訟遂行のために弁護団では何度も孤児ら本人の聞き取り調査を行ったが，中には自分の名前を漢字で書くことすらできない孤児が少なからずいた。彼らが歩んできた戦後の人生の厳しさ，祖国に帰国するまでに味わったであろう労苦，その後の日本社会での生活の困難さを思い，暗澹とする思いにかられた弁護団員は筆者だけではなかったと思われる。

(c) 日本人としての人格を取得できなかったことによる人生被害

損害論に関する原告らの請求は責任論を2つに分けたことと対応するものであり，早期に祖国に帰国することができなかったことによる損害と，帰国後に自立を支援してもらえなかったことによる損害があり，両者は質的には別個のものであると主張した。中国で苦しい思いをしたとしても，帰国後の手当てが十分であれば，現在国を訴えるまでの窮状に置かれることはなかったはずだという考えによる。そして，「普通の日本人として生きる権利」というのは，この2つの損害の共通の根拠となる人格的権利として主張した。

これら2つの損害は，いずれも普通の日本人として人格形成できなかったことの結果であり，人格被害，人生被害ともいいうるものである。人格被害とは，本来，日本人として人格形成をし，日本人として生きる社会的属性を獲得できたのに，それができなかったことを意味し，人生被害とは，それが人格形成期だけでなく，その後長きにわたって，文字通りその人の人生全般に影響を与える被害となっているということを意味する。

しかし，このような人格被害，人生被害を損害として評価する場合に，何を基準としてどのように損害額を計算するかは一律に答えの出る問題では決してない。原告らは，この点について，中国残留孤児らの被った損害は，人格被害としての性質上，財産的損害や精神的損害等に数値的に分けて観念することが相当ではないという意味で包括的な請求であり，また，人生被害である以上，各人ごとの境遇の差異に着目して損害額に差を設けることはできず，一律請求となると主張し，大型集団薬害訴訟等で主張される包括一律請求方式による請求を行った。請求額は，前述のとおり，いずれの裁判でも原告1人あたり3300万円という金額であり，包括一律請求という性格から，全15訴訟いずれの裁判でも統一した金額となった。

孤児らの損害を包括一律請求で請求することは，その被害の本質と訴訟の規

模からすれば他に選択肢のない問題であった。包括一律請求は，必ずしも損害の内容を一般化・抽象化することを意味しない。しかし，実際に出された判決の内容をみると，原告らが主張をしたかった損害の内容が裁判所には必ずしも真剣な人格被害として理解されていなかったのではないかという思いが残る。生命・身体被害の損害賠償を求める場合と異なり，人生に生起するさまざまな不利益の集大成としての人格被害，人生被害を主張する難しさがそこにはあった。

(d) 共通損害と個別損害

もちろん，包括一律請求による損害賠償請求といっても，原告ら一人ひとりの経験した事実は，損害賠償請求を根拠づける具体的事実として，主張・立証を行った。この場合も難しさは，一律請求を損害の最低共通基準とするとしたら，例えば，帰国の遅れを損害とする場合，もっとも早く帰国した人の境遇を基準として損害を考えるのか，日本語能力が獲得できないことを損害の1つと観念する場合，もっとも日本語がうまい人を基準とするのか，という裁判所の問題提起に十分答えられない点にあった。確かに，形式論理による共通損害を考え，これを個々に分断すると，もっとも条件のよい抽象的な残留孤児の存在が最大公約数として表れてくるが，それは2212名の孤児の実感とはあまりにもかけ離れたものとなる。

原告らの主張は，個別の損害の最低基準が一律請求ではなく，質的な共通性を有する人格被害を包括的に金銭評価して，一律に請求するというものであった。

(4) その他の問題と被告国の主張

(a) 政策違法と個別主張の関係

東京地裁における訴訟は，第1次原告が40名，第2次以降原告が1052名という集団訴訟であり，他地裁における原告団も概ね集団訴訟と評しうるレベルの数の原告を擁するものであった。このため，原告ら各人の請求を基礎づける不法行為の事実は，原告ら個々人を対象として個別の行為（作為・不作為）というよりも，国の政策（作為・不作為）を問題にし，その結果が原告ら個々人に影響を及ぼしているという主張を展開した。

つまり，国賠法1条1項の「公権力の行使」については，政策自体の違法を

前面におき，原告個々人にどのように当該政策の影響があったかという事情は，違法性認定の主張（主要事実）としては主張せず，これを主要事実認定のための重要な間接事実であるとした。東京地裁訴訟においても，もとより第1次の40名原告については，詳細な聞き取りとこれに基づく個別主張を展開し，全員の陳述書及びこれを踏まえた準備書面を提出し，原告本人尋問という形ではなくても，最終的には40名全員が自らの体験を裁判所で語ることができた（同一期日で受命裁判官が担当して複数法廷で計19名の原告本人尋問を行い，他の原告は，弁論期日における意見陳述という形で自らの経験を裁判所に語った。その結果，40名の原告のうち27名が原告本人尋問又は意見陳述を行った）。

原告個々人が孤児になった経緯，帰国が遅れた経緯，日本社会に適応できなかった事情等に関する個別主張は，政策違法を基礎づける重要な間接事実であるという整理は，原告の数に左右されたものでもあった。前述の先行訴訟の場合は，当事者が残留婦人であり，中国に残留した経過から祖国への帰国を妨げられた理由に至るまで比較的具体的事実関係に基づく主張ができたせいもあり，判決では，個々人の事情が詳細に認定されていた。東京地裁訴訟の場合は，1000名全員について1人ももらさず賠償をとるために，40人について行った作業を1000名について行うことは不可能であり，訴訟のスケジュール，訴訟経済という点からもこのような整理の仕方はやむを得なかったと考えられた。

このような整理に対しては，国は，政策違法のみが主要事実であり，個々人の事情は間接事実に過ぎないのであれば，原告本人尋問をやる意味がない，政策の是非についてのみ裁判所の判断を仰げばよいと抵抗したが，裁判所の訴訟指揮としては，前述のとおり主張の構成と立証の関係はあまり厳密にわけなかった。東京地裁以外の裁判所でもほぼ同様であった。

(b) 戦争損害論

孤児らの請求に対する被告国の反論はいくつかあったが，その第1は，原告らの請求が国賠法上の要件を充足していないので（義務内容が一義的に明白でない，加害公務員の特定がない等）主張自体失当というものであった。主張自体失当論以外の反論としては，原告らの請求する損害は，結局，先の戦争に起因するものであり，憲法がその補償を想定していない一般戦争被害に属するというものがあった。

確かに，戦争被害に関する戦後の裁判例は，戦争に直接起因する損害に関しては，司法上の請求を一貫して拒むという姿勢をとっている。しかし，この反論は，原告らが中国で孤児になったことそのものの損害というよりも，その後祖国に長く帰国できなかったこと，さらには帰国後の処遇を問題としている点で的外れな反論といえるものであった。

原告らの境遇の発端が戦争による直接的な被害にあることは事実であるが，中国残留孤児らの戦後の運命もすべて「戦争中から戦後占領期にかけて国の存亡にかかわる非常事態（の下で余儀なくされた）……国民ひとしく受忍しなければならない」とされる戦争損害（前掲最高裁昭和43年11月27日大法廷判決）とみることは明らかに無理があり，この被告の反論は明らかに失当であった*26。しかし，主張自体失当論を採る裁判例はさすがになかったものの，後にみるとおり，大阪地裁判決をはじめいくつかの判決ではこの一般戦争被害論が一部取り入れられた*27。

*26 戦後に長らく続いた戦争被害（国民が等しく負ったわけではないという意味での）として共通な面を有する問題としてシベリア抑留者の問題がある。この事件に関する判例（例えば，最高裁第一小法廷平成9年3月13日判決民集51巻3号1232頁）は，シベリア抑留者の被害を戦争被害の1つと判断したため，本件事案との関連が懸念された。結局，中国残留孤児に関する裁判例中で孤児の被害を一般戦争被害であるからという理由だけで排斥した裁判例はなかった。

*27 大阪地裁判決は，自立支援義務違反による損害の主張に対して，それは司法による救済を求められない一般戦争被害であるという判断をした。東京地裁判決及び広島地裁判決も同様の判断を示している。

(c) 国家無答責論，時効・除斥論

戦争損害論と共通する反論としては，原告らの損害の始点ないしはその基礎が戦前又は終戦直後の事実にあることから，国賠法附則6条の適用が問題となり，原告らの主張は国賠法施行前の事実に基づく請求であるので，その請求は成り立たないという反論があった。これも早期帰国実現義務違反の時期を戦後に設定し，早期帰国実現義務と自立支援義務を分けてそれぞれの損害を請求するという構成が認められるとすると，通用する反論ではなかった。

ただし，同じく戦後補償裁判で常に問題となる時間の壁，すなわち時効・除

斥論は，本件でも十分適用される可能性のある反論であった。東京地裁における第1次原告の提訴は，2002年12月であるから，それから20年を遡る1982年12月以前の行為は除斥の対象になると考えられるからである。不法行為の時効の3年が原告らにとってあまりにも短い期間であることは明らかであった。

時効・除斥の議論については，請求権の成立を認めた高知地裁判決の項であらためて触れることとする。

Ⅳ 中国残留孤児に関する主要な裁判例の内容と特徴

(1) 判決の流れ

中国残留孤児については，全国15地裁に提訴された集団訴訟について，大阪地裁，神戸地裁，東京地裁，徳島地裁，名古屋地裁，広島地裁，札幌地裁，高知地裁の8地裁で判決が出された。このほかに東京地裁に3名の残留婦人が提訴した事件があり，この残留婦人の事件に関しては東京地裁平成18年2月15日判決及びその控訴審の東京高裁平成19年6月21日判決があり，これまであわせて10件の判断が出ていることになる[28]。

この中で原告の請求をほぼ認めたのは神戸地裁平成18年12月1日判決のみであり，他の地裁・高裁の判決はいずれも原告の請求を退けている。その理由は，微妙に異なるが，この事件に対する裁判所の判断の傾向はほぼ固まったとみることができよう。なお，東京地裁における残留婦人の訴訟も若干の違いがあるが，15地裁における集団訴訟とほぼ同様の主張をしていた。

以下には，集団訴訟のうち，一番最初に判断の出た大阪地裁判決，原告にとって唯一の勝訴判決となった神戸地裁判決，集団訴訟ではないが残留婦人に関する東京地裁判決の内容をそれぞれ紹介し，あわせて他の判決の特徴に簡単にふれることとする。

[28] 大阪地裁判決と東京地裁平成19年1月30日判決を比較して国賠訴訟における先行行為に基づく条理上の作為義務を比較検討した論考として，人見剛「中国残留孤児・中国残留婦人が提起した国家賠償訴訟にかかる最近の二つの地裁判決について」（上・下）判時1932号17頁，1933号23頁，この2件を含む全国8件の集団訴訟及び東京地裁の残留婦人判決について分析したものとして，小栗孝夫

「中国『残留孤児』国賠訴訟における『先行行為論』について」CHUKYO LAWYER 2007年3月号，同（続）2008年3月号がある。

(2) 大阪地裁平成17年7月6日判決[29]→請求棄却
(a) 短期集中審理による初の判断

全国15地裁に提訴された事件の中では比較的遅い時期の提訴（2003年12月25日）となった大阪地裁の事件は，原告32名の集団訴訟であったが，1年程度の審理期間を費やしただけで，全国に先駆けて最初の判決を出す事件となった[30]。

大阪地裁平成17年7月6日判決は，被告国の先行行為に基づく国の早期帰国義務を認めながら，未だその違反はないとして，原告敗訴の判断を下した。一連の中国残留孤児をめぐる訴訟の中でもっとも早く出たこの判決は，戦前の満州への移民や敗戦直後の歴史的事実を先行行為として一定の範囲で被告国に原告らに対する早期帰国実現義務があることを初めて認めた判決となった。しかし，被告国は未だその義務に反したとまではいえないとし，また自立支援義務違反の主張に対しては，そのような義務の成立を認めず，また国には自立支援に関する裁量を濫用した事実もないとして，結論として原告らの請求をすべて棄却した。

この判決の特徴は，本件事案に先行行為論をあてはめることを認め，早期帰国実現義務というような概念を一貫して否定した国の主張を排斥したことであるが，他方義務の発生を認めながら義務違反の要件を緩く解し，また自立支援義務違反の主張に対しては戦争損害論をもって請求を退けるなどした点である。

[29] 判夕1202号125頁。
[30] 第2次提訴以降の原告がこのほかに112名おり，大阪地裁係属原告の総数は144名であった。第1次訴訟の審理の当初から判決まで事件を担当した裁判長大鷹一郎裁判官は，司法研修所偏『大規模訴訟の審理に関する研究』（法曹会）の執筆者の1人でもあり，集団訴訟の計画審理，早期結審に大変意欲的であったという。

(b) 被侵害利益又は利益の存在

大阪地裁判決は，まず，原告らが主張していた「祖国日本の地において，日本人として人間らしく生きる権利」は，具体性と実体法上の根拠を欠くとして

否定したが，他方で，原告らの敗戦当時及びその後の特殊な境遇に起因して，中国社会における不当な扱いを受けたことにより精神的苦痛を受けたこと，帰国後に置かれた困難な状況にあることに起因して，原告らが社会生活上さまざまな場面で不便を来したり，不利益を受けこれにより精神的苦痛を受けたことが認められるとして，原告らがこのような不利益を受けないことは人格的利益として，不法行為法上の保護の対象となる法的利益であると解されるとした。

不法行為の対象が権利侵害ではなく法的利益の侵害で足りること，原告らが被害を主張していることが原告らの人格的利益を害するものとして法的保護に値すると判断したこと自体は当然であるとしても，これが権利侵害とまではいえないとしたことが，義務違反の認定に幅を持たせることとなったと考えられる。しかし，この傾向は，次に述べる神戸地裁判決以外のすべての判決にあてはまるものとなった。

(c) 早期帰国実現義務の認定と広範な裁量の認容

大阪地裁判決は，まず，残留孤児は戦前の国策に基づいて旧満州に送り出された移民の子であり，孤児となったことは満州移民及び当時の国防政策の遂行という国の先行行為に起因するものであるから，国はこの先行行為に基づき，帰国を希望する孤児に対してできるだけ早期に帰国を実現できる措置をとるべき責務を負ったとした。そして，この責務を果たすために孤児の存在を把握したり，帰国意思を確認することが必要となるが，日中国交正常化前は中国政府の協力を得ることができなかったので，国に法的義務は認められないとした。その上で，日中国交回復後は，厚生大臣らは，多数の孤児の存在を認識し，孤児の永住帰国までの期間が長期化すれば言葉と文化の違いから，残留孤児が日本において遭遇する困難が一層増大するおそれがあることを予見でき（危険の存在と予見可能性），しかもこのような結果を回避するために中国政府の協力を得て残留孤児の早期帰国の実現に向けた具体的施策をとりうる状況になったというべきであるから（結果回避可能性），残留孤児のために早期帰国を実現させる施策を立案・実行すべき条理上の義務を負ったと認めるのが相当であると判断した。

ところが，この義務については，最高裁平成3年4月26日第2小法廷判決*[31]を引用して，義務違反が生じたというためには，客観的に被告の公務員が

残留孤児の帰国を実現させる具体的な施策を立案・実行することが可能となった時期から長期にわたり遅延が続いたこと，その間，被告の公務員が通常期待される努力によって遅延を解消することができたのにこれを回避するための努力を尽くさなかったことが必要であるとの基準を設定し，この基準をあてはめると，日中国交正常化後訪日調査が実現するまでに8年以上が経過しており，事後的にみればより早期に訪日調査を導入していたほうがより望ましかったといえるとしても，当時の状況に照らせば未だ義務違反といえるような状況はないとした。

さらに出入国管理における身元保証人制度，身元引受人制度，特別身元引受人制度についても，すべての人の日本への出入国に関し，公平かつ適正な管理を行うことを目的とする入管行政上の必要上，これを残留孤児らに適用することも合理的な措置であり，かつ身元保証制度の運用などは徐々に緩和されてきたとして，これらも早期帰国実現義務の違反ではないとした[32]。

* 31 民集45巻4号653頁，いわゆる「水俣病待たせ賃判決」。もっとも，裁量権濫用・逸脱の判断のメルクマールとしてこの大法廷判決を引用，依拠したのは大阪地裁判決だけであり，その後に出た他地裁・高裁の判決はいずれもこの判例の基準が本件事案に妥当するとは考えていないようである。
* 32 大阪訴訟の原告らは，早期帰国実現義務違反とは別個に，国の帰国妨害措置の違法を主張していた。

(d) 自立支援義務の成立を否定

大阪地裁判決は，自立支援義務違反について，まず早期帰国実現義務の違反はないからこれを先行行為とする自立支援義務の成立は認められないとし，さらに早期帰国実現義務の先行行為（戦前及び敗戦前後の国の行為）自体から自立支援義務が認められるかどうかを判断して，これも否定した。

後者の論点に関する判断は，結局「その出発点は，原告らが敗戦前後の混乱の中で孤児となったことによるものであるから，戦争損害ないし戦争犠牲に属するものといわざるをえず，その帰国後の社会復帰の過程において生じた不利益に対する支援の要否及びあり方は，戦争被害に対する補償の問題に帰着する」とし，その救済のあり方は広く立法行政の裁量に委ねられるので，そもそも国は条理上の作為義務としての自立支援義務は負わないとしたのである。

ただし，引揚援護を所管する厚生大臣らの残留孤児に対する帰国後の自立支援の施策の立案・実行に関する権限の行使又は不行使が著しく合理性を欠くと認められる場合は，これによる被害を受けた者との関係で裁量の範囲を逸脱したものとしてその行為は違法となりうるという前提を呈示して論を進め，原告らの大半が生活保護を受給していること，及び日本語能力が不自由なこと等に起因してさまざまな社会生活上の不便を来たし不利益を得ていることと等は認められるとしても，国が行ってきた施策の内容に鑑みれば，未だ厚生大臣らに権限の不行使があってそれが著しく合理性を欠いたものとまでは断ずることはできないとした。しかし，大阪地裁判決のこの点に関する判断は，結局一般戦争被害に対する救済のあり方に触れただけで，孤児らの特殊性を念頭に置いたものとはいえなかった。

(3) 残留婦人東京地裁平成18年2月15日判決*33→請求棄却
(a) 前提となる歴史認識とその後の経過に関する詳細な事実認定

残留婦人ら3名が提起した訴訟であり，集団訴訟に先行した事件に対する東京地裁判決である。この判決の特徴としてまず挙げられるのは，事案の前提となる歴史的事実に相当程度の分量を割いて詳細な認定をしている点である。事実に関する限り，原告らの主張をほぼ全面的に認めているといえる。

判決は，冒頭「中国東北部をめぐる日本とロシア（ソ連）との対立の歴史」から説きおこし，関東軍による満州事変の謀略，満州国建国による日本の権益独占とソ連との軍事的緊張の高まり，その中で国策として行われた満州移民が「日本の国防上の観点からの中国東北地方における北方拠点の強化，特にソ連国境に近い地域における兵站の確保の要請などから，中国東北地方への大規模な移民を実施」したとその歴史的性格を定義した。その上で，敗戦直前のソ連参戦の予測可能性，その場合に開拓地が戦場となることが必至であったがその事実が開拓民に隠されていたこと，8月9日以降の逃避行の悲劇の原因として関東軍の指示の遅れを指摘するなど，おおむね原告らが主張する歴史的事実を前提とする姿勢をとっている。

敗戦から国交回復までの国の施策に対する言及は詳しくないが，事実認定の中で，その間原告らが強い帰国意思を継続的に持ち続けていたことを特に認定している。これは被告国が，原告らに帰国意思があったということを争ってい

たためでもあろうが,「吾人の経験則に照らせば……被告の主張はおよそ採用できない」と厳しい言葉で国の主張を排斥しているところに裁判官の認識が表れている。

国交回復後の帰国支援の施策については,「日本政府は,日中国交回復後に身元が判明した日本人孤児の永住帰国政策については,しばらくの間は格別の新たな支援措置を講じなかった。また,身元未判明の日本人孤児の永住帰国策については,長年の間,何らの支援措置を講じてこなかった。」と総括し,原告らが「帰国妨害」として主張していた入管行政上の制限などにも詳しく言及し,早期帰国実現のための国の施策が極めて不十分であったという認識を示した。

さらに,帰国後の帰国者に対する公的自立支援の状況についても,身元引受人制度の不備,自立支援通訳制度の不十分さ,生活保護の不自由さなど制度に関する詳細な認定をした。

*33　判時1920号45頁。2001年12月提訴。原告らの年齢は敗戦時16歳,13歳,11歳というもので,全員が援護行政区分上の残留婦人とされるわけではない。この判決の控訴審判決（後述）は,東京高裁平成19年6月21日判決（控訴棄却）。

(b) 「先行行為に基づく政治的責務」

残留婦人東京地裁判決の法律論の特徴は,以上の歴史的事実の認定に立脚した上で,被告国には,これら「先行行為に基づく政治的責務」があるとし,この政治的責務の懈怠が著しい場合は国賠法上違法といえる場合があるという議論を定立した点である。

判決は,「自国民保護は政府の使命であり,外地の危険地帯への国策移民と危険発生時の国民保護策立案の懈怠という先行行為が原因で原告ら長期未帰還者を大量発生させたのであるから,被告は条理上その早期帰国を実現すべき政治的責務を負う」とし,原告らを含む未帰還者に対する国の対応がこの政治的責務の懈怠といえることは明らかであるとした。しかしながら,「政策立案及び実施の当否は,基本的には行政府の裁量的判断に委ねられ,国家賠償法上の違法を認めるためのハードルは高い。政治的責務は国民全体に対して負うもので,個々の国民に負うものではなく,個々の国民との関係で看過できないほどの著しい政治的責務の懈怠がない限り,国家賠償法上も違法とはいえない。」

として，いずれも1988年までに永住帰国を果たした原告らの場合には，国家賠償法上の違法性を認めるには「今一歩足りない。」と述べて，義務懈怠を認めなかった。

残留邦人に対する政府の施策が，その歴史的沿革に鑑みれば戦後のわが国政府が積極的に推進すべき政治的責務の1つであったことは異論のないところと思われる。問題は，そのような政治的責任が行政府の法的責任へと転化するのはどのような場合であるかである。残留婦人東京地裁判決は，この点については，「政治的責務の著しい懈怠が生じた場合に違法となる」との判断を示したものの，大阪地裁判決と異なり，いかなる場合に至れば政治的責務の懈怠が看過できずに違法となるかについての基準は何ら示さなかった。

(c) ハードルを越えていないという結論に残る不明確さ

判決は，自立支援義務違反に関する（立法不作為を含む）原告の主張に対しても，原告らが被った被害が「原告らをはじめとする長期未帰還者たちの憲法的価値を有する権利，利益の侵害であることを考慮すると*34，生活保護とは別の援助金支給制度を構築する立法をせずに長期未帰還者に生じた逸失利益損害を放置することは，看過できない立法の懈怠として，これを国家賠償法上も違法とすることも考えられる」とまで踏み込みながら，結論においては，この点も「今一歩違法とするには足りない」という判断で，原告らの請求を退けた。

判決は，結論部分で，本件では「事案の性質，ことに原告らが受けた被害の甚大さを考え，また，原告らが帰国をするのに様々な事実上の障害があって容易に早期の帰国が実現しなかったことや，帰国後も逸失利益の補償がされることなく，国民一般の収入水準を下回る生活保護水準の生活を余儀なくされるものが多いことをみるとき，裁量権行使の逸脱の可能性を，当裁判所としては検討していかざるを得なかった。……そして，過去及び現在の事実関係の把握やその評価の点においていろいろと政策形成上の問題点があり，これらを積み上げていくと国家賠償法上の違法をいわざるを得なくなる可能性も十分にあるものとして検討を進めていかざるを得なかったところである。最終的には，政策形成の当否の国家賠償法上の違法をいうためのハードルは非常に高く，検討した問題点を積み上げても，違法のハードルの高さには今一歩届かなかった」と結論に至る経過を述べた。

判決の考え方は、早期帰国の実現について「先行行為」の語を用いていたが、基本的には義務設定はせず、政治的責務が法的責任に転化するのは、責務の懈怠が著しい場合であるとする一種の裁量権濫用論をとっているものと思われる。判決の前提となる事実について極めて詳細な事実認定をし、国の施策の問題点を鋭く指摘し、被告の反論を基本的にすべて認めなかったにもかかわらず、「ハードルが高いので今一歩届かない」とした結論は、違法判断の基準として明確さを著しく欠いたものとの批判を免れないと考える。

*34　被侵害利益について「普通の日本人らしく生きる権利」といったような設定をしなかったためか、本判決では、原告らが侵害された法益が、権利といえるものなのか、不法行為法上保護の対象となる不利益に留まるかの明示的判断はない。しかし、この部分の判示からすると、神戸地裁判決と同様この判決も国の政治的責務の懈怠が原告らの憲法上の権利を侵害しているという前提に立つものと思われる。

(4)　神戸地裁平成18年12月1日判決*35→請求認容（一部）

(a)　「無慈悲な政策」であったとの認識に立脚する判決

一連の中国残留孤児（婦人）訴訟の中で唯一の請求認容判決である。神戸地裁の事件は、65名の原告のうち4名は除斥で請求を全部棄却されたが、他の61名について帰国妨害と自立支援義務違反を理由として総額4億7000万円の慰謝料が認容された（除斥の対象となった者についても国に対する自立支援義務違反を理由とする損害賠償請求権の成立自体は認めた）。

神戸地裁判決は、残留婦人東京地裁判決の認定を一歩進めて、先行行為の評価について、「戦後の憲法が立脚する価値観に立って見たとき、戦闘員でない一般の在満邦人を……無防備な状態に置いた政策は、自国民の生命・身体を著しく軽視する無慈悲な政策であったというほかない。したがって、憲法の理念を国政のよりどころとしなければならない戦後の政府としては、可能な限り、無慈悲な政策によってもたらされた自国民の被害を救済すべき高度の政治的責任を負うものと考えなければならない。」（傍点筆者）との視点に立ってこのような認識を法的判断の前提にすえているのが特徴である。関連する判決中、先行行為に関する国の姿勢に対してもっとも厳しい立場を取った判決といえる。

*35　判時1968号18頁。

(b) 帰国妨害（「帰国制限」）による損害賠償義務の成立

判決は，国交回復後は，残留孤児の救済責任を果たすための具体的な政策を実行に移すことができるようになったのであるから，行政としては，特段の合理的理由なくこの政治的責務に矛盾する行動をとるべきではなく，理由なく帰国制限をすれば違法な職務行為となるとし，本件の場合，以下の3点の帰国妨害が認められるとした。

第1に，身元判明孤児について留守家族の身元保証を要求した措置（未判明孤児，家族の協力の得られない判明孤児の帰国妨害）

第2に，帰国旅費申請にあたり留守家族に孤児の戸籍謄本を提出させた措置

第3に，身元未判明孤児や留守家族の協力が得られない身元判明孤児に入管法の規定していない手続（特別身元保証書や招へい書の提出）を求めた措置

そして，これら原告ら個々人について上記帰国妨害措置による帰国遅延とみられる期間を個別に認定し，1月につき10万円の計算による慰謝料を認めた。この義務違反が認定された原告は，65名中17名であるが（最低22万円，最高1716万円），帰国後20年経過した2名については，除斥適用によりこの部分の請求を棄却した。

国の作為を加害行為とする帰国妨害の主張は，中国残留孤児が日本人でありながら，入管法上外国人であるとの前提で取られた諸措置により事実上帰国が阻害されたことを，帰国の権利に対する積極的な妨害行為ととらえたものであり，大阪地裁判決や残留婦人東京地裁判決が，これを入管法上合理性を有する措置であるとしたのに対し，中国残留孤児が置かれた立場を実質的に考慮し，彼らについては特別の扱いをすべきであったとの判断に基づいている。

(c) 早期帰国「支援」義務

他方，帰国を促進しこれを実現する施策の立案・実行を怠ったという主張に対しては，政治的責務としての早期帰国支援義務を認めたが，国賠法請求上の根拠となる法的義務としての早期帰国実現義務は認めなかった。

国交正常化前は，「主権回復（昭和27年）後の政府としては，たとえ日中間に国交がなかったとしても，残留孤児をできるだけ早期に帰国させるための帰国支援政策を遂行すべき道義的責任ないし政治的責任を負っていた」が，「日中国交正常化以前の段階で，中国内に領事館さえ設置していない政府が，外交ル

ートを通じて行うことができる中国政府への働きかけというものは、極めて限られたものでしかなかった」、「国交がない状況下で、中国政府からこのような対応がされた場合、政府が残留孤児個々人の帰国に向けて具体的にどのような対策を講じることができたのかを考えることは困難」であるとして、早期帰国実現義務の可能性を否定した。

　国交回復後については、日中国交回復後は具体的施策が実行可能であり、国交回復後速やかに集中的な訪日調査が行われていたら、より早期に帰国できた孤児がいたはずであり、このような措置をとらなかった政府の消極的姿勢は「既に若くはなかった残留孤児が日本社会に適応することを妨げたのであり、残留孤児に対する政治的に無責任な政府の姿勢は強く非難されて然るべきである」と判断はしたものの、原告らの中国での居住・生活状況はまちまちであり、一律にいつの時点で政府がどのような措置をとることが可能であったか等を判断することは不可能であるとした。判決は、原告個々人について、「①いつの時期に訪日調査招聘が可能であったか、②原告らがいつ永住帰国を決意したか、③実際にいつ帰国できたか等を個別認定した上で、原告ら個々人に対応する法的義務としての早期帰国実現義務の懈怠の有無を判断することになるが、そのような事実認定は極めて困難である。この事実認定を抜きにして早期帰国実現義務の違反を認定することは不可能といえる」として、早期帰国実現義務の成立とその義務違反を事実上否定した。

　(d)　自立支援義務の認容

　神戸地裁判決のもっとも際立った特徴は、中国残留孤児に対する国の自立支援義務の成立及びその義務違反を明確に認めた点である。

　判決は、上述のとおり、早期帰国実現義務の成立については結論において否定したが、「政府が、消息調査及び帰国支援に関する政治的責任を怠ったことは、一般的に残留孤児の帰国をかなりの年月遅らせたことは誰も否定できないところであり、この政治的責任の懈怠は、自立支援義務の成否の判断に影響する」として、孤児らを早期に帰国させることができなかった政治的責任の懈怠が、いわば自立支援義務成立を導き出す先行行為になるという考えに立脚し、以下のとおり判断した。

　判決は、まず、一般的に自立支援義務について施策の取捨選択に関する行政

裁量は広いとしながら，孤児の発生及び帰国遅延に関する特殊事情に照らせば，「政府は人道的見地から最善を尽くすべきであったというべきであり，施策の取捨選択の裁量は狭い」とする枠をはめた。そして，孤児らに対する自立支援義務の内容は，北朝鮮拉致被害者に対する自立支援措置との比較対照が立法例として参考になるとして他の制度を援用しながら，拉致被害者が少なくとも5年間自立のための保障を受けることと比較すれば，国は，「原告らを含む永住帰国した残留孤児個々人に対し，日常生活に支障がない程度の日本語能力を身につけ，相応の職に就き自活能力を身につけるまで，一応の目途として永住帰国から5年の期間，日本語の習得，就職・職業訓練に向けた支援を行い，かつ，それらにじっくりと取り組むことができるよう生活保持に向けた支援を行う法的義務を負っていた」とした。

義務違反については，「厚生大臣（厚労大臣）は，過失により，戦前の政府の無慈悲な政策によって原告ら残留孤児が中国に取り残されたこと，日中国交正常化後の政府の所為（早期帰国実現に向けた政治責任を果たさず，かえって帰国制限を行ったこと──筆者）が，いたずらに，原告ら残留孤児の帰国を大幅に遅らせ，原告ら残留孤児が帰国後日本社会に適応するのをより一層困難にしたこと，それらの事情によって本件自立支援義務が発生していることを認識せず，その結果，本件自立支援義務を懈怠したというほかない。」として，ここでも国が一貫して「無慈悲な政策」をとったという前提から国の責任を論ずるという立場をとった。

(e) 自立支援義務の内容及び除斥，時効に対する判断

結論として，判決は，帰国後5年間の限度で国の自立支援義務違反を認め，原告65名中4名については除斥により請求を全部棄却し，その余の原告について一律600万円の損害賠償を認めた（請求を棄却された原告は，帰国後5年から20年を経過した原告（1976年12月～1979年10月帰国））。消滅時効に関する国側主張については，被告主張は著しく正義に反するとして一蹴したが，判決のとる立場からすれば当然と思われる。

早期に帰国をさせることができなかったという事実が，帰国後の中国残留孤児らに対する国の自立支援義務の先行行為となるという議論は，原告らの主張するとおりであるが，判決中でもその義務の内容は必ずしも一義的に明確にさ

れているというわけではない（そもそも前述のとおり，当事者の主張がこの点は明確ではない）。生活保護受給率をとっても，中国残留孤児が70％前後，その他の一般日本人が1％前後という数字を見る限り，集団としての孤児らに対する自立支援の施策が成功していないことは明らかであり，それが彼らの責任でない以上，どの段階で義務違反が生じたかを問うまでもなく，違法といいうるという判断であろうか。

神戸地裁判決の自立支援義務違反に対する判断は，原告個々人の個別の事情を具体的に認定し，これに差をつけた帰国妨害に対する判断や，帰国が実現するに至らなかった原告ら個々人の事情がわからなければ早期帰国実現義務を認定できないとした判断と比べると，なぜ後者の場合に個々的な検討が不要なのかという疑問が生じないわけではない。しかし，判決は，義務違反の内容を個々的に分解するのではなく，早期帰国実現のための国の責務の懈怠，被害の発生，被害拡大の防止に対する不十分な施策を一連の法的評価の判断対象とし，その最後の判断を自立支援義務の違反と認定したと解すればよいとも考えられる。いずれにしても，国家賠償請求訴訟としての論理的枠組みを裁判所のほうから一歩踏み出した判断であったことは間違いないであろう。

(5) その他の判決

(a) 東京地裁判決（平成19年1月30日）*36→請求棄却

集団訴訟としては全国15地裁の先鞭をつけ，提訴原告数1092名と最大の規模を誇った東京地裁係属事件に対する判決は，大阪地裁判決，残留婦人東京地裁判決，神戸地裁判決に続く4番目の判決としてその判断が注目された。しかし残念ながら第1次提訴原告40名に対する平成19年1月30日判決は，原告だけでなく大方の期待を大きく裏切る内容のものであった。

東京地裁判決は，大阪地裁判決が示した救済への枠組み，残留婦人東京地裁判決が指摘した国の引揚援護行政に対する真摯な批判の観点，神戸地裁判決が貫いた中国残留孤児を司法救済するという気概のいずれをも欠いたばかりか，中国残留孤児という人々に対する人として，同胞としての共感を欠き，敵意すら感じられるほどの「無慈悲な判断」であった*37。先行行為として主張された歴史的事実に対しても不十分で誤った理解を伴う事実認定が多く，不用意な表現や差別用語などを用いており判決としての最低基準を満たしておらず，な

おかつ法律判断における論理性の欠如が非常に目立つ判決であった。

　先行行為論に対する東京地裁判決の判断は，満州建国と原告らの運命には法的因果関係はないし，満州移民政策と原告らが孤児になったことにも法的因果関係はない，敗戦時の棄民策といわれる関東軍等の行動も，原告らが孤児になったことと具体的な関係が特定できないので法的因果関係はない等と相当因果関係類似の議論を先行行為論に持ち込んで，他の判決が大枠として認めていた先行行為に基づく作為義務（責務）論を完全に否定した。この判決を書いた裁判官の認識の程度を表すものとして，敗戦時の関東軍の行動を弁護して，「（軍隊に）戦場において民間人の保護を最優先に行動するのを期待することは不可能である」と軍の行為を無条件で免責した判示がある。こういう認識に立てば孤児を救う義務があるかどうかという発想は生れてはこない。しかし，このような判示は，いくら戦前の事実に対する評価であるからといって，日本国憲法下の裁判所の判断としては極めて不穏当といえるものであろう*38。

　この判決のもっとも重大な欠陥は，判決の全体を貫く非論理性である。判決は，先行行為論に相当因果関係論を持ち込んだり，早期帰国実現義務や自立支援義務の発生を冒頭で否定しておきながら，重ねて結果予見可能性や結果回避可能性についての判断に論を進めるなど，他地裁の判決と比べても判決の構成自体に論理性が欠けていた。

　理解しがたい判示の例としては，原告らが主張していた「普通の日本人らしく生きる権利」といった特殊な人格権が認められるかどうかは，それに対する行政の義務が認められるかどうかによるといった逆転した発想による判断をしたり，義務違反を明白に否定しながら，損害の存否に関する（否定的な）認定をあえてしたりするなど，その意図が不明な論旨の展開も多数見られた。最後には，先行行為に基づく作為義務の発生をいったん明白に否定しておきながら，「裁判所が行う法的な判断に関しては，国の実質的な植民地政策や戦争政策は高度の政治判断に基づくものであり，本来司法審査の対象とならないものと考えられ，このことは戦前の国策等についても例外でない」から，そのような高度の政治判断に属する歴史的事実等を先行行為となるかどうかの法的判断を下すこと自体が相当でないし，そのような判断をすると国賠法附則6条の趣旨に反するとまで述べた*39。統治行為論まがいの議論を展開した上で国家無答責

414　第9章　中国残留孤児国賠事件

論にまで言及するという暴走ぶりであった。

　本件での判断の対象は，戦後の我が国政府の引揚援護政策の是非を問うものであり，戦前の政府の行為に対する法的評価を求めるものでないことはいうまでもない。しかし，東京地裁判決は，国交回復直後，国が早期帰国のために特段の方針を持たなかったことを弁護して「現実に国によってなんの支援措置もとることのできない状況において，日本語も全くできず，日本の文化や生活習慣にもなれない帰国者……が一挙に大量に入国することになれば，……国内で混乱と厳しい批判の生じるおそれもあり，他方，そのような急激かつ大量の帰国者の受け入れとそれに必要な財政的措置をとる政策を他の多くの政策に優先して採ることが当時の世論の支持を得られたか疑問」であるとして，あたかも早く帰ってきたいという孤児のほうが悪いといわんばかりの判断をしたのは，驚きを通り越して呆れた感すらあった*40。

* 36　訟月53巻4号893頁。民事第28部裁判長加藤謙一裁判官のもとでは，第2次訴訟から5次訴訟まで計1052名の事件が併合されずに同一合議体に係属しており，1次訴訟40名に対する判断がその余の原告の事件にも事実上影響を与える関係にあった。

* 37　中国残留孤児訴訟については，いずれの事件についても多くのマスコミが報道をし，論評を加えたが，京都新聞（2007年2月3日「天眼」）に掲載された瀬戸内寂聴氏（自らも引揚者）の「判決文を読み，こういう判決文を書く人の想像力のなさに恐怖と絶望を覚え，身も心も震え上がった」というこの判決に対する論評ほど痛烈な批判はなかった。

* 38　この点，神戸地裁判決が，戦後の憲法的価値に触れて「戦後の憲法が立脚する価値観に立って見たとき，戦闘員でない一般の在満邦人を……無防備な状態に置いた政策は無慈悲な政策であったというほかない。したがって，憲法の理念を国政のよりどころとしなければならない戦後の政府としては，可能な限り，無慈悲な政策によってもたらされた自国民の被害を救済すべき高度の政治的な責任を負う」と述べているのと鋭い対照を見せている。

* 39　判決は，このように早期帰国実現義務の根拠としての先行行為を戦前の行為に求めることは司法判断の及ばない事実の判断を求めることとしたが，他方，前述の軍の役割に対する評価のように，戦前の軍と民との関係について証拠に基づかない判断を随所で行っている。

＊40　単純な比較はできないが，政府は1978年4月28日の閣議了解により，当時のベトナム難民の定住を認める方針を決定し，いわゆるボートピープルと呼ばれるベトナム，ラオス，カンボジア等からの難民の入国定住を行う方針を採った。1978年から2006年末までのインドシナ難民定住受入れ数は1万1319人であるとされている（外務省ホームページ「難民問題と日本─国内における難民の受け入れ─」）。

(b)　徳島地裁判決（平成19年3月23日）→請求棄却

徳島地裁の事件は原告数4名の事件である。原告らの主張の枠組みは東京，大阪，神戸各地裁の事件と同様であるが，残留婦人東京地裁の事件と同様，原告個々人が全面に出た裁判であった。

判決の枠組みは，大阪地裁判決とほぼ同様で，戦前の国の行為を先行行為として早期帰国実現義務の発生を認め，しかしながらその義務の違反はないとし，自立支援義務についても同様に義務違反はないとして，請求を棄却するものであった。

しかし判決は，残留孤児が日本に帰国することを違法に制限されない権利若しくは自由，又は放置されて不利益を受けない利益は，いわゆる戦争損害の範疇に留まらず，国賠法上の被侵害権利となると認め，戦前の国の政策が早期帰国実現義務の発生根拠となる先行行為となることを認めたこと，残留孤児の生活保護受給率，日本語習得状況，就労状況，経済的困窮，地域社会での孤立感・疎外感等に鑑みれば，国の自立支援策の内容が十分であったとはいえないことは明らかだとした。そして，判決の最後に，国は残留孤児を生み出す原因に関与した立場や人道上の観点から，困難な状況にある残留孤児が自立した生活等を送ることができるよう，できる限り配慮すべき政治的責務を負っているとし，その上で国の政治的責務の懈怠の事実を明示し，さらにその責務を果たすべく引き続きさらなる努力を尽くすことを望むとの裁判所の意見を付言として表明した。

(c)　名古屋地裁判決（平成19年3月29日）＊41→請求棄却

東海地区に居住する原告141名が名古屋地裁に提訴した集団訴訟の判決である。原告らの法律上の主張は，他地裁のものと同様であるが，早期帰国実現義務の始期を1949年の中華人民共和国の成立時に遡らせたこと，被侵害権利を

「日本人として人間らしく生きる権利」として「普通」という多義的な用語を避けた点等である。

名古屋地裁判決は，その判断の中で「先行行為に基づく」という用語をあえて使用せず，端的に条理を根拠として早期帰国実現義務と自立支援義務をともに被告国の負うべき義務として認めた。しかし，その義務の実現の態様については行政の広範な裁量があることを認め，結論においていずれの義務違反もないとした。判示をみる限り，義務違反と権限の行使の逸脱・濫用とがほとんど同義として使われているようであった（もちろん，一般論としては，たとえ義務行使に裁量の余地が許容されているといっても，与えられた権限の行使を著しく逸脱した場合と比べれば，違法判断が出る可能性は高くなるのだろう）。

条理上の義務を認めるという点で原告ら残留孤児の立場に一定程度の理解を示した判決であり，実質的には先行行為論を認めたものといえるが，結論として国の施策の立案・実行にほとんどフリーハンドを与えたこととなり，引揚援護行政に対する批判の視点はみられない判決となった。

*41　裁判所ホームページ。

(d)　広島地裁判決（平成19年4月25日）*42→請求棄却

広島地区に居住する残留孤児61名が提訴した集団訴訟である。広島地裁の訴訟で，原告らは，「日本人としての幸福を追求する権利もしくは日本国内において人格を形成発展させる権利」を侵害されたと主張したが，判決は具体的な内容において一義性や根拠規定に欠けるなどの理由からそのような権利の存在を認めなかった。しかし，原告らが幼少時から中国国内において味わった労苦や，帰国後に受けた社会生活上の辛苦により多大な精神的苦痛を被らないことは不法行為法上保護に値する利益であるとした。

早期帰国実現義務については，戦前の国策としての満州移民や敗戦時に開拓民らの保護を講じなかった事実は，作為義務を基礎づける要素である先行行為と認めることができるが，これから作為義務を肯定するためには，発生するおそれのある被害の重大さ，切迫性等から判断される危険の程度，当該危険の予見可能性，結果回避可能性，補充性や期待可能性と相関関係を加味すべきであるとして，結論的に，国交正常化の前後を通じて国に裁量権を著しく逸脱したといえる事情はなかったので，法的な義務ないし義務違反があったとは認めら

れないとした。

神戸地裁判決が帰国妨害として認めた身元保証人制度や，帰国旅費国庫負担制度上の制約，身元引受人，特別身元引受人や招へい理由書の提出などの手続は，広島地裁判決ではいずれも厚生大臣や外務大臣に与えられた裁量の範囲を逸脱するものではないとされた。

自立支援義務違反については，原告らが日本社会でおかれている現状は，被告国に早期帰国実現義務違反がない以上，敗戦等を原因とする戦争損害ないし犠牲の範疇に入るもので，これに対する補償は行政府の裁量に委ねられ，実際に行われた施策が著しく合理性を欠き，裁量の逸脱・濫用にあたらない限り違法の問題は生じないところ，国の行った施策にこのような裁量の逸脱・濫用はないとして，大阪地裁判決と同様の判断を示した。

*42 裁判所ホームページ。

(e) **札幌地裁判決**（平成19年6月15日）*43→請求棄却

北海道に居住する残留孤児89名が提訴した集団訴訟である。原告らの主張は東京地裁のものとほぼ同様であり，判決の判断も東京地裁判決と似ている部分がある。

判決は，早期帰国実現義務については，先行行為として戦前の国策の是非を司法判断の対象とすることは，これを戦後の義務発生の根拠とする場合でも，国賠法附則6条の趣旨に反することになるとして，先行行為論自体を否定した（もっとも，東京地裁判決と同様に，義務を否定しながら，予見可能性，結果回避可能性についての判断に及んでいる）。自立支援義務については，この義務を発生させる先行行為が戦後の行為であるとすると上述のような問題は起こらないとして義務発生自体は認めた。しかし，名古屋地裁判決と同様，自立支援義務があるといっても「作為起因性の不作為事案であったとしても，複雑多様な行政需要に対応するため，また，高度に専門的な問題に対応するため，行政庁の知識と判断能力に期待する方が結果的に妥当な場合が多いためという行政裁量を認める理由は妥当する」として，日本語教育をはじめとする自立支援のための施策について，行政の広範な裁量を前提として著しく不合理な制度であるかどうかを検討し，いずれも義務違反はないとした。

札幌地裁判決は，法的枠組みとしての自立支援義務という用語は認めたもの

の，基本的に東京地裁判決と同様，中国残留孤児の置かれた立場に対する理解，彼らに対する国の戦前及び戦後の政策に対する批判的観点を欠いた判決となった。

　＊43　裁判所ホームページ。

(f)　高知地裁判決（平成19年6月15日）＊44→請求棄却（請求権認容）

　高知地裁判決は，他の裁判所にない特有の判断を示した。そして，請求権は認めたが，消滅時効を適用して結論として請求を棄却している。

　判決は，早期帰国実現義務については，これを「召還義務」（日本までの輸送手段又は旅費を提供する義務），「国籍調査義務」（積極的に日本国籍の有無を調査し，入管法上の制約なしに入国させる義務），「所在調査義務」（所在を調査し，明らかにすべき義務）という3つの義務に分析してそれぞれの義務違反を検討した。一種の先行行為論であるが，義務の内容を時期ごとに特定するのではなく，質的に細分化するという手法をとった。いずれの義務の名称も裁判所の造語である（民間人に対して「召還」の語を用いるのが適切かどうかやや違和感が残る）。

　判決は56名の原告のうち39名について義務違反と帰国遅延との間に相当因果関係を否定し，17名についてはこれを認めて損害賠償請求権の成立を認め，また，帰国妨害についても，国籍調査義務違反により原告らを外国人扱いをしたということを理由に41名について違法を認めたが，いずれも消滅時効により消滅したと認定した。自立支援義務違反については，義務の成立を否定し，裁量権行使の逸脱・濫用もないとした。

　高知判決が採用した消滅時効の起算点は，原則として永住帰国時である。判決は，原告らの置かれた状況からすれば，不法行為の時効期間内に提訴の可能性がなかったとはいえず，権利行使が阻害されたり，その権利行使が困難であったという特段の事情も認められないから時効援用権の濫用とまでいえないとした。

　このような高知地裁判決のとった論旨は，なんとも尻すぼみな判断といわざるを得ず，消滅時効の主張に対し，「著しく信義に反する」として国の主張を切り捨てた神戸地裁判決＊45と好対照をなしている。実際問題，日本語もわからず，社会に適応できず，生活保護に転落していくことの境遇を訴える残留孤児らが，長年夢に見た祖国の政府を帰国後3年以内に訴えるということが，い

かに現実を無視した空論であるか，高知地裁の裁判官が理解できないわけがないと思われる。その意味で誠に残念といわざるを得ない判決である。

　＊44　裁判所ホームページ。
　＊45　神戸地裁判決は，時効の主張について次のように述べている。
　　　「政府は，本件自立支援義務を怠り，日本語も日本社会の生活習慣も理解しない原告らに対し日本語習得のための十分な支援策さえ講じることがなかったのであり，原告らにとって，帰国後3年以内に本件帰国制限に基づく国家賠償責任を追及することなど事実上不可能であったといわざるを得ない。そして，政府自身が，帰国した原告らに対して負う本件自立支援義務を履行せず，原告らの生活基盤を不安定なものとし，訴訟の提起を困難にしておきながら，被告が，本件帰国制限に基づく国家賠償債権につき，原告らに対し，帰国後3年以内の訴え提起を要求することは，著しく信義に反するといわなければならない。」

(g)　**東京高裁判決**（平成19年6月21日）＊46→**控訴棄却**

　残留婦人東京地裁判決の控訴審判決で，中国残留邦人に関する一連の事件の中で唯一の高裁の判断となった。

　控訴審判決は，原審の判断を結論においてほぼ踏襲し，中国残留孤児らが戦争終了後相当期間残留を余儀なくされたことは一般の戦争被害というのは相当ではなく，その境遇が戦前の国策移民が遠因になっていることに鑑みると，国には中国残留邦人を早期に帰国させる政治的責務があること，この政治的責務の実現としての政策の実案・実行が著しく合理性を欠くなど政治的責務の著しい懈怠がある場合は国賠法上違法の評価を受けうる余地もあるが，本件ではそのような事情は認められないこと，早期実現のための政治的責務を法的義務であるとしても，その実施が行政府の広範な裁量に委ねられること等の判断を示した。

　また，中国残留邦人の帰国後の自立支援については国はその境遇に鑑み政治的責務を負っているが，その実現に広範な裁量の余地があることは早期帰国実現のための責務と同様であり，この点において裁量の著しい逸脱・濫用は認められないとした。

　なお，東京高裁判決は，これら政治的責務の実現は国が国民全体に対する関係で負うものであって，国の講じた帰国実現策の当否については，最終的には主権者である国民の自由な言論と選挙による政治的評価に委ねられるのが相当

であるとも判断している。

　確かに，行政の行為を決めるのは第1に選挙を通じて実現される国民の意思であるという論理は一応の合理性を持つだろう。しかし，残留孤児らは，中国にいた当時はもちろんのこと，永住帰国後においても，日本語もおぼつかない状態で選挙権の行使すら適切にできないという社会の絶対的少数者であることを考えると，民主政治を通じての行政による救済という一般論は，少なくとも彼らにとっては空疎な響きしかもたないといえるのではないかと思われる[*47]。

*46　訟月53巻11号2995頁。
*47　在外邦人選挙権制限違憲訴訟の平成17年9月14日最高裁判所大法廷判決（民集59巻7号2087頁）は，在外邦人の選挙権を制限する公職選挙法の規定の一部を違憲であるとし，違憲状態を放置した国家の立法不作為の違法による損害賠償責任を認めた。中国残留邦人は，帰国を果たすまでは日本国民でありながら選挙権行使の権利を侵害され，自国の政治過程に参加する道をまったく遮断されていた。大法廷判決は，帰国の自由を侵害されることのない在外邦人に対して選挙権の行使を認めない法律の規定が違憲で，この状態を除外しないのであれば立法裁量すらないというのである。選挙権の行使を含め自国で生活する権利を奪われていた孤児の運命が行政の広範な裁量のさじ加減次第で，司法は何もできないというのは，この判断と均衡を欠いていると思うのは筆者だけであろうか。

V　政策形成型訴訟の成果と限界

(1)　判決の流れと司法判断の成果と限界

　以上，中国残留孤児に関する集団訴訟及び関連訴訟の一連の判決の内容を概観すると，原告らが主張した先行行為に基づく早期帰国実現義務の違反，帰国妨害の事実，自立支援義務の違反といった主張が，神戸地裁判決を除きいずれの裁判所によっても否定されたという意味で，一定の司法判断の流れが定着しつつあったことは否定できない。

　集団訴訟を最初に提起した弁護団に所属する者としては，このような結果は必ずしも予想していたものではなかったことを率直に認めざるを得ない。何がよくて何が足りなかったのか簡単に答えは出ないが，筆者なりの考えをまとめ

(a) 訴訟活動上の成果

　集団訴訟を提起した成果としては，第1に，全国のすべての中国残留孤児の8割を超える原告が各地の裁判所に声を上げたことで，彼らの存在や境遇が社会的に認知されたことがあげられる。最初の判決である大阪地裁判決は，集団訴訟として初の判断であったというだけでなく，原告らの請求を退けたという点でも全国的な注目を惹いた。原告らの請求を全面的に認容した神戸地裁判決は中国残留孤児問題が，政治が解決すべき焦眉の課題であることを日本中に強く印象づけたことは間違いない。その他の各地の裁判も，提訴から判決に至るまで地元マスコミ等の熱心な報道を通じ，訴訟提起する前と比べて，中国残留孤児の問題に対する認知度が格段に違ってきたということは誰しも否定しない事実であろう。

　第2に，訴訟の場での詳細な歴史的な検証を通じて，中国残留孤児と呼ばれる人々がおかれている悲惨な境遇の原因の本質がどこにあるか，それに対して彼らの祖国（われわれ自身も含めて）は何をしてきて，何をしてこなかったかという事実が明らかになったことである。司法救済の対象とするかどうか，それが権利侵害とまでいえるものかどうかは別として，いずれの裁判所も，原告らが「普通の日本人」ならば決して受けることのなかった苦難，苦労を現在に至るまで受け続けているという事実そのものは認めざるを得なかった。東京地裁判決を除く各地裁の判決が，司法救済はできないが孤児らの救済は政治的責務であると，温度差はあれ異口同音に言い切った意味は大きかったといえる。

　第3に，集団訴訟を通じて，それまでばらばらであった孤児らが，地域の中で一定のまとまりを持って声を上げる集団となることができたという点を指摘できよう。この点は訴訟そのものの効果とはいえないかもしれないが，原告団という当事者集団を形成することでしかできない連帯と共感を彼らの中に生んだはずである。また，内部的団結だけでなく，弁護団はもとより，訴訟を通じ彼らの存在を知り，共感し，支援する同胞の輪を広げることができたということも訴訟活動の成果として指摘できよう。

(b) 訴訟活動面での課題又は反省点

　訴訟の成果の面と比べると，課題又は反省すべき点は何であったかをまとめ

るのは困難である。判決主文だけがすべてとはいえないまでも，集団訴訟8判決のうち勝訴判決が1件だけであったという事実は，訴訟代理人として，最終的な解決自体の評価とは別に重く受け止めざるを得ない。そこに救済を求める人がいて，法的に救済をすることが可能であると判断したのに，その請求を認める判断を得られなかったのはなぜか。理由はいくつもあるが，さしあたり各地の訴訟に共通する問題点をあげると次の4点が指摘できよう。

第1に，義務違反とする設定が正しかったかどうかの問題である。

被告国は，一貫して，原告らの請求は国賠法の主張として主張自体失当であるとか，戦前の行為を問題にするのは国賠法附則6条に反すると反論を展開したが，一部の判決を除き，原告らの主張は法的枠組みとしては概ね認められた。しかし，早期帰国実現義務違反と自立支援義務違反のいずれも認める判決はついに出なかったし，義務自体の成立は認めるとしても，結局裁量論の判断の中に解消されてしまい，義務を設定した意味が薄められた感は否めない。義務違反を主とするか裁量権濫用論をとるかは弁護団内部でも最後まで議論された問題であったが結論は出なかった。

第2に，日中国交回復以前の政府の行為を問題にできなかった点である。

請求権を認容した神戸地裁判決や高知地裁判決でさえ，政府の早期帰国実現にむけての責務ないし義務が具体化するのは，1972年の日中国交回復後のことであるという前提に立っている。訴訟上さまざまな主張・立証は行ったが，外交関係の壁を越えることを裁判所に説得することに，結果としては失敗したということになる。しかし，国交回復は，孤児らが中国に置き去りにされて既に30年近くの年月が経ってからの出来事である。それ以前のことが不問にふされるとしたら，孤児らの被害の全体像を正確に摑むことにはならなかったであろう。早期帰国実現義務違反を裁判所に認めさせることができなかった大きな原因がこの点にあると考えられる。

第3に，自立支援義務の内容の特定ができていたかという問題である。

これは，自立支援を義務違反の問題として考える場合でも，裁量権限の逸脱・濫用の場合とみる場合でも共通に突きつけられる課題である。どこまで日本語教育をしたらよかったのか，どれだけの職業訓練等の支援をすればよかったのか，その他具体的にどのような自立のための施策をすればよかったのか，

これらすべてを原告が主張・立証すべき問題であるかは別として，行政の責任として最低限ここまでやるべきだというラインを示せなかったことが，神戸地裁以外の裁判所が違法判断に踏み切るだけの決断ができなかった理由にもなっていると思われる。

　この点，神戸地裁判決は，自立支援義務の内容設定にあたり，孤児らがなぜ老齢になって言葉も不自由なまま帰国したかというその理由に鑑みれば自立支援を行う国の裁量の幅が限定されるはずだという枠をはめることによって義務違反の認定をするという，原告救済のための理屈を採用してこの問題を回避した。孤児らの帰国後の状況のみに目を奪われてしまうと，神戸判決のレベルまでは至らず，結局自立支援の権限の行使の裁量の幅という極めて茫漠として外延のみえない議論から出ることができなかったということになろう。

　第4に，裁量権限逸脱・濫用の基準の不明確さが指摘できる。

　各地の訴訟では，正面から裁量権濫用論・逸脱論の主張を採用しなかったが，判決は，神戸地裁判決を除き，早期帰国実現義務や自立支援義務という言葉を採用した判決も含め，行政権限の行使に一定の裁量があることを当然の前提とし，その裁量行使に濫用や看過しがたい逸脱があったとはいえないという判断を経て，請求を棄却するというパターンが多かった。そうだとすれば，原告らの主張の中でも，単に義務違反をいうだけではなく，裁量の幅と裁量権逸脱・濫用基準をより積極的に示すべきではなかったかという問題が残る。濫用逸脱の基準を設定するという形にするか，裁量収縮論のようなアプローチをするかはあるだろうし，大阪地裁判決の判断の後には，このような議論を各地の弁護団でも行っていたが，必ずしも十分ではなかったかもしれない。

　もっとも，各地の判決をみても，裁量権の濫用・逸脱の基準を示せたのは，水俣病待たせ賃最高裁大法廷判決の基準を引用した大阪地裁判決のみであり，しかも，その基準が本件事案には適切妥当でなかったことは，後に出たすべての判例がこの大法廷判決基準を無視したことから明らかである。その意味では，裁量論で請求を棄却した判決も，結論において裁量権の濫用・逸脱がないというだけであり，どの程度に至ったら違法といえたのかについての基準を示すことはできなかったといえる。孤児らに対する行政の一連の施策の結果が明白な失敗であることを認定しながら，行政の裁量権は妥当な行使の範囲内に留まっ

ていたとなぜいえるのか、正面から納得のできる説明をした判決もなかったのである。

(2) **全面解決への原動力**

　政策転換・形成を目的として提訴された集団訴訟は、結果的に、自立支援法の抜本的改正という形で一応初期の目的を達した形となった。もっとも、各地弁護団の当初の目論見は、各地裁で何らかの形で勝訴判決を積み上げていき、政府の姿勢を転換させるというものであり、決して敗訴判決の山を築くことでなかったことはいうまでもない。その意味では、解決への道筋は当初の予定とはかなり異なったが、それではなぜ、判決ではことごとく負けていたのに行政は動かされたのであろうか。

　いうまでもなく、神戸地裁判決が自立支援義務を正面から認めたことが政治解決への最も大きな要因として上げられることは否定できない。神戸地裁判決が行政に突きつけた鋭い批判と、除斥の対象とならない残留孤児は基本的にすべて慰謝料支払いの対象となるという（自立支援義務違反については、個別的事情を斟酌していない）司法判断が被告国に与えた影響は相当なものであったと推測される。

　しかし、この神戸地裁判決は、請求は棄却したが先行行為に基づく作為義務という形で早期帰国実現義務自体を認めた大阪地裁判決や、結果的には国賠訴訟として認容するには今一歩足りないとしたものの、自立支援の施策にまで及んで政府のこれまでの政策の問題点を厳しく指摘した残留婦人東京地裁判決の延長線上にあったということも忘れてはならない。神戸地裁の勝訴判決だけではなく、東京地裁判決を除き、その他の判決も多かれ少なかれ、それまで社会のスポットライトの当たらなかった中国残留孤児の存在を無視することができず、その厳しい境遇が決して彼ら自身の責任によるものではなく、戦前のわが国の国策に起因するものであり、戦後の日本社会の中で彼らだけが他の日本人とは質的に異なる労苦を耐え忍ばなければならなかったという現実を事実として認定せざるを得なかった点が、神戸地裁判決の効果をより大きいものとしたと思われる。

　結局、東京地裁を含め、被告国が主張していた主張自体失当論をとった判決は1件もなかった。また、神戸地裁判決後に出た判決も、東京地裁判決を除き、

中国残留孤児問題の解決は政治的責務に委ねられるとする基本的な流れから大きく逸脱をするものではなく，この一連の流れが全体として政治の後押しをした結果となった。

(3) 政策形成による解決への経過

　原告らの司法への期待を完全に踏みにじった東京地裁判決の翌日である2007年1月31日，安倍総理大臣（当時）は，全国の原告代表者7名と官邸で面談をし，原告らに「夏までに新たな支援策を策定する」旨を約束し，2月1日の国会答弁では，「本当に日本に帰ってきてよかった，生活は安心だ」と思える支援策を，「日本人として尊厳を持てる生活という観点から検討する。」と言明した。東京判決後に抜本的な政策判断をはかるという政治決断は，判決の内容いかんにかかわらず行う既定方針であったことは間違いない。その政治判断の前提には大阪地裁判決や残留婦人東京地裁判決で示された行政に対する批判や行政の責務実現の必要性に対する指摘，そして神戸地裁判決の敗訴の結果，そしてこれらの判決に対するマスコミ世論の高まりがあったことは明らかである。その意味では，全国の弁護団が大きな期待を寄せていた東京地裁判決は，内容は期待を大きく裏切ったがこのような大きな流れにまったく何の影響も与えることがなく終わったという皮肉な結果となった（東京地裁判決は，法的にもそれ以外の意味でも無価値・無意味な判決となった）。

　2月1日の総理答弁を皮切りに始まった政策協議は，政府与党ＰＴ，厚労省，全国の原告団，弁護団連絡会の協議を重ねるという形で徐々に形成された。当初厚労省と原告団，弁護団の間には新たな支援策の内容をめぐって大きな開きがあり，また，協議の間に，続々と原告敗訴の判決が出されていく中，新たな支援策の実現が危ぶまれるときもあった。

　最終的に，7月9日に与党ＰＴと全国原告団・弁護団との間で確定した新支援策の内容は，①国民年金保険料の全額国庫負担，②生活保護に替えて老齢基礎年金満額プラスアルファを基礎としこれを超える収入の3割までを収入認定除外したうえでの新たな生活給付金制度の創設，③住宅補助制度，④医療補助制度を骨子とするものであった。この結果，生活保護受給者はすべて生活保護を脱却し，新制度の下での生活給付等を受けられることとなり，過去に年金保険料を負担した中国残留邦人は，最大で500万円弱の一時金を受領することが

できることとなった*48。そして，原告団，弁護団は，与党PT案と訴訟費用（訴訟救助の対象となっていた額およそ2億5000万円）の国庫負担を条件とし，全国に係属している集団訴訟を順次取り下げることに合意した。

　この新支援策は，その後の政治情勢の変化等により予定よりも遅れたが，11月28日に「中国残留邦人等の帰国の促進及び永住帰国後の自立の支援に関する法律の一部を改正する法律」（平成19年法律第127号）として成立し，12月5日に公布された。この公布の日，安倍総理に替わった福田康夫総理（当時）は，原告団と面談をし，「気付くのが遅れて申し訳なかった。」と行政が中国残留孤児らの立場に配慮を欠いていたことを率直に謝罪する言葉を述べた。孤児らの代表は，この総理の言葉を素直な喜びで迎えたという。

> *48　新支援策実施のために厚労省は，平成20年度予算の概算要求で総額355億円を計上した。このうち252億円が国庫から追納する国民年金保険料分にあてられ，92億円が生活支援給付金等の支払にあてられるとされている（前年度の中国残留邦人に対する生活保護支給実績約60億円と比べて32億円の増加）。

(4) 残された課題

　政府与党ＰＴとの合意のとおり，その後全国各地の訴訟は，順次取下げにより終了した。関東原告団の訴訟は，控訴審である東京高裁での2007年12月13日の口頭弁論期日において，被告指定代理人が，厚労省社会援護局長の意見書を代読する形で，福田総理の謝罪の言葉を引用し，新支援策を「厚生労働省としても誠実に実行して参ります。」と述べたのを受けて，原告ら（控訴人ら）が訴訟を取り下げて終了した。

　新支援策の実施は，2008年4月1日から国民年金保険料の国庫負担，生活支援制度等の開始という形で始まった。新支援策の中には，市区町村が主体となる通訳派遣などのサービスのほか，地域の人々との交流活動や，残留邦人の境遇に対する啓発活動の実施なども盛り込まれているが，これらの政策の実現は今後の課題として残されている。また，新支援策では救済されない65歳未満の孤児，死亡孤児の配偶者に対する手当てなど立法化を要する課題も残されている。新支援策自体についても，その実施が市区町村に委ねられているため必ずしも制度の趣旨が徹底されていないという報告も多く，中国残留孤児とその家族のすべての人が「日本に帰ってきて本当によかった」といえる日はまだ

先のようである。

　本件事案は，中国残留孤児という極めて特異な経験をした歴史の犠牲者の集団的な救済を，司法のシステムという極めて限定された解決手段を通じて，どこまで実現できるかを問うた運動であった。解決への道筋は当初の目論見とは異なったし，また，その結果が十分孤児らに満足を与えるものであったかの評価を下すにはいまだ尚早かもしれないが，集団型国賠訴訟の１つのあり方として，我々の経験が今後の議論の参考となれば幸いである。

■

第9章── 解　　説

中国残留孤児訴訟の特徴と成果

Report ／ 松　倉　佳　紀

Ⅰ　はじめに

　本件「中国残留孤児訴訟」の報告は，極めて緻密な論理分析に基づいて考えられる論点のすべてを網羅しており，あえて解説を加える必要もないと思われるので，以下この報告を読んでの若干の感想を述べるにとどめる。

Ⅱ　本件訴訟の集団訴訟としての特徴

　全国15地裁に提訴された本件「中国残留孤児訴訟」の原告団の数は，2212名もの多数に及んでいる。日本に帰国した中国残留孤児は約2500名とのことであるから，9割近い人が提訴したということになり，「ほぼ全員」が提訴したとみなすことができる。同じ境遇に立たされた集団の「ほぼ全員」が提訴するということは，この集団に属する人々の誰しもが怒りを抱かざるを得ないほどの境遇であり，いかに国の政策が「無慈悲」なものだったかを示しているといえる。
　訴訟の場では侵害された権利・法益が法的保護の対象となり得るか否かの判断基準として，通常人に置き換えて受忍の限度を超えているか否かを検討される場合があるが，本件集団訴訟の場合は同じ境遇に立たされた「ほぼ全員」が怒りを抱かざるを得なかったのであり，訴訟提起した原告の数が受忍の限度をはるかに超えていることを如実に物語っている。

集団の「ほぼ全員」が訴訟を提起したこと自体が国の政策の無策ぶりを象徴するものとなり，問題解決へ向けての大きな政治的インパクトの1つになったように思われる。

Ⅲ 本件訴訟の政策形成型訴訟としての位置づけ

(1) 本件訴訟は，国家賠償請求訴訟として提起されたが，いわゆる政策形成型訴訟といわれる類型に属するものである。すべての問題を司法の場で解決することは不可能であることを見通し，「中国残留孤児が置かれた状況の問題性（違法性）とその責任の所在を司法の場で明らかにし，抜本的な政策転換・形成のきっかけとすることを最終的な目的」として提起された訴訟である。

本件訴訟の提起にあたっては，司法の限界を見据え，なおかつ司法の場でどのような問題提起をすれば政策転換を誘導できるか，その射程を見極め，図りつつ，どのように主張を構成・展開するかが周到に検討されている。最終目的である抜本的な政策転換・形成を勝ち取るために必要かつ十分な法律構成として，

① 帰国が遅れたことの責任の前提として早期帰国実現義務違反を措定し，
② 帰国後の対応に対する責任の前提として自立支援義務違反が措定されている。

(2) 早期帰国実現義務は，戦後補償裁判で採用された先行行為による作為義務の成立として構成されている。先行行為を過去の戦争の歴史のどの事実に求めるかも周到に検討され，歴史評価の問題に解消されることをおそれ，満州侵略の事実までに遡らず敗戦直前直後の旧軍の具体的行動に限定された。もっとも判決の多くは，弁護団の危惧に反し，満州移民政策の歴史的評価に踏み込んだものとなった。

早期帰国実現義務の有無と同義務違反の有無についての裁判所の判断は報告に詳細に紹介されている。

(3) 自立支援義務は，中国残留孤児を社会的適応可能性があるうちに日本に帰国させることができなかったという先行行為から作為義務が生じるものとして構成されている。自立支援義務の有無と同義務違反の有無についての裁判所

の判断も報告に詳細に紹介されている。

(4) 本件訴訟は司法の限界を見据えた政策形成型訴訟として提起されたが，東京地裁の判決（平成19年1月30日）を除けば，各地の判決は司法の判断でありながら国の政治的責務の存在を肯定するものが多く，今後の政策形成型訴訟の活用にも1つの光を指し示した訴訟だったのではないかという印象を受けた。

IV 損害論

(1) 本件訴訟の損害の構成も独特のものである。中国での（中国人としての）成育・生活を余儀なくされたことを損害の基本に据え，日本人として生まれた以上，普通の日本人として成長し，祖国日本で暮らす権利を基本的人権として有しているはずであるが，その基本的人権を侵害されたという構成をとっている。本来属する社会で当然身に着けるべき属性を失ってしまうことは，人間性の根本に関わる問題であり，人の基本的人権をうばうことになると考察されている。

本来，日本人として人格形成をし，日本人として生きる社会的属性を獲得できたのに，それができなかったことを意味する「人格被害」や，人格形成期だけでなく，その後長きにわたって，文字どおりその人の人生全般に影響を与える被害となってということを意味する「人生被害」の概念なども提唱されている。

このような被害については，財産的損害や精神的損害等に数値に分けて観念することは相当ではないとして，また各人ごとの境遇の差異に着目して損害額に差を設けるべきでないとして，包括一律請求として，原告1人当たり3300万円とされている。

この包括一律請求は，昭和40年代から50年代に多発した公害訴訟や薬害訴訟の系譜を引くものである。

(2) 本件訴訟の損害論構成について大阪地裁の判決では，具体性と実体法上の根拠を欠くとして否定したが，原告らの敗戦当時及びその後の特殊な境遇に起因して，中国社会における不当な扱い受けたことにより精神的苦痛を受けたこと，帰国後に置かれた困難な状況にあることに起因して，原告らが社会生活

上さまざまな場面で不便を来たしたり，不利益を受けこれにより精神的苦痛を受けたことが認められるとして，原告らがこのような不利益を受けないことは人格的利益として不法行為の保護の対象となる法的利益にあたるとしている。原告らの損害構成を正面から認容しなかったものの，原告らの受けた精神的苦痛は損害として考慮されるとするもので，従来の法理論に置き換えて実質上一部認容されたと理解することもできるのでないだろうか。

V　本件訴訟の成果

　中国残留孤児に対する抜本的な政策転換・形成をめざした本件訴訟は，平成19年11月28日に「中国残留邦人等の帰国促進及び永住帰国後の自立の支援に関する法律の一部を改正する法律」が成立したことにより，生活支援給付金の支給などの支援の制度が整い所期の目的を達成した。政策形成型訴訟としての役割を十分に達成した成果と評価できるものと思われる。

　しかし，報告にも指摘されているとおり，純粋に訴訟として捉えた場合，本件においても行政訴訟において常に遭遇する行政の裁量の壁が立ちはだかった。今次の司法制度改革のなかでの行政事件訴訟法の改正でも，裁量の問題には触れられなかった。積み残し課題として今後の改正に向けた取り組みが必要である。

　なお，本件は政策形成をめざす手段として訴訟が用いられたが，政策形成をめざす手段としてのＡＤＲの活用も試みられるべきである。かつて昭和60年代に北海道，東北，長野県などの雪国で冬期のスパイクタイヤ粉じん公害が社会問題になったことがある。平成2年に「スパイクタイヤ粉じんの発生の防止に関する法律」（平成2年6月27日法律第55号）が制定されたことによりようやく解決に至った。この過程では，札幌弁護士会の有志が，昭和60年にスパイクタイヤメーカー7社を相手にして北海道公害審査会にスパイクタイヤ販売中止の調停を申し立てた。また，昭和62年には長野弁護士会の有志が，同様の調停を長野県公害審査会に申し立てた。その後札幌，仙台の弁護士有志とも連携をとり，全国的な課題であるとして国の公害等調整委員会に移送され，昭和63年6月にスパイクタイヤの製造と販売の中止の時期を明示して調停が成立し

た。調停では「申請人及び参加人らは，国や地方公共団体に働きかけ，スパイクタイヤの使用禁止に関する法制化及び行政施策が図られるよう最善の努力をするものとする。」との条項も盛り込まれた。こういったＡＤＲの活用などを経て世論の支持も広がり，法律の制定に至ったものである。ＡＤＲの長所は手続，要件が融通無碍であることであり，柔軟なフレキシブルな解決が図れるところにある。政策形成をめざす手段として大いにＡＤＲを活用すべきである。

■

判 例 索 引

最大判昭27・10・8民集6巻9号783頁 …………………………………… 91, 105
最判昭31・10・4民集10巻10号1229頁 ………………………………………… 108
最判昭32・2・7裁判集民事25号383頁 ………………………………………… 117
最大判昭32・6・19刑集11巻6号1663頁 ………………………………………… 40
最判昭32・9・19裁判集民事27号901頁 ………………………………………… 108
最大判昭34・8・10刑集13巻9号1419頁 ……………………………………… 115
東京地判昭38・12・7下民集14巻12号2435頁 ………………………………… 280
最大判昭41・2・23 ……………………………………………………………… 125
最大判昭42・5・24民集21巻5号1043頁 ……………………………………… 295
最判昭42・6・30裁判集民事87号1453頁 ……………………………………… 111
最大判昭43・11・27民集22巻12号2808頁 ……………………………… 381, 400
東京高判昭48・7・13行集24巻6～7号53頁・判時710号23頁 ……… 45, 366, 367
福岡地判昭49・3・30民集32巻2号459頁 ……………………………………… 282
東京地判昭49・12・18判時766号76頁 ………………………………………… 389
福岡高判昭50・2・17民集32巻2号471頁 ……………………………………… 282
最判昭50・10・24民集29号9号1417頁 ………………………………………… 290
最判昭53・3・30民集32巻2号435頁 …………………………………………… 282
最大判昭53・10・4民集32巻7号1223頁 ………………………… 6, 7, 30, 40, 43
東京地判昭55・6・10判時968号18頁 ………………………………………… 329
東京高判昭55・10・23判時968号54頁 ………………………………………… 389
最判昭57・7・13判時1054号52頁 ……………………………………………… 65, 79
最判昭60・11・21民集39号7号1512頁 ………………………… 92, 101, 105, 106
最判平3・4・19民集45巻4号518頁 …………………………………………… 91, 105
最判平3・4・26民集45巻4号653頁 …………………………………………… 403
大阪高判平3・11・15 …………………………………………………………… 171
神戸地判平4・3・13判時1414号26頁 ………………………………………… 171
長崎地判平5・5・26判時1465号66頁 ………………………………………… 289
東京地判平7・7・26行集46巻6～7号722頁等 ………………… 55, 56, 59, 60, 62
最判平8・3・4判時1564号3頁 ………………………………………………… 366
最判平9・1・28民集51巻1号250頁 …………………………………………… 224
最判平9・3・13民集51巻3号1232頁 …………………………………………… 400
福岡高判平9・11・7判時984号103頁 ……………………………………… 288, 317
京都地判平10・12・11判時1708号71頁 ……………………………………… 289
東京地判平11・10・28判時1705号50頁 …………………………………… 86, 93, 95

最判平11・11・25判時1698号66頁 ··· *224*
東京高判平12・3・31判タ1083号140頁 ·· *55, 57, 60, 61, 63*
東京地八王子支決平12・6・6（平12年（ヨ）28, 107） ·· *194, 208*
最判平12・7・18判時1724号29頁 ··· *289*
大阪高判平12・11・7判時1739号45頁 ·· *290*
東京高判平12・11・8判タ1088号133頁 ··· *86, 97, 98*
東京高決平12・12・22（平12（ラ）1328） ··· *195, 205, 209*
東京高判平13・6・7判時1758号46頁 ·· *224*
東京地判平13・7・12判タ1067号119頁 ··· *388*
東京地判平13・12・4（平13（行ウ）120）判時1791号 3 頁
　··· *197, 205, 209, 218, 224, 226, 228*
東京地八王子支判平13・12・10（平 8 （ワ）1704, 平10（ワ）956） ···································· *201*
最判平14・1・22民集56巻 1 号46頁 ·· *224*
東京地判平14・2・14（平12（行ウ）45, 55, 平13（行ウ）98） ·· *200*
最判平14・4・25判例自治229号52頁 ··· *266*
東京高判平14・6・7（平13（行コ）260） ··· *199, 211*
東京地判平14・12・18（平13（ワ）6273） ··· *195, 206, 211, 218, 220, 221*
東京高判平15・2・27LEX/DB28081438 ··· *224*
東京高判平15・3・28（平14（ネ）743） ·· *201*
名古屋地決平15・3・31判タ1119号278頁 ··· *227*
東京地判平15・5・15訟月50巻11号3146頁 ··· *388*
東京地判平15・9・1（平12（ワ）845） ··· *202*
最判平15・9・12民集57巻 8 号973頁 ··· *116*
東京地判平15・9・29判時1843号90頁 ·· *388*
徳島地判平15・10・31（平14（ワ）277） ·· *137*
東京高判平16・3・23判時1855号104頁 ·· *116*
最判平16・4・23民集58巻 4 号892頁等 ··· *55, 57, 60, 61, 64*
大阪地判平16・5・12裁判所ホームページ ·· *263*
高松高判平16・7・22（平15（ネ）475） ··· *137*
東京高判平16・10・27（平15（ネ）478）判時1877号40頁 ············· *196, 207, 212, 222, 226*
大阪地判平17・1・18裁判所ホームページ ·· *264*
東京高判平17・3・29判例集未登載 ··· *298*
東京地判平17・4・13裁判所ホームページ ··· *130*
徳島地決平17・6・7判例自治270号48頁 ·· *176, 269*
最決平17・6・23（平14（行ツ）207, 平14（行ヒ）245） ··· *200, 213*
最決平17・6・23（平18（行ツ）98, 平18（行ヒ）113） ··· *202*
大阪地判平17・7・6判タ1202号125頁 ··· *401, 402*

判例索引　*435*

最判平17・7・14民集59巻6号1569頁……………………………………………*117*
宇都宮地判平17・8・10裁判所ホームページ………………………………*266*
最大判平17・9・14集59巻7号2087頁………………………………*85, 99, 420*
東京地決平17・10・12判例集未登載……………………………………………*227*
東京高判平17・11・24判タ1197号158頁………………………………………*117*
横浜地判平17・11・30判例自治277号31頁……………………………………*224*
最判平17・12・7民集59巻10号2645頁…………………………………………*224*
大阪高判平17・12・8………………………………………………………………*355*
東京高判平17・12・19（平13（行ウ）120）……………………*129, 201, 213*
東京地決平17・12・20裁判所ホームページ………………………………*267, 268*
大阪高判平18・1・20判例自治283号35頁………………………………………*264*
東京地決平18・1・25判タ1218号95頁・判時1931号10頁…………*180, 269*
東京地判平18・2・15判時1920号45頁…………………………………*380, 405*
最判平18・3・30（平17（受）364）………………………*190, 197, 214, 218*
大阪高判平18・4・20判例自治282号55頁………………………………………*264*
大阪地判平18・5・12判時1944号3頁……………………………………………*299*
横浜地判平18・5・22判タ1262号137頁……………………………………*239, 264*
広島地判平18・8・4判タ1270号62頁……………………………………………*300*
大阪地決平18・8・10判タ1224号236頁………………………………………*267, 268*
水戸地決平18・8・11判タ1224号233頁…………………………………………*267*
東京地判平18・9・12裁判所ホームページ……………………………………*130*
名古屋地決平18・9・25裁判所ホームページ…………………………………*270*
大津地判平18・9・25判タ1228号164頁…………………………………………*335*
東京地判平18・10・25判時1956号62頁…………………………………………*180*
大阪地判平18・10・26判タ1226号82頁…………………………………………*225*
神戸地判平18・12・1判時1968号18頁…………………………………………*408*
大阪地決平18・12・12判タ1236号140頁・裁判所ホームページ……*267, 268*
東京地判平19・1・30訟月53巻4号893頁……………………*401, 412, 430*
名古屋地判平19・1・31判例集未登載…………………………………………*302*
東京地決平19・2・13裁判所ホームページ……………………………………*267, 268*
大阪地決平19・2・20裁判所ホームページ……………………………………*268, 270*
東京高判平19・2・27………………………………………………………………*131*
神戸地決平19・2・27……………………………………………………*233, 246*
大阪高判平19・3・1判タ1236号190頁・判時1987号3頁……………………*341*
大阪高決平19・3・1裁判所ホームページ…………………*266, 268, 270, 272*
横浜地決平19・3・9判例自治297号58頁……………………………*264, 269*
仙台地判平19・3・20判例集未登載……………………………………………*303*

東京地判平19・3・22判例集未登載……………………………………………305
徳島地判平19・3・23……………………………………………………………415
最判平19・3・27民集61巻2号711頁………………………………………116
大阪高決平19・3・27裁判所ホームページ…………………………………272
名古屋地判平19・3・29裁判所ホームページ………………………………415
広島地判平19・4・25裁判所ホームページ…………………………………416
宇都宮地決平19・6・1裁判所ホームページ………………………………267
札幌地判平19・6・15裁判所ホームページ…………………………………417
高知地判平19・6・15裁判所ホームページ…………………………………418
東京高判平19・6・21訟月53巻11号2995頁………………………380, 406, 419
熊本地判平19・7・30判例集未登載……………………………………………306
大阪地決平19・8・10裁判所ホームページ…………………………………269
最判平19・10・11……………………………………………………………355, 359
岡山地決平19・10・15判タ1259号182頁・判時1994号26頁……………180
最判平19・10・19………………………………………………………………323
大阪地決平19・11・1裁判所ホームページ…………………………………267
東京地判平19・11・7裁判所ホームページ…………………………………132
京都地判平19・11・7 LEX/DB28140193 ……………………………………226
広島地決平20・2・29LEX/DB25400363 ……………………………226, 229
最決平20・3・11………………………………………………………………185, 215
仙台高判平20・5・28判タ1283号74頁………………………………………310
大阪高判平20・5・30判時2011号8頁………………………………………311
最大判平20・6・4………………………………………………………………131
長崎地判平20・6・23判例集未登載……………………………………………312
大阪地判平20・7・18判例集未登載……………………………………………313
最大判平20・9・10……………………………………………………………125, 133
神戸地判平20・12・16…………………………………………………………262

事項索引

あ行

因果関係……………………317
訴えの利益………33, 62, 255
怠る事実の違法確認………55

か行

確認訴訟……86, 91, 119, 129
確認の利益……104, 109, 111
仮の義務付け………………138
仮の差止め…………………233
仮放免…………………………34
監査請求………………………53
　──前置……………59, 78
義務付け訴訟…………89, 203
行政代執行……………………53
景観権…………………………195
景観法………………186, 226
景観利益………195, 216, 225
原因確率………………………291
原告適格………………………224
建築基準法
　──3条2項
　　…………200, 202, 203
　──9条1項……………197
原爆症認定……………………277
　──制度……………………283
公金支出差止め……………356
公職選挙法……………………86
公立保育所廃止処分………263
互換的利害関係……………210
国家賠償法1条……………105

さ行

裁　決……………………………5
再審情願………………………34
裁判所法3条1項……………91
在留特別許可……………3, 37

──に係るガイドライン
　……………………………35
裁量権の逸脱又は濫用
　………………5, 150, 176, 423
作為起因性の不作為………386
作為義務………………………380
執行停止………………………33
市民的及び政治的権利に関する
　国際規約……………………8
就園不許可決定……………138
集団訴訟………293, 372, 428
住民訴訟………………………54
条例制定権…………………190
処分性………119, 242, 265
自立支援義務………………385
自立支援法…………………377
政策形成型訴訟……420, 429
是正命令……………………197
早期帰国実現義務…………382
損害論…………………394, 430

た行

退去強制令書発付処分………5
地区計画……………………191
地方教育行政の組織及び運営に
　関する法律………………140
地方交付税…………………334
地方債………………323, 363
地方財政法…………………363
　──5条……323, 347, 364
地方自治法
　──237条1項……………60
　──242条1項……………53
償うことのできない損害
　…………166, 242, 247, 267
適債事業該当性……………327
道路交通法…………………49
道路法………………………49

な行

日照権………………………194
入管法……………………5, 42

は行

被告適格………………………90
被爆者援護法………284, 316
費用効果分析………………366
法律上の争訟…………………91
　──性……………………112
補充性………………………127

ま行

民衆訴訟………………………89
無名抗告訴訟………………198
名簿訴訟………………………89

ら行

立法不作為…………………105

わ行

和　解………………………178

編集者

日本弁護士連合会行政訴訟センター

実例解説　行政関係事件訴訟
《最新重要行政関係事件実務研究2》

2009年2月20日　初版第1刷印刷
2009年2月28日　初版第1刷発行

編　者　日本弁護士連合会
　　　　行政訴訟センター
発行者　逸　見　慎　一

発行所　東京都文京区　株式　青林書院
　　　　本郷6丁目4-7　会社
　　　　振替口座　00110-9-16920／電話03(3815)5897〜8／郵便番号113-0033
　　　　ホームページ☞http://www.seirin.co.jp

印刷／中央精版印刷　落丁・乱丁本はお取り替え致します。
Ⓒ2009　Printed in Japan

ISBN978-4-417-01484-3

〈㈱日本著作出版権管理システム委託出版物〉
本書の無断複写は著作権法上での例外を除き禁じられています。
複写される場合は、そのつど事前に、㈱日本著作出版権管理システム (TEL03-3817-5670、FAX03-3815-8199、e-mail:info@jcls.co.jp) の許諾を得てください。